国家"双一流"建设学科
辽宁大学应用经济学系列丛书
学术系列

总主编◎林木西

地方视阈下财税改革现实问题研究

A Study on the Realistic Problems
of Fiscal and Tax Reform from the Local Perspective

王振宇　著

中国财经出版传媒集团
经济科学出版社
Economic Science Press

图书在版编目（CIP）数据

地方视阈下财税改革现实问题研究/王振宇著 .
—北京：经济科学出版社，2019. 3
（辽宁大学应用经济学系列丛书·学术系列）
ISBN 978 - 7 - 5218 - 0404 - 1

Ⅰ. ①地… Ⅱ. ①王… Ⅲ. ①地方财政 - 经济体制
改革 - 研究 - 中国 Ⅳ. ①F812. 7

中国版本图书馆 CIP 数据核字（2019）第 052690 号

责任编辑：于海汛 樊 闽
责任校对：郑淑艳
责任印制：李 鹏

地方视阈下财税改革现实问题研究

王振宇 著

经济科学出版社出版、发行 新华书店经销
社址：北京市海淀区阜成路甲 28 号 邮编：100142
总编部电话：010 - 88191217 发行部电话：010 - 88191522
网址：www. esp. com. cn
电子邮件：esp@ esp. com. cn
天猫网店：经济科学出版社旗舰店
网址：http://jjkxcbs. tmall. com
北京季蜂印刷有限公司印装
710 × 1000 16 开 27. 75 印张 400000 字
2019 年 5 月第 1 版 2019 年 5 月第 1 次印刷
ISBN 978 - 7 - 5218 - 0404 - 1 定价：78. 00 元
（图书出现印装问题，本社负责调换。电话：010 - 88191510）
（版权所有 侵权必究 打击盗版 举报热线：010 - 88191661
QQ：2242791300 营销中心电话：010 - 88191537
电子邮箱：dbts@ esp. com. cn）

总　序

　　本丛书为国家"双一流"建设学科辽宁大学"应用经济学"系列丛书，也是我主编的第三套系列丛书。前两套丛书出版后，总体看效果还可以：第一套是《国民经济学系列丛书》（2005 年至今已出版 13 部），2011 年被列入"十二五"国家重点出版物出版规划项目；第二套是《东北老工业基地全面振兴系列丛书》（共 10 部），在列入"十二五"国家重点出版物出版规划项目的同时，还被确定为 2011 年"十二五"规划 400 种精品项目（社科与人文科学 155 种）。围绕这两套系列丛书还取得了一系列成果，获得了一些奖项。

　　主编系列丛书从某种意义上说是"打造概念"。比如说第一套系列丛书也是全国第一套国民经济学系列丛书，主要为辽宁大学国民经济学国家重点学科"树立形象"；第二套则是在辽宁大学连续获得国家社科基金"八五"至"十一五"重大（点）项目，围绕东北（辽宁）老工业基地调整改造和全面振兴进行系统研究和滚动研究的基础上持续进行探索的结果，为促进我校区域经济学建设、服务地方经济做出了新贡献。在这一过程中，既出成果也带队伍、建平台、组团队，我校应用经济学学科建设也不断跃上新台阶。

　　主编第三套丛书旨在使辽宁大学应用经济学一级学科建设有一个更大的发展。辽宁大学应用经济学学科的历史说长不长、说短不短。早在 1958 年建校伊始，便设立了经济系、财政系、计统系等 9 个系，其中经济系由原东北财经学院的工业经济、农业经济、贸易经济三系合成，财税系和计统系即原东北财经学院的财信系、计统系。后来院系调整，将经济系留在沈阳的辽宁大学，将财政系、计统系迁到大连组建辽宁财经学院（即现东北财经大学前身），对工业经济、农业经济、贸易经济三个专业的学生培养到毕业为止。由此形成了辽宁大学重点发展理论经济学（主要是政治经济学）、辽宁财经学院重点发展应用经济学的大体格局。实际上，后来辽宁大学也发展了应用经济学，东北财经大学也发展了理论经济学，发展得都不错。1978 年，辽宁大学恢复招收工业经济本科生，1980 年受人民银行总行委托、经教育部批准开始招收国际金融本科生，1984 年辽宁大学在全国第一批成立了经济管理学院，增设计划统计、会计、保险、投资经济、国际贸易等本科专业。到 20 世纪 90 年代中期，辽宁大学已有西方经济学、世界经济、国民经济管理、国际金融、工业经济 5 个二级学科博士点，当时在全国同类院校似不多见。1998 年建立国家重点教学基地 "辽宁大学国家经济学基础人才培养基地"，同年获批建设第二批教育部人文社科重点研究基地 "辽宁大学比较经济体制研究中心"（2010 年改为 "转型国家经济政治研究中心"）。2000 年，辽宁大学在理论经济学一级学科博士点评审中名列全国第一；2003 年，辽宁大学在应用经济学一级学科博士点评审中并列全国第一；2010 年，新增金融、应用统计、税务、国际商务、保险等全国首批应用经济学类专业学位硕士点；2011 年，获全国第一批统计学一级学科博士点，从而实现经济学、统计学一级学科博士点 "大满贯"。

在二级学科重点学科建设方面，1984 年，外国经济思想史即后来的西方经济学、政治经济学被评为省级重点学科；1995 年，西方经济学被评为省级重点学科，国民经济管理被确定为省级重点扶持学科；1997 年，西方经济学、国际经济学、国民经济管理被评为省级重点学科和重点扶持学科；2002 年、2007 年国民经济学、世界经济连续两届被评为国家重点学科；2007 年，金融学被评为国家重点学科。

在一级学科重点学科建设方面，2017 年 9 月，被教育部、财政部、国家发展和改革委员会确定为国家 "双一流" 建设学科。辽宁大学确定的世界一流学科建设口径范围为 "应用经济学"，所对应的一级学科为应用经济学和理论经济学，成为东北地区唯一一个经济学科"双一流"建设学科。这是我校继1997年成为"211"工程重点建设高校20年之后学科建设的又一次重大跨越，也是辽宁大学经济学科三代人共同努力的结果。此前，应用经济学、理论经济学于2008年被评为第一批一级学科省级重点学科，2009年被确定为辽宁省"提升高等学校核心竞争力特色学科建设工程"高水平重点学科，2014年被确定为辽宁省一流特色学科第一层次学科，2016年被辽宁省人民政府确定为省一流学科。

在"211工程"建设方面，应用经济学一级学科在"九五"立项的重点学科建设项目是"国民经济学与城市发展""世界经济与金融"；"十五"立项的重点学科建设项目是"辽宁城市经济"；"211工程"三期立项的重点学科建设项目是"东北老工业基地全面振兴""金融可持续协调发展理论与政策"，基本上是围绕国家重点学科和省级重点学科而展开的。

经过多年的学科积淀与发展，辽宁大学应用经济学、理论经济学、统计学"三箭齐发"，国民经济学、世界经济、金融学国家重点学科"率先突破"，由"万人计划"领军人才、长江学者特聘教授领衔，中青年学术骨干梯次跟进，形成了一大批高水平的学术成果，培养出一批又一批优秀人才，多次获得国家级科研、教学奖励，在服务东北老工业基地全面振兴等方面做出了积极的贡献。

编写这套《辽宁大学应用经济学系列丛书》主要有三个目的：

一是促进"应用经济学"一流学科全面发展。以往辽宁大学应用经济学主要依托国民经济学和金融学国家重点学科和省级重点学科进行建设，取得了重要进展。这个"特色发展"的总体思路无疑是正确的。进入"十三五"时期，根据"双一流"建设需要，本学科确定了区域经济学、产业经济学与东北振兴，世界经济、国际贸易学与东北亚合作，国民经济学与地方政府创新，金融学、财政学与区域发展，政治经济学与理论创新等五个学科方向。其目标是到2020年，努力将本学科建设成为立足于东北经济社会发展、为东北振兴和东北亚合作做出应有贡献的一流学科。因此，本套丛书旨在为实现这一目标提供更大的平台支持。

二是加快培养中青年骨干教师茁壮成长。目前，本学科已建成由长江学者特聘教授、"万人计划"第一批教学名师、国务院学位委员会学科评议组成员、全国高校首届国家级教学名师领衔，"万人计划"哲学社会科学领军人才、教育部新世纪优秀人才、教育部教指委委员、省级教学名师、校级中青年骨干教师为中坚，以老带新、新老交替的学术梯队。本丛书设学术、青年学者、教材三个子系列，重点出版中青年教师的学术著作，带动他们尽快脱颖而出，力争早日担纲学科建设。本丛书设立教材系列的目的是促进教学与科研齐头并进。

三是在经济新常态、新时代、新一轮东北老工业基地全面振兴中做出更大贡献。面对新形势、新任务、新考验，我们力争提供更多具有原创性的科研成果、具有较大影响的教学改革成果、具有更高决策咨询价值的"智库"成果。

这套系列丛书的出版，得到了辽宁大学党委书记周浩波教授、校长潘一山教授和中国财经出版传媒集团副总经理、经济科学出版社社长吕萍的支持。在丛书出版之际，谨向所有关心支持辽宁大学应用经济学建设和发展的各界朋友，向辛勤付出的学科团队成员表示衷心的感谢！

林木西

2018 年劳动节于蕙星楼

目　录

财政体制优化

地 方 财 政 发 展

财 政 改 革 深 化

财 政 政 策 完 善

财 政 综 合 考 量

财政体制优化

分税制国内研究现况、困境及其展望^①

哲学家黑格尔有句名言"密涅瓦的猫头鹰总是在暮色来临时才张开翅膀",意指理论家的工作所反映的总是现实中已经发生的变化。非但哲学领域是一种反思的活动和理性的思想,分税制财政管理体制的研究也遵循这一规律。1994年,在世界财税改革上创造了一个中国奇迹,即在世界最大的发展中国家、转轨经济体成功引入了西方成熟市场经济国家分税制运行体制机制。自此分税制研究一直是国内财经热点问题,其研究历时之长、研究者之众、研究成果之丰富,可谓学术研究史上的另一个奇迹。本研究运用中国知网检索工具等,分析了国内分税制研究基本状况,进行了具体评述及其研究展望。

一、中国知网等文献检索结果及特征分析

截至2016年5月末,我们以"分税制"为主题词在中国知网进行检索发现,1988~2016年按全文、主题和篇名三种形式,检索载文量分别为100023篇、13096篇和2338篇,并不同程度得到国家社科基金等项目资助;涵盖了经济学、社会学、政治学、法学、管理学等诸多学

① 本文发于《财政研究》2017年第12期,合作者赵晔,国家社会科学基金"优化分税制财政管理体制研究"(11BJY130)、"国家特支计划"资助项目"我国地方财政可持续发展研究"阶段性成果。

科；研究者主要分布在高校科研机构以及少量的地方财政部门，贾康、刘尚希、高培勇、孙开、王振宇、马海涛、杨志勇、吕冰洋、张光、卢洪友等，都在不同历史阶段对分税制进行了不同形式的研究（见表1至表3）。

表1　　　　　　　　中国知网"分税制"文献检索情况

年份	全文检索		主题检索		篇名检索	
	数值（篇）	比重（%）	数值（篇）	比重（%）	数值（篇）	比重（%）
合计	100023	100.0	13096	100.0	2338	100.0
2016	5300	5.3	527	4.0	45	1.9
2015	5847	5.8	647	4.9	69	3.0
2014	7147	7.1	783	6.0	101	4.3
2013	7145	7.1	772	5.9	112	4.8
2012	6673	6.7	658	5.0	69	3.0
2011	6436	6.4	645	4.9	82	3.5
2010	6153	6.2	569	4.3	69	3.0
2009	5429	5.4	585	4.5	74	3.2
2008	5646	5.6	650	5.0	101	4.3
2007	4961	5.0	522	4.0	66	2.8
2006	4604	4.6	492	3.8	51	2.2
2005	3834	3.8	443	3.4	47	2.0
2004	3064	3.1	100	0.8	58	2.5
2003	2819	2.8	386	2.9	32	1.4
2002	2465	2.5	329	2.5	40	1.7
2001	2172	2.2	309	2.4	33	1.4
2000	2043	2.0	297	2.3	46	2.0
1999	1860	1.9	329	2.5	70	3.0
1998	1886	1.9	402	3.1	86	3.7
1997	2079	2.1	496	3.8	154	6.6

续表

年份	全文检索		主题检索		篇名检索	
	数值（篇）	比重（%）	数值（篇）	比重（%）	数值（篇）	比重（%）
1996	2458	2.5	745	5.7	264	11.3
1995	2893	2.9	961	7.3	559	23.9
1994	3846	3.8	1222	9.3	39	1.7
1993	916	0.9	89	0.7	14	0.6
1992	607	0.6	36	0.3	12	0.5
1991	614	0.6	27	0.2	21	0.9
1990	525	0.5	33	0.3	11	0.5
1989	329	0.3	22	0.2	9	0.4
1988	272	0.3	20	0.2	4	0.2

资料来源：中国知网。

表 2　　　　中国知网"分税制"文献检索基金资助情况

	全文检索		主题检索		篇名检索	
	数值（篇）	比重（%）	数值（篇）	比重（%）	数值（篇）	比重（%）
合计	100023	100.0	13096	100.0	2338	100.0
国家社会科学基金	3678	3.7	332	2.5	52	2.2
国家自然科学资金	1581	1.6	132	1.0	20	0.9
博士后基金	286	0.3	22	0.2	3	0.1
跨世纪优秀人才培养计划	202	0.2	28	0.2	7	0.3

资料来源：中国知网。

表 3　　　　中国知网"分税制"文献检索作者情况

作者	全文检索		作者	主题检索		作者	篇名检索	
	数值（篇）	排序		数值（篇）	排序		数值（篇）	排序
贾康	308	1	贾康	65	1	贾康	22	1
苏明	91	2	苏明	17	2	刘亮	9	2

续表

作者	全文检索		作者	主题检索		作者	篇名检索	
	数值（篇）	排序		数值（篇）	排序		数值（篇）	排序
马海涛	65	3	童道友	15	3	焦国华	8	3
杨志勇	63	4	梁季	14	4	苏明	8	4
刘尚希	58	5	马海涛	14	5	王振宇	8	5
刘容沧	55	6	刘尚希	13	6	梁季	8	6
刘高	51	7	王振宇	12	7	于天义	7	7
白彦锋	43	8	傅光明	12	8	马海涛	7	8
安体富	42	9	孙开	11	9	胡德仁	7	9
童道友	37	10	张炳贤	11	10	洪江	5	10
白景明	36	11	黄工乐	11	11	彭志华	4	11
吕炜	35	12	李冬梅	11	12	张炳贤	4	12
胡德仁	33	13	吕冰洋	11	13	吕冰洋	4	13
卢洪友	33	14	卢洪友	10	14	李升	4	14
许经勇	33	15	赵云旗	10	15	傅光明	4	15

资料来源：中国知网。

表1至表3一定程度上刻画出近30年国内分税制研究时空分布情况，更进一步的分析梳理又会有如下发现：

第一，"全文检索"显示，涉及分税制内容的文章呈现几何基数增长，总量超过10万篇，年均3572篇。分阶段数量分析特征为：（1）分税制改革前（1988～1993年），刊文数量介于272～916篇之间，6年累计发文量为3263篇，占总量的3.3%，年发文量属于三位数级别。（2）分税制实施后10多年（1994～2005年），刊文数量介于1860～3846篇之间，12年累计发文量为31419篇，占总量的31.4%，年发文量属于四位数级别。（3）分税制深化实践过程中（2006～2012年），刊文数量介于4604～6673篇之间，7年累计发文量为39902篇，占总量的39.9%，年发文量属于四位数级别。（4）2013～2014年，发文量分别为 7145 篇、7147 篇，占总量的 14.3%，年发文量达到了历史高峰期。（5）2015~2016 年，发文量分别为 5847 篇、5300 篇，占总量的 11.1%，年发文量回归至 2008~2009 年的水平，图 1 可见一斑。

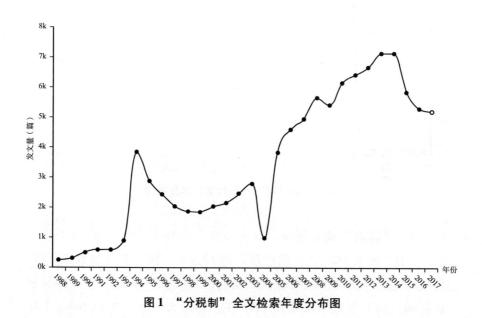

图 1 "分税制"全文检索年度分布图

第二，"主题检索"显示，发文总量超过了 1 万篇，年均 467 篇，占"全文检索"的 13.1%，相形之下，该检索比较客观地反映出分税制研究的真实状况。进行具体分析可以发现：（1）最高年份发生在 1994 年，为 1222 篇，1995 年次之，为 961 篇，而分税制体制运行期间的最低年份发生在 2004 年，仅为 100 篇。（2）2013~2014 年发文量为 1555 篇，而到 2015~2016 年则降至 1174 篇，与"全文检索"分析结果雷同，说明这两年分税制研究有所下降，同样回归至 2008~2009 年的水平（见图 2）。

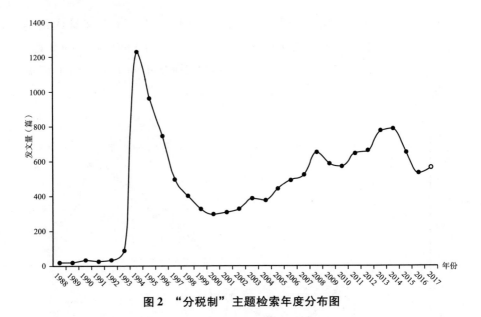

图 2　"分税制"主题检索年度分布图

第三，"篇名"检索显示，发文总量为 2338 篇，年均 83.5 篇，占"全文检索"的 2.3%、"主题检索"的 17.9%，该检索更加聚焦主题，也能更好地刻画出分税制财政体制研究的"真实"状况。进一步分析可以发现：（1）极大值出现在 1995 年，高达 559 篇，占 23.9%，1 年的发文量接近全部的"1/4"，而分税制期间的极小值在 2003 年，仅为 32 篇。（2）2013~2014 年也有一个不错的表现，共发文 213 篇，占 9.1%，同样 2015~2016 年降至 114 篇，呈现出与前两个检索分析同步的特征（见图 3）。

第四，分税制研究已突破了学科界限，20 多年来逐渐从财税拓展至其他领域，丰富了分税制学术研究内涵，为中国财政分权改革拓展了空间。图 4 较好地体现了这一研究成果的学科分布情况。除此之外，一些非财税领域学者的探索也很有价值，如香港中文大学的"张五常之问"（2009）、北京大学周黎安行政发包制的假说（2014），以及北京大学刘剑文财税法视角、厦门大学张光政治学视角、东北财经大学寇铁军

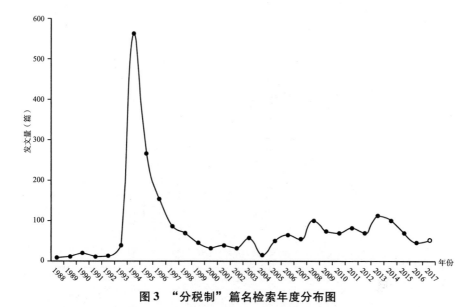

图3 "分税制"篇名检索年度分布图

法学视角的研究，较好地将分税制与政治、社会、法治、治理等进行了学科交叉、契合与关联，促使了一些现实财政体制问题学理上的支撑。同时，一批具有良好数理基础的年轻学者，如中国人民大学吕冰洋、贾俊雪，上海财经大学付文林，浙江财经大学李永友等，在原有以实证和定性研究范式基础上，通过引入定量分析方法，丰富了分税制财政体制研究的内涵，准确界定了现实运行中的一些似是而非的矛盾问题和现象（见图4）。

　　第五，多种文献梳理发现，分税制研究呈现出一定的时期性特征。结合文献检索的"作者"分布以及其他一些文献资料，可以发现国内该研究可以划分以下四个阶段，并显现出不同的基本特征。（1）实施分税制改革（1994）前后。此阶段的代表人物主要包括吴俊培、王绍飞、张馨、寇铁军、卢洪友、孙开等，这些学者着重通过对西方成熟国家分税制实施经验的介绍，来对我国分税制改革的基本内容、原则、方向给予阐释和展望，因此本阶段的研究特征呈现出"介绍诠释"式的特点。（2）分税制实施10年（2004）前后。此阶段的代表人物主要包

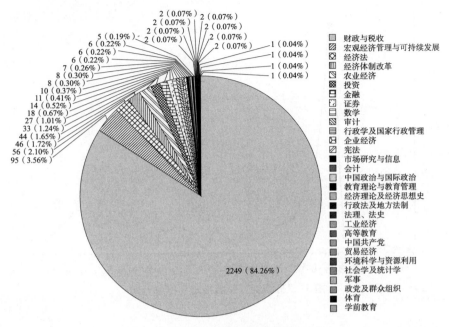

2 (0.07%)　　2 (0.07%)
2 (0.07%)　　2 (0.07%)
2 (0.07%)　　2 (0.07%)
5 (0.19%)　2 (0.07%)　　2 (0.07%)
6 (0.22%)　　　　　　　　　1 (0.04%)
6 (0.22%)　　　　　　　　　1 (0.04%)
6 (0.22%)　　　　　　　　　1 (0.04%)
7 (0.26%)　　　　　　　　　1 (0.04%)
8 (0.30%)
8 (0.30%)
10 (0.37%)
11 (0.41%)
14 (0.52%)
18 (0.67%)
27 (1.01%)
33 (1.24%)
44 (1.65%)
46 (1.72%)
56 (2.10%)
95 (3.56%)

2249 (84.26%)

财政与税收
宏观经济管理与可持续发展
经济法
经济体制改革
农业经济
投资
金融
证券
数学
审计
行政学及国家行政管理
企业经济
宪法
市场研究与信息
会计
中国政治与国际政治
教育理论与教育管理
经济理论及经济思想史
行政法及地方法制
法理、法史
工业经济
高等教育
中国共产党
贸易经济
环境科学与资源利用
社会学及统计学
军事
政党及群众组织
体育
学前教育

图4　"分税制"篇名检索学科分布图

括贾康、李齐云、赵云旗、高培勇等学者，这些学者着重对分税制改革成绩、现存问题进行总结，从而对进一步深化改革的思路对策进行总结，本阶段的研究特征呈现出"概括总结"式特点。（3）分税制实施15 年（2008）前后，此阶段的代表人物主要包括刘尚希、杨之刚、王振宇、杨志勇、于长革等学者，这些学者增加了对制度、机制层面的关注，进而对现行分税制的某些缺憾和不足进行反思，以此为基础对其未来改进完善的途径和取向进行探究，因此本阶段的研究特征呈现出"反思改革"式的特点。（4）党的十八届三中全会（2013）以来，此阶段的代表人物主要包括楼继伟、贾康、郭庆旺、马海涛、王振宇、高培勇等学者，这些学者从国家治理基础和重要支柱的视角对财政赋予了的新表述，以总结分税制 20 年为契机，也从不同视角对财税改革进行全方位、多视角考量，本阶段的研究特征呈现出"系统改革"式的研究特点。

二、分税制财政管理体制实践运行中一些重点问题的"讨论"及其作用

政府间财政关系问题研究起来相对容易，但解决起来需要长期不懈甚至几代人的努力，对我国这样的大国尤其如此（楼继伟，2013）。因此，分税制研究不是纯理论问题，而是一个重要的实践范畴，探索有效的实现形式应是题中应有之义。一个时期以来，分税制的中国成功实践一直伴随着问题导向的研究逐步完善，不同层面普遍认同分税制存在诸多矛盾和问题，这些矛盾和问题主要集中在事权划分、财权划分、转移支付制度等领域。而学术界和实际工作层面对于一些具体的现实问题却产生了分歧，这些问题包括财政"两个比重"、事权划分方式、省以下财政体制改进、国地税征管机构改革等多方面，对于这些问题所展开的讨论是十分有效的，并对指导实践发挥了积极作用。

第一，关于宏观税负高低的"讨论"。在 20 世纪 90 年代振兴国家财政战略中，目标是将财政收入占 GDP 比重提高至 20%，这一数值"九五""十五""十一五"时期分别为 11.9%、16.1% 和 19.5%，逐步接近调控目标。根据《福布斯》杂志公布的"全球税负痛苦指数排行榜"，2005～2006 年中国大陆成为亚洲经济体中税务最重的国家，2007～2008 年全球排名第三位，2009 年以来全球第二位。与此同时，官方和学术界分别从不同层面做出了种种解读。一种观点认为我国当前宏观税负的总体水平与社会承受能力相比呈现出明显偏高的特点，建议适度降低。持这一观点的学者有王美涵（2004）、周天勇（2005）、王振宇（2006），以及中央财经大学课题组（2007）等，他们主要基于大口径宏观税负的具体分析与量化。另一种观点认为我国宏观税负并不高，这种观点主要是以白景明、唐在富等学者为代表，主要是基于小口径宏观税负的考量，认为同世界不同类型经济体相比还有提升的空间。还有一种观点呈现出相对中性的特点，其认为现行税负较为适中，短期内不宜波动，这种观点以贾康、高培勇等为代表。2016 年末以来，天

津财经大学李炜光等的研究报告，被媒体解读为"死亡税率"（40%），紧接着国内两位著名民营企业家曹德旺、宗庆后，结合企业各种成本（含税费）的真实程度，再次将中国宏观税负高低的争论从"学术"上升为"实体"，之后以贾康、刘尚希、李万甫等为代表的财税学者也从不同视角进行了解释与回应。同时，部分学者还对宏观税负的指标体系进行研究和量化，如陈颂东、刘箐文（2015）基于国民经济核算视角对中国宏观税负测算与税制体系重建进行了研究，陈文东（2016）从GDP 核算入手，对生产税净额、财产收入、存量资产的交易收入和持有收益与 GDP、税收的关系进行了理论辨析。王振宇（2014、2015、2016）等又对不同口径下的宏观税负进行了量化，小口径界定为税收收入占 GDP 的比重、中口径为财政收入占 GDP 的比重、大口径为政府性收入占 GDP 的比重，2015 年三个口径的宏观税负分别为16.3%、22.5%和 35.7%，2010～2015 年大口径宏观税负分别为 35.7%、36.6%、35.0%、37.1%、37.1% 和 35.7%，从而可以看出我国当下的大口径宏观税负并不低。

第二，关于中央财政集中度大小的"讨论"。1994 年分税制改革的一个重要目标，就是增加中央财政集中度，在近乎"零和博弈"状态下，通过采取"倒轧账"方式，确定中央和地方比例关系。后经 2002 年的所得税共享改革之后，稳步提升了中央财政占全国的比重。如1993 年这一比重仅为 22%，而到"十五"时期（2001～2005）平均水平为 53.8%，最高年份的 2002 年为 55%。为此，也在国内进行了一场不大不小的"讨论"。一种观点认为，中央财政集中程度不高。一些来自中央部门研究机构的学者主要持这种观点，他们的研究往往是从中央政府的视角出发，认为如果将社会总财力资源（税收＋非税）分配、统筹区域发展以及借鉴发达国家的比例关系等多方面的因素作为考量依据的话，我国应该继续提高中央财政的再集中度，并且集中度应该达到"60%"的目标。而很多来自地方政府部门和高校科研机构的学者则提出了截然相反的观点，他们从地方政府的视角入手，认为如果将地方政府多元级次（省、市、县、乡、村）、地方财政收入质量、公共产品供给的有效性、转移支付绩效等多方面的要素作为考量依据的话，我国应该进一步降低中央财政的集中度，并且中央与地方按税收收入应该按照"五五分成"进行改进（王振宇，2007）。近些年来，我国"营改增"改革经历了从试点、扩围到全面的过程，由此引致政府间收入初次划分的讨论，也成为研究者关注的一个重点。近些年来，王振宇等也选择财政收入、税收收入、政府性基金等不同口径，对中央与地方政府间收入划分进行了量化，较好反映了政府间收入初次分配概貌，以 2014 年为例，其结果分别为 45.9∶54.1、50.4∶49.6、7.6∶92.4。

第三，关于事权划分方式的"讨论"。1994 年分税制改革，基本在第一代财政分权理论指导下进行的，这种分权理论的核心是公共产品及其受益范围理论。在这种理论框架下按照受益范围可以将公共产品分为全国性、区域性和地方公共产品，而不同产品应该分别由中央政府、区域性政府和地方政府分别提供，以此分权理论为标准可以看到，我国现行的事权划分基本停留在分税制以前的格局，明显存在着不清晰、不合理和不规范的问题。2012 年，财政部原财政科学研究所课题组①刊发了"明晰支出责任：完善财政体制的一个切入点"一文，此研究基于国内外的比较分析提出了两种类型的政府间事权划分。一是政府间界限较为清晰、井水不犯河水的"横向"模式，在西方政府间事权划分方式普遍采取这种模式；二是按要素划分的主张在各级政府间进行划分的"纵向"的分权模式，具体就是将事权分解为决策权、执行权、监督权与支出权，并在各级政府之间进行划分，在这种模式下政府间界限较为模糊。而中国的事权划分属于纵向模式，即"中央决策，地方执行"，多数支出责任由各级政府共同承担，形成了"几家共担"的特色。目前看，这一观点只是对现存现象的一种解释，不被学术界广泛认同。楼继伟在《中国政府间财政关系再思考》（2013）一书中，对事权划分提出了三原则，即外部性、信息处理的复杂程度、激励相容，马光荣

---

① 参见《经济研究参考》2012 年第 40 期。

（2014）又增加了规模经济的原则，陈颂东（2015）更是系统梳理了分税制原则的种种观点①。相对于一个时期以来有关事权、财权与财力相匹配的讨论，也算是一个重大认知上的进步，也是结合国情综合运用第一代、第二代财政分权理论的一个例证。

第四，关于省以下财政体制改进的"讨论"。分税制后因地方事权与财权财力上非对称性安排，大约在1999年前后在某些地方层级出现欠发公教人员工资现象，引起了学术界的高度重视，其中以贾康（2001）等为代表，在借鉴美国模式和浙江经验的基础上，提出了"扁平化"改革设想，即通过实行财政"省直管县"和"乡财县管"等举措，使得"市""乡"两级政府进一步弱化，从而初步搭建一个中央、省、县的三级政府架构。从实际层面来看决策层一定程度地采纳了这一观点。经过长时间的论证和试点工作，2009年6月22日财政部印发的《关于推进省直接管理县财政改革的意见》明确了省管县财政改革的总体目标，即到2012年底前力争全国除民族自治地区外，全面推进省直接管理县改革。而以刘尚希、杨之刚、王振宇、李万慧等为代表，对财政"省直管县"却不看好，如刘尚希、邢丽、赵大全（2009、2015）的"辖区财政"替代现行的"层级财政"、杨之刚、王振宇（2009）的一些"担忧"分析和李万慧（2010）的"命令模式"替代现行的"自治模式"，加之国内新疆、西藏、青海、内蒙古等省、区的客观实际，进一步证明了全面推行财政"省直管县"的非普适性。从实际运行情况看，财政省直管县改革没有达到预期目标。2012年全国大约一半的省份试行了这一改革，尚有46%仍不认同②。贾俊雪、郭庆旺、宁静（2011、2014）的研究，也对这一改革成效持负向性的结论。同时，财政"省直管县"后地方政府区划上的县改区、乡并区新现象也引起了部分学者的重视，认为是地方倒逼机制的一个应对（王振

---

① 参见《地方财政研究》2015年第5期。

② 截至2011年底，全国27个省份在1080个市县实行了"省直管县"财政管理方式改革，约占全国县级总数的54%。同时，全国实行乡财县管的乡镇2.93万个，约占全国乡镇总数的86%。

宇，2015）。

第五，关于国、地税征管机构合并的"讨论"。1994年分税制财政管理体制改革的一个重要亮点在于"一设"，即分设国、地税两套税务机构。历经20多年的实践运行，一方面要充分肯定其历史功绩，较好确保了其时条件下财政体制的有效实施。另一方面，则是加重了纳税人的负担，增加了税收成本。随着"金税工程"的实施，大数据时代的到来，以及近些年一系列税制改革，继续维持两套税务机构存在的必要性开始受到质疑。分税制后，国内学者从事国、地税合并的研究一直没有中断，包括贾康、高培勇、庞凤喜、安体富、赵云旗、杨志勇、马海涛、白彦锋等国内财政学者。2009年，从国家层面选择广东省的深圳市、顺德区和广州市推行大部制改革试点。2013年3月10日，国务院发布了《国务院机构改革和职能转变方案》，以国、地税大部制改革为主题的研究也达到了历史高峰。2015年10月，中央全面深化改革领导小组第十七次会议审议通过《深化国税、地税征管体制改革方案》，并于10月24日正式向社会公布，至此多年热议的"合并"被"合作"所替代。而且2016年3月28日，财政部、国家税务总局印发《关于全面推开营业税改征增值税试点的通知》，决定从5月1日起在全国范围内全面推开营业税改征增值税，并将原地税部门为主征收的营业税改为国税征收。在这种情况下，仍有诸多研究者还以全面营改增后"国地税合并"为内容，进行分析研究与呼吁，成为近两年研究的一个相对亮点之处。

上述"讨论"与"争论"反映了不同利益主体对分税制的诠释及改进期待，其意义是十分重大而影响是十分深远的。通过对有些问题的长期的"交锋"，在此过程中形成了改革的共识，从而有利于科学决策的形成，并部分转化为当下的实际行动。一是宏观税负高低的"讨论"，在官方层面逐步由不认同、不断地解释到逐步采纳，并以落实供给侧结构性改革为契机，加大了减税降费力度，实质性降低了宏观税负。如生产税净额占GDP的比重，已由最高年份2012年的15.9%下降至2015年的14.9%，实质性地下降了1个百分点。2017 年 4 月以来，国务院更是将减税降费作为供给侧结构性改革的一项重要举措，甚至明确了 1 万亿元的减负目标。二是中央财政集中度大小的"讨论"，伴随着全面"营改增"的落地，2016 年 4 月 29 日，发布的《国务院关于印发全面推开"营改增"试点后调整中央与地方增值税收入划分过渡方案的通知》明确将过渡时期中央与地方增值税分享比例由 75：25 调整至 50：50，部分采纳了研究者的一些建议。三是事权划分的"讨论"，在《国务院关于推进中央与地方财政事权和支出责任划分改革的指导意见》中，明确了改革的时间表和路线图，虽说冠以"财政"事权与支出责任的《指导意见》属于缩水版范畴，但相对于事权改革这一最难啃的硬骨头和 20 多年的踟蹰不前，也算得上一个不小的进步。四是近些年财政"扁平化"改革出现了降温之势，特别是自党的十八届三中全会以来，官方文件中无相关改革取向的表述，而在实践运行层面也出现了逆向改革的行动。如在省管县的发祥地浙江省也出现了新情况——省希望市管县、县也有愿望市管县；在安徽等试行省管县较早、较彻底的省，开始走回头路——重启市管县；在河北部分试行"省直管县"的也觉得这一改革问题不少；更为极端的是，2016 年末辽宁停止了对绥中、昌图两县的扩权改革，成为全国除民族自治区之外唯一进行"市管县"的省份。五是国地税征管机构合并或合作的"讨论"，虽说决策层释放了近期不合并的信号，但在地方实践层面，随着进一步的"放管服"改革，特别是通过推行国地税联合办公、相互"委托—代理"以及大数据共享等，严格文字意义上的"合作"与"合并"已非常模糊，近乎同义词。

三、分税制国内研究的现实困境及其简要展望

以上文献梳理发现，近几年国内分税制的研究似乎在"降温"。同时，也有一些研究者也在进行系统考量，其代表性观点和成果。高培勇

（2014、2016）① 曾呼吁财税改革要坚持分税制原则，不能将分税制简单
理解为"分钱制"，重回"分税制"的轨道，真正激发中央、地方两个活
力。马海涛（2014）也在《中国分税制改革20周年：回顾与展望》（经
济科学出版社）中，提出要坚持分税制方向，深化财政体制改革，特别
需要处理好分税制改革与基本公共服务均等化、与主体功能区、与城镇化
建设、与"营改增"的关系。郭庆旺、吕冰洋（2014）等在《中国分税
制：问题与改革》（中国人民大学出版社）中，对新一轮分税制改革提出
系统设计方案，成为有影响的重要研究成果。王振宇（2014）在《分税
制财政管理体制模式特征及多维视角改革构想》一文中，基于多维视角
提出了要妥善处理好"十大关系"②，较好体现了系统性、全局性原则。

　　分析近几年国内分税制研究不理想的原因，主要源于以下四个方面
"困境"：

　　第一，从客观现实需求上看，近几年官方文献中，只有新《预算
法》第十五条明确"国家实行中央和地方分税制"，国务院和财政部的
文件对分税制的表述近乎为零。甚至在2013年11月党的十八届三中全
会《中共中央关于全面深化改革若干重大问题的决定》中也没有提及
分税制的字样，有关财税体制改革的顺序也退居第三位，即改进预算管
理制度—完善税收制度—建立事权和支出责任相适应的制度，与以往顶
层设计文件的改革路径顺序（财政体制改革—税制改革—预算制度改
革）形成了较大差别。新《预算法》修订过程中，前三轮都广泛征求

---

　　① 中央与地方收入划分，绝不能重走1994年之前的"分钱制"老路子。"根据事权与
财权相结合原则，将各种税统一划分为中央税、地方税和中央地方共享税，并建立中央税收和
地方税收体系，分设中央与地方两套税务机构分别征管"，这既是1994年分税制财政体制改
革的核心要义，也是本轮财政体制改革应当坚守的方向。应当也必须紧紧抓住这个牛鼻子不撒
手，真正把财政体制改革纳入分税制轨道。参见《财贸经济》2016年第11期、12期"本轮
财税体制改革进程评估"一文。
　　② 即一是有效兼顾政治、经济、社会之间关系，二是有效兼顾总量、速度、比例之间关
系，三是有效事权、财权、财力之间关系，四是有效兼顾集权、分权、授权之间关系，五是有
效兼顾中央、地方、部门之间关系，六是有效兼顾税、费（基金）、利（租）之间关系，七是
有效兼顾存量、增量、流量之间关系，八是有效兼顾初次分配、再分配、三次分配之间关系，
九是有效兼顾层级、辖区、命令之间关系，十是有效兼顾人治、法治、自治之间关系。

意见，而第四轮却省却了这一步骤，致使《预算法实施条例》至今也没出台。同样，三中全会"决定"形成过程中，也都在小范围征求意见，基本处于"保密"状态，缺乏必要的专家和社会参与机制，而有关财政是国家治理的基础和重要支柱的表述，从现有文献中尚未发现国内研究者的相关"蛛丝马迹"。2014 年 6 月 30 日，中共中央政治局审议通过的《深化财税体制改革总体方案》至今还是"保密"文件。而 2016 年 5 月 1 日全面"营改增"①后又将地方第一大税源营业税全部取消，理论上降低了分税制"分税"存在的客观物质基础。以上情况也在一定层面凸显了当下分税制研究的客观困境。

第二，从有效供给上看，由于信息上的不对称性，使得国内该领域研究只能做些事后解读性、宣传性、再论证性的工作，更多体现的为"花瓶"角色（高培勇，2016），很难形成前瞻性强、影响力大的分税制研究成果，明显存在着"短板"和有效供给不足。党的十八届三中全会以后，顺应财政新定位的变化，研究者的兴趣点一下子转向了财政是国家治理基础和重要支柱新表述上，而一以贯之从事分税制研究的学者寥寥无几，特别是基于地方视角的研究者更为稀缺。同时，个别学者认识上的误区也不可忽视，认为"分税制—公共财政—现代财政制度"之间是简单的前后替代关系，甚至还认为分税制、公共财政已经完成历史使命，当下研究重点就是现代财政制度，等等，这也是当下分税制研究困境的主观制约因素。

第三，从历史演进过程上看，1993 年进行分税制制度设计时，社会主义市场经济体制概念刚刚提出，整个国家处于短缺状态，工业化处于初级阶段，财政"两个比重"达到历史上的"极低值"，财政供给和作用领域在"体制内"进行。而当下启动的新一轮财税体制改革，与 20 多年前迥异，整个国家初步建立了社会主义市场经济，步入了工业化中后期，人均收入进入了中等收入国家行列，成为名副其实的经济大

---

① 主流学术界基于营业税为地方第一税种的综合考量，不主张进行全面"营改增"，或者待其他税制改革出台具备可替代后再进行。

国和财政大国，特别是我们告别了短缺并出现了各种过剩之后，客观上财政"两个比重"不低，公共财政制度建设和实践运行突飞猛进，还有一个不容忽视的技术进步，即互联网、大数据得以广泛运用。环境氛围和技术支撑条件的变化，从"加法"为主的改革向"减法"的转型，也成为当下分税制研究困境面临的新挑战。

第四，从改革推动力上看，1994 年我国选择了分税制财税体制改革，短期内实现了振兴国家财政的目标，成为 20 世纪 90 年代最为成功的伟大改革，奠定了改革开放后半程中国经济高速增长的动力源泉。但这一自上而下的强制性制度变迁，改革之初就以提高财政"两个比重"为出发点，采用基数加增长的办法，回避了政府间事权的合理划分这一基础前提，明显存在着"先天不足"，随着中央财政宏观调控能力的提高，进一步改革的动力又不充足，使得整个改革存在着一定的"缺陷"（王振宇，2006）。受多种因素的制约，其后又进入"微"改革状态，选择性、碎片化的调整，使得"分税制成为一盘没下完的棋"。而近几年的改革也不尽如人意。高培勇、汪德华（2016）在《本轮财税体制改革进程评估：2013. 11～2016. 10》中[1]，认为"财政体制改革虽有所突破，但相对滞后状态未有根本改变，总体上属于具体方向尚待明晰的拖泥带水工程"。张光（2017）也在《十八大以来我国事权和财权划分政策动向：突破还是因循?》一文中[2]，认为《国务院关于推进中央与地方财政事权和支出责任划分改革的指导意见》在划分财政事权的指导原则上有某种突破，但在中央事权、地方事权和中央与地方共同事权的具体分类上，仍旧因袭了现有的做法。2013 年党的十八届三中全会《中共中央关于全面深化改革若干重大问题的决定》特别明确提出要在稳定税负和保持现有中央和地方财力格局总体稳定前提下进行改革。而在"两个稳定"前提下的分税制改革，可能是个两难选择，需要充分考量决策者、政策制定者、研究者的智慧。自上而下强制性制度变迁动力不

---

① 详见《财贸经济》2016 年第 11 期。
② 详见《地方财政研究》2017 年第 4 期。

足及其"两个稳定"的限制,也是分税制研究困境的一个重要约束。

1994 年以来,我国从分税制体制改革中获得了巨大红利,作为成熟的国际经验,分税制是绝大多数国家处理政府间财政关系重要制度安排。在新一轮财税体制改革过程中,我们没有理由简单放弃这一优秀的制度,没有比分税制更好的替代方案,更没有理由简单回归至"统收统收"、比例分成式"大包干"的旧体制模式下。为此,要在 20 余年实践运行的基础上,综合吸纳创新运用各种理论,突出问题导向,落实专家和社会广泛参与机制,坚持顶层设计与地方实践相结合,重构以分税制为核心的现代财政制度,并在以下几方面有所突破。

——在坚持分税制原则的基础上,综合选择运用各种理论方法,如公共产品理论、公共选择理论、委托代理理论、交易成本理论、产权理论、理性人假设等,重新回归分税制改革逻辑、思维及其原则,全方位进行财政体制顶层设计的再创新。

——在坚持财政体制"三要素"(事权、财权、转移支付)合理配置的基础上,有效兼顾政府市场社会、各级政府间、财政部门与部门预算单位间的不同利益主体需求,充分调动各方面积极性,最大限度释放财税体制改革红利。

——积极探索省以下分税制有效实现形式,同时在财政"两个比重"合理界定、事权与财权科学划分、转移支付适度规模与结构优化、财政"省直管县"改革、政绩考核制度改革等重大现实问题和配套改革上研究提出系统改进的方案。

——在国家治理框架下,积极探索"财政治理"的概念、框架体系及其财政治理能力评估建设的问题。同时,积极加快分税制财政体制"四化建设"(科学化、法治化、民主化和信息化),切实为新一轮财税体制改革注入新机制、新动力、新保障。

以上多是笔者多年分税制研究跟踪系统化、条理化的过程,但相对于汗牛充栋的研究成果而言,难免挂一漏万,或南辕北辙。鉴于财政体制在整个财政制度中的核心地位,期待上述梳理、发现和展望,会对中国现代财政制度建设有所裨益。

分税制财政管理体制模式特征及多维视角改革构想^①

1994 年的分税制财政管理体制改革，是一项重要的制度创新，为改革开放后半程中国经济高速增长发挥了重要作用。其时，由于选择了渐进式的改革路径，特别是随着时间的推移，现行财政管理体制的某些方面和环节基本丧失了帕累托改进的余地，甚至在某些层面出现了负向激励和逆向调节的问题。党的十八大明确提出了"加快财税体制改革"的基本取向，新一届中央领导集体发出了强烈的改革讯息，十八届三中全会做出了全面改革部署，各方研究力量也在不断地献计献策，加快现行财政管理改革体制改革已成必然。

一、国内相关研究综述

近 20 年来，有关分税制财政管理体制的研究一直是国内的财经热点问题，研究者众多，研究成果非常丰富。总的来看，这些成果在继承"国家分配论"和借鉴西方财政联邦主义等成果基础上，不断地演进深化。具体可划分为三个时期，凸显三个特征：（1）分税制实施（1993）前后，以王绍飞、吴俊培、张馨、寇铁军、孙开、卢洪友等为代表，着重从介绍西方成熟国家分税制经验入手，阐述我国分税制改革的基本内

---

① 此文刊发于《经济社会体制比较》2014 年第 1 期，《复印报刊资料·财政与税务》2014 年第 5 期全文转载，获得第六次全国财政优秀理论研究成果三等奖。

容、原则、方向，呈现出"介绍诠释"式的研究特征；（2）分税制实施10年（2003）前后，以李齐云、贾康、高培勇、赵云旗等为代表，着重从总结分税制改革成绩、现存问题入手，探讨深化改革的思路对策，呈现出"概括总结"式研究特征；（3）分税制实施15年（2008）以来，以刘尚希、杨之刚、王振宇、杨志勇、于长革等为代表，着重从制度、机制层面入手，更多地反思现行分税制的某些缺憾和不足，提出了改进完善的基本取向，呈现出"反思改革"式研究特征。

当下，普遍认同分税制在政府间事权划分、财权划分、转移支付制度等方面亟须改进，而围绕某些具体问题的探讨，如宏观税负、中央财政集中度、事权划分方式、省以下财政体制改进等，在学术界和实际工作层面却出现了不同的"讨论"：

——关于宏观税负高低的"讨论"。一种观点认为我国现行的宏观税负较高，超出了社会的承受能力，应该降低，持这一观点的学者有周天勇、王美涵、王振宇，以及中央财经大学课题组等；一种观点认为不高，还有提升的空间，以白景明、唐在富等学者为代表；还有一种属于中性的观点，以贾康、高培勇等为代表，认为现行税负较为适中，短期内不宜波动。

——关于中央财政集中度大小的"讨论"。一种认为中央财政集中程度不高，持该观点的多为中央部门研究机构的学者，他们立足于中央政府的视角，从社会总财力资源（税收＋非税）分配、统筹区域发展，以及借鉴发达国家的比例，认为中央财政有必要再集中，并以"60％"为调控目标；而持相反观点的多为地方政府部门和高校科研机构的学者，他们从地方政府多元级次（省、市、县、乡、"村"）、地方财政收入质量、公共产品供给的有效性、转移支付绩效等视角，认为降低中央财政的集中度紧迫而必要，并提出了中央与地方按税收收入"五五分成"等改进建议。

——关于事权划分方式的"讨论"。国内学术界普遍认同公共产品及其受益范围理论，全国性、区域性和地方公共产品，分别由中央政府、区域性政府和地方政府提供最为有效，认为我国现行的事权划分基本停留在分税制以前的格局，明显存在着不清晰、不合理和不规范的问题。2012 年，财政部科研所课题组[①]刊发了"明晰支出责任：完善财政体制的一个切入点"一文，基于国内外的比较分析，提出了政府间事权划分的两种类型：一是"横向"模式，即西方政府间事权划分方式，政府间界限较为清晰，井水不犯河水；二是"纵向"模式，即按要素划分的主张，具体将事权分解为决策权、执行权、监督权与支出权，以此在各级政府间进行"纵向"分权，政府间界限较为模糊。同时，分析了两种模式的利弊。他们认为中国的事权划分属于后者，即"中央决策，地方执行"，多数支出责任由各级政府共同承担，形成了"几家共担"的特色。

——关于省以下财政体制改进的"讨论"。以贾康等为代表，提出了"扁平化"改革设想，即通过财政"省直管县""乡财县管"，弱化"市""乡"两级政府，最终形成中央、省、县三级政府架构，这一观点一定程度上得到了决策层的采纳；而以刘尚希、杨之刚、王振宇、李万慧等为代表，对财政"省直管县"却不看好，如刘尚希的"辖区财政"替代现行的"层级财政"、李万慧的"命令模式"替代现行的"自治模式"和杨之刚、王振宇的一些"担忧"分析，加之国内新疆、西藏、青海、内蒙古等省、区的客观实际，进一步证明了全面推行财政"省直管县"的非普适性。

上述"讨论"意义重大，反映了不同利益主体对分税制的诠释及改进期待，特别是有些问题在长期的"讨论"中达成了共识，这为科学决策提供了重要参考。

二、现行财政管理体制运行的模式特征分析

我国现行的财政管理体制框架，大致形成于 1994 年分税制改革、

---

① 课题组成员：刘尚希、马洪范、刘微、梁季、柳文，刊发于《经济研究参考》2012年第 40 期。

2002 年所得税共享改革以及 2005 年出口退税分担机制改革和 2009 年成品油税费改革等。分税制财政运行模式的选择，较好克服了"统收统支"和"包干制"的诸多弊端，实现了国际经验与中国国情的结合，初步构建了现代财政制度，奠定了市场经济体制和国家长治久安的基础。

多年来的实践运行表明，这一改革取得了巨大成功，根本上扭转了财政"两个比重"① 过低的问题，增强了中央财政宏观调控能力。2012 年，全国公共财政收入高达 11.7 万亿元，是 1993 年 4349 亿元的 24 倍，年均增长 19%；财政收入占 GDP 的比重达 22.5%，比最低年份 1993 年的 12.3% 提高了 10.2 个百分点；中央财政收入占全国的比重达 47.8%，比 1993 年的 22% 提高了 25.8 个百分点。

分税制作为规范政府间财政关系的有效实现形式，发端于成熟的市场经济国家。这种财政分权制度，大多构建在联邦制②基础之上，地方政府享有较高的自治权，并通过"用手投票"和"用足投票"等作用机制维系该体系的运转。而我国的分税制不同于西方模式，1994 年改革时的先天不足或约束条件，加之后续跟进改革的滞后，逐渐使"中国式财政分权"模式特征明显。

第一，"统一领导，分级管理"的分税原则，初步实现了集权与分权的结合。"统一领导"的单一制模式与"分级管理"的联邦制模式，如同 20 世纪 90 年代"社会主义市场经济"命题提出一样，开创了单一制政体、转轨经济体、发展中大国、孔教文化国度引入财政分权制度的先河，是一项极为重要的制度创新，不但具有中国特色，而且也具有世界意义。

第二，"基数 + 增长"的制度设计，构建了激励约束的运行机制。这一"棘轮效应"，确保了新旧体制的顺利转换，实现了财政收入的稳

---

① 第一个比重是财政收入占 GDP 的比重，第二个比重为中央财政收入占全国财政收入的比重。

② 英国、法国、日本作为单一制国家也成功地引入财政分权改革。

定增长。但随着时间的推移，这一改革模式也出现了边际效益递减，致使地方政府逐渐步入了"基数＋增长"的体制陷阱，基数越垫越高，甚至出现了有增长无发展的问题。

第三，预算内狭义范畴分权，中央政府部分让渡预算外（体制外、制度外）财力资源，使得极为"刚性"的体制"弹性"化。以土地为例，地方各级政府作为理性经济人，较好运用土地"二元"结构，通过一系列运作，获取了可观的级差地租，弥补了预算内财力的不足，确保地方经济社会较平稳运行。部分矿产资源也如此。由于受土地、矿产等约束的影响，土地资源依赖型财政变得越来越不持续，并产生了一系列社会、环境问题。

第四，中央政府与区域性政府财政分权，复杂问题简单化，确保了政令统一，客观上赋予了省以下一定的自治权利，促进了地方政府间的有效竞争，注入了中国经济持续增长的动力。学者张五常在《中国的经济制度》（中信出版社，2009）所揭示的县际间竞争，一定程度上佐证了财政分权的作用。由于缺乏强有力的法制约束，省以下体制五花八门，但大多停留在财政包干阶段总额分成或比例分成的做法，致使基层财政困难问题十分突出。

第五，财权上高度集中与事权上高度分散的非对称模式，降低了财政资源配置效率。事权与财权大致匹配是满足政府间财政关系有效运行的基本要求。1994 年的分税制改革，其主要目标是提高财政"两个比重"，尤其是改进中央财政拮据状况。1993 年中央财政自给能力①仅为0.73，到 2012 年已演变为 3.34。当这一目标得以实现、中央财政压力缓解后，也就丧失了进一步改革的动力。20 年间，政府间事权和支出责任的划分几乎纹丝不动。地方政府以 30% 的财力承担了 70% 的事权，势必在中央和地方间造成"大马拉小车"和"小马拉大车"的窘境。

第六，逐渐形成的地方对中央高度依赖型体制，强化了中央权威及其控制，避免因分权可能引致的动荡。在体制内税收返还基础上，从

① 财政自给能力＝本级政府公共预算收入÷本级政府公共预算支出，等于 1 为均衡状态。

1995 年起，中央政府建立了过渡期财政转移支付，后经逐步充实完善，形成了具有中国特色的转移支付体系，这为实现基本公共服务均等化、体现中央政府施政意图提供了可能。同时，过多过滥过于专项化的转移支付，也因部门主导、绩效不佳等问题亟须改进。

第七，分税制逐步为共享制所替代，凸显了税制改革的滞后。1994 年税制改革时，设计了中央税、地方税和中央与地方共享税三种模式。其时，共享税只有 3 个，即增值税、资源税和证券交易印花税。随着日后一系列税制改革①，共享税的主导地位逐步确立，这一局面的形成背离了改革初衷。目前，在我国税系的 18 个税种中，共享税 7 个②，占 39%。以 2008 年为例，在全国税收收入总量中，共享税占 83%，而中央税、地方税仅占 10.1%、6.9%。随着 2013 年 8 月 1 日，按行业在全国推行的"营改增"改革，又会进一步增加共享税的权重。共税制的利益均沾性，能够较好兼顾各级政府的财政利益，满足收入增长需要，但这种简单的比例分成方式，无疑是旧体制的简单回归。

第八，政府间财政关系有演变为委托—代理关系的迹象。一般而言，促进财政体制有效运行具备三要素，即政府间事权的合理划分、政府间收入的合理划分和转移支付制度较好建立。考察近 20 年的财政制度变迁，就事权划分而言，仍沿袭着 1994 年前"不清晰"的划分，事权过分向地方倾斜，"你中有我，我中有你"的问题较为突出；就财权划分而言，由于层层强调"集权"，政府间纵向财力"失衡"的问题日益突出；就转移支付而言，出现了专项转移支付一般化、一般转移支付专项化的问题（楼继伟，2013）。政府间财政关系"三驾马车"几乎同步"失灵"，更与"一级政府、一级事权、一级财权、一级预算、一级产权、一级债权"的设想相去甚远，凸显了该项制度演进的衰退、异化

---

① 如证券交易印花税比例改革、所得税共享改革、取消农业税和农业特产税、燃油费改税、取消固投税等。

② 增值税、营业税、企业所得税、个人所得税、资源税、印花税、城市维护建设税。

甚至背离。目前维系这一体制正常运转，一靠政绩考核制度，形成了中央对地方的政治控制，二靠中央充分集中财权，形成了对地方的财力控制。特别是基于法治视角，分税制的科学化、民主化、透明化程度亟待提高。所谓"上级决策，下级执行"的合理解释，则属于较为典型的委托—代理关系。

分税制作为规范政府间财政关系的最为有效形式，没有固定模式、标准和样本。存在即合理。中国式财政分权模式的形成，源于制度设计之初的条件约束及其后续改革，也与传统的历史文化、政治行政制度以及特殊国情、复杂的国际环境有关。改革取得了辉煌成就，毋庸置疑，同时其所存在的矛盾问题、出现的不足缺陷也在情理之中。

三、加快财政管理体制改革的必要性和紧迫性

纵观近年来的财政管理体制改革，结果不令人满意。一些零星改革大多停留在修修补补层面，碎片化、表层化问题突出；有些改革处于摇摆状，或在方案论证或在试点试验中，出现了选择性改革、被动性改革的问题；受部门或集团利益、地方利益的驱使，甚至还出现了改革的逆向性选择、狭义经验主义倾向。当下，改革的滞后性已引致社会各界诟病，并产生了诸多与之相关的经济社会问题。因此，加快推进分税制财政体制改革紧迫而必要。

第一，加快财政管理体制改革是完善市场经济体系的客观要求。1993 年 12 月 15 日，国务院做出的《关于实行分税制财政管理体制的决定》，时值我国由计划经济向市场经济转轨的初期，受多种因素和条件的制约，选择了一条"渐进式"改革路径，过多照顾既得利益、过多强调中央集权、过多注重激励机制，形成了"中国式财政分权"。财政制度是衡量市场经济成熟程度的重要标尺，也是完善市场经济体系的重要内容。只有妥善处理好政府与市场、事权与财权、集权与分权等关系问题，切实构建现代意义上的财政制度，才能有效发挥市场机制作用。

第二，加快财政管理体制改革是加快经济发展转变的重要内容。1994 年的分税制改革，历经 20 年的实践运行，基本上丧失了帕累托改进的余地，期初的某些"正向激励"日益演化为"逆向调节"。近些年来，我国经济一直处于"过热"状态，中央政府诸多宏观调控难以"落地"，也是源于"基数 + 增长"的制度设计，"倒逼"着地方政府不遗余力地"增长"，而可供选择的路径便是投资、招商"冲动"，难以摆脱粗放式发展模式。加快经济发展方式转变，迫切需要创新财政体制机制，切实营造优良的制度环境条件。

第三，加快财政管理体制改革是释放改革红利的重要途径。1994 年分税制改革，释放了巨大的制度红利，奠定了财政大国地位。当下，我国已步入工业中后期，进入了中等收入国家行列。面对着人口红利的逐渐消失、收入分配差距扩大、资源生态环境约束等一系列矛盾和问题，必须靠改革的思维、方式、方法来解决。财税制度是一个国家最为根本的经济制度，而财政体制又居于核心地位。重启财政体制改革，进一步释放改革红利，是实现中国梦的战略选择。

第四，加快财政管理体制改革是缓解地方财政困境的直接途径。分税制后，一个不争的事实就是财权上移，形成了事权与财权、财力的极不匹配。2002 年 12 月 26 日，国务院批转财政部《关于完善省以下财政管理体制有关问题意见的通知》，2009 年 6 月 22 日财政部印发了《关于推进省直接管理县财政改革的意见》，采取了诸如县级财力保障机制等措施，一定程度上缓解了地方财政困难。但地方政府财源枯竭、事权无限度扩大的现实没有从根本上改观，致使地方政府过度依赖土地财政，大量变相融资举债，某种程度上陷入了增长困境。地方财政的可持续发展，有赖于现行财政管理体制的改进完善。

主动改革，改革主动。当前迫切需要抓住社会各界达成改革共识的有利时机，从完善财政管理体制改革入手，坚持顶层设计和总体规划，明确改革的路线图和时间表，深入系统地研究回答为什么改、改什么、谁来改、改到什么程度这些基本问题。

四、加快财政管理体制改革的多维视角考量

加快财政管理体制改革，是一项极为复杂的系统工程。2008～2009年，笔者曾撰写了完善分税制财政体制"十个关系"问题①，较系统地分析了与之相关关系。近几年来，随着学习研究的深入，感觉从"二维"视角来解读尚不全面，本文尝试从"三维"视角来理解政府间财政关系。

第一，有效兼顾政治、经济、社会之间关系。无论是政府有机论还是机械论都认为，政府具有政治、经济、社会三大职责。财政作为政府履行职责的物质基础和政策工具，"既是一个经济范畴，又是一个政治范畴和社会范畴"（江泽民，2000年）。完善分税制财政体制改革，必须坚持谨慎性原则，充分均衡各方利益关系，避免引致不必要的波动。

第二，有效兼顾总量、速度、比例之间关系。财政属于国民经济收入分配再分配的范畴。运用体制工具调整收入分配关系，一定要"总量"控制、"速度"合理、"比例"协调，任何超能力、超水平、超阶段的分配行为，都会偏离其"中性"原则，造成效率的损失，不利于公平。

第三，有效兼顾事权、财权、财力之间关系。由事权与财权相匹配，到事权与财力相匹配，我们经历了一个重要的认知过程。可以说，事权与财权匹配是体制设计的起点，事权与财力匹配则是体制执行的结果。既然我国选择了财政分权体制，就必须赋予地方政府必要的财政权（含税收权、举债权等），只有财力没有财权的分税制是不完整的，也不应当作为未来的改革取向。为实现基本公共服务大致均等化的目标，只有当财权内财源不足时，才通过转移支付等手段，提供必要的财力补

---

① 即政府与市场、事权与财权、存量与增量、诸侯与王爷、人治与法治、非税与税、效率与公平、刚性与弹性、垂直与扁平等十个关系，先后刊发于《税务研究》《学习时报》《瞭望新闻周刊》等。

充。所以，三者之间关系要协调，但财权与财力不能混淆。

第四，有效兼顾集权、分权、授权之间关系。过度集权和分权都会带来体制效率的损失。适度集权型财政体制符合中国国情。因政府间"职责同构"，而又通过"委托—代理"占主导地位的授权模式，并非最优的匹配。所以，未来的改革取向，应该是适度集权、适度分权、充分授权。

第五，有效兼顾中央、地方、部门之间关系。广义的分税制体制，是纵向关系和横向关系的集合。1994年的分税制改革，我们较好解决了中央与"诸侯"（地方）之间问题，但却忽略了政府与"王爷"（部门）之间的约束，致使部门利益膨胀，政府财权部门化。未来的财税体制改革完善，必须摒弃中央主义、地方主义、部门主义的思维惯性，秉持国家利益、全局利益、长远利益至上。

第六，有效兼顾税、费（基金）、利（租）之间关系。也称第一财政、第二财政、第三财政①之间的关系。目前，"税"通过国、地税征管，构成了政府财政资源的主体，得到有效使用、监管。"费"则逐步纳入了财政预算或专户管理体系，并在地方财政体系发挥了重要作用，但其"政府所有，部门使用"性质未变。"利"则游离于政府预算体系之外②，构成了垄断集团的超额利润，2010年第三财政规模高达2.14万亿元（张馨，2012）。进一步改进完善，要坚持正本清源、完整统一的原则，有效推进费改税进程，强化国有资本经营预算编制执行力度。

第七，有效兼顾存量、增量、流量之间关系。"基数＋增长"的渐进性改革，确保了地方既得利益。以流转税为主导的税制结构，倒逼着地方在"流量"上大做文章，形成了外延性财政增长方式。合理的改革取向，要弱化"存量"约束，控制"流量"规模，做实"增量"，切实构建有质有量的内生增长机制。

第八，有效兼顾初次分配、再分配、三次分配之间关系。在我国现

---

① 张馨：《论第三财政》，载于《财政研究》2012年第3期。

② 近年来，推行的国有资本经营预算改革，尚处起步阶段。

行的财政分配体系中，存在着严重的结构失调问题，即一次分配比例失衡，再分配明显越位，三次分配严重缺位。一次分配讲效益、再次分配讲公平、三次分配作补充，是通行规则。今后的改革完善，就是要发挥三次分配的独特功能，取长补短，共同作用。初次分配要充分发挥市场机制的作用，实现财力资源优化配置；再分配要充分发挥财政作用机制，有效弥补市场缺陷；三次分配要充分发挥社会组织作用，有效弥补政府失灵。

第九，有效兼顾层级、辖区、命令之间关系。本着"一级政府、一级财政"原则，我国存有 5 级财政体系。近些年，自上而下强制推行的"省直管县"扁平化改革，也因种种原因只完成了一半[1]，特别是安徽等省还出现了"市管县"的回潮。扁平化可能只是权宜之计。今后的改革完善，亟须转变行政层级逻辑思维，从满足基本服务均等化要求出发，引入"命令模式"，以省级政府为责任主体，充分尊重地方政府的自主选择，避免"一刀切"、运动式，造成财政秩序的混乱。

第十，有效兼顾人治、法治、自治之间关系。我国现行政府间财政关系重大事项的确定、划分、调整，主要依靠"红头文件"来进行，上级决定下级，地方从属于上级，法治化、规范化程度不高，人治色彩鲜明。未来的改革完善，要充分体现宪政精神及其原则，减少人为因素的干扰，较好赋予地方政府独立行使履行辖区责任的权利。

在有效兼顾上述多元利益关系的基础上，研究提出一个简要的改进框架体系。

——重新定位财政职能范围。要在"两个新凡是"[2] 的前提下，"有所为，有所不为"，重新考量政府财政活动领域和作用边界。一个基本的改革建议，就是凡市场能做的，政府就要少介入或者不介入；凡通过间接手段能调节的，政府就少用或者不用直接手段来干预；凡更低

---

① 截至 2011 年底，全国 27 个省份的 1080 个县试行了该项改革，占全国县级的 54%。按财政部的文件要求，力争 2012 年底前全国推行（民族自治区除外）。

② 凡是公民能自行解决的，政府就要退出；凡是市场能调节的，政府都要退出。

一级政府能做的，更上一级政府就少介入。合理确定财政收入规模和速度，减少行政手段在财力资源配置上的无节制运用，还原市场机制的本原，最大限度地满足社会公共需要。

——充分划分政府间事权范围。本着外部性、信息复杂程度和激励相容的原则，重新划分中央政府、省级政府和地方政府（市、县、乡镇）之间事权范围，有效克服"上下一般粗""职责同构"的问题。当下，要将一些事关全局、流动性强、跨界域的事权和支出上划省级以上政府。

——适度降低政府宏观税负。以 2012 年为例，我国大口径的宏观税负为 35.8%，超出了仍处于发展初级阶段的国情。要从国民收入初次分配入手，通过一系列税费改革，如结构性减税、减费等，合理控制政府收入规模和增长速度。

——合理划分政府间财权。一方面，积极探求"集权"与"分权"的平衡点，适度降低中央财政的集中度，通过减少共享税种、降低共享比例等，适度下沉财力，建议中央与地方政府间的税收收入初次分配比例控制在"50∶50"的水平①。另一方面，赋予地方政府适度的税权，将那些保证全国政令和税收政策统一，维护全国统一市场和公平竞争的地方税的税收立法权集中在中央外，可将其"余权"让渡地方。

——省以下财政体制实行"命令模式"。层级分权思维主导下的政府间收入划分，到了县乡层面几乎无税可分。前些年，财政单项力推的"省直管县"改革试验，也因与现行的行政管理体制不匹配、区域经济发展不协调以及省级管理幅度和县级运行成本等问题的制约，效果不理想。为此，要从弱化层级财政思维入手，不断强化辖区财政责任。同时借鉴俄罗斯、巴西等转轨国家省以下财政体制经验，引入"命令模式"，由中央政府明确规定主要税种在地方各级中的最低划分比例。

——加速推进税制改革。我国现行的税收制度，大体延续 1994 年

① 以 2011 年为例，中央与地方间财政收入划分比例为 49.4∶50.6，而税收收入则为 54.2∶45.8，大致有 5 个点的差异。

的制度框架，虽然经历了近年来的两税合一、个税起征点变动、增值税"转型"和"扩围"试点等项改革，但流转税、间接税的主体地位没有改变。这种税制结构，适应了组织财政收入的需要，特别是确保了中央财政收入的稳定增长。地方税制的先天不足和逐年萎缩，伤害了地方政府的财源基础，迫使地方政府纷纷在土地、资源、环境上作文章，造成了不规范竞争、产业趋同、产能过剩。新一轮税制改革，要在总体改进完善的基础上，将地方税建设置于重要地位，通过重新划分增值税和所得税分享比例，改进消费税并让渡地方，以及完善房产税、遗产和赠与税等，确保地方政府拥有较为稳固的主体税源。

——改进财政转移支付制度。明确转移支付来源，合理确定转移支付规模，优化转移支付结构，自上而下加大专项整合力度，积极探索横向转移支付形式，加大以"因数法"为主导的分配办法，切实提高转移支付绩效。

——统一政府财政权。政府财权部门化、部门财权法治化，是当前我国财政经济运行中的最大顽疾。从根本上解决"各路大臣都分钱"的问题是当务之急。要从维护国家和地方财政经济安全的高度入手，通过完善各项财政法规制度，推进依法理财和"阳光财政"建设，深化政府预算改革，整合政府财力资源，实行"金财工程"等措施，确保政府财政权的完整、统一。

重启分税制财政管理体制改革[①]

1994 年分税制的成功实施，较好克服了"统收统支"和"包干制"的诸多弊端，实现了从行政性分权向经济性分权的转变。这一重要的制度创新，历经 20 年的实践运行，初步构建了现代财政体系框架，奠定了市场经济制度和国家长治久安的基础。有关分税制的历史功绩，怎么评价也不为过。但受改革初始条件的约束，分税制其实是一盘没有下完的"棋"，还留了个不小的尾巴。

一般地，维系财政体制有效运行有三要素，即政府间事权的划分、政府间收入的划分和转移支付制度的构建。考察我国现行的财政管理体制，就事权划分而言，仍沿袭着 1994 年前"不清晰"的划分，事权过分向下倾斜，"你中有我，我中有你"的问题较为突出；就财权划分而言，由于层层强调"集权"，政府间纵向财力"失衡"的问题日益突出；就转移支付而言，出现了专项转移支付一般化、一般转移支付专项化的问题。某种程度上，政府间财政关系"三驾马车"几乎同步"失灵"，更与"一级政府、一级事权、一级财权、一级预算、一级产权、一级债权"的构想相去甚远，凸显了该项制度演进的衰退、异化甚至背离。目前，维系这一体制正常运转，一靠政绩考核制度，形成了中央对地方的政治行政控制，二靠中央充分集中财权，形成了对地方的财力控制。基于法治化、民主化、规范化视角的进一步考量，现行的分税制也亟待提高。

---

① 此文刊发于《地方财政研究》2013 年第 10 期卷首语。

　　纵观近些年的财政管理体制改革，结果不令人满意，后续跟进的改革创新显得有些不足。如一些零星的改革，大多停留在修修补补的层面，碎片化、表层化问题突出；有些改革处于方案论证或试点试验中，出现了选择性、被动性改革的问题；受部门（集团）利益、地方利益的驱使，甚至还出现了改革的逆向性选择、狭义经验主义倾向。当下，改革的滞后性已引致社会各界的诟病，并产生了诸多与之相关的经济社会问题。

　　事实上，分税制前的 1993 年，我国财政收入只有 4349 亿元，而到 2012 年则高达 11.7 万亿元，增长了 27 倍。同时，财政收入占 GDP 比重由 12.3% 提高到 22.5%，中央财政收入占全国财政收入的比重也由 22% 提高到 47.8%。也就是说，随着政府作用领域和财力配置范围的扩大，原有的"小口径""窄范围"的财政体制运行模式呈现出一定的不适应性。

　　财政体制在整个财政制度中居于核心地位，分税制是规范政府间财政关系最有效的实现形式。我们既然选择了市场经济体制和财政分权制度，就是要坚持分税制改革方向不动摇，正视现存的矛盾和问题，有效兼顾多方利益关系，下决心重启分税制财政体制改革，进一步释放改革"红利"，为中国经济升级版营造优良的财税制度环境。

关于深化财政管理体制改革几个具体问题的考量①

　　财政管理体制在整个现代财政制度构建过程中居于核心地位。合理的财政管理体制制度设计，有利于优化稀缺财政资源的配置，有利于调动各级政府当家理财的积极性，有利于国家长治久安。1994年的分税制财政管理体制改革，较好适应其时的中国国情，对迅速提高财政"两个比重"，增强中央政府宏观调控能力，做出了历史性的贡献。但由于受到多种因素的制约，分税制制度设计还留下一个不小的尾巴，其后的各项跟进改革显得不足，致使当下财政体制的矛盾和问题愈益凸显。

　　自2014年6月30日中央政治局审议通过"深化财税体制改革总体方案"以来，7月31日全国人大审议通过了《预算法》修订案，国务院、财政部先后出台了一系列有关深化预算管理制度改革文件，整个税制改革也围绕"六改一清"（增值税、消费税、资源税、环境税、个人所得税、房产税和清理税收优惠政策）而进行，相形之下财政管理体制进展得相对缓慢。党的十八届三中全会决定明确提出了构建事权与支出责任相适应的制度，一个时期以来，有关部门和机构也围绕这一主题进行了研究分析，并已形成了框架性意见和方案。本文基于地方层面、研究视角，对深化财政管理体制改革的几个具体问题做点探讨。

---

　　① 本文刊发于《科研要报》2015年第10期，得到辽宁省政协副主席李晓安重要批示（2015年10月28日）。

一、关于赋予地方政府必要的财政权问题

财政权是收入权、支出权、管理权、立法权等的集合。1994 年开始进行分税制度设计时，曾设想比照成熟市场经济国家的做法，进行较规范、较合理的安排，而在实际运行中，却表现出相悖的结果，呈现出中央财政权"膨胀"、地方财政权"萎缩"的态势。一是从收入权来看，受 2002 年所得税分享体制改革、取消农业税（农业特产税）、燃油费改税等影响，地方的税收收入初次分配能力已从分税制初期的 20% ~ 30%，降至近些年的 8% ~10%。地方政府财政初次收入份额的不断下降，降低了分税制财政体制功效。二是从支出权来看，以 2013 年为例，地方财政自给能力为 0.5763（省级 0.6116、市级 0.6488、县级 0.4654、乡级 1.0115），也就是说地方财政支出的 43% 是来自中央财政的各类补助，形成了对中央的高度依赖性，凸显了地方政府财政支出权的不足。2015 年 1 月 1 日新《预算法》实施后，这一状况有所改观，但地方财政支出的"自主空间"极为有限，而且越往下越明显，呈现出"工资财政"的典型特征，特别是近一两年来又在县乡层面出现了滞发、欠发公教人员工资以及保障对象养老金的新情况新问题。三是从管理权来看，仍以 2013 年为例，中央对地方各类税收返还和转移支付总量为 4.8 万亿元（占地方预算内财力的 48.8%），其中均衡性转移支付为 0.98 万亿元、税收返还为 0.5 万亿元，而余下的 3.32 万元（占 69.2%）则体现为各类专项和有专门用途的一般性转移支付，占全年地方财政支出的 27.9%，这些资金大多自成体系、自订办法、"封闭"管理，地方政府的再调控权微乎其微。到了地方政府县乡这一层级，年初预算编制与全年预算执行大多在 30% ~40% 的水平（新《预算法》施行后会有所改观），地方政府预算编制权的不足，也反映出地方政府财政管理权弱化的现实。四是从立法权来看，1994 年制度设计之初就属于经济性分权的范畴，即"让利不分权"，仅选择个别小税种（屠宰税、筵席税）赋予地方一定的税收立法权。从 20 多年间实践运行来看，

只有内蒙古等省份短暂开征过筵席税。地方财政立法权的缺失，直接影响着地方财政权。所以，可以判定整个财政体制是高度集权和刚性的，与分级分税体制构想有很大出入。

事实上，经过几十年的艰苦摸索，我们成功选择了行之有效的社会主义市场经济制度和分税制财政管理体制，既然如此，就必须尊重该制度、体制设计的基本运行机理，在新一轮财税体制改革过程中，特别是要基于法治思维、效率原则，对地方政府进行必要的财政再分权，再一次激发"放权让利"的体制活力，基本确保地方政府履行治理辖区事务较为独立的财权财力。

二、关于适度降低财政"两个比重"的问题

面对日益萎缩的财政困难，20 世纪 90 年代初，中央政府做出了振兴国家财政的战略决策。1994 年，分税制财政管理体制的成功实施，迅速改变了中央财政收入占全国比重过低的问题，同时也逐步提高了财政收入占 GDP 的比重。财政"两个比重"是柄双刃剑，过低或者过高都会产生问题。考察现实的状况，以 2013 年为例，我国小口径的宏观税负（税收收入占 GDP 的比重）达 19.4%，而中口径的宏观税负（财政收入占 GDP 的比重）达 22.7%，大口径（政府收入占 GDP 的比重）的占 38.3%，远远超过"20%"的调控目标（简称第一个比重）。也就是说，我国也从低税负国家，演变为高税负国家。前几年媒体热议的福布斯中国"税痛"争论，也从官方层面逐步得以认同，并在近几年启动了一系列降低企业税费负担的改革（如营改增、小微企业降低所得税起征点等）。从中央财政收入占全国财政收入比重来看（简称第二个比重），以 2013 年为例，为 46.6%，比最高年份的 2002 年降低了 8.4 个百分点。表面上看，离"60%"的目标尚有提高的空间。但深入分析会发现，2013 年中央财政税收占全国税收收入比重达 51.3%，仍然占据半壁江山。而实际上，各级政府财政收入质量来看，基本是级次越高、质量越好。从一般非税收入占比情况来看，中央级 5% 以内、省级

10% 以上、市县级 30% 以上。特别是在长期的"基数 + 增长"作用机理和政绩考核制度下，地方的财政收入常常伴随着寅吃卯粮、拉税转税等"虚增"行为，这一现象在中国大陆 1/3 的省份较为突出，即排除发达和欠发达省份。考虑大量地方政府性债务的客观存在，再考虑到省以下 4.5 级政府（视村级为半级财政供养形式）的客观存在，以及 60% 以上的事权支出责任，地方财政的普遍拮据就不言而喻。

整个财税制度再设计，要充分遵从"中性"原则，否则就会产生"挤出效应"，产生效率损失。如果在现有财政"两个比重"格局不变的前提下来进行新一轮财税体制改革，可能是世界级的难题。为此，建议适度降低财政"两个比重"，一是更多发挥市场机制的决定性作用，二是更多发挥地方各级政府的能动作用，从根本上改进和提高财政体制配置效率。

三、关于简化政府财政级次改革的问题

财政级次的选择与行政级次息息相关。在行政上，我国实行 5 级体制，即中央级、省级、市级、县级、乡镇级，其中地方行政级次为 4 级。按照"一级政府、一级财政"的基本原则，地方大致形成了 4 级财政框架。大约 2000 年前后，大面积出现了基层财政困难问题，表现为欠发公教人员工资现象。一些研究者借鉴美国等 3 级行政级次框架，并从浙江省管县的实践中，提出了欠发公教人员工资现象的原因——地方财政级次太多，并提出了简化方案，即"省直管县、乡财县管"改革。这些建议部分得到决策层的采纳，并转化为中央的决策和部门的具体行动，2009 年财政部制发了关于推进省直接管理县财政改革的意见，明确提出要用 3 年时间在全国范围内（民族自治地区除外）完成这项改革。截至 2012 年，全国大约一半的省份试行了这一改革，尚有 46% 的省份仍不认同。从目前情况来看，这一改革试验没有达到预期，甚至在省管县的发祥地浙江也出现了新情况——省希望市管县、县也有愿望市管县；在安徽等试行省管县较早较彻底的省，开始走回头路——重启

市管县；在河北部分试行省直管县的也觉得这一改革问题不少。15 年间基层欠发公教人员工资问题得以缓解——应该主要归咎于从中央层面建立的县级基本财力保障机制。但基层财政问题却从简单变为更为复杂，循着"欠发公教人员工资"—"土地财政"—"地方政府性债务和风险"—"地方财政更困难"在深化演进。

近年来，在地方政府间区划调整上，出现了两个值得关注的现象，一是县改区，二是乡并区，以应对可能进行的财政省直管县改革。一组简单的数据比对可以发现，在中国大陆 31 个省份中，自 2000 年以来地级区划数一直稳定在 333 个，而县级区划数则由 2000 年的 2733 个减少到 2014 年的 1957 个，净减少了 776 个，与此同时区级区划数则由 787 个增加到 897 个，净增加了 110 个。而大量县级区划范围内的乡镇并入区级区划，由于调整权在省级政府，则更是不计其数。这其中也客观存在着由于经济发展、城市化加快而进行县改区、乡并区的合理性一面，但由于省直管县政策"摇摆"而来自市级"倒逼"与"防范"也是不容否认的另一面。可以设想，如果不是近些年民政部、国务院严格了县改区的约束，这一现象更会大范围蔓延。

党的十八届三中全会提出了国家治理体系和治理能力现代化的科学命题，2014 年新修订的《预算法》明确了"一级政府，一级财政，一级预算"的原则。所有这些，都意味着我们要转换思路，从"管理"转向"治理"，从自上而下行政命令模式的"单维"转向上下相互协调的"多维"。为此建议，一是重新评估简化财政级次的改革方案，切忌"单边主义""一刀切"，避免造成不必要的治理混乱与损失浪费。二是在国家治理视角下，引入"辖区财政"概念来替代"层级财政"思维。只有较好地回答了地方财政这些基本问题，才会从更高程度上来有效推进新一轮财税改革。

四、关于两个税务机构改革的问题

1994 年，分税制财政管理体制改革的一个重要亮点在于"一设"，即分设国、地税两套税务机构。历经 20 多年的实践运行，一方面要充分肯定其历史功绩，较好确保了其时条件下财政体制的有效实施。另一方面，则是加重了纳税人的负担，增加了税收成本。随着"金税工程"的实施，大数据时代的到来，以及近些年一系列税制改革，继续维持两套税务机构的存在变得十分没有必要。

一般而言，联邦制国家各级政府间边界划分的十分清晰，两套税务机构的存在有利于提高效率。而我国是单一国家，特别是现行的分税制已演化为"共税制"，政府间财政关系已演化为"委托—代理关系"。国、地税的合并是个老命题，当下争论的焦点，一是两套税务机构是分税制的政治遗产，二是合并会带来大量富余税务人员安置问题。相对于财政管理体制的大局而言，税务机构的合并只是冰山一角。继续选择温和式的改革路径，其效果难以预想。为此，建议尽早研究两套税务机构合并方案的制度设计。

五、关于政府间事权合理划分的问题

政府间事权的合理划分是处理好政府间财政关系的逻辑起点。没有合理的事权划分，就不会有规范化的政府间财政关系。纵观我国政府间事权划分状况，可以从两个维度来考量。第一，原有存量事权的划分，大致定格在 1994 年分税制的框架之内。其间政府间财政关系的调整，大多以收入为主线展开，如所得税分享改革、燃油费税改革等。而零星进行的政府间事权微调，如部分高校、地勘、煤炭下划，以及地方部分石油事权上收，或者通过央企兼并上划的企业，也都具有"收好放坏"的特征。政府间事权划分的滞后，致使分税制成为"一盘没有下完的棋"。第二，其后新增的事权，基本采取上下"共事"的形式。这一现象在 2000 年之后表现得尤为突出，如义务教育、社会保障、"三农"问题、生态环境等，在公共财政思想指引下，一些长期政府作用领域缺位的"事权"逐渐得以重视。这些新增事权的制度设计，大多采取自上而下的命令形式，并以"上级决策，下级执行，经费分区域分级分比例分担"的原则加以维系，形成了从中央到地方的相同事权。这样做，表面上看较好实现了改革目标，但这种不加区别的事权划分，背离了分税制的初衷，是"条条"干预"块块"的另一种表现，较难充分体现千差万别的公共产品需求，不利于长远的公共财政制度建设及其可持续运行。

1994 年实行分税制时，我们按照"事权与财权相匹配"的原则来设计，而在实践运行中，面对不断出现的基层财政困难，2007 年又开始寻求"事权与财力相匹配"，2013 年则进一步升华为"事权与支出责任相适应的制度"。可见，这是一个重要的认知变化过程。

长期以来，"上下不清，左右不明""你中有我，我中有你"，形象地刻画了我国政府间事权与支出责任不清晰、不规范、不合理的问题。以 2013 年为例，中央财政一般预算收入占全国的比重为 46.6%，而支出占比仅为 14.6%，二者离差高达 30 个点，明显存在着"大马拉小车"的现象，或称事权不足。同样，对地方财政而言，则是"小马拉大车"，或称事权过度。政府间事权与支出责任划分上的"越位""缺位"问题，降低了分税制财政管理体制功效，成为新一轮财税制度改革的重中之重。

政府间事权划分是一项复杂的系统工程，涉及方方面面利益关系再调整，也是最难啃的一块硬骨头。就基本的改革而言，一是按照党的十八届三中、四中全会的"决定"精神，在充分发挥市场在资源配置中的决定性作用基础上，合理界定政府与市场的边界，依法推进各级政府间事权规范化、法治化，研究出台政府间财政关系法。二是按照外部性、信息处理的复杂程度与激励相容三原则，重新梳理、评估、界定各级政府间事权与支出责任。三是有效兼顾事权、财权与财力三者间的关系。在新一轮财税改革中，要达成"事权与财权匹配是体制设计的起点、事权与财力匹配则是体制执行的结果"这一基本共识，特别是赋予地方政府合理的、相对独立的事权，必要的财政权（一定的税收调节权、较为完整的支出权、适度规模的举债权），以及与履行职责相适应的财力基础。

深化财税体制改革顶层
设计的具体期待与建议①

　　财政制度是一个国家最为根本的制度，而财税体制安排又是财政制度的核心。2013 年 11 月 12 日，党的十八届三中全会通过了《关于全面深化改革若干重大问题的决定》，首次提出财政是国家治理的基础和重要支柱，最终建立现代财政制度。2014 年 6 月 30 日，中央深改组审议通过了"深化财税体制改革总体方案"，明确了时间表和路线图。种种迹象表明，当下财税体制改革已步入深水区，各种利益、矛盾交织胶着，亟须总体规划与具体实践的深度融合，最大限度地达成改革共识。本文针对一个时期以来我国财税体制改革的某些问题和不足，从国家治理的视角研究提出深化改革顶层设计的具体期待与建议。

一、期待着从中版本向高版本的重要升级

　　20 世纪 80 年代至 90 年代初的财税体制改革，可以概括为 1.0 版的低版本（V1.0），前后持续了 14 年，在体制类型上可以划分为 1980 年和 1985 年的"分灶吃饭"、1988 年的"财政包干制"，具有"摸着石头过河"的特征。财政承包制在充分调动地方积极性的基础上，也使中央财政在财政分配中处于明显的弱势地位。

　　① 本文完成于 2017 年 9 月，合作者赵晔，为国家社会科学基金"优化分税制财政管理体制研究"（11BJY130）阶段性成果。

1994 年的分税制体制改革是个重大的制度创新，也是世界财税改革的奇迹，这一阶段可以概括为财税体制改革 2.0 版的中版本（V2.0），前后持续了 20 年，在从行政性分权向经济分权的转换过程中，具有以"拿来主义"为主的渐进式改革特征。但由于制度设计之初的某些限制，加之在 20 多年实践运行过程中出现的一些矛盾和问题，一定程度上存在着帕累托改进的不足，分税制体制的激励效应也在逐渐下降，有的甚至还演变为负激励。

2014 年以来围绕财税体制改革密集出台了一系列制度文本，但"财税体制改革虽有所突破，但相对滞后的状态未有根本改变，总体上属于具体方向尚待明晰的'拖泥带水工程'"[①]。构建"事权与支出责任相适应制度"是新一轮财税改革的核心，而在改革顺序上的"排后"，在改革职能上的"模糊"，在改革方案上的"缩水"，在改革进程上的"迟缓"等，都会制约整个财税体制改革进程。

主动改革，改革主动。20 多年之后，财税体制改革所面临的环境条件发生了重大变化，如果继续沿用原有的模式框架，很难适应变化了的新形势、新要求，亟须新版本的财税体制设计方案，即 3.0 版的高版本（V3.0）。为此，以构建现代财政制度为目标的财税体制改革，不能只是现有模式的简单改良，必须要有新理论、新思维、新举措、新突破，实现从以"物"（企业）为主向以"人"为核心、以"流转税"为主向"流转与所得税"并重、以中央为主向"中央与地方"同等重要的转变。高版本的财税体制设计至少要管用几十年甚至更长时间，切实为伟大复兴的中国梦提供前瞻、有效的制度供给。

二、期待着从国家管理向国家治理的适应转变

财政是最为稀缺的资源。科学的财税体制是优化资源配置、维护市

---

① 高培勇、汪德华：《本轮财税体制改革进程评估：2013.11～2016.10》，载于《财贸经济》2016 年第 11 期、第 12 期。

场统一、促进社会公平、实现国家长治久安的制度保障。2016 年，我国经济总量 74.4 万亿元，一般公共预算总量高达 15.9 万亿元，成为世界第二大经济体和财政大国。特别是近些年的财政公共化、民生化运动，财政作用领域已由单纯的"体制内"（城市、国企）扩大到"体制内外"，由"小口径"供给群体拓展至"大口径"的全体公民，初步实现了取之于民、用之于民。但长期以来我国财税体制配置模式，由于受传统"统治"思想和计划经济"控制"惯性的制约，大多采取以行政手段为主、自上而下的方式，命令主义特色鲜明，法治民主透明程度不够，常常带来"城管式困境"，令方方面面不满意。

财政是国家治理的基础。现代国家治理具有治理主体多元化、运作方式多向度、作用边界清晰、注重契约精神等特征。为此，国家治理视角下的财税体制改革，有别于一般意义上的管理或控制，需要引入多元化治理模式，需要充分考虑政府与社会、政府与市场、中央与地方、国家与公民关系的协调，要通过制度化、法治化、民主化的作用机制，形成合理的合作分工，充分兼顾社会各方面利益诉求和差异化个性需求，客观上降低交易成本，营造和谐共赢的态势，促进国家治理体系和治理能力现代化目标的实现。

三、期待着从"分税"主导向"分事"为重点的根本转变

顾名思义，"分税"是分税制的一个最为重要的特征，即按照不同税种的属性等，通过多种形式在政府间进行划分，进行政府财力资源的初次分配。但分税制作为政府间财政关系的有效实现形式，则是一系列制度安排和运行机制的组合。通常，事权、财权的合理划分、转移支付制度的合理构建，以及三者间的协调配合状况，成为检验财税体制是否科学有效的重要标尺。

事权划分是体制设计的逻辑起点，转移支付制度构建则是弥补收入划分"失灵"的重要补充和作用机制。1994 年分税制改革及其调整，主要在政府间收入划分上做文章，从而提高中央财政的集中度和控制

力，同时相应逐步建立和完善了财政转移支付制度，形成了现行的以分税为主导、转移支付为辅的财税体制框架。以 2015 年为例，中央财政收入集中度为 45.5%，而支出比重为 14.5%，而地方财政这一比例分别是 54.5% 和 85.5%，收支离差高达 30 个百分点。这一体制模式，对中央财政而言是"大马拉小车"，对地方则是"小马拉大车"，与制度设计所追求的"事权与财权、财力"相匹配的原则，产生了较大的背离，相应也降低了分税制体制功效。针对这一问题，业界普遍认同的一个解释，就是政府间事权划分改革的相对滞后性。1994 年制度设计之初，就忽略了事权合理划分这一关键环节，其后零星可见的事权改革，也都体现出"抓好放坏"的逻辑，如上收石油公司等"好"的事项，下放高校、煤炭、地勘、有色等"坏"的事项。

政府间事权划分不清晰、不合理、不规范的问题，一直伴随着 20 多年的实践过程，成为当下最难啃的一块硬骨头。为此，新一轮财税体制改革，要适应改革深化过程和阶段的客观要求，实现基本理念和工作中心的根本性转变，重启以分"事"为重点的分税制改革，从根本上补齐长期"缺位"的"短板"瓶颈。

四、期待着从财政领域向综合配套改革的有效推进

改革开放以来，财税体制改革一直扮演着"急先锋"的角色，并在不同历史时期发挥着重要作用。

20 世纪 80 年代的国家财政向企业让利、中央政府向地方政府财政包干的"双分权"，为改革前半段国民经济恢复与发展注入了活力，并带来了中国经济的初步繁荣。以 GDP 为例，1978 年仅为 3678.7 亿元，而到 1993 年则为 35673.2 亿元，增长了近 9 倍，年均增长 12%。20 世纪 90 年代分税制模式的成功引入，克服了财政包干制的种种弊端，较好建立了"激励与约束"机制，充分调动了地方各级政府当家理财的积极性、主动性和创新性，为中国步入世界第二大经济体和大国财政注入了财税体制机制活力。其后，我国启动了财政公共化改革，突破了长

期存在的"二元"财政结构，也得益于分税制体制所带来的较为坚实的财力基础。

政府间财政关系，并非简单的财政收支划分和转移支付，而是与经济社会发展、资源配置效率、历史文化背景、政治民主进程以及国家统一等目标和依赖条件高度相关。财政一半是"财"，另一半是"政"，如果说以往的改革，主要涉及"财"，也触及"政"，那么下一步"政"是绕不过去的。而长期模糊的政府、市场与社会边界需要理清，政府间职能同构、"上下一般粗"的问题需要区分，政府级次与财政级次的有效衔接需要回答，价、税、财改革联动需要提速，财税体制法治化、民主化、公开化的进程需要推进，事权与支出责任的划分需要加快，财税体制改革与司法体制、社保体系改革需要相互衔接，财税体制与金融体制、计划体制改革需要合理搭配等。所有这些，仅靠以往的财政"单边主义"方式，明显出现了"越位"的问题。为此，新一轮财税体制改革要着眼于全局和长远，亟须摒弃部门利益、地方利益思维，有效达成改革共识，务必有序均衡推进。

五、期待着从美式分税制向多国经验模式的较好借鉴

他山之石，可以攻玉。我国 1994 年的财税体制改革，几乎全盘照搬美国的分税制模式，为短期内摈弃财政承包制弊端，迅速引入新型政府间财政关系发挥了重要作用。

美国是高度发达的市场经济体，政府与市场、社会边界清晰，"三权分立"思想、基督教文化特征明显。美国国土面积 937 万平方公里，自然条件优良均衡，人口 3 亿多。作为典型的联邦制国家，除了中央级的联邦政府外，还有 51 个州和 8 万个地方政府（市、县、镇），地方政府享有较为充分的自主权，各级政府都有明显的事权、财权、规范的财政转移支付制度。而中国除了国土面积与美国相当外，其他方面与美国迥异。

在 20 多年财税体制运行过程中，美国的分税制简单"拿来"模式

在中国出现了一定程度的水土不服，某些效仿性改革①效果也不尽如人意。有的甚至将经济社会运行中的一些矛盾问题，都责怪到分税制上，甚至出现了怀疑、诋毁甚至否定分税制的非理性倾向。

我国是个人口众多的发展中国家，截至 2016 年末，中国（不含港、澳、台地区）有 31 个省级、334 个地级、2851 个县级、39862 个乡镇级，以及 78.6 万个居委会和行政村②。在这样一个多级形态下处理政府间财政关系，需要充分考虑历史的惯性作用、多元文化结构、多层次政府架构、差异悬殊的自然禀赋、非均衡的人力资源分布、众多的人口与幅员辽阔的疆域等复杂的国情。

除了美国的市场经济国家分权型分税制模式外，还有法国的集权型财税体制③、日本的集权与分权相结合型财税体制④，以及德国的横向转移支付制度、德国和巴西中央对保障基层政府财政利益的"命令模式"等，都较好经过多年的实践检验，也是人类文明的宝贵财富。为此，新一轮财税体制改革要立足中国国情省情，理性借鉴成熟市场经济国家政府间财政关系的一般规则及转型国家的经验，不断推进财税体制现代化建设。

六、期待着从概念到实践的具体转换

一般而言，一项制度或改革从概念到实践，往往需要一个较长时期

---

① 如比照美国模式所设立的两套税务机构，比照美国三级政府框架所进行的简化地方政府财政级次改革等。

② 2013 年数据，视其为"半"级财政。

③ 法国实行共和制，国土面积 55 万平方公里，人口 0.7 亿人，其政府分为四个级次，即中央、大区、省、市镇，属于管理权限较为集中的单一制分税制，实行财权与财力"双集中"的管理模式，中央税收占全国税收总收入的 75%，不设共享税或同源课税的分税制，中央与地方分税彻底。法国财政收入 80% 以上为税收收入，税种高达 50 多个。

④ 日本属于单一制国家，实行地方自治制度，政府与财政为三级，即中央、都道府县和市町村三级，分别为 1 个中央级、47 个都道府县和 3253 个市町村。各级政府都有独立的财政预算。日本政府间的事权和支出责任划分都是由法律明确规定，收入上基本不实行共享税和同税源分别征收，2009 年财政支出占 GDP 比重为 39.17%，中央财政支出占总支出比重为 42.81%、地方为 57.32%。

的适应、调整、修正过程，不可能一蹴而就。

近三年多来，从国家层面出台了十几个财税体制改革文件，明显存在着改革加快的态势。但从改革总体进展情况看，由于受改革复杂性、固化利益集团阻隔、经济上"三期叠加"等因素的影响，一些财税改革尚处于技术操作层面，个别改革仅处于总体思路和基本原则探索过程中，甚至有的改革还出现了"反复"（如清理税收优惠政策）、"滞后"（如房产税改革）和"打折扣"（事权与支出责任相适应的改革局限于"财政"范畴）等情况。

一分部署，九分落实。当下财税体制改革已成为全面深化改革中最难啃的硬骨头。诸多财税体制改革相关文件的出台只是一个好的开端，而整个改革的系统平稳落地还需一个长期的过程。为此，从有效解决两个"一公里"的弊端出发，谨防已出台文件"空转"，加快其有效落地实施，是当前深化财税体制改革的最终落脚点和归属。

总之，深化财税体制改革、健全财税制度是一项复杂的系统工程，也是百年大计。可以说研究设计起来容易，但运行解决起来则需要一个长期不懈的过程，需要一代人甚至几代人的努力。我们要在坚持分税制原则的基础上，综合运用各种理论方法，充分吸收国内外实践经验，重新回归分税制改革逻辑、思维及其原则，加速构建具有中国特色、符合社会主义市场经济体制要求的现代财政制度框架。

完善分税制财政体制的
"十个关系"问题[①]

　　1994 年我国开始实行的分税制财政体制，十多年的改革实践充分证明，这一体制取得了巨大成功。受改革初期起始条件的限制，作为一种过渡性的制度安排，分税制也因种种缺陷备受各界争议。党的十七大明确提出了财政体制改革思路，各方研究力量都在开出"药方"，启动新一轮财政体制改革已是箭在弦上。鉴于财政体制问题的核心地位，十分有必要进行系统考量、科学设计、统筹兼顾，妥善处理好与之相关的诸方面利益关系。

一、妥善处理好"政府"与"市场"的关系

　　古今中外，财政就是政府的财政。强大、稳固和平衡的财政，是确保政府行使政治、经济和社会管理职能的重要物质保证，政府与财政的这一"天然"联系，决定了二者职能的同质性。市场经济条件下，市场是资源配置的主体，通过竞争、价格等市场机制自发地调节供求关系，实现各种资源的优化配置，而政府的职能主要在于弥补因市场在资源配置、收入分配和稳定经济等方面的缺陷和失灵。审视我国现行的政府职能，既有从长期计划经济体制中承接下来的政府职能"越位"痕

　　① 本文刊发于《瞭望新闻周刊》2009 年第 46 期，获得第五次全国财政理论优秀研究成果三等奖。

迹，又有与市场经济中政府扮演角色不相称的政府职能"缺位"现象，"内外不清"，"你中有我，我中有你"，"越位"与"缺位"并存。一方面，政府过多地干预微观经济领域活动，过分地担当"经济人"的角色，以行政手段过多地参与资源配置。目前，绝大多数社会管理职责，仍由政府直接承担，普遍存在着包揽过多的问题，有时甚至是"衣食父母"般的呵护，导致管理成本过大、缺乏弹性。另一方面，政府过弱的经济调节和公共服务职能，有悖公平正义的价值取向，出现了诸如收入分配"两级化"、经济与社会"一条腿长，一条腿短"、人与自然不和谐等"拉美化"现象。完善我国现行的财政体制，厘清政府与市场关系是前提，否则改革难有实质性的突破，只是流于某种形式上的转换，治标不治本。要处理好这一基础性关系，就要按照"有所为，有所不为"的原则，重新划分和规范政府与市场的职能范围，切实把已经"越位"的部分撤下来，把"缺位"的地方补上去，真正实现从全能型政府向公共服务型政府的转变。科学界定了市场经济条件下政府职能之后，就要求财政循着"市场经济—社会公共需要—政府职能—财政支出—财政收入"这一路径，实现从目前的"以收定支"模式向"以支定收"的重要转变，充分发挥市场机制的作用，避免方方面面对财政的过分"依赖"，适度确定财政收入规模，有效降低宏观税收负担。

二、妥善处理好"事权"与"财权"的关系

所谓事权，是指某一级政府所拥有的从事一定社会经济事务的责任和权利。而财权，是指某一级政府所拥有的财政管理权限，包括财政收入权和支出权。事权规定了政府承担社会经济事务的性质和范围，而政府从事社会经济活动需要相应的财政支出作为保障。最佳的运作机制是事权与财权大致相匹配，有多少钱办多少事。无论哪级政府，"事大财小"还是"事小财大"，都会造成效率的损失。"事大财小"会出现"小马拉大车"的问题，财力不足，只能是降低供给公共产品。同样，"事小财大"则会出现"大马拉小车"的问题，财力过剩，造成稀缺财

政资源的浪费。改革开放以来，两种现象在不同政府级次间都出现过。统计数据显示，分税制改革前中央财政基本上处于"事大财小"的状态，1993 年中央财政自给能力①仅为 0.73 （根据 2007 年《中国统计年鉴》等计算，下同），其收支缺口只能靠增发公债和财力大省的"施舍"，否则日子很难过下去，这对单一制大国的经济安全构成威胁。随着分税制的实施，这一状况立即得以改观，1994 年就提升至 1.66，到 2006 年则高达 2.05。在现行的体制下，政府间财政关系的调整近乎"零和博弈"，无疑中央政府财力的增加就是地方政府的减少。在中央加大调控的同时，地方财政自给能力则由 1993 年的 1.02，演变为 1994 年的 0.57，2006 年的 0.61。对地方而言，目前靠中央转移支付"过日子""办事业"的依赖越来越突出。以 2007 年为例，全国地方财政一般预算收入为 2.34 万亿元，而一般预算支出为 3.81 万亿元，38.2%② 是来自中央各类转移支付。而且，这种依赖伴随着政府级次的降低而反向变动，政府级次越低，依赖程度越高，到了县乡基本就是较高层次政府的"出纳"，以"委托—代理"关系，从属于上级政府的"附属物"。财权的上述这一变动，几乎是在事权未做调整的前提下进行的，事权与财权、财力匹配极不合理，出现了"小马拉大车"的问题。巧妇难为无米之炊。更低一级政府"丧失"了财力基础之后，必然处于无财行政的"不作为"状态，在政绩考核制度的压力下，只能降低公共产品和服务的有效供给。这次汶川地震灾害造成的因学校、医院、政府部门等公共设施倒塌所致丧亡较大，与低水平、低标准和不充足的公共产品供给有关，也是财力短缺的直接"惩罚"。所以，在新一轮财政体制调整过程中，妥善处理好政府间事权、财权关系十分必要。建议尽快以法律形式，按照公共产品需求层次理论，科学划分政府间的事权范围，明确界定政府间支出责任。

---

① 财政自给能力＝当年本级财政收入/当年本级财政支出，大于"1"说明财政能力充足，等于"1"说明财政能力适宜，小于"1"说明财政能力不足。

② 根据《地方财政研究》2008 年第 2 期，第 64 页、封三数据计算。

三、妥善处理好"集权"与"分权"的关系

集权和分权是矛盾的两个方面，过分强调集权则势必牺牲分权，过分强调分权则势必牺牲集权。新中国成立以来，我国财政体制变迁大体上经历了集权模式—行政性分权模式—经济性分权模式的轨迹，具体对应着 1949～1979 年、1980～1993 年、1994 年以来等不同历史阶段。相当长时期内，就是这样一种简单循环："一收就死，一放就乱"，不断陷入"条块"矛盾之中。财政"两个比重"① 通常是衡量集权和分权程度的重要指标。"第一个比重"反映出政府在国民收入初次分配中的汲取能力，"第二个比重"体现中央与地方财政分配关系。改革开放以来，"两个比重"呈现出"高—低—高"的"V"字形演化过程。以 1995 年和 1993 年为分界线，之前是由"高"到"低"的变化，体现出国家对企业、中央对地方的"双"让利倾向，之后是由"低"到"高"的变化，体现出国家与中央的"再"收权。一个时期以来，有关财政"两个比重"的争论一直不休。一种观点认为，目前我国的宏观税负和中央财政集中度不高，认为还有提升的空间和必要；另一种观点则得出了相反的判断和建议。一个国家是集权还是分权，与该国的政权组织形式、政府职权范围、经济发展水平、地域面积大小、国内外政治和社会环境等因素密切相关，而且适度集权与分权的数量比例关系的确难以确定。20 世纪 90 年代，国家以"20%"和"60%"作为"两个比重"的调控线，经过十余年的努力，到 2006 年达到了 18.5% 和 52.8%。表面上，的确不高，尚有提升的空间。实质上，存在着计算口径的差异，即"第一个比重"中的财政收入是预算内的范畴，现实情况是大量的预算外、制度外收入客观存在，考虑这些因素这一比重大约在 30% 左

---

① 财政收入占 GDP 的比重，简称"第一个比重"；中央财政收入占全国财政收入的比重，简称"第二个比重"。

右，超过了发展中国家所能承受上限25%近6~7个百分点①；同样，如果考虑债务因素，"第二个比重"水平则为60%左右，其余多达4级或4.5级地方政府②分享收入40%左右，随着省市再集中，到县乡层面财政初次收入分配少得可怜。基于上述分析，可以看出我国财政的集中度、集权度与国情存在着一定程度的不适宜性。从适度水平来考察，"两个比重"是一把"双刃剑"，"过高"则会产生"挤出"效应，加重社会经济负担，降低地方政府的努力程度，进而制约经济社会发展；"过低"则难以满足社会公共需要，同时背离了市场经济条件下追求社会公共福利最大化原则。所以，适度降低"两个比重"，积极探寻集权与分权的平衡点，是构建和谐财政关系的重要内容。

四、妥善处理好"存量"与"增量"的关系

为确保分税制的顺利实施，1994年选择了一条保地方既得利益的增量改革之路，即"基数+增长"的模式。这种渐进式改革，作为过渡性举措，在到达临界点之后必然丧失了帕累托改进的余地，不可能在不损害某一部分利益的前提下，增进其他部分或整体的利益。这种缺乏制度创新、机制建构的改革，表面上看得以顺利推进，甚至取得了巨大成功，但过多"基数+增长"改革措施的采用，也在深层次回避了改革的关键环节和主要矛盾，引发一系列矛盾和问题。就"基数"而言，下一级政府上一年度财政收入"基数"成为"硬杠子"，必须千方百计完成，否则就要扣减体制性财力，影响"既得"利益。分税制改革初期，由于下一级政府存有一定数量的"机动"财力（"家底"），"基数"问题尚处"隐性"。但随着时间推移，"基数"也在滚"雪球"，一年比一年大，随之"显性"化。1995年，中央对地方的"两税"（消费税+增值税）返还为1867亿元（根据财政部《地方财政运行分

---

① 王美涵：《我国财政收入体制特征和改革路径》，载于《财政论丛》2007年第5期。

② 视农村税费改革后村级为半级政权。

析资料》等计算,下同),到 2006 年"三税"(消费税+增值税+所得税)返还增加到 3930 亿元,占中央对地方转移支付总量近 1/3(28.9%)。巨额的税收返还同时代表着地方财政收入"基数"的同步增加。一般而言,更下一级政府完成上年"基数",一个渠道是依靠发展经济,另一个渠道就是弄虚作假(拉税、买税、寅吃卯粮、"先征后返")。近些年来,随着公共财政理念的提出,政府公共服务领域和范围发生了变化,财政支出在"瓦格纳法则"作用下逐年攀升。对地方而言,确保稳定、改革与发展的支出压力更大。也就是说,地方政府特别是基层政府和欠发达地区,基本上陷入了"基数+增长"的体制"陷阱",一方面不择手段地为完成收入"基数"而战,另一方面为满足不断扩大的支出需要而拼命"增长",从中分享微不足道的增量财力。研究表明,税收收入同经济增长呈强正相关关系。受技术、资本、人力资本、资源禀赋和市场供需等要素的影响,要确保一个地区持续、稳定、健康、快速增长是经济学的"哥德巴赫猜想"。这样,经济增长"有限性"与财政收入增长需求"无限性"之间就存在着矛盾。财政体制"基数"问题这种"捆绑"效应的存在,就使得地方政府必须不遗余力地发展经济,目前尚存的比较优势只有不惜提供低廉的土地、过度开采资源、牺牲生态环境、让渡税收("先征后返")——步入了一种无奈的"次优"选择。由于这一运行机制的普遍存在,也就难以从根本上遏制地方政府发展经济"冲动"问题。基于上述分析,财政体制设计上的"基数+增长"的激励效应,正随着时间的推移而弱化,并逐渐演变为"负"激励,产生"负"效应,也是造成我国当前经济过"热"的重要"诱因"。所以,在新一轮财政体制调整过程中,必须弱化"存量"的束缚,分类确定不同地区的"存量"比例,逐步克服制度设计上的"缺陷"。

五、妥善处理好"诸侯"与"王爷"的关系

1994 年的分税制改革,重在解决中央与地方财政关系"失衡"上

下功夫。经过多次财权调整，较好解决了自 20 世纪 80 年代以来地方财力过大的问题，削弱了"诸侯"经济实力，提高了中央政府财政支付能力。这一制度创新，为创造中国经济"奇迹"、促进经济转轨和结构调整过程中一系列矛盾和问题的化解、统筹区域经济协调发展等发挥了重大作用。但分税制只解决了财政关系问题的一个方面。学者张曙光曾撰文指出："政府竞争既包括地区政府间的横向竞争和纵向竞争，也包括部门政府间的横向竞争和纵向竞争。地方政府间的竞争形成了'诸侯经济'，部门政府间的竞争形成了'王爷经济'，如果说地区间竞争还具有某些生产和创利作用，那么，部门间竞争则带有更多的垄断特征和分利性质。"① 立足于财政视角，分税制在注重解决"诸侯"问题的同时，却忽略了对"王爷"权力的限制，肢解了政府财权的统一性。收入上，大量的预算外、制度外收入②、国有垄断集团税后利润等游离于政府预算之外，以"部门"利益的方式"自主"运行。部分学者研究显示，其收入规模约为财政预算内的 30%～40%。支出上，则出现了比例化、泛法化的倾向，"各路大臣都分钱"③，"公共财政"形同"部门财政"。2005 年，中央财政专项转移支付达 239 项，其金额占转移支付总金额的 64%④。有的中央专项金额小至十万八万，而且带着"龙套"一直"落实"到基层。有些专项资金，实质上是"财权部门化"的体现，即各部门作为"第二财政"在参与国民收入的"二次分配"，过多地体现为部门利益，极易产生"寻租"行为，加之需要地方政府层层"配套"，成为中央各部门"条条"干预地方政府"块块"的重要载体。近些年，审计署所刮起的"审计风暴"，更显示出违规违纪金额越来越大的非正常变动态势。笔者并非财政"部门利益者"，但"财权部门化、部门利益化、利益法制化"等问题的泛滥，的确加重了纳税人

---

① 张曙光：《政府竞争中的"诸侯"和"王爷"》，载于《中国经济时报》2006 年 11 月 16 日。

② 制度外基金、制度外收费、制度外摊派、集资和制度外罚款等。

③ 郗志刚：《政府理财研究》，经济科学出版社 2006 年版。

④ 《中国青年报》，2006 年 6 月 29 日。

的经济负担，浪费了财政资源，降低了分税制体制改革功效。所以，在新一轮财政体制调整过程中，一定要从维护国家财政经济安全的高度出发，通过完善各项财政法规制度、深化政府预算改革、整合政府财力资源和实行"金财工程"等措施，确保政府财政权的完整、统一，从根本上遏制"王爷经济"现象。

六、妥善处理好"人治"与"法治"的关系

以法律的形式划分各级政府间的事权和支出责任、明确各级政府间的收入范围、建立转移支付制度、划分财政权、划分财政立法权，是确保分税制财政体制科学、民主、规范、有效运行的重要保证。改革开放以来，我国的财政法治化建设取得了很大进展，但与发达国家财政法治化程度相比，与实行依法治国、依法行政、依法理财的要求相比还有一定的差距，凸显出财政法律体系不健全、法律层次比较低、立法质量不高等问题。特别是有关分税制财政体制的内容，只在《宪法》中简单地提了一笔，并没有以法律的形式对相关内容做详细规定。相关法规只停留在 1993 年 12 月 15 日国务院颁发的《关于实行分税制财政管理体制的决定》基础上，而且对事权、财权、转移支付等内容也是粗线条的规定，仍缺乏可操作性。所以，就目前财政体制法治性而言，在某种意义上是"人治"大于"法治"、"上级"决定"下级"、"随意"代替"稳定"，政府间"事权""财权""转移支付"等重大事项调整，往往只是依据政府或政府部门的"红头文件"。分税制是市场经济的产物，市场经济是法治经济，所以市场经济条件下的财政体制只能建构在法治化基础之上。借鉴国际经验，当务之急是研究出台《政府间财政关系法》《转移支付法》，修订《预算法》，以"法"的形式规范政府间财政行为，实现"人治"财政向"法治"财政的重大转变。

七、妥善处理好"非税"与"税"的关系

非税收入作为政府收入分配体系的组成部分，与税收互为补充，都是以政府为主体的再分配形式。根据辽宁省近年来的统计分析，一般预算非税收入约占全口径非税收入总量的20%～25%[①]。如果按20%的比例推算，2007年全国地方政府非税收入规模超过2万亿元，约相当于2.4万亿元的地方一般预算收入。可以说，非税收入占据了地方财政收入的"半壁江山"。辽宁的相关数据显示，1999年非税收入占GDP的比重为4.5%，到2007年则提升至10.2%，年均提高0.7个百分点。而同期的地方税收收入占GDP的比重，则由5.9%提升至7.4%，年均提高0.2个百分点。1999～2007年，非税收入年均增长25%，而税收收入和GDP年均增长16.1%和12.9%[②]。国际上，联邦或中央政府非税收入一般占本级财政收入的比重在10%以下，州或省级政府这一比重为20%左右，州或省以下地方政府则为30%左右。在我国，目前一般预算非税收入占一般预算的比重，中央级约为10%以下，省级为20%左右，市县级在30%上下，有的甚至高达50%以上。应该说，非税收入在增强地方财政实力、缓解财政压力、加强宏观调控、促进社会公共事业发展、维护社会运转等方面发挥着积极的作用。在肯定非税收入历史功绩的同时，也需理性分析其高速增长的"异变"过程，特别是地方非税收入规模不断膨胀的问题已经开始显现。地方政府非税收入非理性增长，反映出政府职能的错位、政府间财政关系的扭曲和政府财政权的分散。所以，在新一轮政府间财政关系调整中，必须有效控制地方政府非税收入非理性增长，切实提高基层政府财政运行质量和水平。

---

① 谢旭人主编：《中国财政与改革开放三十年》，经济科学出版社2008年版，第837页。
② 谢旭人主编：《中国财政与改革开放三十年》，经济科学出版社2008年版，第838页。

八、妥善处理好"效率"与"公平"的关系

市场经济是效率经济,市场经济条件下政府间财政关系的构建,也不能过分追求所谓的公平而牺牲效率。近些年,在基本公共服务均等化的改革取向下,一些学者、部门和欠发达地区极力推崇澳大利亚式绝对均等化的模式,希求采取更多的自上而下的纵向转移支付,完成财力和资金在各级政府间无偿转移。据统计,1996 年国家用于中西部地区的转移支付总量为 1499.8 亿元(占 56.1%),到 2007 年提高到 13267 亿元(占 76.6%),年均增长 21.9%①。这样做,为实现均衡发展提供了可能,但也会在不知不觉中产生了逆向调节的问题。一方面,过多地"杀富济贫",极易引起发达地区的不满和抵制,长期的"鞭打快牛"必然会牺牲效率;另一方面,过多的"倾斜"政策,难以调动受益方的积极性,"不作为""等靠要"、赢得"贫困"等现象有所抬头。2008 年,我国的经济总量虽高达 30.4 万亿元,位居世界第三,但基于 13 亿人口大国的客观现实,我们作为世界最大发展中国家的基本国情还将长期存在。发展是硬道理,发展是第一要务。如果忽视了社会主义初级阶段的现实,不切实际地"左倾""冒进",求大求高求快,很有可能重新回归原始平均主义的贫穷时代。所以,在新一轮政府间财政关系调整中,必须要坚持效率优先、兼顾公平,充分激活体制机制活力,切实调动方方面面的积极性。

九、妥善处理好"刚性"与"弹性"的关系

从规范的分税制模式来审视,我国现行的财政体制在某种程度上背离了 1994 年设计初衷,特别是过多"共享税"形式的采用、"小地方税,大转移支付"格局的形成以及省以下财政体制不完备,致使这一体

---

① 资料来源:财政部预算司《地方财政运行分析》(2001~2007)。

制具有"准"分税制、让利不分权和"旧体制简单复归"的基本特征。随着中央政府财权集中能力的增强，相应弱化了地方政府特别是县乡的自主支付能力。以 2007 年为例，全国县级财政自给能力为 0.52，一半左右的支出来源于上级的各类补助，而到乡镇一级这种依赖程度高达 70% ~80%。分税制财政体制改革以来，在我国地方的各级财政，一个非常普遍的现象就是下级政府经常要面对来自上级的财政管制[①]，主要表现为"上出政策，下出资金""上面请客，下面买单"，即支出政策在上、资金供应在下，上级政府制定统一政策，直接决定着下级支出方向、结构和规模，有时甚至超出了财力可能，影响着下级政府的预算平衡。置身于市场经济的视角，从地方公共产品供给的有效性来分析，这一趋向"统收统支"式的财政制度安排，就显得十分"刚性"。"水至清则无鱼"，地方政府财政自主权的缺失、可支配能力的下降，必然弱化其作为一级政府行使职权的物质基础。我国是一个人口众多、区域差别巨大的国度，所以在新一轮财政体制重构过程中一定要富有"弹性"，并通过适度降低中央财政集中度、完善地方税体系、给予地方政府一定的税收立法权和举债权等，赋予其作为一级政府的财政宏观调控能力。

十、妥善处理好"垂直"与"扁平"的关系

近些年来，垂直管理模式在中央和省以上政府级次中被广泛运用，如海关、金融、地震、气象、工商、税务、公检法、国土、技术监督……余下的一些政府职能部门也在跃跃欲试。实践证明，垂直管理是一把"双刃剑"，其在维护市场统一性、减少更低一级政府主观干预的同时，也对市县乡政府的完整性造成了肢解，加剧了条块矛盾。其实，政府权力部门垂管的背后，隐含着巨大的财政利益关系，仅就人均经费保障水

---

① 根据腾霞光（2003）的研究，财政管制通常包括政策调整、部门支出比例、行政命令等形式。

平而言，有的地方（市县乡）只是"中央"和"省"的1/3～1/2。垂管部门的这种超"国民待遇"，实际上超出了当地的经济发展水平，必然减少地方政权的经费保障能力，最终弱化的是地方公共产品供给的质量。我国现行的财政级次匹配着政府级次，即"一级政府、一级财政、一级预算"——这种制度设计符合国际惯例。但随着近些年基层财政问题的凸显，有的学者从省以下分税制财政体制完整性来分析，借鉴浙江"省管县"的案例，提出了简化政府财政级次的建议，得到了中央决策层的重视，近日财政部明确了2012年底前除民族自治地区外，在全国全面推进省直接管理县财政改革的目标。从1982年倡导的"市管县"到目前的"省管县"，必然涉及政治、经济、社会和历史、文化、现实的方方面面，是一个极其复杂的系统工程，绝非一场儿戏那样简单。更何况，"市管县"与"省管县"都存在着自身的比较优势与劣势，有时很难辨析谁是谁非，难以通过试验室来进行量化区分，特别是像我国这样一个区域差距巨大的国家，浙江的经验往往不具有普适性。"垂直管理"与"省直管县"究竟是权宜之计还是治本之策，究竟是真命题还是假命题，尚需时日检验。所以，在新一轮政府间财政关系调整中，在选择"垂直"和"扁平"模式上，必须坚持适度性、谨慎性原则，在考虑现实省情的基础上，充分尊重各地实践，不搞"命令式""运动式""一刀切"，避免造成重大的社会经济资源浪费。

总之，财政作为国民经济的综合反映，既是一个经济范畴，又是一个政治范畴和社会范畴。妥善处理好财政体制改革过程中的各种利益关系，对确保改革的顺利推进意义十分重大。

事权划分：最难啃的一块硬骨头[①]

政府间事权的合理划分是处理好政府间财政关系的逻辑起点。没有合理的事权划分，就不会有规范化的政府间财政关系。

纵观我国政府间事权划分状况，可以从两个维度来考量。

第一，原有存量事权的划分，大致定格在1994年分税制的框架之内。其间政府间财政关系的调整，大多以收入为主线展开，如所得税分享改革、燃油费税改革等。而零星进行的政府间事权微调，如部分高校、地勘、煤炭下划，以及地方部分石油事权上收，或者通过央企兼并上划的企业，也都具有"收好放坏"的特征。政府间事权划分的滞后，致使分税制成为"一盘没有下完的棋"。

第二，其后新增的事权，基本采取上下"共事"的形式。这一现象在2000年之后表现得尤为突出，如义务教育、社会保障、"三农"问题、生态环境等，在公共财政思想指引下，一些长期政府作用领域缺位的"事权"逐渐得到重视。这些新增事权的制度设计，大多采取自上而下的命令形式，并以"上级决策，下级执行，经费分区域分级分比例分担"的原则加以维系，形成了从中央到地方的相同事权。这样做，表面上看较好实现了改革目标，但这种不加区别的事权划分，背离了分税制的初衷，是"条条"干预"块块"的另一种表现，较难充分体现千差万别的公共产品需求，不利于长远的公共财政制度建设及其可持续运行。

[①] 此文是《地方财政研究》2015年第5期"卷首语"。

　　1994 年实行分税制时，我们按照"事权与财权相匹配"的原则来设计，而在实践运行中，面对不断出现的基层财政困难，2007 年又开始寻求"事权与财力相匹配"，2013 年则进一步升华为"事权与支出责任相适应的制度"。可见，这是一个重要的认知变化过程。

　　长期以来，"上下不清，左右不明""你中有我，我中有你"，形象地刻画了我国政府间事权与支出责任不清晰、不规范、不合理的问题。以 2013 年为例，中央财政一般预算收入占全国的比重为 46.6%，而支出占比仅为 14.6%，二者离差高达 30 个点，明显存在着"大马拉小车"的现象，或称事权不足。同样，对地方财政而言，则是"小马拉大车"，或称事权过度。政府间事权与支出责任划分上的"越位""缺位"问题，降低了分税制财政管理体制功效，成为新一轮财税制度改革的重中之重。

　　政府间事权划分是一项复杂的系统工程，涉及方方面面利益关系再调整，也是最难啃的一块硬骨头。就基本的改革而言，一是按照党的十八届三中、四中全会的"决定"精神，在充分发挥市场在资源配置中的决定性作用基础上，合理界定政府与市场的边界，依法推进各级政府间事权规范化、法治化，研究出台政府间财政关系法。二是按照外部性、信息处理的复杂程度与激励相容三原则，重新梳理、评估、界定各级政府间事权与支出责任。三是有效兼顾事权、财权与财力三者间的关系。在新一轮财税改革中，要达成"事权与财权匹配是体制设计的起点、事权与财力匹配则是体制执行的结果"的基本共识，特别是赋予地方政府合理的、相对独立的事权，必要的财政权（一定的税收调节权、较为完整的支出权、适度规模的举债权），以及与履行职责相适应的财力基础。

辽河流域水环境保护事权财权划分及投资政策研究[①]

辽河流域位于我国东北地区的南部，为树枝状水系，干流总长度 1390 千米，流域面积达 21.96 万平方千米。主要由两大水系组成：一支为东、西辽河，于辽宁昌图汇流后为辽河干流，经双台子河由盘锦市汇入渤海；另一支为浑河和太子河，于三岔河汇合后经大辽河由营口市汇入渤海。辽河自古就被称作辽宁的母亲河。近年来，辽河流域的水资源有力地支撑了辽宁省乃至整个东北地区经济社会的快速发展。在辽河流域开展试点示范研究，进一步完善水环境保护的事权财权划分及投资政策机制，有利于推动辽宁的生态省建设，对其他地区具有一定的借鉴意义。

一、流域水环境保护相关理论分析

（一）相关理论依据

1. 公共物品理论

"公共物品"的概念最早在经济学领域普遍应用。萨缪尔森

---

① 本文完成于 2010 年 12 月，为"十一五"国家科技重大专项《水体污染控制与治理》第六主题下《辽河流域水环境保护事权财权划分及投资机制的试点示范》课题（项目编号 2008ZX07633 - 01）之委托研究项目，获得 2009 ~ 2010 年辽宁省社科成果二等奖，合作者陆成林等。

（1954）在其发表的《公共支出的纯理论》中给出了有关公共物品的经典定义：每个人对这种物品的消费都不会导致其他人对该产品消费的减少。萨缪尔森还提出了被各国学者基本认同的确认公共物品的两个基本特征，即非竞争性与非排他性。非竞争性是指某个体对公共物品的消费不排斥和妨碍他人同时享用，非排他性是指不可能阻止不付费者对公共物品的消费。根据有无竞争性和排他性划分，公共物品可以划分为纯公共物品、俱乐部物品和公共池塘资源三个类型（见表 1）。

表 1　　　　　　　　　　　　公共物品分类

项目	非竞争性	竞争性
非排他性	纯公共物品：国防、水环境保护	公共池塘资源：水、公共草场
排他性	俱乐部物品：电影院、收费公路	纯粹的私人物品：面包、衣服

在研究公共物品提供时，需要根据公共物品的受益范围对公共物品进行分类。例如，"三河三湖"环境整治工程等受益范围是跨区域的，全体国民都能消费享用，就属于全国性公共物品；流域水环境保护等受益范围在某一特定区域内，区域内居民共同消费享用，这就属于地方性公共物品。公共物品对等原则（Olson，1969）认为当一类公共物品的受益范围等于提供它的政府的疆界时最有效率。对于各级政府之间提供公共物品的职责划分，公共物品理论研究者提出了"分职治事"和"受益原则"，即能由下级政府办的事绝不由上一级政府办，以及根据公共物品的受益范围决定供给者。

根据公共物品理论，流域水环境保护具有非竞争性和非排他性，属于纯公共物品，其受益范围局限在流域范围之内，属于地方性公共物品。这为流域水环境保护的事权财权划分及投资政策研究提供了分析基础。

2. 外部性理论

外部性，又称外部效应、外部经济。庇古在 1920 年发表的《福利经济学》一书中对外部性问题进行了系统分析，从而形成了较为完整的外部性理论。简单地说，外部性是指在实际经济活动中，生产者或消费者的活动对其他生产者或消费者的非市场性的影响，它是一种成本或效益外溢的现象。新制度经济学派代表人物诺思对外部性的定义更为直接：当某个人的行为所引起的个人成本不等于社会成本，个人收益不等于社会收益时，就存在外部性。根据影响效果，外部性可以分为正外部性和负外部性。

由于存在非竞争性和非排他性等属性，公共物品的提供存在市场失灵。应对由于公共物品属性和外部性产生的市场失灵，一般有三种方法：使用行政强制力对特定行为进行规制；采用环境税费和补贴制度；建立明确环境产权和交易市场，或者三种方法的综合。可以确定的是，无论哪种方法，政府在其中都扮演着不可或缺的角色。政府就成了公共物品的主要提供者。对于各级政府之间提供公共物品的职责划分，可以从外部性和受益范围两个层次进行分析（见表2）。

表2　　　　　　　　　　地方性公共物品的提供方式

受益范围	外部性	
	有	无
小于本地政府疆界	本地政府提供，上级政府转移支付给予支持	本地政府提供
大于本地政府疆界	上级政府提供，对本地政府转移支付给予支持	多个同级政府联合提供；政府与企业联合提供；上级政府参与协调

流域水环境保护具有很强的公共物品属性，流域治理往往涉及若干行政区域，责任主体难以判别或者责任主体众多，难以分割和界定明确的环境权利。需要对各级政府之间的事权财权进行明确，尽量确保流域水环境保护的受益范围与本地政府提供的公共物品成本满足对等原则。同时，水环境保护，比如自净能力、生态系统功能，但往往不能用价格

衡量，在市场框架内难以得到体现，边际私人成本和边际社会成本存在差异，具有明显的正外部性，从而单纯依靠市场解决水环境保护问题是无效的。因此，需要研究流域水环境保护的投资政策，使生产要素得到较为充分的流动。

3. 公共选择理论和政府失灵

公共选择理论认为，政治家也是追求自身利益最大化的经济人，政府出于公共利益理由的干预和管制创造了垄断空间，从而造成了垄断利润，即租金，政府天然具有创造租金和寻租的倾向，也会造成资源的浪费。新制度学派则认为，由于存在信息成本，公共领域的权利不是清晰界定的，公共领域越大，寻租的空间就越大。

政府被假定是公众利益的代理人，但是在现实中，政府由各个机构组成，各机构都有自己的行为目标，也要追求自身利益，官员作为经济人，也以追求个人效用最大化为原则，自觉或不自觉地将行为融入公共政策中。由于缺乏竞争机制、监督机制和信息不完备，政府机构往往缺乏降低成本和提高效率的积极性。在水环境保护上，为了纠正市场失灵的政府干预是必要的，但是由于寻租行为和政府能力的限制，不能保证政府干预的结果一定更优，需要与之匹配的制度设计抑制寻租行为的发生。

4. 公众环境权益理论

环境权益是环境能够提供给人的各种利益的总称。环境权来源于人类对生命和健康的追求，逐渐扩展到环境带来的物质价值和精神价值。总体上说，环境权益的基本权能在于资源权、人格权和精神美感权。

公众通过参与环境决策、信访、诉讼等途径参与环境管理监督，增强政府决策和管理的公开性和透明度，使政府决策更符合实际情况，减少摩擦带来的损失，也有利于提高公众的环境意识，加强解决环境问题的效果。不过，由于环境信息获取的专业性，信息主要集中在政府机构和企业部门，公众参与存在信息不对称的问题，造成逆向选择，产生道德风险，破坏公众参与的有效性。环境信息披露是公众参与的基础条件。

（二）相关概念界定

水环境保护事权财权划分及投资政策研究涉及经济、财政、环境、资源、法律等多个领域，是一项多学科交叉的政策集成研究。为便于讨论，我们有必要对水环境保护、投融资相关概念作以界定，为后续研究奠定理论基础。

1. 水环境保护

一般来说，环境按其属性可分为自然环境和社会环境。自然环境主要包括大气环境、水环境、生物环境、地质和土壤环境以及其他自然环境。水环境是指围绕人群空间及可直接或间接影响人类生活和发展的水体，其正常功能的各种自然因素和有关社会因素的总体。水环境可以分为：海洋环境、湖泊环境、河流环境等，本课题的研究范围包括除海洋环境以外的其他所有水环境。

从人类生产生活利用的角度，水环境和水资源表现有以下特征：（1）具有稀缺性。随着生产力的发展，人口的增加，人类对水环境和水资源的需求越来越多，其有限性和稀缺性日益突出。（2）多用途性。水环境和水资源有多种用途和功能，一旦被选择为一种用途后，另一种用途就可能减少。（3）增值性。水资源具有增值能力，不违反生态规律地进行合理利用，可使其不断更新、增值；如果对其利用超过一定限度，违反一定的规律，就会造成水资源的衰退和枯竭，不可逆转地破坏水环境。（4）价值计量的困难性。水环境和水资源虽然具有使用价值，但相当一部分没有市场价格。要评价水环境相关经济活动对社会的影响，评估人类活动对水体污染和水环境破坏而造成的损失，在计算和计量上非常困难。

水环境保护是一个系统概念，是水资源开发利用、水资源保护和水污染防治三者的综合，具体包括水资源涵养、地表淡水正常循环维护、水资源开发利用、污染物排放控制、生态系统维护等多个方面。水环境保护的目的是通过行政、法律、技术、经济、工程等手段合理开发、管理和利用水资源，保护水资源的质量和正常供应，防止水体污染、水源枯竭、水流阻塞和水土流失，以满足人类社会对水资源的合理需求。

本研究的水环境保护侧重于水资源保护和水污染防治两个方面。在水环境保护诸多手段里面，侧重于研究经济手段，并兼顾行政手段和法律手段。水环境保护的经济手段存在利益性、间接性和有偿性三大特征。一般而言，可以将经济手段分为四类：税费手段、价格手段、交易制度和其他经济手段。也有的专家学者从理论上将经济手段抽象为庇古手段和科斯手段两大类，前者侧重于通过市场干预和监督管理来弥补外部经济性，后者则侧重于明确所有权、产权和完善交易制度来解决外部经济性问题（见图1）。

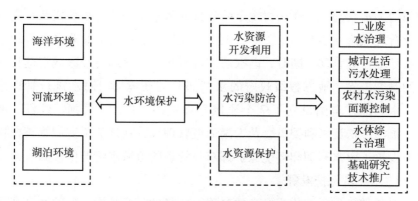

图1 水环境保护相关概念及主要领域

2. 水环境保护事权、财权

在财政学理论中，各级政府之间在事权财权上有着不同的分工定位。事权是指一级政府在公共事务和服务中应承担的任务和职责。财权是指一级政府筹集和支配收入的权力，包括收入组织权、财力分配权和监督管理权等。所谓水环境保护事权、财权，就是指一级政府在实施水环境保护以及水污染防治的过程中所负有的职责以及相应的组织分配以及监督管理收入的权限。

目前，我国颁布实施了《水法》《环境保护法》《水污染防治法》等多项法律法规，针对水环境保护相关事项、水污染防治措施和责任主体进行了基本的界定和规范。总体来看，在政府间水环境保护事权划分上，基本上是执行着"统一领导、分级负责"的管理体制，即由县级以上地方政府分级对其行政辖区内的水环境事权承担责任，具体包括地方水环境标准制定、水污染防治规划的编制和实施、水环境监督执法、水环境基础设施建设和运营、水源地保护等。中央政府主要对全国性、外溢性较强事项负责，如国家水质标准、重点（跨省界）流域的水污染防治规划的确定，并基于水环境保护基本公共服务能力均衡化的原则对特定地区进行转移支付。在跨行政区域、流域性水环境保护上，初步建立了流域管理体制和协调机制，在政府内部有多个部门共同负责水环境保护相关事权财权。水行政的主管部门主要是国家及地方各级环境保护部门和水利部门，在法律规定的各自的范围内分别对水环境和水资源进行管理，此外还有国土资源、卫生、建设、农业、渔业等多个部门涉及水环境行政管理。同时，国家还实行行政区划管理与按流域管理相结合的制度，除了地方各级政府的水利部门与环境部门对水进行管理之外，水利部在全国设立了7个流域管理机构：长江、黄河、珠江、海河、淮河、松辽水利委员会及太湖流域管理局，在这7个流域管理机构之下设置了由水利部和环境保护部双重管理的流域水资源保护局。

3. 水环境保护投资

投资是指货币转化为资本的过程。广义的投资是指一定的经济实体为获得预期的净收益而运用资金进行的风险性活动，它是由资金的投入、使用、管理和回收4个过程构成的有机整体，具有收益性、时间性、风险性等特点。投资可分为实物投资和证券投资，前者是以货币投入企业，通过生产经营活动以期取得一定的利润；后者是以货币购买企业发行的股票和公司债券，间接地参与企业的利润分配。

水环境保护投资是指社会有关投资主体从社会的积累资金和各种补偿资金中，拿出一定的数量用于水污染防治和水资源保护。目前，国内外关于环境投资的定义及内容尚未统一。具有代表性的是较早的"费用说"和后来的"投资说"。美国、日本早期的环境保护投资被称为环境支出（environmental expenditure），是指进行环境保护活动所发生的费用，包括环境保护投资活动形成的固定资产的折旧、消费掉的原材料费、燃料费和动力费、职工工资及交纳的排污费等，这就是环境保护投资的"费用说"。从中国的现状来看，环境保护投资还处于"费用说"阶段。严格来讲，环境保护支出和环境保护投资既相互联系又有所区别。环境保护支出包括环境保护投资，而环境保护投资是环境保护支出的主要组成部分。

在我国《环境保护"十一五"规划主要指标测算要求说明》中，对环境保护投资概念给出了例证似的定义，并从资金角度对环境保护投资总额给予货币化的说明："环境保护投资，包括城市环境基础设施建设投资、老工业污染源污染治理投资、新建项目'三同时'环保投资三部分，环境保护投资总额是指以上三部分本年完成投资的合计值"。若按环境要素来分类，则环境保护投资包括水污染治理、大气污染治理、固体废物污染治理、生态治理和能力建设投资。

因此按照官方的统计口径，本研究水环境保护投资的范围实际是"水污染防治投资"（具体如图1所示），也主要由三部分组成：（1）城市环境基础设施建设投资中的"排水"部分；（2）老工业污染源治理投资中的"废水治理"部分；（3）新建项目"三同时"环保投资。

二、事权、财权划分及投资政策的重要意义

（一）水环境保护存在着强烈的外部经济性

第一，水资源产权归属在经济学上难以具体界定。虽然理论上水资源的产权属于国有即公共所有，但实际当中这种所有权的权力行使主体很难具体确定。如果放任自流，所有人都可以在无需付费的情况下自由享用和无节制地消费，其结果造成水资源的过度浪费和水环境的严重破坏。另一方面，如果政府管制过度就会走向另一个极端形成垄断进而影响效率，增加水资源开发利用和水环境保护的成本。

第二，水环境保护表现出强烈的非排他性和非竞争性。水环境保护

所具有的这种公共物品特性，使得其保护主体难以向受益者收取费用，消费者也不愿为此支付成本，市场无法通过供求双方的力量为其确定一种均衡价格。如果完全通过市场来提供这种公共物品（如水污染治理），就会发生休谟早在1740年指出的所谓"公地的悲剧"（tragedy of commons），其结果是水资源过度开发利用甚至浪费，而水污染治理投入严重不足，最终没有一个人能够享受到水环境保护所能带来的好处。

第三，水污染治理存在着强烈的外部效应即外部经济性。一方面，环境污染的负外部效应导致私人成本与社会成本、私人收益与社会收益的不一致，从而使私人最优与社会最优之间发生偏离，资源配置出现低效率，环境污染所带来的私人收益远大于其成本；另一方面，污染治理的正外部效应使得污染治理企业无法因其社会贡献获得满意的经济回报，水污染防治方面就会出现"免费搭车者"。如果所有的社会成员都成为"免费搭车者"，水污染治理投入会出现供给量不足甚至为零的情况，就会导致"市场失灵"。

早在20世纪初福利经济学庇古在研究中就发现，外部经济性是使经济主体忽视环境保护即不愿意在环境保护方面投资的内在原因，形成了著名的外部经济性理论（也称为庇古理论）。后来，经济学家科斯经过研究认为，只有明确界定环境资源的所有权，市场主体的经济活动才可以有效地解决外部经济性问题，即通过产权的明确界定可以将外部成本内部化。在这些研究的基础上，逐渐形成了解决环境资源外部经济性问题的两个派别：一个派别主张对市场实行政府干预，即通过政府实施有关政策、法规和其他管理措施来解决环境污染的负外部性，称为管理学派。另一个派别则主张通过明确环境资源的所有权或财产权，即明确所有权或环境资源权、资源物权来解决外部性问题，称为所有权学派。这两种学派关于解决外部经济性的思路，对于水环境保护的政策设计都具有重要的借鉴意义。

（二）水环境保护具有地理上的流域分布特征

水环境不仅与工业、农业、服务业等各行各业都存在密切的联系，也与人们的日常生活紧密相关，需要跨多个领域和行业进行协调。在地理上具有独特的流域分布特征，使得相应的投融资政策安排需要在不同行政区域和不同层级政府间进行协调。从一个流域的角度来看，同样也存在"公地悲剧"的问题，上、中、下游地方政府都倾向于成为水污染防治的"免费搭车者"，缺乏进行水环境保护投入的内在积极性。例如，地方政府在对基础设施建设项目进行先后排序时，与市内绿化项目等相比，流域水环境保护项目（如污水处理厂建设）往往会放在一个比较靠后的位置。在产业选择方面，出于地方经济利益考虑，流域上、中、下游各级地方政府都希望加快本地区经济发展、适度扩大污染，倾向于选择发展污染相对较重但税收高的行业，而把治理污染的责任更多地留给其他地方政府。综合来看，水环境保护的投融资政策安排，不仅需要进行市场与政府的角色定位与作用界限划分，也同时存在着不同行政区域、不同层级政府之间的协调，增加了制度设计的复杂性。

（三）事权、财权划分及投资是水环境保护的关键环节

就全球范围来看，工业化和城市化的推进往往伴随着环境污染的加剧。改革开放以来，我国经济多年来持续快速发展，发达国家上百年工业化过程中分阶段出现的环境问题在中国集中出现，环境与发展的矛盾日益突出。资源相对短缺、生态环境脆弱、环境容量不足，逐渐成为中国发展中的重大挑战。流域水环境污染治理与保护巨大而长期的资金需求带来投入上的高度密集性，单靠国家财政资金投入是远远满足不了这种投资需求的。水环境保护的投资具有相对较高的风险，如果没有相应的制度安排来保证投资的回报，市场主体也缺乏投入的积极性。

综合而言，水环境保护具有为全社会服务的公益性，更多以社会效益为驱动并兼顾经济效益。其最终目的是为了改善人们生产和生活的条件，而且与直接的经济效益相比，往往更多地表现为生产和生活条件改善而带来的间接效益。就某个具体的项目建设而言，主要着眼于其在较长时期内所能发挥的总体效益，而且这种总体效益往往需要一定的时间才能逐步显现出来，长期效益要远远高于短期内有可能带来的收益。因

此，在设计相应的投融资政策体系时，需要把握好这些特点，即：社会效益要高于经济效益，间接效益重于直接效益，长期效益大于短期效益。

长期以来，我国水环境保护的投资主体比较单一，政府为主投入、事业单位运营的特征比较明显。也正是由于我国投融资制度建设长期滞后于形势发展的需要，不利于形成有序竞争和合理回报的产业格局，造成水环境保护投入严重不足和资金使用效率低下。面对近年来急剧增长的水环境保护投入需求，做好投融资工作不仅是水环境保护的关键环节，也是推动各项工作目标落实所面临的重大挑战。

水环境保护是环境和资源保护的核心领域之一，水环境保护的特殊性决定了政府间事权、财权划分以及相关投融资体制政策在整个保护体系当中的特殊地位。"兵马未动，粮草先行"，随着我国水环境保护问题的日益严重，投入需求急剧增加，在科技进步日新月异和劳动力总体供过于求的背景下，资金投入成为影响水环境保护的决定性因素。另一方面，水环境保护外部性强、投入高度密集、地理上呈流域分布特征等特点，也决定了事权、财权划分以及投融资在整个政策体系当中处于比较特殊的地位，起着关键的支持和保障作用。

三、辽河流域水环境保护事权、财权划分及投资现状

（一）辽河流域水环境保护进展

辽河流域是我国七大流域之一，其干流由辽河水系和大辽河水系组成。其中，辽河水系由西辽河和东辽河，以及发源于吉林的招苏台河、条子河等在辽宁省境内汇合而成，在盘锦市入海；大辽河水系由发源于辽宁的浑河、太子河，在营口市汇合成大辽河入海。辽宁境内辽河流域面积 6.92 万平方千米，涉及 11 个省辖市，共计 24 个县（市）。流域总人口、地区生产总值占全省的 60% 以上。

我国政府历来都非常重视辽河流域的水环境保护。早在 1980 年，

邓小平同志就曾经对治理浑河污染，改善沈阳、抚顺两地居民的生产生活条件作了重要指示。1996 年，国务院召开常务会议决定将辽河列为"九五"期间重点治理的三条河流之一，并先后批复实施了《辽河流域水污染防治"九五"计划及 2010 年规划》《辽河流域水污染防治"十五"计划》《辽河流域水污染防治规划（2006 ~ 2010 年）》，辽河流域进入了全面治理阶段。

2001 年、2004 年、2006 年，辽宁省政府与各市政府 3 次签订环保目标责任书，将辽河治理目标、任务和责任层层分解，直至重点污染企业。2006 年，辽宁省政府出台了《关于落实科学发展观　加强环境保护的决定》，辽河治理再一次被确定为全省环保工作的重点，成立了以分管副省长为组长的辽河流域水污染防治工作领导小组，定期研究解决流域污染防治重点问题；建立了辽河治理目标责任制。2007 年，辽宁省被环保部列为生态省建设的试点省份，制定了《辽宁生态省建设规划纲要》，将辽河流域减排暨辽河治理确定为生态省建设的重中之重。2010 年，辽宁省建立了辽河保护区，主要保护对象为辽河干流水体、河流湿地和珍稀野生动植物资源，制定了《辽宁省辽河保护区管理条例（草案）》，条例提出设立辽河保护区专项资金，用于辽河保护区的保护治理。为了做好相关工作，辽宁省专门成立了辽河保护区管理局（省政府直属正厅级事业单位）。

经过十多年的综合治理，辽河流域水环境保护工作取得了一定的成效。"十五"期间，在流域 GDP 增长 1.63 倍情况下，COD 排放减少了10.18 万吨，辽河流域水质总体上保持稳定，浑河水质明显改善。进入"十一五"以来，辽河流域水环境状况有了进一步好转。2006 年，在辽河流域 26 个干流监测断面中，有 8 个断面水质优于五类标准，比 2005年增加 4 个。据《2009 年辽宁省环境状况公报》显示，辽河流域水质污染明显减轻（以化学需氧量评价），化学需氧量浓度和超标断面数量均有所下降。辽河、浑河、太子河化学需氧量年均浓度在 16 毫克/升至24 毫克/升之间，为 2001 年以来历史最低值，其中，辽河同比下降59.3%。26 个干流断面化学需氧量年均浓度首次全部符合Ⅴ类水质标准。

（二）事权、财权划分现状

事权的意义，可以理解为政府或组织对于某项事务的职责与权限。财权则是指政府筹集和支配收入的权力，在分税制财政体制下，通常提到的财权是指一级政府组织收入的权力，具体形式为税收权、收费权和举债权。实际上，广义的财权应该包括收入组织权、财力支配权、监督管理权等政府收支活动多个方面。为了更全面地反映辽河流域水环境保护的财权状况，本文将以广义的财权为前提进行分析。就政府而言，《宪法》等法律法规对其职能作了一般性规定。水环境保护，不仅是政府的事权之一，也是全社会共同的责任，需要企业、社会组织、各人的民间主体的介入。同样，其投入也来自政府与市场多个方面。

1. 从政府和市场的角度

水环境保护的公共物品属性，决定了水环境保护的事权财权主要属于政府权责范围。非排他性和非竞争性越强，就越应该属于政府的职责范围，环境规划和环境标准的制订和完善、生态环境区建设与保护、环境监测和执法、环境信息收集、河道整治、面源污染防治、部分管网建设工程等公共属性较强的领域，不能市场化，政府应承担相应责任，大致可以分为行政手段和经济手段。

行政手段主要指制定法规标准，制定保护和治理规划，实施环境影响评价，发放排污许可证，监测和统计环境信息，使用行政强制力对违法行为进行巡查、规制。辽河流域各级政府对辖内环保部门基本支出进行全额拨款，并安排专项资金全面支持环保系统能力建设。2007～2008年，辽宁政府对流域内造纸、印染、糠醛等重污染行业进行了全面的调查摸底，并集中对全省 417 家造纸企业进行了全面整治。不符合产业政策的 269 家小造纸企业已分三批彻底关闭；2008 年实施全省污染源普查工作，都是行政手段的具体体现。

经济手段主要指环境经济权益调整和基础设施建设，包括环保基础设施和生态设施的建设、运行、维护。在环境经济权益调整方面，辽宁出台了生态补偿政策，对流域上游育林、水土流失防治、水质保护进行支持；建立了辽河流域污染治理专项资金，主要用于饮用水源地保护、监测监管能力和污染防治；出台了《辽宁省跨行政区域河流出市断面水质目标考核及补偿办法》，规定水质浓度超过规定标准的市，要对下游进行经济补偿。在基础设施建设上，主要投入于污水处理厂和管网建设。根据污染者付费的原则，为了降低运营成本，部分可收费公共物品可以采取市场化方式提供，政府通过收取排污费的形式将隐蔽的负外部性显性化，令企业和居民承担污染相应的责任，将费用转移支付给污染治理者，并借此激励污染者降低污染排放。企业和居民的义务是遵守环境法律法规，履行环境责任。市场参与的主体是包括企业在内的各种社会团体，它们的事权包括：第一，维护环境权益。市场主体应根据法律诉求自己的环境权益，对政府的不作为进行监督。第二，参与水环境保护。目前，水环境保护的许多领域正在逐步探索建立市场化机制，特别是在污水处理厂建设运营方面，企业已经参与进来。

2. 从中央与地方各级政府的角度

大江大河水环境保护，关系国家的发展和环境安全。如跨省流域水环境治理、国家级自然保护区管理、历史遗留污染物处理、国家环境管理能力建设，属于中央水环境保护的事权及相应的财权，提供保护资金，对地方的违规行为进行监管。例如，由于跨省境上游企业污染水体导致入省境水质严重污染、居民饮水困难等问题，环保部要负责进行协调和督察，财政部进行拨款实施改水工程。

同理，具有地方公共物品性质、经济和环境收益主要属于地方的环境保护事务应由地方承担，例如，小流域水环境治理，城市环境基础设施建设、地方环境管理能力建设等。"十一五"以来，辽宁省对辽河流域水污染防治累计筹措资金 39.91 亿元，其中中央补助 18.26 亿元，以"三河三湖"污染治理专项资金、农村环保专项资金形式下拨。辽宁建立了辽河治理目标责任制，成立了辽河流域水污染防治领导小组，分别和各地市签订了《主要污染物总量减排及辽河治理目标责任书》，将任务和责任层层分解到各地市。出台了辽河治理河（段）长制度，由地方主要领导担任河（段）长，对治理工作负总责；实施了河流红色、黄色警戒制度，对河流 COD 浓度超过 100mg/L 的市给予红色警戒；出台了《辽宁省跨行政区域河流出市断面水质目标考核及补偿办法》，对全省 12 个干流断面、15 个支流断面制定了具体的水质考核目标和办法，规定水质浓度超过规定标准的市，要对下游进行经济补偿。

3. 从水环境保护部门职能的角度

水环境保护涉及环保、水利、建设、农业、林业、渔业、交通、公安、科技、卫生等多个部门，表 3 根据水环境保护的具体事项，列出事权类型、负责部门。

表 3 水环境保护事权部门划分

具体项目	事权类型	负责部门
水质、水量监测	规划、组织实施	环保、水利
河道疏浚	规划、组织实施	水利
农业面源污染防治	规划、执法、基础设施建设	环保、农业
污水处理	基础设施规划、投资、建设、运行、维护	环保、建设
工业点源排污管理	规划、影响评价、执法	环保、工业
水土流失防治	规划、组织实施、执法	林业
土地利用	规划、执法	国土
水体修复	规划、组织实施	环保
湿地保护、退耕还林、动植物保护	规划、执法	林业
航运	规划、执法	交通
水利设施建设	基础设施规划、投资、建设、运行、维护	水利
渔业资源保护	规划、执法	渔业
水污染事故处理	规划、担保、执法	环保、公安
水源保护	规划、执法、基础设施投资、建设、运行、维护	环保、卫生
技术研发、推广	出资、管理、提供服务	科技
景观建设	规划、组织实施	建设

2010 年，辽宁省政府建立了辽河保护区，全长 538 千米，面积 1869.2 平方千米，基本涵盖了河流周围 2 千米地区；建立辽河保护区管理局，正厅级建制，是直属于省政府的事业单位，由省财政全额拨款，主要保护对象为干流水体、河流湿地和珍稀野生动植物资源，合并省水利厅、环保厅、国土资源厅、交通厅、农委、林业厅、公安厅、海洋与渔业厅在保护区内的水质水量监管、水政执法、环境影响评价、排污管理、污染防治、土地权属、农药管理、防治水土流失、动植物保护等职能，承担保护区内监督管理和行政执法职责，是以流域为管理对象、合并各部门管理职能的一个尝试。

（三）政府投资状况

1. 政府资金投入情况

辽河流域水环境保护资金来自多个方面，包括政府投资、国债资金、企业自筹资金、国际组织贷款等。由于水环境保护具有较强的公共性，政府投资特别是地方政府投资一直是水环境保护的投入主体。本文重点就政府资金投入展开论述。

（1）"十一五"之前。1996 年我国政府开始对辽河流域实施综合治理之后，政府投资依据各个时期的规划，资金投入渠道主要集中在污水处理厂等水污染防治工程方面。资金来源主要为省级集中的污水处理费。1999 年，投入 700 万元对各市污水处理厂建设进行补助。2001 年，投入 1750 万元对各市污水处理厂建设给予补助。2002～2003 年，投入 1821 万元支持小流域综合整治、污水处理厂建设、重点工业污染源治理等。

按照《辽河流域水污染防治"九五"计划及 2010 年规划》，辽河流域水环境保护计划投资 111.64 亿元，实施 161 个重点治理工程项目，COD 排放总量由 1995 年的 56.15 万吨下降到 2000 年的 20.73 万吨。实际情况是，完成投资 31.99 亿元，占计划的 28.7%；完成项目 110 个，占计划的 68.3%；实际排放量为 47.98 万吨，比 1995 年下降了 14.6%。按照《辽河流域水污染防治"十五"计划》，辽河流域水环境保护计划投资 93.43 亿元，实施 86 个重点治理工程项目，COD 排放总量由 2000 年的 47.98 万吨下降到 2005 年的 26.84 万吨。实际情况是，完成投资 50.29 亿元，占计划的 53.8%；完成项目 56 个，占计划的 65.1%；实际排放量为 37.8 万吨，比 2000 年下降了 21.2%（见表 4）。

表 4 　　　　　　　　　辽河流域水污染防治计划完成情况 　　　　　　单位：亿元、%

计划	计划投资（亿元）	实际投资（亿元）	完成比例（%）	计划实施项目（个）	实际实施项目（个）	完成比例（%）
辽河流域水污染防治"九五"计划及 2010 年规划	111.64	31.99	28.7	161	110	68.3
辽河流域水污染防治"十五"计划	93.43	50.29	53.8	86	56	65.1
辽河流域水污染防治规划（2006~2010 年）	111.07	69.82	63	134	91	67.9

　　（2）"十一五"时期。"十一五"以来，辽宁省确立了生态省建设的战略目标，大力推进辽河流域水环境保护，在加大政府投资力度的同时，资金投入渠道从单纯的水污染防治扩展到生态环境综合治理（见表 5）。为了切实加强环境保护，2006 年环境保护支出科目正式纳入财政预算。水环境保护投资开始从财政预算中安排。依据《2009 年度辽宁省一般预算支出决算功能分类明细表》，预算科目中与辽河流域水环境保护直接相关的包括：环境保护—污染防治—水体、排污费支出；环境保护—污染减排—减排专项支出；林业—森林生态效益补偿；水利—水土保持、水资源费支出。

表 5　　　　　　　　　　近年辽河流域水环境保护政府投资情况

资金来源	投入总量及构成	投入渠道和领域
中央"三河三湖"专项资金	16.04 亿元（2007 年以来累计安排）	城镇污水处理设施、配套管网项目、重点区域综合治理项目
辽河流域水污染防治专项资金	1 亿元/年（省级财政 6000 万元，各市配套 4000 万元，2006～2009 年累计 4 亿元）	辽河流域水污染防治
农村环保专项资金（部分用于辽河流域水环境保护）	2006 年起设立，1500 万元/年，2009 年增至 4000 万元/年（2006～2009 年，全省共安排农村环保专项资金 1.67 亿元）	村庄环境综合治理、重要水源地保护、重要流域污染防治等
排污费（部分用于辽河流域水环境保护）	17.2 亿元（2006～2009 年累计投入，其中中央 1.5 亿元，省本级 2.5 亿元，市县 13.2 亿元）	工业污染源治理项目、区域环境综合整治项目等
部门预算支出	1.5 亿元/年	辽宁东部水源地重点生态区财政补偿
部门预算支出	7000 万元/年	小流域综合治理、东部山区水土保持
部门预算支出	1.9 亿元（省财政一次性安排）	2010 年辽河流域河套生态治理专项
部门预算支出（部分用于辽河流域水环境保护）	7.2 亿元/年（省以上财政投入）	造林绿化、河道生态建设等

在辽河流域水污染防治方面，辽宁依靠专项资金、排污费资金，实施工业污染源治理、建设污水处理厂，进一步支持流域水污染防治。按照《辽河流域水污染防治规划（2006～2010 年）》，截至 2010 年初，辽宁 134 个规划项目，总投资 111.07 亿元，已完成投资 69.82 亿元，占 63%。项目可以分为三大类：一是 54 个工业治理项目，总投资 36.79 亿元，已完成投资 26.07；二是 65 个城镇污水处理设施项目，总投资

61.45 亿元，已完成投资 34.68 亿元，新增污水处理能力 359 万吨/天；三是 15 个重点区域污染防治项目，总投资 12.83 亿元，已完成投资 9.06 亿元。以上项目投资中，省财政集中安排 91 个辽河规划内项目，投入 15.54 亿元，地方财政投入 13.66 亿元，贷款、企业自筹等社会资金 40.62 亿元。截至 2010 年初，辽宁省对辽河流域水污染防治累计筹措资金 39.91 亿元，其中中央补助 18.26 亿元，省本级财政安排 5.85 亿元，市县财政安排 15.8 亿元。2006～2009 年，全省排污费累计投入 17.2 亿元，其中，中央 1.5 亿元，省本级 2.5 亿元，市县 13.2 亿元。排污费重点安排用于工业污染源治理项目及区域环境综合整治项目等（见表 6）。

表 6   **2006～2009 年工业废水治理项目建设情况**

项目	2006 年	2007 年	2008 年	2009 年
本年施工项目（个）	133	111	84	66
本年竣工项目（个）	110	86	72	57
施工项目本年完成投资额（万元）	79661.0	72092.6	81906.7	33785.1
本年竣工项目新增设计处理能力（吨/日）	102108	138230	901879	

在辽河流域生态环境建设方面，政府每年投入 10 亿元左右，实施植树造林、水土保持、小流域综合治理等。2008 年起，省财政每年安排东部受补偿的 16 个县（市、区）财政补偿资金 1.5 亿元，累计已安排 3 亿元，对辽宁东部地区的经济发展和生态环境建设起到积极的促进作用。在造林绿化方面，省以上财政每年安排投入 7.2 亿元，重点支持了以荒山荒地造林、村屯绿化、河道生态建设、重点工业园区绿化等为林业生态建设。为了支持小流域综合治理和东部山区控制水土流失，每年安排资金 7000 万元，确保实现水土流失治理目标。2010 年，一次性增加安排辽河流域河道生态治理专项资金 1.9 亿元。

2. 政府投资机制建设

（1）建立辽河流域水环境保护专项保障机制。随着辽河流域水环境保护的逐渐深入，各级政府陆续设立了财政专项资金，确保了政府投入的连续性，包括辽河流域水污染防治专项、中央及省级农村环保专项、中央"三河三湖"及松花江流域水污染防治专项等。目前，以专项资金为主的财政投入保障相关政策体系已经初步形成。

2006 年，辽宁省在《落实科学发展观加强环境保护决定》中提出建立省辽河流域水污染防治专项资金。资金规模每年 1 亿元，其中：省本级安排 6000 万元，各市配套安排 4000 万元，主要用于辽河流域水污染防治。截至目前，辽宁全省已经累计安排 4 亿元。从 2006 年起，辽宁省还设立了省级农村环保专项资金，规模最初为 1500 万元/年，2009 年已经增至 4000 万元。2008 年起中央也设立了农村环保专项资金。2006~2009 年，辽宁共安排农村环保专项资金 1.67 亿元，其中省本级 0.95 亿元，中央补助 0.72 亿元，用于重要水源地保护和重要流域污染防治，支持饮用水源地保护、农村生活污水和垃圾治理、畜禽养殖污染治理、农村环境基础设施等。

2007 年，按照国务院加大"三河三湖"及松花江流域水污染防治力度的要求，中央财政设立了"三河三湖"及松花江流域水污染防治专项补助资金。同年 11 月，财政部印发了《"三河三湖"及松花江流域水污染防治财政专项补助资金管理暂行办法》，该专项实行中央对省级政府专项转移支付，省级政府负责项目实施管理，具体项目包括污水、垃圾处理设施以及配套管网建设项目，工业污水深度处理设施，清洁生产项目，区域污染防治项目：饮用水水源地污染防治，规模化畜禽养殖污染控制，城市水体综合治理等。2007~2009 年，中央共补助辽宁专项资金 17.12 亿元。截至 2009 年底，辽宁全省已下达中央专项资金 16.04 亿元，91 个项目。

（2）构建辽宁东部生态重点区域财政补偿机制。辽宁东部生态重点区域主要是大伙房水库水源保护区。为了加强水资源的保护，水源保护区以牺牲自身经济发展为代价进行大伙房饮用水源地的生态建设，关闭了众多对水源污染严重的造纸、化工企业，并对水源地周边的工业企业发展做出了严格限制，对水源地周边的经济发展和居民生存发展造成了一定的影响，拉大了当地与省内其他县区城乡居民的收入差距。为了改变这种状况，辽宁省开始探索建立财政补偿机制。按照《关于对东部生态重点区域实施财政补偿政策的通知》文件精神，2008 年起，辽宁省级财政每年安排东部受补偿的 16 个县（市、区）财政补偿资金 1.5亿元，累计已安排 3 亿元，对辽河流域上游水源地保护起到了积极的促进作用。

（3）探索污水处理厂建设资金整合机制。为了推进辽河流域水污染防治，辽宁省正在探索污水处理厂建设财政资金整合机制。为提高财政资金使用效益，辽宁省加大了资金整合力度，对专项资金进行统筹安排，集中支持重点水污染防治项目建设，取得了较好的效果。

2007～2009 年，辽宁统筹安排中央"三河三湖"、辽河流域水污染防治等专项资金，投入 14.05 亿元支持了 53 座污水处理厂建设，新增处理能力 150.9 万吨/日，基本上都是地方财政比较困难的县级及以下污水处理厂；同时，配合污水处理厂运行，安排财政资金 8186 万元，支持了 25 个配套管网项目，新增管网长度 580 千米。通过财政资金整合机制，推动了辽宁减排能力的跨越式提升。在两年时间内，全省新建99 座城镇污水处理厂，实现了县县都有污水处理厂目标，辽河流域水环境保护基础设施水平大幅度提高。

四、辽河流域水环境保护事权、财权划分及投资政策评价

（一）事权、财权划分评述

从总体效果来看，辽河流域水环境质量一直没有得到根本改善，水环境保护的总体目标没有达成。辽河治理在"九五""十五"时期，无论是项目建设还是总量削减，都没有完成计划指标。辽河流域污染情况和流域内人们的生产生活特征相关。辽宁产业结构以重工业为主，服务

业占比较低，粗放型经济发展模式下，经济高速增长带来污染排放总量增加。农村生产方式较为分散，组织化程度不高，污染源分散，监管和治理成本都很高。同时，由于经济基础和教育水平等原因，居民对环境权益的需求较低，公众参与的动力不足。在事权、财权划分方面仍存在不足。

1. 各级政府之间财权、事权不匹配

在现有财税体制下，上级政府能够比较"方便"地调整事权和财权的分配，并不经过全国人大和地方人大，从而可将事权层层下放，财权逐级上收。目前中央政府在收入分配中占55%左右，但中央财政支出大致占25%~30%，省级政府大致占25%~30%，地处基层的地市和县乡政府支出占比高达50%~55%，基层政府承担了过多的支出责任，财权和事权明显不匹配，贫困地区、欠发达地区无力承担新的事权，地方政府面对随时会变的事权和财权分配格局，容易滋生不负责任的短期行为。

在辽河流域，问题突出地表现在省以下地方政府，尤其是财政实力较弱的市县级。第一，省以下的市县一级环保行政监管能力偏弱。市县级环保力量依赖于同级财政拨款，环保执法队伍基本达到能力建设标准化的比例仍在15%左右，距离90%的目标要求还有很大距离，相比之下，省级执法队伍由于省财政的支持，达标比例则是100%。第二，一般性转移支付不足，中央、省级资金支持的环保项目具有"奖优罚劣"的性质，要求地方出资进行配套，财政实力较弱的地区本来就缺乏资源投入环境保护，结果争取到的资源也相对少，增加了地区之间的不公平。第三，在目前财税体制下，较落后地区为了提高财政收入，具有通过招商引资、土地出让等方式扩大地方收入的内在动力，保护地方工业企业等税源，其中也保护了一些污染企业，这些内在动力通过各种形式、途径，导致水环境的恶化。第四，地方政府污染控制的主要资金来源是排污费，污染得到治理之后排污费的收入会逐年下降。

2. 跨行政区域事权模糊，缺乏协调

当前水环境保护事权主要采取属地原则，根据行政区域划分事权。

但是，可能遇到保护方和受益方的不一致性。由于水环境保护的外部性，受益和受害往往是跨流域、区域范畴内发生，而具体的工程实施载体又是位于确定的行政区域。比如，跨省级流域水质污染问题，省级政府并没有明确的环境产权，很难获取应有的环境权益，需要中央进行协调；而市县级之间的环境权益纠纷需要省级人民政府建立合理的机制。目前省内进行了生态补偿机制的初步探索，但相比水环境保护的总体需求来说尚很弱小。

3. 政府市场之间的关系尚未理顺

水环境保护的市场有一定公益属性。从提供方的企业角度讲，参与企业较少，具有自然垄断性、专业性较强、投资回报周期长；从消费者角度讲，涉及消费者数量众多，社会影响巨大。良好的市场化改革可以提高运营效率、降低运行成本，但是由于信息不对称的特性，对政府的监管能力和管理能力提出了更高的要求，需要政府做好信息公开、水质监管、成本核算等多方面的工作，同时在管网建设上需要履行提供基础设施的责任。

目前的主要问题在于三个方面。第一，政府没有承担应有的污水管网配套责任，管网建设滞后，影响了污水处理厂运行，污水处理厂由于管网建设不到位而闲置情况经常出现。截至 2009 年底，30 家污水处理厂未建成配套管网，致使建成的污水处理厂没有污水可以处理。而且配套管网比较滞后的地区主要是新城区、开发区及财力困难的县（市）。第二，已开征的污水处理费标准偏低，还有部分地区未开征污水处理费，满足不了污水处理厂运行成本支出。根据测算，我省污水处理成本性支出平均为 0.6 元/吨，若考虑管网维护、企业合理利润等因素，应在 0.8 元/吨左右。现在已开征污水处理费的市县收费标准平均为 0.5元/吨左右，低于平均运行成本 37.5%，也低于国家节能减排综合性工作方案确定的"2010 年平均污水处理费标准原则上不低于 0.8 元/吨"的政策要求。由于管理体制和信息公开的不完善，提高污染收费合法性、合理性不足，社会舆论普遍担心缺少良好制度建设的市场中，企业会向社会转嫁过多的成本，使得提高排污费遇到很大阻力。目前，全省

44 个县（市）中有 26 个县（市）尚未开征污水处理费，使所属的污水处理厂运行没有固定经费来源。地方财政资金落实不到位，进一步影响了污水处理厂的运行。第三，我省县级污水处理厂运行的市场化程度低。同时，省级对县（市）污水处理厂运行管理、组织和指导力度不够，各县（市）分散管理，分散运作，整体效益没能发挥出来。综合造成的结果是，建设单位从银行贷款来补足缺口，但投资风险依然由政府承担，使得政府背负沉重的财政负担。

4. 政府部门多头治水需要调整

辽河流域涉及事权种类众多，每项事权又涉及中央、省、市县的责任分工，各部门、各机构、各地区追逐自身利益而导致治理资金分散、难以评价治理效果，还会遇到管理矛盾，降低水环境保护工作的效率。目前，辽河保护区管理局的成立是一个有益的探索，确立了空间边界，在空间边界中合并了多个部门的相关职能，但是由于水环境的跨区域性，空间边界之外的有关事权，管理局和其他部门的责任边界仍然有待确认。

（二）政府投资问题及原因分析

1. 存在的主要问题

（1）总量规模低，资金需求缺口大。政府投资一直是资金投入的主体，对辽河流域水环境保护起到了关键性作用。但是，辽河流域的环境问题由来已久，从 20 世纪七八十年代至今，几十年的环境污染不断累积，形成了沉重的历史欠账。尽管进入"十一五"时期，中央和辽宁省级财政都设立了专项资金支持辽河流域治理，但实施的时间短，专项资金的总量规模低，与环境治理资金需求相比存在着较大的缺口。

从几个时期的水污染防治规划可以看出（见表 4），"九五"计划实际完成投资 31.99 亿元，仅仅占到计划的 28.7%；"十五"计划的实际完成投资 50.29 亿元，占到原计划的 53.8%，虽然比起"九五"时期的完成比例有所提高，但仍然很低。到了"十一五"时期，完成投资 69.82 亿元，占到原计划的 63%。可见，一直以来，无论是资金投入规模，还是完成原定计划的比例，我们都没有实现预定的目标，政府投入一直处于不足状态，缺口明显。

根据国际经验，当治理环境污染的投资占 GDP 的比例达到 1% ~ 1.5% 时，可以控制环境污染恶化的趋势；当该比例达到 2% ~ 3% 时，环境质量可有所改善（世界银行，1997）。发达国家在 20 世纪 70 年代环境保护投资已经占 GDP 的 1% ~ 2%，其中美国为 2%，日本为 2% ~ 3%，德国为 2.1%。从财政投入上看，2006 ~ 2009 年，辽宁省包括水环境保护在内的地方一般预算支出中环境保护支出从 21.16 亿元增长到 55.71 亿元（同期辽宁省 GDP 分别为 9304.5 亿元、15212.5 亿元）。地方一般预算支出中环境保护支出占辽宁省 GDP 的比重从 0.23% 增长到 0.37%。可见，辽宁省水环境保护财政支出偏低，无法满足现阶段治理需要。随着经济社会的发展，整个社会对于生态环境质量的要求也在不断提高，辽河流域生态环境建设的标准同样需要相应地提高。辽河流域水环境保护的资金需求仍将进一步扩大。

（2）资金来源少，投入渠道单一。从辽河流域水环境保护的资金来源和投入渠道上看，政府投资仍存在缺陷，即资金来源少的同时投入渠道也比较单一。早期的资金来源主要是省级集中的排污费，2006 年以后，中央和省级财政陆续设立了专项资金，同时增加了一些部门的预算支出用于辽河流域治理。但是综合起来，也不过是排污费、中央"三河三湖"专项、辽河流域水污染防治专项三个主要方面，再加上一些分散在林业、水利等部门的预算支出，资金来源很少，有的资金还是一次性的预算安排，缺乏连续性。总体上，辽河流域水环境保护主要依靠地方财政投入和中央财政补助资金的支持，对于民间资本的吸引不够，社会力量的投入不足。虽然辽宁已经开始在污水处理厂建设方面探索社会和企业共同参与的发展模式，在项目建成后实施市场化运营，但部分污水处理厂在经营权委托、转让过程中存在不科学、不规范的现象。在投入渠道上，更多的是着眼于工业污染源治理项目、污水处理厂项目两大方面，主要针对污染防治，投入渠道和领域过于单一，水土流失、流域动植物资源破坏等辽河流域水环境存在的其他问题没有得到足够的重视和有效的解决。

（3）资金分散列支，缺乏有效整合。辽河流域面积广大，水资源丰富，水环境保护所牵涉的部门很多，诸如环保、林业、水利、农业等直接相关的业务部门，还有国土、建设、交通等掌握项目工程建设实施的职能部门，由此形成了多头管理、政出多门的管理格局，此种多龙治水的局面导致了政府投入的资金分散，因为这些资金都分散地列支在各个部门的年度财政预算之中，每个部门对资金的使用安排都有着各自的目标和导向（见表5）。资金分散列支，表面上看是多个部门都对辽河流域水环境进行了投入，但实际上缺乏有效的整合，导致有的政府投入属于重复建设，浪费了本就十分有限的财政资金；有的政府投入属于撒芝麻盐，资金额度较低而且不具有连续性，降低了资金的使用效益。同时，现有预算科目设置已经实现按照功能进行分类，比政府收支分类改革之前有了很大的进步，但是与水环境保护直接相关的支出仍然分列在多个预算科目中，难以准确全面地反映出政府投资状况。

（4）偏重项目建设，资金监管薄弱。设立项目、上马工程，是辽河流域水环境保护政府投资的主要方式。从"九五"计划、"十五"计划再到2006～2010年的辽河流域水污染防治规划，都是以项目工程为带动资金投入的载体，通过工业污染治理、污水处理厂等项目来治理污染，落实减排目标。这种做法的好处是易操作、见效快，在早期辽河流域环境问题较轻的时候具有一定的优势。但是近年来，辽河流域的水环境问题日益复杂，生态环境形势日益严重，单纯依靠项目建设，难以实现流域环境的综合治理，难以从根本上解决环境问题。偏重项目建设，导致了项目运行困难、资金监管薄弱的问题。近几年，各地区在短时间内上马大量工程，多数项目没有进行跟踪问效，资金监管薄弱，绩效评价有待加强。工程建成后的运营问题一直没有得到很好的解决，有些市县的污水处理厂存在运营困难。在《辽宁省辽河流域水污染防治专项资金管理暂行办法》中明确规定"对截留挪用、弄虚作假、套取资金、项目实施存在重大问题的，严格按照有关规定进行处理"，但是在实际的项目执行过程中，这些过于原则化的规定难以有效执行。因为有的项目是必须要实施的重点项目，即使执行单位存在违规操作也难以取消。

2. 原因分析

改革开放带来了辽宁的跨越式发展的同时，长期的高强度开发、人口规模的不断膨胀也导致了辽河流域水环境状况恶化、环境承载能力下降。为了改善辽河流域水环境，辽宁省制定实施了一系列的治理规划和重点工程，逐年加大投资力度，初步建立政府投资机制，取得了一定的成效，辽河流域水环境总体上趋于好转。但正如前文论述，相关的政府投资政策机制仍存在问题。这些问题的出现有着深层次的背景原因，有的是历史问题的累积，有的随着经济增长而出现。只有抓住了这些深层次矛盾，才能够找到解决问题的方向和方法。

（1）财政保障能力有限。辽河流域面积广大，多年的经济建设早已透支了流域水环境资源，尤其是近几年辽河流域地区一直保持着较高的经济增长速度，工业污染排放的总量不断提升，水环境承载能力承受着巨大的压力，流域水污染防治的任务越来越重。历史遗留的环境问题和新近出现的环境问题交织在一起，原本就比较有限的政府财力投入更显捉襟见肘。同辽河流域水环境保护资金需求相比，无论是中央财政的支持还是地方财政的投入明显不足，低于多数发达国家的水平。政府投资总量规模低、投入来源少，有限的资金只能投入到最需要的地方，导致投入渠道单一。

（2）政府投资体制尚不完善。虽然在辽宁省的努力下，政府投资体制初步形成了专项投入机制、财政补偿机制以及集中排污费支持污水处理厂建设的资金整合机制，但是这些机制还不完善，许多相关的政策规定还比较简单，政府投资偏重项目建设，项目绩效不高。水环境保护牵涉环保、建设、水利、林业等多个部门，项目的统筹协调困难，财政部门难以及时掌握工程实施的全部情况，弱化了专项资金的监管。由于我国环境保护尚未形成市场化运行机制，政府一直是流域生态环境治理的投资主体。辽河流域水环境保护也是这样，主要依靠地方财政投入和中央财政补助资金的支持，投入来源少。作为一项公益性很强的公共服务，水环境保护项目一般没有投资回报或回报率很低，难于吸引社会资金进入。对于民间资本的吸引不够，社会力量的投入不足，缺乏有效的投融资机制，难以实现市场化运行。虽然污水处理厂项目已经开始探索社会和企业共同参与的管理模式，但由于污水处理费标准较低，收缴率不高，部分实行市场化运营的污水处理厂要依靠财政补贴维持运转，市场化效果并不理想，难以保障其发挥预期治污能力。

（3）缺乏跨行政区域合作机制。辽河流域面积达 21.96 万平方公里，流域涉及内蒙古东南部、吉林西部、辽宁大部分地区，包括多个省市地区。2008 年，辽宁省开始着手建立省内跨行政区域合作机制，制定了《辽宁省跨行政区域河流出市断面水质目标考核暂行办法》，按照考核结果，确定各市应缴纳的补偿资金。资金补偿给流域下游城市，专项用于水污染综合整治、生态修复和污染减排工程。目前，辽宁省内已经初步形成了针对各市的水质考核机制。但是各市之间的责权仍不明确，考核指标也有待进一步细化，协调合作机制还不完善。与辽宁省内的跨行政区域合作机制建设相比，在整个辽河流域范围内涉及的辽宁、吉林、内蒙古几个省份之间的跨省级行政区域的合作协调机制更是一片空白，既缺乏中央政府的协调，也没有建立起有效的合作机制。一方面，流域上游省份缺乏实施水环境综合治理的积极性；一方面，流域下游省份独自承受污染防治压力，违反了"谁污染、谁治理"的环境保护基本原则，制约着流域的综合治理。

五、完善辽河流域水环境保护事权、财权划分的方案设计

（一）划分原则

1. 激励相容原则

如果一项环境管理的收益能够主要被当地获取，那么，地方政府就有责任和义务进行环境保护投资。根据公共物品性质，合理地界定各级政府以及各类政府机构之间在环境保护和管理的事权，使地方政府环境管理的成本和收益成正比，增强其积极性。

2. 公平原则

推进基本公共服务均等化是完善社会主义市场经济体制的需要，是实现社会公平公正的需要。政府间环境事权划分应扩大环境公共财政覆盖面，让全体社会成员和地区共享环境公共财政制度的安排，要因地制宜地确定不同发展程度区域的环境事权、财权划分，使之能够有效匹配，使地方政府和财政有能力和动力提供基本的环境公共产品和服务。

3. 环境公共物品效益最大化原则

环境公共物品效益最大化要求以现有的社会环境资源，通过最优配置和使用，生产出最多的环境产品，并使环境产品在使用中达到最大效益。为了使环境公共物品效益最大化，必须分散环境产品的公共性，建立明确的环境产权，提高各环境保护主体的积极性；必须对环境资源的自然垄断进行严格的管理和控制，防止其以牺牲环境的代价来寻求局部的、短期的私人利润。

4. 污染者付费原则

污染者付费原则就是谁污染谁付费的原则，包括污染控制与预防措施的费用，通过排污收费征收的费用以及采用其他一些相应的环境经济政策所发生的费用，都应由污染者来负担。污染者付费原则主要解决的是环境产品的负外部性、公共性和环境资源无市场性等问题。通过对污染者收费，把环境污染的所有外部性成本内部化，以达到使环境污染的私人成本等于社会成本，减小以至消除厂商因污染带来的超额收益的目的。通过环境污染外部性的内部化可以将环境资源的公共性分割为不同的环境保护主体所有，把环境保护的利益与害处、权利与义务和各主体挂钩，使环境保护的利益外溢性减小。同时，污染者付费原则也表明，任何对环境资源的耗费都需要付出相应的费用。

5. 投资者受益原则

投资者受益原则是指由专门从事环境保护的环境保护主体从事环境保护，其效率和效益要比一般的环境问题产生者从事环境保护高。这样，可以把环境问题的解决任务交由这些专门的环境保护主体来进行，收益也自然归其所有。环境公共物品效益最大化要求以现有的社会环境资源，通过最优配置和使用，生产出最多的环境产品，这种环境资源最优配置必然导致由专门从事环境保护主体来从事环境保护，同时获取其收益。

（二）方案设计

辽河流域是我国东北地区最大河流，属于东北老工业基地的核心区域，是我国重要的工业基地和商品粮基地。其干流辽河自古以来就被称为辽宁的母亲河。辽河流域对辽宁省的经济社会发展至关重要，辽宁省域内水环境保护对于整个辽河流域的治理同样十分重要。因此，在辽河流域进行试点示范很有意义。遵循前文三个维度的分析，本部分在分析辽河流域水环境保护事权、财权划分基础上，继续从政府与市场边界、各级政府间边界、政府内部部门边界三个方面，设计辽河流域水环境保护事权、财权划分的试点示范方案。

1. 辽河流域水环境保护事权、财权划分名录

事权划分较为复杂，包括政府与市场之间的事权划分、政府内部各部门之间的事权划分。水环境保护的具体事项划分如表 7~表 9 所示。

表 7   **辽河流域政府与市场之间事权划分**

主体		事权内容
政府		制定法律法规、编制规划；环境保护监督管理；生态环境保护和建设；环境基础设施建设，跨地区的水污染综合治理工程；城镇生活污水处理；技术研发推广等
市场	企业	严格执行"三同时"制度；缴纳排污费；开展清洁生产，循环用水；进行水环境无害工艺、科技及设备的研究、开发与推广；生产环境达标产品等
	社会公众	缴纳排污费用、污水处理费；有偿使用或购买环境公共用品或设施服务；消费水环境达标产品；监督企业污染行为等

表 8   辽河流域中央与地方政府之间事权划分

主体		独立承担事权	混合性事权
中央政府		全国性水资源水环境保护规划 水环境标准制定 水环境监测执法 跨省界、重点流域的水污染防治 水污染防治基础性、关键性、共性技术的研发、推广和应用 环境污染事件最后责任人 全国性水生态功能区建设 督导、引导中央企业淘汰严重污染水环境的生产工艺和设备 协调国家层面的环境国际履约	水环境基础设施：中央对欠发达地区根据其财力状况对环境基础设施给予一定比例的补助；地方应负责其运营、管护 水环境监测和执法能力：中央可从水环境基本公共服务能力均等化和填平补齐的角度对某些地区的水环境监测执法能力进行支持 跨区域、流域性水环境保护和污染综合治理：中央监督，各流域省区对省内断面水质达标负责 历史遗留水环境污染治理：根据原主体隶属关系或财税上缴关系确定责任 水环境突发应急事件：地方负责建立应急预案，发生时启动实施，中央承担兜底责任 跨行政区域水源地保护、水生态功能区建设：通过生态补偿，受益地区和水源区分担，中央引导支持 跨界水污染纠纷处理：由地方协商解决，不能协商的，由上一级政府协调
流域管理机构	松辽水利委员会 辽河保护区管理局	流域水环境保护规划的编制和监督实施 流域水质断面监测 实施流域水环境评估和限批 流域水污染防治技术综合集成与推广应用 流域水污染纠纷的协调与处置	
省级政府	辽宁省政府 吉林省政府 内蒙古区政府	省级水环境保护规划制定及实施 制定省域内水环境标准和污染排放标准 省域内水环境监测、执法 省域内流域水环境综合治理 督导、引导省级企业淘汰严重污染水环境的生产工艺和设备，引导省级企业清洁生产、技术改造	
地、市、县各级政府		地方水环境保护规划制定及实施 辖区内水环境监测、执法 辖区内城镇生活污水处理 辖区内农业面源污染防治 辖区内水土保持、水土涵养 辖区内水环境监测 督导地方企业淘汰严重污染水环境的生产工艺和设备，引导地方企业清洁生产、技术改造	

表9 辽河流域政府内部部门之间的事权划分

具体事权	承担者	负责部门
水环境标准制订、监测、执法	国家、省级政府制定标准；基层政府承担监测、执法任务	环保部、水利部、卫生部；辽宁、吉林、内蒙古环保厅、水利厅、卫生厅；各市县有关部门
工业水污染处理	主要由企业承担，对于部分重大和历史遗留问题中央可以采取专项资金进行补助	环保部、建设部、财政部；辽宁、吉林、内蒙古环保厅、建设厅、财政厅；各市县有关部门
城镇生活污水处理	国家、省、市、县承担污水处理厂和管网建设及部分困难地区运行维护成本；企业和消费者承担运行、维护成本	环保部、建设部；辽宁、吉林、内蒙古环保厅、建设厅；各市县有关部门
农业面源污染防治	标准、规划制定，科学研究和技术推广应由国家、省级政府承担；基层政府承担监测、执法任务	农业部、环保部、水利部；辽宁、吉林、内蒙古农委、环保厅、水利厅；各市县有关部门
水土保持和小流域治理	根据属地原则由省、市、县承担	辽宁、吉林、内蒙古农委、林业厅、国土厅、水利厅；各市县有关部门
河道清淤疏浚、景观建设	根据属地原则由省、市、县承担	辽宁、吉林、内蒙古环保厅、水利厅、建设厅；各市县有关部门
河道航运	根据属地原则由省、市、县承担	辽宁、吉林、内蒙古交通厅；各市县有关部门
水污染防治技术研发、推广	主要由国家、省级政府承担	科技部、辽宁、吉林、内蒙古科技厅；各市县有关部门
水污染突发事件应对	根据属地原则由省、市、县承担	辽宁、吉林、内蒙古环保厅、公安厅；各市县有关部门

　　财权根据来源可分为政府承担和市场承担两部分。政府承担部分，来源于纳税人上缴的税收；市场承担部分，来源于企业和消费者。主要形式如表10所示。

表 10   辽河流域水环境保护财权划分

财权形式		具体内容	使用方向
政府投入	收入组织权	税费惩罚和优惠	限制污染行业、鼓励环保行业发展
	收入组织权	政策性融资（债券、贴息、担保）	支持环境基础设施建设
	财力分配权	预算直接拨款	保障政府职能部门运行、环境基础设施建设、科学研究
	财力分配权	设立环保专项资金	支持基础设施建设、污染防治、损失赔偿、技术研发和推广
	监督管理权	建立财政补偿机制	建立断面水质考核制度，在上下游地区政府之间实施财政补偿
	监督管理权	实施财政绩效评价	监督财政资金使用绩效
市场投入		企业自有资金投入	基础设施建设、污染防治
		企业贷款、发行债券、股票	基础设施建设、污染防治
		排污费、污水处理费	污水处理设施运营

2. 政府和市场权责划分

在水环境保护领域，需要明确政府和市场的边界。政府的责任是提供公共物品，公共财政支出应增加环境保护投入比例，而水体污染防治是当前环境保护的重点领域。市场主体应该明确环境责任，按照污染者付费原则承担污染治理成本。既涉及政府又涉及市场问题的，主要有污水处理厂建设运营和排污费体制改革两个领域。

第一，污水处理厂建设运营。污水处理厂及管网建设，属于公共基础设施，应由政府承担。根据目前财政收入中央政府占比较高的情况，主要应由中央政府出资，辽宁省政府提出建设规划，各市县承担建设工作。政府作为出资人，通过官员政绩考核机制和人民代表大会对建设效果进行监督考核。污水处理厂运营和维护成本，应由使用污水处理服务的企业和居民承担，合理利用 BOT（建设—经营—移交）、TOT（转让—经营—转让）等形式的市场融资工具。中小城镇污水处理设施规模小、运营成本高，可以以小流域为单元，打捆进行市场招标，保证规模化运营，降低成本。

政府事权的重点是建立健全水资源费和污水处理费制度。一方面各市县要建立收费渠道，保障污染治理企业的合理利润率；另一方面对污染治理企业进行监管，需要不断完善水质、水量要求，责令其向公众报告成本、水质等环境信息，使企业把成本过度转嫁给消费者的可能影响减至最小。根据公共服务均等化原则，财政状况较好、人口密集具有规模优势、市政建设较好的地市如沈阳、大连等，可以考虑在污水处理费中涵盖部分污水处理厂建设成本，节约建设资金，由辽宁省级财政统筹，支持财政实力较弱的地市如阜新、朝阳等地的污水处理厂建设、运营。

第二，排污收费管理和使用。按照污染者付费原则，产生污染的企业是责任主体，承担削减和治理生产经营过程中所产生污染的责任或补偿有关环境损失，必须达标排放，或者企业自己建厂处理，或者付费交给其他专业单位集中处理。

辽宁省政府应对污染治理成本进行研究，参考污染治理的市场价格，进一步完善排污费标准，使排污费涵盖治理成本。研究排污费改环境税，落实收支两条线，明确排污费收入的投入方向，如企业技术改造、管网建设、突发事件应对基金等，使地方污染控制部门解除对排污费的依赖。

3. 各级政府权责划分

各级政府边界划分方面，主要包括跨行政区域环境责任和环境治理资金的出资责任。在中央与地方政府财权与事权合理划分的基础上，重点保障地方政府，特别是基层政府水环境保护的财力与事权相匹配，确保地方政府拥有足够的财力来实施辽河流域水环境保护。

第一，明确跨行政区域环境责任，继续完善污染补偿和生态补偿机制。核心是明晰地方环境权益和相应的惩罚措施。辽宁与吉林、内蒙古跨省域的河流断面，需要中央政府介入，确立水质断面环境标准，对上游低于标准的情况进行惩罚，用于下游污染治理；对上游高于标准的情况进行奖励，向下游征收水资源费，用于补偿上游水土保持、造林等费用。跨省断面水质应成为省级官员考核的参照。

辽宁省内的流域断面，要进一步完善生态补偿机制，将《辽宁省东部重点区域生态补偿政策实施办法》扩展到辽河流域，按照流域总体环境容量，将环境目标落实到市县政府，根据水环境质量、环保基础设施建设运营情况、人口、经济情况设立惩罚和奖励措施，统一管理，用于污水处理、水土保持或者进入环境治理专项资金。

第二，水环境治理资金出资责任。考虑现有环境基础设施建设历史欠账较多、上下级财政收支不平衡、地区之间发展不平衡的状况，中央、省级财政应根据公共服务均等化原则，加大对市县级财政的一般性转移支付比例，规定其中一定比例用于水环境保护，具体事项由下级政府完成，并向上级政府和公众报告；中央、省级财政继续列支环境基础设施建设、污染防治和环境突发事件应急专项资金。对于财政情况较差、无力配套进行环境基础设施投入的市县，上级财政应提高转移支付比例。

对于流域内的自然保护区，可参考《中华人民共和国水污染防治法》第七条，"国家通过财政转移支付等方式，建立健全对位于饮用水水源保护区区域和江河、湖泊、水库上游地区的水环境生态保护补偿机制"，加强对各地区的入境、出境水质监测与考核，利用水质、水量指标建立横向转移支付机制，以水资源费形式对上游进行补偿。也可探索"飞地模式"，在上游植树造林、降低工业污染的同时，在下游地区开辟工业区，分享工业发展的利益。建议中央、省级财政负责基础性较强的环境污染排放标准修订、环境监测和执法能力建设、农村测土配方施肥、农村集约化畜禽养殖污染防治、水污染防治重大技术攻关、水污染防治新技术、新工艺推广等，通过基本建设投资、国债资金、排污费专项资金、节能减排专项资金等多种渠道投入。

4. 政府部门间权责划分

目前，辽宁已经建立了辽河保护区管理局，对辽河流域周围地区水环境保护进行监督管理。在辽宁省政府的统一协调下，将原来由省水利厅、环保厅、国土资源厅、交通厅、农委、林业厅、海洋渔业厅等部门承担的辽河流域水质水量监管、污染防治和生态保护、交通设施管理、水土流失防治、湿地保护、渔业捕捞管理等相关职责划入辽河保护区管理局。这一改革措施确立了辽河流域的主要管理机构，进一步明晰了有关管理部门的职责，对辽河流域管理十分有益。今后对于政府部门间的权责划分，应主要考虑两个问题：

第一，流域管理机构功能集成。解决"多龙治水"的局面，将前端防治、中端控制、末端治理结合。从流域的角度统一核算水环境容量、污染量、减排量。前端农业部门统计农村面源污染，中端水利部门统计水量水质，终端环保部门监控工业污染。在省级完善水流域管理机构，以水污染问题和生态功能关联性为主要依据，以流域水质水量的可持续发展为目标，集合原环保、国土、水利、农业部门的审批、规划、执法权限，专职负责流域内跨市县行政区划的环境保护事务；协调跨区间的环境纠纷，对重大项目进行环境影响的评估、监督、执行。集合现有的农村环境整治、污染治理、环境基础设施建设资金，按照污染物"产生—排放—消减"全生命周期评价，提高资金使用效率。

第二，增强流域管理机构的独立性。根据发达国家的流域管理实践，增强流域管理机构的独立性，可以有效地解决跨国家、跨地区的流域水环境保护问题。展望未来，增强流域管理机构的独立性是努力的方向。为了真正发挥好流域管理机构的职责作用，应进一步加强利于管理机构的独立性。从立法上授予流域管理机构权限，使流域管理机构独立于同级行政机构。从运营经费上提高流域管理机构独立性，流域管理机构的分支机构运营经费并入省级财政预算，不受地方财政限制。建立信息沟通和联合监督机制，在流域管理机构牵头下召开联席会议，向各市县政府、环保部门、水利部门通报有关情况、开展技术交流、信息共享，开展联合检查。在流域管理机构中设立环境审议机构和咨询机构，成员由专家、学者、企业家、公众代表组成，对政策制定、管理决策提供科学化、民主化的咨询和建议。

六、完善辽河流域水环境保护政府投资的政策建议及机制设计

(一) 基本政策建议

1. 加大财政投入保障力度

辽河流域水环境保护是一项公益性极强的事业，公共财政负有重要责任。只有不断加大财政资金支持力度，才能真正确保流域环境治理的有效推进。这就需要加大财政直接投入力度，将水环境保护作为一项重要的公共服务来对待，列为公共财政的支出重点。为了满足辽河流域水环境保护的资金需求，政府投资一定要进一步加强保障力度，加大政府投入，建立政府投资保障措施。

第一，要调整财政支出结构，确保财政支出不断向环境保护倾斜，尤其是全省一般预算收入中的新增财力 1% ~ 2% 要重点向水环境保护这种关系到社会民生和稳定发展的领域倾斜。

第二，要建立稳定的辽河流域水环境保护的财力投入增长机制，逐步提高辽河流域水环境保护支出占环境保护总投入的比重，从制度上保证水环境保护投入拥有稳定并持续增长的财力资金来源。具体来说，每年政府应按照一定额度（2亿~4亿元）增大财力投入规模，切实解决辽河流域环境问题。

第三，整合现有财政专项资金。总体上，当前财政支持辽河流域水环境保护的专项资金主要来自中央"三河三湖"、辽河流域水污染防治、农村环保专项三个方面。这三大专项资金有着一定的关联性，应按原资金使用渠道，制定或调整使用方向和管理方式。本着"集中财力办大事"的原则，统筹使用分散的财政专项资金，发挥资金和政策的合力作用，改变资金使用分散、多头管理的状况。

2. 增加政府资金投入来源

治理辽河流域水环境需要加大财政保障力度，扩大资金总量规模。

随之而来的就是资金的筹措问题。因此，完善政府投资支持辽河流域水环境保护，要进一步增加政府资金的投入来源，改变资金来源少的现状。

第一，设立辽河流域生态建设专项资金。在整合原有的三大专项资金的基础上，建议中央和地方政府共同设立辽河流域生态建设专项资金。区别于原有的专项资金主要针对水污染防治项目工程的建设，辽河流域生态建设专项资金主要针对流域内的生态环境保护和修复项目工程的建设。例如，生态修复项目建设、生态补偿机制建设、水利基础设施建设等。

第二，提高排污费集中比例设立辽河流域环保基金。要逐步提高排污费的省级集中比例，设立辽河流域环保基金。该项基金以低息贷款、贷款担保等有偿使用的方式，对地方政府和符合条件的企业进行流域水污染防治重点项目予以融资支持。

第三，安排地方政府债券资金支持辽河流域水环境保护。2009 年，中央财政首次代发了地方政府债券，为地方政府提供了新的融资平台。地债资金具有利率低、用途明确的特点，受到了基层政府的普遍欢迎。在今后新发的地债中，建议辽宁省利用地方政府债券，增加安排地债资金支持辽河流域综合治理。

3. 拓宽政府资金使用渠道

不论什么方式和性质的政府资金投入，都需要有具体的资金使用渠道来对应，才能发挥出政府投入效果。目前，辽河流域水环境保护的资金投入渠道主要局限于工业污染源治理、污水处理厂建设等水污染防治方面，渠道比较单一，影响了流域综合治理的整体效果。为了真正实现对辽河流域的综合治理，政府投资要进一步拓宽资金的使用渠道。

第一，支持流域综合治理的技术创新。先进的技术手段是流域生态环境综合治理的重要保证。只有不断地研发创新，提高技术水平，才能最大限度地发挥出政府投资的推动引导作用。反过来，政府资金也应该加大对技术研发的支持力度，研发治污的新工艺等。

第二，支持农村面源污染防治。辽宁省是农业大省。农业种植面积较大，农村面源污染较重，对辽河流域水环境产生了一定的影响。政府投资应支持农村面源污染防治，结合农村环境综合整治工程，降低农业生产化肥、农药施用量，控制耕地水土流失。

第三，支持水环境保护基础设施建设。辽河流域治理，离不开环境基础设施的建设。政府投资应重点支持污水处理管网建设，提高污水收集能力，支持大伙房水库输水工程建设，优化配置全省水资源，支持林区、湿地等生态隔离带建设。

4. 改进预算科目设计

2006 年，我国实施政府收支分类改革，按功能重新建立了预算科目编码体系。环境保护支出科目正式纳入财政预算（即"211"环境保护类），水环境保护投资开始从财政预算中安排，具体到预算科目上为"环境保护类污染防治款水体项"。在实际预算编制的过程中，预算科目中与辽河流域水环境保护直接相关还包括：环境保护类污染防治款排污费支出项；环境保护类污染减排款减排专项支出项；农林水事务类林业款森林生态效益补偿项；农林水事务水利款水土保持项、水资源费支出项等多个科目。这其中，有的科目支出是全部用于水环境保护，有的科目支出则是部分用于水环境保护。有的科目支出已经形成了较为固定的财政投入来源，有的科目支出还不稳定。有的科目具有明确的使用方向，有的科目则规定得比较笼统。为了改变辽河流域水环境历史遗留问题严重、当前治理压力巨大的现状，有必要进行公共财政投资科目设计，细化完善相关科目设计。

第一，在环境保护类下面设置水环境保护款。整合现有的与流域水环境保护直接相关的预算支出科目，形成完整的预算支出安排。

第二，在环境保护类水环境保护款下面设置水污染防治项、流域生态环境建设项，将原来安排在其他科目下的、与流域水环境保护直接相关的支出列在此处。

（二）相关机制设计

1. 跨行政区域合作机制设计

要想真正治理好辽河流域的水环境，必须明确划分流域内各省市之间的权责关系。当前，需要尽快在中央政府的组织协调下，建立跨行政区域合作机制，共同治理辽河流域。

第一，建立跨省级行政区域合作机制。辽河流域主要涉及辽宁、吉林、内蒙古三个省份。从地理位置上看，吉林和内蒙古处于流域上游地区，应当承担起保护好流域上游地区水环境的责任。辽宁处于流域下游地区，应当承担起保护好流域下游地区水环境的责任（见表11）。

表11 辽河流域水环境保护跨省合作机制

		上游省份	
		履行职责	未履行职责
下游省份	履行职责	上游地区接受下游地区补偿	中央对上游地区进行处罚，下游地区接受中央补偿
	未履行职责	中央对下游地区进行处罚，上游地区接受下游地区补偿	中央政府对上、下游地区进行处罚

第二，进一步完善省内跨市行政区域合作机制。目前，辽宁省已经初步形成了全省跨市河流断面的考核机制，出市断面的具体位置由省环境保护行政主管部门组织上、下游市环境保护行政主管部门共同设定，每月由省环境监测中心站对出市断面水质进行监测，形成监测结果。省环境保护行政主管部门根据监测结果确定每月各市应缴纳的补偿资金总额。该考核机制还规定了资金的扣缴和使用办法，即补偿资金由省财政厅在年终结算时一并扣缴，并作为辽宁省流域水污染生态补偿专项资金，专项用于流域水污染综合整治、生态修复和污染减排工程，补偿给下游城市。

可见，辽宁省内跨市合作机制已经有了较好的基础，形成了较为规范的操作程序。未来应进一步完善断面水质考核指标体系，提高考核机制的可操作性，抓紧制定出辽宁省流域水污染生态补偿的管理办法，运用专项资金提高全省各市开展辽河流域水环境保护的责任心和积极性。

2. 投资监管机制设计

流域水环境保护涉及多个地区和多个部门，过程比较复杂，同时，政府投资包括多个方面的资金来源，需要建立健全投资监管机制，加强资金监管。辽河流域水环境保护的政府投资多用于项目工程建设，其投资监管机制应该着眼于项目绩效考评机制的建立和完善。

第一，在国家相关法律法规的指导下，应明确财政部门和项目管理部门作为监管的主体，共同制定实施政府投资监管制度和办法。在做好事后监督的前提下，还要将监管前移到项目立项之初，从预算安排到项目论证都应该符合相关制度办法。

第二，建立水环境保护投资责任追究制度。一般情况下，依靠较为完善的监管制度和办法，就可以客观合理地得出项目实施的最终绩效。但是如果缺乏评价之后的责任追究制度，评价也就失去了意义，监管机制也就形同虚设。因此，要建立投资责任追究制度，对于绩效差、资金使用存在问题的项目追究责任，依法依规进行处罚，同时在之后的预算安排和项目立项的过程中对相关投资主体予以限制。

3. 市场融资机制设计

市场融资机制是实施辽河流域水环境保护的重要途径之一。建立完善市场融资机制，引导社会资金进入，可以大大缓解财政投入压力，提高资金使用效益，有利于项目建成后的后期运营。目前，辽宁已经开始在污水处理厂建设运行方面探索市场化机制，虽然取得了进展，但仍需要完善。

第一，继续探索市场化运作。对于具备市场融资条件的项目，要制定相关政策鼓励社会化资金进入，逐步理顺融资程序。政府投资要发挥引导作用，对市场化资金给予贷款担保、财政补贴等支持政策。

第二，规范项目经营权转让。当前能够实现经营权转让的项目主要集中于污水处理厂、垃圾处理厂等方面。在污水处理厂经营转让的过程中，要严格执行特许经营权管理规定，科学合理地约定转让协议，制定出合适的经营转让期及水价。

中央与地方政府间税收划分的基本构想[①]

税收是政府财政收入的基本形式，也是保证政府正常行使职责的物质手段。中央与地方政府间税收的划分，不仅影响政府间财政利益的分配，而且也会影响资源配置的效率、税收调控功能的发挥、税收的行政效率以及地区间的收入分配等重大问题。

一、政府间税收划分现状及其特征

1993 年 12 月 15 日，国务院发布了《关于实行分税制财政管理体制的决定》，决定从 1994 年 1 月 1 日起实行分税制财政管理体制。根据事权与财权相结合的原则，按税种划分为中央收入和地方收入，将维护国家权益、实施宏观调控所必需的税种划分为中央税，将同经济发展直接相关的主要税种划分为中央与地方共享税，将适合地方征管的税种划分为地方税，大致规定了中央与地方政府间的税收划分（见表 1）。

1994 年以后，中央与地方的税收划分进行了相应调整。如中央与地方共享收入中的证券交易（印花）税由"50∶50"分成，先后调整为"80∶20""88∶12""91∶9"直至目前的"97∶3"。从 2002 年 1 月 1 日起，将按企业隶属关系划分中央和地方所得税收入的办法改为中央和

① 本文刊发于《中国财经信息资料》2009 年第 16 期、《瞭望新闻周刊》2008 年 10 月 27 日第 43 期。

表1   1994 年中央与地方的收入划分

中央固定收入	关税，海关代征的消费税和增值税，消费税，非银行金融企业所得税，铁道、各银行总行、保险总公司等部门集中缴纳的收入，中央企业上缴利润等收入
地方固定收入	营业税（不含铁道部门、各银行总行、保险总公司等部门集中缴纳的营业税），地方企业上缴利润，个人所得税，城镇土地使用税，固定资产投资方向调节税，城市维护建设税（不含铁道部门、各银行总行、各保险总公司集中缴纳的部分），房产税，车船使用税，印花税，屠宰税，农牧业税，农业特产税，耕地占用税，契税，国有土地有偿使用收入等
中央与地方共享收入	增值税，资源税，证券交易（印花）税

地方按统一比例分享。2002 年所得税收入中央与地方"50∶50"分享，2003 年以来为"60∶40"分成。同时，为应对亚洲金融危机的冲击，暂停了固定资产投资方向调节税。为化解城乡"二元"结构矛盾，相继取消或停征了农业税、牧业税、农业特产税（烟叶除外）、屠宰税、宴席税等。截至 2007 年，我国政府间税收划分形成这样一个格局，即中央税 4 个、地方税 9 个、中央与地方共享税 7 个（见表2）。粗略计算 2007 年全国税收收入中，中央占 10%、地方占 20%、中央与地方共享占 70%。

表2   2007 年中央与地方的税收划分

中央税（4 个）	地方税（9 个）	中央与地方共享税（7 个）
关税 消费税 车辆购置税 船舶吨税	房产税 城市房地产税 城镇土地使用税 耕地占用税 契税 土地增值税 车船税 烟叶税 固定资产投资方向调节税	增值税 营业税 企业所得税 个人所得税 资源税 印花税 城市维护建设税

资料来源：刘佐：《中国税制概览》，经济科学出版社 2008 年版，第 421 页。

纵观 1994 年以来政府间税收划分的演进，可以概括为以下 4 个特征：

其一，集中型特征鲜明。政府间的税收划分模式大致有三种类型，即分散型、集中型、适度集中相对分散型。适应单一制国体、满足宏观调控等客观要求，我国政府间税收划分的中央集中型特征较为明显。一是税收立法权全部集中于中央，地方基本上没有税种开征和停征、税率、税基和税目调整、减免等权力。二是税收政策和税收调节权力由中央统一行使，基本上不允许地方对本地区范围内的社会经济活动实施相应的税收调节措施。三是税收制度集中统一，重要的税种都属于中央税，各地的征税办法也基本相同，地方享有的税种是一些零星分散、税款少、征管难度大的小税。统计表明，中央财政收入占全国财政收入的比重，已由 1993 年的 22%，迅速提高到 1994 年的 55.7%，近 3 年平均在 53.2% 的水平。

其二，属于混合型的分税方式。政府间税收划分，一般分为划分税额、税种、税率、税制和混合型等几种类型。我国现行的税收划分呈现出典型的混合模式，一是按税种划分收入范围，相应固定为中央税、地方税和共享税。二是同源课税、分率计征，在中央"正税"之外相应存在着地方的"附加税"。三是分设两套相对独立的税收征管机构。这种混合的分税方式，较好地发挥了综合效应，促进了税收收入的快速增长。统计表明，1993 年全国税收收入仅为 4255 亿元，到 2007 年达到 45613 亿元，增长了近 10 倍。

其三，日渐弱化的地方税体系。分税制以来，地方税体系中所存在的税制结构不合理、主体税种不突出等问题，一直未能很好地解决。按照 1994 年的改革思路，分税制财政体制的最终目标是逐渐完善中央税和地方税体系，逐步取消非规范的"共享税"。然而，地方税体系不但没有发展壮大，反而日渐萎缩。共享税种的数量、比重、比例都朝着向中央政府集权的一方攀升。一些属于地方的税种，如固定资产投资方向调节税、农业税等先后被中央政府停征或取消，宴席税形同虚设，遗产税尚未开征。虽说从数量上看地方税很多，但目前真正属于地方主税种的只有营业税（不含铁路、各银行总行、各保险公司集中缴纳部分）、城市维护建设税、契税，2007 年上述三税共实现了 8735 亿元，占全国税收比重的 19%。根据谷成（2008 年）的研究，目前地方政府负担的公共支出为 70%，而通过地方税为其支出融资的比重仅占 1/2。2007 年，地方政府的财政自给能力（一般预算收入/一般预算支出）为 0.62，即财政支出中的 38% 来自中央财政的各类转移支付。因此，地方税体系的严重"缺失"，违背了财权与事权相统一的原则，加剧了地方对中央财政的高度依赖。

其四，规范性、稳定性、科学化程度不高。成熟市场经济国家政府间的税收划分大都建构在宪法基础之上，而我国则停留在政府"规定"层面，属于行政控制范畴，这种"自上而下"的安排难以确保地方财政的独立性、稳定性，相反政府间"委托—代理"特征日益显著。同时，政府间的税收划分，既没能很好地考虑各级政府的职能定位和各个税种的具体特性，一种既按税种划分又按隶属关系和行业划分成为常态。更高一级政府纷纷采取"抓大放小""抓易放难"的做法，到了县乡的政府层面，只能步入"无税可分"的窘境。巧妇难为无米之炊。近些年基层财政困难、农村公共产品供给不足等问题也就不言而喻。

二、中央与地方政府间税收划分的改进与完善

税收是各级财政的血脉。我国是一个幅员辽阔、地区差异显著、政府级次众多的发展中国家，实现税收在各级政府间的科学、合理划分，是理顺政府间财政分配关系的重要基石。

（一）基础前提：稳步推进税制改革

我国现行税制基本上是在 1994 年税制改革时形成的。随着国内外经济形势的巨大变化，现行税制中的诸多负向激励和逆向调节的矛盾和问题，成为改进中央和地方间税收划分的"羁绊"。如果税制改革不见成效，政府间税收划分的改进只能流于一种空谈。因此，要按照"简税

制、宽税基、低税率、严征管"的总体要求，率先推进包括增值税、所得税、城维税、财产税、资源税等税制改革，研究开征社会保障税和环境保护税，以及取消一些不合时宜、难以发挥作用、形同虚设的税种，如土地增值税、固定资产投资方向调节税、宴席税、屠宰税等，同时加快"费改税"的步伐。

（二）基本原则的选择

由于政府间的税收划分脱胎于旧体制，加之转型期税制改革滞后、政府间支出责任模糊等因素的影响，所以改进完善我国政府间的税收划分必然是一项复杂的系统工程，必须统筹兼顾、周密考虑、适时把握。

1. 财权与事权相对称的原则

财权和事权相对称是分税制税收划分中必须坚持的一条重要原则。财权和事权是密切相关的，事权大财权小就无法实现各级政府的职能，事权小财权大就会造成资源的浪费。所以，"办多少事花多少钱"是最科学和合理的，也是最有效率的。在分税制实行过程中，划分财权时与事权脱节是一个很大的缺陷。因此，在划分税收中一定要坚持财权与事权相对称的原则，使中央和地方都有履行自身管理职能的财权和财力，达到责、权、利相结合。

2. 效率和公平相结合的原则

效率和公平是市场经济和公共财政的基本要求，它是在资源配置中一个关键问题。中央与地方税收的划分，实际上也是大范围的一种资源配置，应坚持效率和公平相结合的原则，即效率优先，兼顾公平。因此，在政府间税收划分中，应注意以下几个问题：一是突出组织收入的效率。某种税收由中央统一征收或由地方征收，其效率是不同的，如财产类税收中央征收就要比地方征收效率低，应该划分为地方固定收入。而所得税因为来源广，由中央征收要比地方征收效率高，应该划分为中央固定收入。二是促进经济稳定、协调发展的效率。某些收入在经济增长中具有周期性变动趋势，对整个经济运行有重大影响，类似这样的税种应划归中央固定收入，反之划归地方固定收入才更有效率。在强调效率的同时，还要兼顾到公平。在税收划分中，除特别困难的地方和民族自治地区给予适当的扶持和照顾外，对其余的省市应同等对待，不应有所偏爱。分税制初期，考虑沿海经济发达地区既得利益是可以理解的，但是作为一个统一的社会，地区之间财政收支和居民生活水平的差距过大，不仅对不发达地区不利，最终对发达地区的长远发展同样不利。中央政府的基本职能之一，就在于通过宏观调控，做好区域均衡工作，使地区间的差距控制在一个适当限度之内，不能使这个差距日益扩大。凡具有级差性质，税基不均匀地分布在各地区的税种，应划归中央收入，以实现社会公平，缩小地区间差别，促进整个经济的稳定与平衡。

3. 中央利益与地方利益统筹兼顾的原则

在税收的划分中，目前有两种倾向：一种是过分地强调中央税收的比重；另一种是过分地强调地方税收的比重，从合理划分中央与地方税收的角度看，这两种观点都有偏颇。我国是一个幅员辽阔、地区发展不均衡、民族众多的发展中大国，不壮大中央的财力，国家的宏观调控能力就会削弱，不利于社会的安定和经济的协调发展。所以，坚持以中央财力为主导，提高中央财政在国家财政中的比重和在国民收入中的比重是非常必要的。但是，中央集中财力过多也不好。从分税制以后，中央财政收入的两个比重逐年提高，现在已达到与西方国家相近的标准，如果再一味提高中央财政的收入比重就必然会影响地方财政收入的增长，挫伤地方的积极性。因此，应该坚持中央利益与地方利益统筹兼顾的原则，在确保中央财力的主导地位的同时，兼顾到地方利益，使税收划分起到调动两个积极性的作用。

4. 统一标准划分税收的原则

由于我国分税制划分税收采取的是多种标准，因而引发了各种不规范的问题，实践证明，只有坚持统一的标准才能避免目前在税收划分中出现的问题，真正做到有标准可循，体现公平合理。相比之下，把税种作为划分中央与地方税收的统一标准是一种合理的选择。按税种划分税收是国际上分税制通行的做法，具有规范性和科学性，有利于中央与地方各级税收体系的形成，有利于建成符合市场经济要求的税收体制，有利于税种的完整和发展，有利于税源的培养和税收的征管。

（三）重构中央税与地方税体系

税种划分是实施分税制财政管理体制的一个核心问题，也是中央税体系和地方税体系建设的基础。针对我国现行税种划分办法中存在的问题，结合税制改革的总体方向，借鉴西方发达国家多年形成的有效经验，重构我国中央税体系和地方税体系的税种组成，具体设想如下：

1. 中央税系的构成

以关税、消费税、社会保障税为主体税种，并辅之以证券交易（印花）税。同时可以考虑把海关代征的增值税、消费税作为中央固定收入。

2. 合理设计共享税

（1）可以考虑将增值税、企业（法人）所得税、个人所得税、环境保护税为中央与地方共享税。（2）通过适当降低增值税和所得税中央分享比例等方法，提高地方财政收入占全国财政收入的比重，使其控制在中央和地方各占50%的水平。（3）采用税率分享制替代现行的收入分成制，确保中央与地方各级政府能够相对平等、规范地分享某些大型税基的课税权。

3. 地方税系的构成

主要包括营业税、物业税、城市维护建设税、资源税、契税、车船税、印花税、遗产和赠与税等。在科学设置地方税种，构建地方税制体系的过程中，要注重扩大地方税的收入规模，提高其在全国税收收入中的比重。

三、赋予地方政府一定的税收立法权

赋予地方适度的税权，既有利于地方因地制宜地开辟新税源，又有利于解决全国统一立法难以适应地方实际情况的矛盾。建议将那些保证全国政令和税收政策统一，维护全国统一市场和公平竞争的地方税的税收立法权集中在中央外，可将其余地方税税种的税收立法权限做如下调整。

一是对于全国统一开征、税源较为普遍、税基不易产生地区之间转移，且对宏观经济影响较小、但对本地区经济影响较大的税种，以及涉及维护地方基础设施的税种，如物业税、城乡维护建设税、车船税等，中央只负责制定这些税种的基本税法，其实施办法、政策解释、税目税率调整、税收减免及其征收管理等权限可赋予地方。

二是对于全国统一开征且对宏观经济影响较大的地方税，如营业税等，由中央制定基本法规和实施办法，将部分政策调整权和征收管理权下放给地方，这样既保证税法的全国统一，又适当照顾了地方特点。另外，可以考虑赋予地方政府选择个人所得税附加税率的自主权。税基由中央政府制定，省和省以下地方政府有征收附加税的权力，这样可以随着经济发展及收入分配政策的调整，为地方筹资创造更广泛的税收空间。

三是地方政府还可以结合当地经济资源优势和社会发展状况，对具有地方性特点的税源开征新的税种，赋予必要的地方税收立法权，并报全国人大常委会备案。为规范管理，必须建立健全税收立法审批制度，监督、引导地方税收立法，形成以中央税收立法为主、地方税收立法为辅的税收立法格局。

加快财政转移支付制度改革[①]

转移支付是财政管理体制的重要组成部分。我国自 1995 年开始实行过渡期转移支付以来，经过十几年的实践运行，形成了体制性、财力性、专项性三大类转移支付形式，初步构建了具有中国特色的财政转移支付制度。

纵观我国现行的财政转移支付现况，凸显出以下几个特征：

第一，具有较浓重的过渡性色彩。现行的财政转移支付明显存在着"包干制"的痕迹，如 1994 年分税制改革时留存的"地方上解""两税"增长返还，2002 年新增的所得税基数返还，以及 2009 年成品油价格和税费改革税收返还。这种保地方既得利益基数、保中央增长基数的做法，使改革各项举措得以顺利推行，特别是较好地构建了财政收入增长的激励机制。

第二，属于中央政府单一主导的纵向模式。与分税制改革一样，我国现行的政府间财政转移支付，主要在中央政府和省级政府间进行，省对下基本上是中央对下"委托—代理"关系的延续或部分配套。而目前少量存在的省际间横向转移支付（如援藏、援疆，支援汶川、舟曲等），大多体现中央政府的意图，尚在雏形阶段。转移支付这一特征，符合我国政府间事权划分的实际状况。

第三，体现出较强的专项化倾向。专项转移支付占三类转移支付的比重由 1995 年的 14.8% 提高到 2011 年的 41.6%，年均增长 27.1%。

---

① 本文刊发于《地方财政研究》2014 年第 1 期"卷首语"。

有条件转移支付的适度运用，能够较好地体现上级政府的某些施政意图，符合国际通行规则。而过多过滥的专项转移支付，则背离了制度设计初衷，更多体现的是部门利益，加速了"王爷经济"的形成，极易滋生寻租行为。近些年，"驻京办"问题的大量存在，也折射出财权、财力分散化的现实。

以 2011 年为例，全国地方财政自给能力为 56.7%，也就是说地方财政支出的 43.3% 是来自中央政府的各类转移支付。转移支付制度的初步建立，一定程度上缓解了政府间纵向、横向财力失衡问题，加速了我国基本公共服务均等化建设进程。但现行的这种规模过大、结构失衡、部门主导的财政转移支付，也在实际运行过程中产生了诸多负向激励和逆向调节的问题，引致社会各界的诟病，亟须加快转移支付科学化、民主化、法制化改革进程。

财政转移支付制度的改革，是一项复杂的系统工程和长期过程，亟须顶层设计和总体规划。一个基本的改进建议，就是要在"两个新凡是"（凡是公民能自行解决的，政府就要退出；凡是市场能调节的，政府都要退出）的前提下，科学构建事权与财力匹配机制，合理确定转移支付规模，整合转移支付资源，优化转移支付结构，探索多元化转移支付形式，改进转移支付办法，提高转移支付绩效。

地方财政发展

地方财政增长"困境"与可持续发展研究[①]

地方财政作为国家财政的重要组成部分，是地方各级政府行使职权的物质基础，其运行状况制约着地方公共产品的有效供给。1994 年，以分税制为主要内容的财税改革，通过部分让渡财政权，赋予了地方政府一定的财政自主权，较好释放了体制活力，带动我国财政收支规模的持续快速增长。但随着时间推移，地方财政高速增长的"红利"正在削减，某种程度上陷入了增长"困境"，出现了诸多新情况、新问题，亟须理性反思，积极谋求可持续发展的新理念、新思路、新路径。

一、地方财政的形成与现状描述

相对于计划经济时期的"统收统支"模式，地方财政属于上级的附属物，缺乏自主性、完整性，无严格意义的地方财政可言。地方财政的产生与发展，伴随着改革开放的历史进程，在 20 世纪 80 年代初至 90 年代初一系列放权让利思想指导下，通过不同形式的"财政包干"，逐步向"分灶吃饭"过渡。1994 年的分税制改革则赋予了地方财政实质意义和内涵，给予地方政府较为独立的财政主体地位，实现了地方财政从"概念"到"实践"的重大转换，开启了地方财政的新时代。第一，地方财政由小到大、由弱至强，是一个认知过程，也是一项重要的制度

---

① 本文完成于 2010 年 9 月，刊发于《中国经济时报》10 月 6 日、7 日和 11 日。

创新，不但丰富了财政理论、注入了丰富实践，更为单一制政体、转轨经济体、发展中国家规范政府间财政关系提供了经验借鉴。第二，地方财政自主地位的确立，促进了地方政府间的有效竞争，注入了增长动力，构建了财政收入的稳定增长机制。这种收入增长效应，客观上成为驱动改革开放 30 年后半程中国经济增长的重要引擎。1998 年和 2008 年，我国先后两次实施积极的财政政策，也是源于这一体制创新所累积的财力条件。第三，地方财政独立性的增强，较好调动了地方政府当家理财的积极性、主动性和自觉性，为促进地方经济发展，合理配置财力资源，较好提供公共产品发挥了重要作用。

我国现行的地方财政由省（自治区、直辖市、计划单列市①）、市（地）、县、乡四个层级构成。2009 年末，中国共有 31 个省级、333 个市级、2858 县级（含县级市、市辖区）、40858 个乡级②（含镇、乡、街道办事处、区公所），累计的 44080 个行政区划数便是地方财政单元数。

——2009 年，全国地方财政一般预算收入为 32603 亿元，占全国总量的 47.6%。从级次上看，省级 7651 亿元，占 23.5%；市级 10657 亿元，占 32.7%；县级 10781 亿元，占 33.1%；乡级 3513 亿元，占 10.7%。从项目结构上看，税收收入 26157.4 亿元，占 80.2%；非税收入 6445.2 亿元，占 19.8%。

——2009 年，全国地方一般预算支出为 61044.1 亿元，占全国总量的 80.1%。从级次上看，省级 13947.9 亿元，占 22.8%；市级 16506.5 亿元，占 27%；县级 26876.5 亿元，占 44%；乡级 3713.2 亿元，占 6.1%。从项目结构上看，一般公共服务 8080 亿元，占 13.2%；教育

---

① 大连、青岛、宁波、厦门、深圳 5 市，属于省辖市的范畴，但其财政地位相当于省级。

② 街道办事处、区公所为上级派出机构，称不上一级地方政府，但部分地方赋予了财政功能，若剔除其中的 6686 个则地方财政单元数额为 37394 个。实际上，居民、村民委员会也具有"准"政府的职能，在成熟的市场经济国家，这部分一般称之为基层政府，于是就有了"地方财政"（local finance）的概念。笔者认为，如果视之为半级政府的话，那么我国地方政府级次客观上为 4.5 级，这样广义上的财政单元数就会大量增加。

9869.9亿元，占16.2%；社会保障和就业7851.9亿元，占19.2%；医疗卫生3930.7亿元，占6.4%；环境保护1896.1亿元，占3.1%。

——2009年，全国地方财政自给能力①为0.53，其中：省级0.55，市级0.65，县级0.40，乡级0.95；赤字县为416个，其中：东部地区57个，中部地区104个，西部地区255个。

——2009年，按总人口计算，全国地方人均一般预算支出为4638元，其中：东部地区5528元，中部地区3728元，西部地区4786元。按财政供养人员计算，全国地方人均一般预算支出为19.2万元，其中：省级24.9万元，市级23.9万元，县乡级8.8万元。

——2009年，全国地方财政供给系数②为28，其中：东部地区31，中部地区27，西部地区26。

二、地方财政增长及其"困境"

一定时期内地方财政增长与该时期地方经济发展水平、公共需求、财税分配制度等密切相关。首先，改革开放以来，我国经济高速增长，经济总量由1978年的3645.2亿元，增加到2009年的335352.9亿元，年均增长9.9%，创造了中国经济发展"奇迹"，这为地方财政增长提供了前提和可能。其次，1998年所确立的公共财政改革取向，特别是近些年来民生财政的实践，已使地方财政从"小而窄"的活动范围，拓展至"大而宽"的社会公共需要，强力的支出"需求"拉动，客观上需要地方政府必须不断地做大财政"蛋糕"。再次，1994年中央与地方财政关系框架的设计，选择了渐进式改革路径，即"基数＋增长"的模式，这种激励增长的约束机制，"倒逼"着地方政府必须不遗余力地"增长"，从而促使地方财政收入规模的扩大。最后，现行的行政考核制度，主要信奉"对上不对下"的基本取向，迫使地方政府竞相追

---

① 财政自给能力＝本级一般预算收入÷本级一般预算支出。

② 财政供给系数＝总人口÷财政供给单位人员。

逐 GDP，这样地方财政也在不知不觉中步入了"财政经济主义"的循环。等等，所有这些都驱动着地方财政收支规模不断增长、做大。

1995～2009 年，全国地方财政收入年均增长 20.8%。在数据采集的 14 个年度内，1 年在一位数区间增长，6 年在 10%～20% 区间增长，7 年在 20%～30% 区间增长。持续的高速增长，客观上做大了地方财政"蛋糕"。1994 年地方财政收入仅为 2311.6 亿元，到 2009 年则提高到 32580.7 亿元，年均增加 2018 亿元，15 年间增长了 13.1 倍。地方财政规模的扩大，相应增强了地方政府"中观"调控支付能力，确保了政权运行、公教人员工资发放和重点、法定支出，较好地化解了体制转轨和结构调整中的矛盾和问题，弥补了市场失灵和缺陷，促进了地方经济社会的平稳运行。

面对后金融危机时代的巨大冲击，地方财政收入依然表现出强劲的增长态势。2010 年上半年，地方财政收入增速高达 26.5%，预计全年收入总量有望突破"四万亿元"。

事实上，"增长"与"发展"具有不同的内涵。"增长≠发展"，只有有发展的增长才具有可持续性。置身于地方视角，同样感受到地方财政"增长"的烦恼，并未享受到"增长"的快乐，有时甚至步入了"增长"的极限，也在不知不觉中陷入了增长"困境"：

第一，地方财政出现了"超能力"增长。地方财政收入 GDP 增长的高弹性，较好反映出这一特征。1995～2009 年，地方平均水平为 1.40，14 个年度中 5 年小于 1，3 年约为 1，6 年大于 1。总体水平大于 1，就意味着地方财政的增长能力，不是构建在适度规模基础上，而是超现实、超可能地汲取。同样，地方财政支出 GDP 增长弹性，平均水平为 1.43，也是属于上述情况，具体见表 1。上述增长仅就地方财政预算内而言的，若将预算外、体制外的政府收入因素考虑在内，则属于超水平分配。这种"竭泽而渔"式的增长，客观上加重了宏观税负，伤害了微观经济运行的基础，影响着地方财政的可持续发展。

表1   1995~2009 年地方财政"相对"增长情况   单位: %

年份	现价 GDP 增速	全国财政收入增速	地方财政收入增速	地方财政收入 GDP 增长弹性	地方财政支出增速	地方财政收支增长之差	地方财政支出 GDP 增长弹性
1995	17.8	19.6	29.2	1.64	19.6	9.6	1.10
1996	14.4	18.7	25.5	1.77	19.8	5.7	1.37
1997	19.2	16.8	18.1	0.94	15.8	2.3	0.82
1998	12.5	14.2	12.7	1.01	14.5	−1.8	1.16
1999	15.3	15.9	12.3	0.80	17.8	−5.5	1.16
2000	17.8	17.0	14.5	0.82	14.7	−0.2	0.83
2001	21.6	22.3	21.8	1.01	26.7	−4.9	1.24
2002	15.3	15.4	9.1	0.60	16.3	−7.2	1.07
2003	13.5	14.9	15.7	1.16	12.8	2.9	0.94
2004	20.7	21.6	20.7	1.00	19.5	1.2	0.94
2005	19.1	19.9	27.0	1.41	22.2	4.8	1.16
2006	20.9	22.5	21.2	1.01	21.0	0.2	1.00
2007	31.1	32.4	28.8	0.93	26.0	2.8	0.84
2008	18.9	19.5	21.5	1.14	28.5	−6.9	1.51
2009	9.8	11.7	13.7	1.41	23.0	−9.3	2.36
平均水平	14.9	20.2	20.8	1.40	21.3	—	1.43

说明: 根据《中国统计年鉴(历年)》等计算所得。

第二,地方财政出现了"低质量"增长。2003~2009 年,地方一般非税收入由 1572.1 亿元增加到 6445.2 亿元,年均增长 26.5%,比同期一般预算收入、税收收入增幅高 4.4 个和 5.4 个百分点;非税收入占一般预算收入的比重也由 16% 提高到 19.8%。非税收入的"来五去五"特性,使地方财政的"含金量"大打折扣,也就是通常所说的"数字财政"与"财力财政"之间的矛盾,具体见表 2。如果考虑到弄虚作假等不规范行为,如拉税转税、先征后返、寅吃卯粮等,则地方财政增长质量就会进一步降低。这种不实的增长，制约着地方财政增长的有效性。

表 2   2003～2009 年地方一般预算收入税收与非税构成

年份	单位	地方一般预算收入	税收收入	非税收入
2003	指标值（亿元）	9850.0	8277.8	1572.1
	比重（%）	100.0	84.0	16.0
2004	指标值（亿元）	12241.1	10124.6	2116.5
	比重（%）	100.0	82.7	17.3
	增长（%）	20.7	22.3	34.6
2005	指标值（亿元）	14884.2	12115.4	2768.8
	比重（%）	100.0	81.4	18.6
	增长（%）	27.0	19.7	30.8
2006	指标值（亿元）	18303.6	14727.7	3575.8
	比重（%）	100.0	80.5	19.5
	增长（%）	21.2	21.6	29.1
2007	指标值（亿元）	23572.6	19252.1	4320.5
	比重（%）	100.0	81.7	18.3
	增长（%）	28.8	30.7	20.8
2008	指标值（亿元）	28649.8	23255.1	5394.7
	比重（%）	100.0	81.2	18.8
	增长（%）	21.5	20.8	24.9
2009	指标值（亿元）	32602.6	26157.4	6445.2
	比重（%）	100.0	80.2	19.8
	增长（%）	13.7	12.5	19.5

说明：根据财政部预算司《地方财政运行分析（历年）》等计算所得。

第三，地方财政出现了"行政性"增长。相对于经济性增长而言，这种增长模式缘于现行的财政体制压力、地方政府间竞争和政绩考核制度。特别是1994年的分税制财政体制，选择了增量改革路径，较好确保了地方既得利益。但随着时间的推移，这种渐进式改革也表现出一定的累退性，即大量选择共享税模式，使得"基数"越垫越高，而环比增量的"增长"越来越有限，这样地方政府就在不知不觉中步入了保"基数"之战，陷入了"基数＋增长"的体制"陷阱"。实地调查发现，在地方政府的某些县乡层级，为了确保完成上一年度的"基数"，自上而下层层分解指标任务，不惜牺牲生态资源环境，过分招商引资，甚至弄虚作假，形成了较为典型的行政主导性增长模式。这些华丽的数字，不只是虚化了地方财政规模，最终降低的还是地方政府公共产品供给能力。

第四，地方财政出现了"负债性"增长。1994年分税制改革时，构想了较为完善的地方税体系，而后十多年不断进行的共享、暂停、取消等项改革，使得地方税税源日渐枯竭。2008年，中央税为4个，地方税为8个，中央与地方共享税为7个。数量上，地方税可观，而实际上地方税收入规模（2008年）仅占全国的6.9%（见表3、表4）。地方税体系的缺失，地方政府事权的无限度扩大，加剧了地方财政收支矛盾。《预算法》虽明令禁止地方政府发债，实际上存在着大量变相的融资举债行为，特别是近几年地方政府融资平台雨后春笋般地出现，加剧了地方财政风险。据高盛的估计（2010年），2009年底中国地方政府负债高达7.38万亿元，占GDP总量的23%，较2008年同期增长70.4%，按6%的年息计算，2010年地方政府至少要付出4428亿元利息。按财政部科研所的估算（2009年），2008年底地方债务总余额在4万亿元以上，其中：直接债务超过3万亿元，约为地方财政收入的136.4%。根据专家预测（《经济观察报》，2010年7月16日），2011年末，地方融资平台负债将高达12万亿元，地方政府债务总额将至15万亿元。地方财政增长的负债化现象，造成了代际间不平衡，制约了地方经济社会的可持续发展。

表3 1994 年中央与地方的收入划分

中央固定收入	关税，海关代征的消费税和增值税，消费税，非银行金融企业所得税，铁道、各银行总行、保险总公司等部门集中缴纳的收入，中央企业上缴利润等收入
地方固定收入	营业税（不含铁道部门、各银行总行、保险总公司等部门集中缴纳的营业税），地方企业上缴利润，个人所得税，城镇土地使用税，固定资产投资方向调节税，城市维护建设税（不含铁道部门、各银行总行、各保险总公司集中缴纳的部分），房产税，车船使用税，印花税，屠宰税，农牧业税，农业特产税，耕地占用税，契税，国有土地有偿使用收入等
中央与地方共享收入	增值税，资源税，证券交易（印花）税

表4 2008 年中央与地方的税收划分

中央税 （4 个）	地方税 （8 个）	中央与地方共享税（7 个）
关税 消费税 车辆购置税 船舶吨税	房产税 城镇土地使用税 耕地占用税 契税 土地增值税 车船税 烟叶税 固定资产投资方向调节税（停征）	增值税 营业税 企业所得税 个人所得税 资源税 印花税 城市维护建设税

资料来源：刘佐，《中国税制概览》，经济科学出版社 2009 年版，第 438 页。

第五，地方财政出现了"依赖性"增长。1994～2009 年，全国地方财政支出由 4038.2 亿元增加到 60593.8 亿元，年均增长 19.8%。而地方财政自给能力，则由 1993 年的 1.02 演化为 2009 年的 0.53，16 年间下降了 48%，年均降幅 3 个百分点（见表5）。地方财政支出的这种高依赖性增长，源于中央政府的各类补助。1995～2009 年，中央对地方的补助数额由 2532.9 亿元增加到 28695.4 亿元，年均增长 16.8%。以 2009 年为例，地方财力的 59% 来自中央财政的"三税"返还、财力性转移支付和专项转移支付。特别是形形色色的各类专项，占三项转移支付总量的43.3%，囊括了经济社会的方方面面，这些专项资金自下而上申报，自上而下通过部门"条条"链条向下传递，且各部门自制办法、自定标准、独立运行，并要求层层配套，而到了财力拮据的县乡级，配套大多流于形式，只能是上级给多少钱办多少事——不完全供给地方公共产品，到最后就是县均每年迎接多达数十次的各类监督审计检查。地方性资源配置的中央政府统一安排，抹杀了居民丰富多彩的消费偏好，导致公共产品供给的低效率。地方财政这种依赖性增长，虚增了地方财政规模，妨碍了地方财政的可持续发展。

表5			1990～2009年中央与地方财政自给能力		
年份	中央	地方	年份	中央	地方
1990	0.99	0.94	2000	1.27	0.61
1991	0.86	0.96	2001	1.49	0.59
1992	0.84	0.97	2002	1.53	0.56
1993	0.73	1.02	2003	1.60	0.57
1994	1.66	0.59	2004	1.84	0.59
1995	1.63	0.62	2005	1.89	0.59
1996	1.70	0.65	2006	2.05	0.60
1997	1.67	0.65	2007	2.43	0.61
1998	1.57	0.65	2008	2.45	0.58
1999	1.41	0.62	2009	2.35	0.53

资料来源：《地方财政研究》2010年第9期。

上述实证分析表明，当前地方财政的某些层级陷入了增长的"两难"选择：过分"激励"的棘轮作用机制，超出了帕累托改进的余地；过分"行政性"干预的增长，违背了财政经济规律。发展是硬道理，日益演进为增长是硬道理。地方财政某些有增长而无发展的增长、有收入而无财力的增长、单纯为增长而进行的"被增长"，破坏了增长的真实性、可靠性，加重了纳税人的经济社会负担，恶化了生态、资源和环境，弱化了政府财政再分配能力，加剧了地方财政风险，扰乱了财政分配秩序。因此，从增强地方财政增长的有效性出发，实现有发展的硬增长，是"十二五"时期贯彻落实科学发展观的首要任务。

三、地方财政可持续发展的路径选择

实现地方财政的可持续发展是一项复杂的系统工程，涉及政治、经济、社会等诸多领域，需要重新审视地方财政增长速度与质量的关系，切实将其建立在客观、真实、可靠的基础之上。需要重新考量政府与市场的作用边界，合理调整中央与地方的财政利益分配关系，加速推进税制改革，加强法治财政建设，重构财政生态体系。

第一，增强地方财政意识。财政意识，就是人们对财政的认知度[1]。财政意识强弱是关系国计民生的大问题。当代财政不同于传统意义上的"家计"财政，也不只是政府"出纳"的角色。市场经济条件下的地方财政不同于计划经济时期的"下级"或"隶属"财政。增强地方财政意识，不只局限在地方政府特别是财政部门的范畴，而是各级、各部门的共同责任和共识。增强地方财政意识，一是增强规律意识，即尊重财政经济社会运行规律，不能主观臆断，求大求快，"洋跃进"。二是增强独立意识，充分信任各级地方政府，赋予其行使职能的财政权力。三是增强稀缺意识，财政是最为稀缺的资源，并非取之不尽、用之不竭，要做到取之有度、用之有效。四是增强风险意识，切实做到量力而行，量财而为，代际均衡。五是增强市场意识，充分运用财政政策工具，有效发挥市场机制在资源配置中的基础地位，避免资源配置行政化的倾向。六是增强法治意识，切实将政府理财行为构建在科

---

① 参见孙文学："论财政意识"，《地方财政研究》，2005 年第 7 期。他认为财政意识包括六方面内容：一是对财政理论和实践的理解程度；二是所制定财政方针、政策、制度与财政运行规律的适应度；三是对财政的运筹、平衡的能力；四是对财政法规的了解程度；五是把握公平与效率的程度；六是对大局与小局、长远与眼前利益把握的程度。

学、民主、法治基础之上，实现从"人治"财政向"法治"财政的重要转型。

第二，适度降低地方财政增长速度。树立科学的财政增长观，充分考虑需要与可能，兼顾当前与长远，努力实现由数量增长型向质量增长型的重要转变，切实将地方财政增长的规模、结构、速度控制在经济社会所能承受的范围之内。一是适度降低地方财政收入增长速度，基本实现与经济增长相匹配，避免长时期、高比例汲取。二是适度控制地方非税收入的增长速度，降低国民和企业的非税负担。三是控制地方政府举债行为，清理整顿地方政府各类不合理、不合规的融资平台。同时，赋予地方政府必要的融资、举债权。四是控制地方财政支出规模和增速，科学界定财政供给范围和标准，加速地方财政从一般性、生产领域退出步伐，着力靠机制改善民生，回归政府财政满足社会公共需要的本原。

第三，改进中央与地方间财政关系。统筹兼顾中央与地方利益，赋予地方政府较为完整、相对独立的财政权，最大限度地调动地方各级政府当家理财的积极性。一是积极探求"集权"与"分权"的平衡点，适度降低中央财政的集中度，通过减少共享税种、降低共享比例等，适度下沉财力，建议中央与地方政府间的财政收入初次分配比例控制在"50：50"的水平。二是赋予地方政府适度的税权，这样做既有利于地方因地制宜地开辟新税源，又能解决全国统一立法难以适应地方实际情况的矛盾。建议将那些保证全国政令和税收政策统一，维护全国统一市场和公平竞争的地方税的税收立法权集中在中央外，可将其余地方税税种的税收立法权限"让渡"地方。三是完善现行纵向的财政转移支付制度，建议自上而下开展整合财政专项资源，大力压缩、归并各类专项，不断增加均衡性转移支付规模。

第四，加速推进税制改革。我国现行的税收制度，大体延续1994年的制度框架，虽然经历了近年来的两税合一、个税起征点变动、增值税转型等项改革，但流转税、间接税的主体地位没有改变。这种税制结构，适应了组织财政收入的需要，特别是确保了中央财政收入的稳定增长。地方税制的先天不足和逐年萎缩，伤害了地方政府的财源基础，迫使地方政府纷纷在土地、资源、环境上作文章，千篇一律地强调工业立省立市、立县、立乡，不惜代价招商引资，大规模房地产开发，造成了不规范竞争、产业趋同、产能过剩。因此，新一轮税制改革，在总体改进完善的基础上，亟须将地方税建设置于重要地位，确保地方各级政府拥有较为稳固的主体税源。

第五，统一政府财政权。政府财权部门化、部门财权法治化，是当前我国财政经济运行中的最大顽疾。从根本上解决"各路大臣都分钱"的问题，是"十二五"时期财政改革的首要任务，也是从根本上实现地方财政可持续发展的有效途径。为此，要从维护国家和地方财政经济安全的高度入手，通过完善各项财政法规制度，推进依法理财和"阳光财政"建设，深化政府预算改革（部门预算、国库集中收付、政府采购、收支两条线），整合政府财力资源，实行"金财工程"等措施，确保政府财政权的完整、统一，从根本上遏制"王爷经济"现象。

第六，推进地方财政生态建设。财政生态是指财政与各相关主体之间及其与外部环境之间在长期演进过程中，以财政性资金循环和流动为纽带形成的相互联系、相互依赖、相互作用、相互竞争，并具有较为稳定的结构秩序和一定自调节功能的动态平衡系统。从其体系框架来看，主要包括财政生态主体、财政生态环境与系统平衡机制三个方面的内容。地方财政的可持续发展，亟须引入生态系统的理念来考量，不能孤立、片面地就地方财政而论地方财政，需要以更加开阔的生态视野进行综合设计，特别强调改革措施的系统、协调与互动，避免步入形式简单的"钱穆制度陷阱"。

地方财政收入负增长现象、影响因素及量化测度[①]

——以辽宁为例

地方财政作为国家财政的重要组成部分，自分税制以来其收入规模占全国的"半壁江山"，更是地方各级政府行使职权的重要物质基础。近年来，地方财政收入高速增长的"红利"正在弱化，由两位数的高增长演化为个位数，甚至在某些地方出现了负增长的现象，这其中以老工业基地省份辽宁省最为典型。这一新的波动现象，是多因素综合作用的结果。本文运用相关理论、方法，借鉴现有研究成果，通过采集大量数据，以辽宁为样本分时段（一季度、上半年、前三季度）量化测算了各因素对地方财政负增长的具体影响程度。量化研究表明，2014 年辽宁虚增收入大约为 800 亿元，在 2015 年负增长影响因素中，做实财政收入强度最大、经济因素次之、政策性因素最小。

一、问题的提出

纵观 1995～2014 年地方财政收入[②]，呈现了高速增长的态势。在数

---

① 本文完成于 2016 年 1 月，合作者为郭艳娇，为国家社会科学基金项目"优化分税制财政管理体制研究"（11BJY130）、辽宁省财政科研基金项目"辽宁财政可持续发展研究"（05A001）阶段性，刊发于《财贸经济》2016 年第 4 期，被报刊复印资料《财政与税务》2016 年第 7 期全文转载。
② 本文地方财政收入是指一般公共预算收入。

据采集的 20 个年份中，增长区间在 20% ~ 30% 的为 10 个，在 10% ~ 20% 的为 8 个，增长率为一位数的只有两个。近几年的增长情况是，在 2011 年实现 29.4% 的高增长之后，迅速演变为 2012 年的 16.2%、2013 年的 12.9%、2014 年的 9.9%；2015 年一季度为 7.5%、上半年为 8.3%、前三季度为 9.0%。特别需要引起重视的是，自 2013 年重庆首现 -0.6% 的增长之后，2014 年辽宁再现 -4.6%。2015 年以来这一负增长态势进一步深化：一季度囊括了东北三省（辽宁 -30.4%，吉林 -4.9%，黑龙江 -20.7%），上半年增加至 5 个省区（辽宁 -22.7%，吉林 -0.5%，黑龙江 -20.1%，山西 -7.8%，新疆 -6.3%），前三季度维持在 4 个省区（辽宁 -27.4%，黑龙江 -15.8%，山西 -11.4%，新疆 -3.4%）。

在宏观经济增长趋势放缓过程中，很显然，地方财政收入增速下滑甚至负增长，是比就业更为明显和提早到来的短板和约束，其本身成为经济社会发展的一个潜在风险点。与此同时，人口老龄化、经济结构调整、贫富差距代际传递、生态环境保护等方方面面的风险开始凸显，公共风险的化解也需要依靠财政活动加以支撑（刘尚希，2016）。在这个节点上，亟须真实地反映地方财政的实际情况，科学地分析其增速演变的影响因素及影响强度，配合国家依法执政进程，使宏观经济决策由领导"拍脑门"向智慧、科学决策转变，正确研判趋势，找出短板，对症下药，防止地方财政风险和公共风险急剧扩大反过来威胁经济社会稳定和稳增长目标的实现。

现有文献中，外文文献主要探讨地方财政收入的预测。基奥比和丹宁格（Annette Kyobe and Stephan Danninger，2005）认为预测程序（formality）、简便性（organizational simplicity）和透明度（transparency）是决定收入预测的三个关键。卡拉瑟斯和温特沃思（J. K. Caruthers and C. L. Wentworth，1997）认为，有效的收入预测涉及大量的内部和外部变量的相互作用，包括人口趋势、经济条件和更广泛意义上的社会条件。所以收入预测的关键是合理选择影响该地区收入的因素。而麦格拉纳汉和马顿（Leslie McGranahan and Richard H. Mattoon，2012）的研究发现，自 2000 年开始，美国州税收入顺周期波动加大，即在经济状态向好时，50 个州的州税收入总额增加的更多；当经济状态不好时，50 个州的州税收入总额减少得更多。他们认为这一现象主要源于个人所得税的变化：一是个人收入税税率政策从 2000 年开始由逆周期向独立于经济周期转变；二是个人收入特别是投资收入对经济状态的敏感性增强。

与国外相比，我国地方财政收入预测仍存在改进的空间。国内现有文献主要集中在如何解释税收收入的超常增长。安体富（2002）认为，税收超常增长有经济因素、政策性因素、管理因素和税款"虚收"因素的影响。经济因素中最为重要的是经济增速（常世旺，2005；周黎安等，2011），此外还包括可税 GDP 与不可税 GDP 占比的调整、经济效益的提升和物价变动。郭庆旺、吕冰洋（2004）指出，经济因素中还应该包括产业结构的优化。政策性因素是指由于税收政策和制度的变动对税收收入的影响，包括开征（停征）税目、调高（降低）税率、调整优惠措施等。管理因素主要指加强税收征管。高培勇（2006）在分析了影响税收增长的三个因素（经济增长、政策调整和加强征管因素）后，提出了"税收征管空间"的概念，即，理论应征税额和实际应征税额之间存在着巨大的差距。税收征管空间的巨大导致了税务部门可以通过加强征管来加速税收的增长，并将其定义为影响税收收入的特殊因素。邓晓飞、冯海波（2013）则从经济增长的政府投资依赖与财政增收计划机制关系的角度解释财政收入增长，实证结果表明财政增收计划机制对财政收入增长有显著的影响。

从各因素占比来看，金人庆（2002）认为，影响税收收入增长超过 GDP 增长的因素中，经济增长因素约占 50%，政策调整和加强征管因素各占 25%。常世旺（2005）采用可税 GDP 测算经济增长对税收增长的贡献率达到 80%。周黎安等（2011）测算的 GDP 增长对税收增长有接近 45% 的解释力，征管努力对税收收入也有贡献。王道树（2008）的研究结果显示，物价因素是影响税收增长的重要源泉，对税收增长的贡献率总体在 19% 左右，经济增长因素贡献率接近 58%，其他因素

（政策性因素、管理因素等）的贡献率大体在23%左右。

国内现有关于地方财政收入增长影响因素的研究存在两个偏重和一个遗漏：一是偏重研究超常增长现象。与超常增长相比，地方财政收入负增长的影响因素有哪些，其影响强度如何，是短期现象还是长期现象，则是更需要研究的问题。财政是国家治理的基础和重要支柱，有钱的时候可能感觉不到，钱少的时候这句话的分量就体现出来了（刘尚希，2016）。二是偏重地方财政收入总体研究。当各省市财政收入同向高速增长时，该类研究问题不大。但当财政收入增长出现分化时，则需要具体问题具体分析。一个遗漏是指现有研究虽然涉及税款"虚增"因素，但对其深入分析不足。

基于以上分析和现实需求，本文以地方财政收入负增长最为典型的辽宁为样本，量化测度了2015年一季度、上半年和前三季度地方财政收入负增长各因素的影响占比。本文创新主要体现在：（1）科学测度了地方财政收入"虚增"状态，还原了地方财政收入的真实数值。（2）通过地方财政收入影响因素及其占比的实证分析，客观地判断了地方财政收入未来的发展趋势，为政府宏观经济决策提供参考，有助于提高政府宏观经济决策的科学性。除第一部分外，本文余下部分安排如下：第二部分分析了影响地方财政收入负增长的因素；第三部分介绍了数据、量化分析方法、量化测度结果与进一步解释说明；第四部分是结语，针对前文分析，给出了简要对策建议。

二、地方财政收入负增长影响因素分析

结合已有研究成果和对辽宁大量调研获取的情况，本次地方财政收入负增长与实体①经济发展、政策性因素有关。除此之外，地方财政收入负增长还与地方财政收入长期存在的虚增现象和近期做实财政收入水平有关。管理因素的影响较小，近年来以"金税工程"为代表的税收

---

① 由于统计数据存在不实的现象，为了区别和强调，本文添加"实体"二字。

信息化建设对税源监控体系的加强，大大提高了财政收入的募集能力，再加上我国的计划型财政收入增长机制（冯海波，2009）带来的刚性激励约束机制，各级税务部门不但有积极性完成税收计划，还会超额完成财税计划，使得"征税空间"较之之前大大减少。以 2012 年为例，辽宁生产税净额占 GDP 比重为 20.9%，这一比重仅低于云南（22.5%），高于全国地方平均水平（15.9%）5 个百分点，表明辽宁实际财政收入水平接近甚至高于"财政收入能力"，进一步"征收空间"不大，即管理因素对地方财政收入的影响近乎为零。

（一）实体经济因素的影响

经济因素中影响财政收入的变量有经济增速、产业结构、进出口贸易增长、企业经济效益、居民收入、所有制结构优化、市场化程度不断提高和物价变动等。从辽宁省情来看，近期地方财政收入负增长现象与经济增速下滑、二三产业占比下降和物价变动相关度较高。

第一，经济增速下滑。一般认为一个地区的经济增长决定了该地区财政收入规模的理论极限。2002 ~ 2011 年辽宁 GDP 保持在两位数增长，最高达 15.0%（2007 年），平均为 12.9%。2012 年以来开始明显下滑，2014 年为 5.8%，2015 年一季度、上半年和前三季度分别为 1.9%、2.6% 和 2.7%。本轮经济下行是"三期叠加"的结果，这与地方财政收入增长变化基本吻合。也就是说，当期辽宁地方财政收入增长下降具有一定的客观性。

第二，二三产业占比、特别是第二产业占比下降。从我国税制结构来看，以增值税为主的商品流转税在税收收入中占比最大，其税源主要是二三产业的 GDP（曹广忠、袁飞、陶然，2007）。唐登山、吴宏（2008）的实证研究表明：1994 ~ 2005 年，第一产业平均宏观税负为3.25%，第二产业为 18.9%，第三产业为 10.8%。2004 ~ 2011 年辽宁第二产业占比呈上升趋势，2012 年开始下降，其中工业增加值从 2014 年 9 月开始负增长。二三产业占比之和从 2015 年第一季度开始下降。因此，辽宁财政收入负增长与产业结构变化有关，后者是负增长的一个影响因素。

第三，物价波动。在市场经济条件下，物价水平是综合反映国民经济状况的一个重要经济参数，它不仅是经济增长和货币供应是否适度、国民经济是否正常的反映，也是财政收入增长的影响因素。一是财政收入一般以现价计算和征收，从而物价的变化势必会影响财政收入的变化（安体富，2002）。根据主体税种的不同，物价水平对财政收入影响也不同。以累进所得税为主体的税制，财政收入在价格再分配中所得的份额会随着纳税人名义收入的增长而有所增加。以比例税率的流转税为主体的税制下，财政收入的增长率等于物价上涨率。实行定额税率的税制，其财政收入的增长低于物价上涨率。二是社会总供给与总需求平衡状况会影响价格总水平，进而影响财政收入。当社会总供给大于总需求时，物价下降。这样的价格变化导致买卖双方收入的再分配——降价企业受损、购进产品企业获益。给定我国以流转税为主的税制结构和辽宁经济以原材料、重化工业等为主的经济结构，生产资料市场的价格下降（见表1）势必会影响辽宁财政收入水平。

表1　　　　　　　　　生产者价格指数同比变化情况　　　　　　单位：%

经济指标		2012 年	2013 年	2014 年	2015 年		
					一季度	上半年	前三季度
工业生产者购进价格指数	辽宁	-1.0	-2.0	-2.00	-5.6	-5.6	-6.2
	全国	-1.8	-2.0	-2.2	-5.6	-5.6	-5.9
工业生产者出厂价格指数	辽宁	-0.1	-1.0	-1.8	-5.1	-5.3	-5.8
	全国	-1.7	-1.9	-1.9	-4.6	-4.8	-5.0

资料来源：2015 年《辽宁统计月报》。

（二）做实财政收入因素的影响

地方财政收入虚增是一种客观存在的现象，具体是指各个层级政府

（部门）不按财税法律、法规办事，利用人工操作方式增加账面公共财政预算收入完成预先设定的增长指标，即数据造假。近几年虚增方式有所变化，主要是先将财政资金拨付到某一企事业单位，该企事业单位再以契税、耕地占用税等税收形式，或者以国有资本经营收入、国有资源有偿使用等非税形式将财政资金缴回国库。

做实财政收入，是指按照经济发展的实际情况上报财政收入数值。地方财政收入虚增会增加同期财政收入基数，做实财政收入则会降低当期财政收入数值，二者均会影响财政收入同比变化数值。例如2014年，审计署对辽宁省庄河市塔岭镇审计发现，2013年全镇公布的财政收入比实际财政收入高出2534万元，虚增16.24倍，这将使财政收入同比变化数值上升。相邻的普兰店市将全市2014年公共财政收入，由年初预算53.35亿元下调为33.85亿元，降幅近20亿元[①]，这将降低同比变化数值。

2014年7月中央巡视组提出辽宁经济数据存在弄虚作假现象，这引起了辽宁省委、省政府的高度重视，并从8月开始着手做实财政收入。这一点可以从图1中得到佐证。2004～2013年辽宁财政收入基本遵循相同的季度变化特征，即1月、3月、6月、9月、12月财政收入水平较高，而2014年8月、9月、10月、11月财政收入水平不及7月，可以认为是人为降低了财政收入水平。12月财政收入高企，并超过2013年同期水平，给定经济形势并未出现明显好转的情形下，可以认为该月财政收入仍然存在虚增现象。

进入2015年，特别是"三严三实"教育活动的持续开展，辽宁自上而下进一步重视做实财政收入。正如前文所述，2014年1～8月和12月存在财政收入虚增现象，2015年做实财政收入，假定其他因素不变，与2014年相比，2015年财政收入也会同比负增长。

---

① 数据来源：新华网："注水数据"贻害大"挤出水分"须较真，http://news.xinhua-net.com/2015－12/10/c_1117414620.htm。

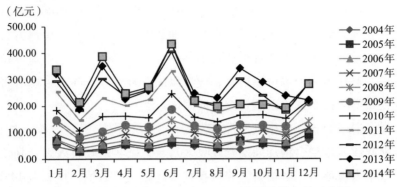

图1　2004年1月至2014年12月辽宁财政收入的时序图

资料来源：2014年辽宁预算执行表。

（三）政策性因素的影响

政策性因素主要是指税费制度与税费政策的变动对财政收入的影响，包括新税（费）种的开征、旧税（费）种的停征、税（费）率的升降、税费优惠措施的调整等。近期来看，影响辽宁财政收入的政策性因素主要包括两方面，一是落实结构性减税和普遍性降费等一系列优惠措施，导致财政收入下降。具体而言，包括对小微企业各项税收优惠政策、"营改增"改革扩围政策、涉企行政事业性收费的普遍性降费政策等。二是9项基金划入公共财政预算收入，导致财政收入上升。具体而言，包括地方教育费附加收入、文化事业建设费收入、残疾人就业保障金收入、教育资金收入、农田水利建设资金收入、育林基金收入、森林植被恢复费、水利建设专项收入和船舶港务费。政策性因素的净结果由两项之和决定。

三、地方财政收入负增长影响因素的量化测度

由前文分析可知，2015年辽宁地方财政收入负增长的影响因素主要有实体经济因素、做实财政收入因素和政策性因素。其中，政策性因素可以通过实际发生的情况据实测算，其他因素则需要通过一定的统计

计量方法进行测算。

（一） 做实财政收入因素影响占比的量化测度

做实财政收入影响因素占比的量化测度，关键在于测度 2014 年财政收入虚增数值。本文采用两种方法来进行估计。

1. 由已做实财政收入进行估算

辽宁 2014 年 8 月、9 月、10 月和 11 月这四个月开始做实财政收入，这也就意味着其他月份依然存在虚增现象。考虑到财政收入在季节之间差别不大（参见图 1），可以认为 2014 年其余 8 个月虚增数值等于已做实财政收入的 2 倍。已做实财政收入数值的测度如下：

$$\begin{matrix} 2014\ 年已做实 \\ 财政收入数值 \end{matrix} = \begin{matrix} 2014\ 年未做 \\ 实财政收入 \end{matrix} - \begin{matrix} 2014\ 年实际 \\ 财政收入 \end{matrix} \tag{1}$$

现在的难点在于 2014 年未进行做实财政收入数据的估计。给定财政收入存在弄虚作假现象，可以推断地方政府上报的财政收入将按照公式（2）确定的财税收入计划金额（冯海波，2009；邓晓飞、冯海波，2013）确定，从而可以按照加权平均数的方法，由过去的财政收入顺势推延出现在的财政收入。同时，最近的过去态势在某种程度上会持续到最近的未来，所以应该将较大的权数放在最近的信息上。这种结构与指数平滑预测模型高度相符。从图 1 可知，辽宁财政收入具有长期递增趋势和以年为固定周期的季节波动，因此可以采用指数平滑模型中的 Holt - Winters 加法模型。鉴于做实财政收入事件发生在 8 月、9 月、10 月和 11 月这四个月，所以以 2004 ~ 2013 年每年的 8 月、9 月、10 月和 11 月这四个月的数据，按照指数平滑模型中的 Holt - Winters 无季节模型进行预测，对加法模型的计算结果进行验证。

$$财税收入计划金额 = 基数 \times （1 + 计划期财税收入增长比例）$$
$$\pm 特殊因素 \tag{2}$$

预测结果如表 2 所示。两种方法计算结果相似，表明本文思路可取，从谨慎性角度考虑，做实财政收入数值选择 442.4 亿元，则财政收入虚增数值为 442.4 亿元的 2 倍，即 884.8 亿元。

表 2　　　　　　**2014 年 9 ~ 12 月财政收入做实财政收入预测值**　　单位：亿元

月份	实际财政收入值	指数平滑加法模型预测值	2014 年 9 ~ 11 月分月预测值
1	337.30	342.52	337.3
2	214.78	210.25	214.78
3	386.81	371.05	386.81
4	246.79	250.62	246.79
5	270.24	284.85	270.24
6	432.79	460.76	432.79
7	219.93	274.25	219.93
8	197.70	258.56	245.89
9	206.07	367.20	417.64
10	204.14	311.83	330.25
11	192.13	256.76	249.97
12	282.05	244.78	282.05
总计	3190.74	3633.13	3634.45
虚增数值	—	-442.39	-443.71

2. 利用 ARMA 模型对 2014 年财政收入虚增数值进行估算

自回归滑动平均模型（ARMA）是一类常用的随机时序模型（亦称 B - J 方法），它是一种精度较高的时序短期预测方法，其基本思路是：某些时间序列是依赖于时间 t 的一组随机变量，构成该时序的单个序列值虽然具有不确定性，但整个序列的变化却有一定的规律性，可以用相应的数据模型近似模拟。ARMA 模型的分析步骤为："序列平稳性检验→应用序列的自相关与偏自相关图确定序列的滞后阶数→ARMA 过程平稳性检验→短期预测"。

经检验，[①] 对序列公共财政收入可以采用一阶差分后的 AR（1）模

---

① 检验过程略，如需要可以向作者索取。

型或 AR（2）模型，检验结果见表 3，拟合结果见图 2（a）和图 2（b）。综合比较之后，采用 AR（2）模型，预测结果见表 4。由表 4 可知，与 3190.7 亿元相比，2014 年依然虚增财政收入 730.3 亿元。

表 3　　　　　　　　　　AR 模型的回归结果

解释变量	AR（1）		AR（2）	
	系数	t 值	系数	t 值
常数项	125.3509	0.8879	121.9978	1.5554
AR（1）	0.7726	4.3092	1.4467	5.2084
AR（2）			−0.8081	−2.9477
R 值	0.52		0.69	
调整后的 R² 值	0.49		0.65	
AIC	12.76		12.48	
SC 准则	12.86		12.63	
p − Q	0.235		0.356	
MAPE	49.72		69.72	
TIC	0.18		0.18	

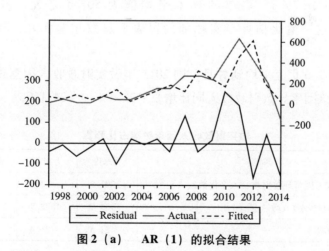

图 2（a）　　AR（1）的拟合结果

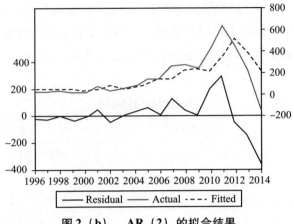

图2（b）　　AR（2）的拟合结果

表4　　　　　辽宁一般公共财政预算收入 AR 模型预测结果　　　单位：亿元

	2014 年	2015 年	2016 年	2017 年	2018 年	2019 年	2020 年
预测值	2460. 4	2571. 0	2570. 7	2681. 7	2797. 3	2918. 9	3045. 5

　　通过上述两种方法，估算出辽宁财政收入 2014 年财政收入虚增数值的区间为 [730.3，884.8]，占全年财政收入比重的区间为 [22.9%，27.7%]，简单的算术平均值为 807.6 亿元，占全年的 25.3%。这一量化估算与实际部门报表汇总数相差无几，较为接近实际。

　　将 807.6 亿元平均到各月，则 2015 年做实财政收入因素影响占比见表5，该因素导致财政收入同比增长 -21.4% ~ -24.1%。

表5　　　　　　　　　做实财政收入因素影响占比测算

项目	一季度	上半年	前三季度
做实财政收入因素导致财政收入变化数值（亿元）	-201. 9	-403. 8	-605. 7
2014 年同期财政收入数（亿元）	938. 9	1888. 7	2512. 4
同比增长（%）	-21. 5	-21. 4	-24. 1

（二）经济因素影响占比测算

经济因素对财政收入影响的量化测度中，需要确定代表性变量和量化分析方法。

1. 代表性变量选择

影响财政收入的经济因素有经济增速、产业结构和物价水平。

（1）经济增速指标可用 GDP、工业增加值、固定资产投资、进出口额、工业企业主营业务收入和房地产开发投资总额等。本文选择固定资产投资（见表 6）。邓晓飞、冯海波（2013）认为，当前的实证分析主要是通过财政收入增长率与 GDP 增长率进行回归分析，未能对财政收入增长的源动力做出有力解释。该文认为经济因素背后的投资因素对财政收入产生了重要影响。同时考虑以下三个因素：一是我国以流转税为主的税收体系，决定了固定资产投资能综合反映大部分产业的财政收入情况（第二产业和第三产业的房地产业等）。二是辽宁 10 年振兴之路基本以投资拉动为主，固定资产投资可以反映当前经济下行的主要特征。三是与固定资产投资相比，其他指标均有不足之处：GDP 中有不可税部分（王军平，刘起运，2005；潘雷池，2007），且 GDP 结构与财政收入结构不同（原铁忠，2005），GDP 增长率与财政收入增长率表现出一定程度的分离。辽宁进出口对 GDP 和财政收入的影响相对较小。工业增加值、工业企业主营业务收入和房地产开发投资总额只能反映部分行业和产业的财政收入情况。

表6　　　　2015 年辽宁省增长性经济指标同比变化情况　　　单位：%

项目	1~3 月	1~4 月	1~5 月	1~6 月	1~9 月
GDP	1.9	——	——	2.5	2.7
固定资产投资	-18.5	-17.6	-15.4	-13.3	-21.2
工业增加值	-5.9	-6.1	-6.1	-5.5	-5.4
出口总额	-20.0	-15.2	-17.6	-13.6	-13.1

续表

项目	1~3月	1~4月	1~5月	1~6月	1~9月
进口总额	−15.7	−16.8	−19.9	−20.0	−19.2
工业企业主营业务收入	−12.8	−14.9	−15.1	−14.1	−13.6
房地产开发投资总额	−24.0	−25.6	−24.1	−27.0	−26.9

资料来源：2015年《辽宁统计月报》。

（2）产业结构指标包括代表产业结构的第二产业占比、第三产业占比和代表所有制结构的国有企业占比、中央企业占比等。本文选择二三产业占比，主要因为中央企业占比和国有企业占比变化幅度较小（见表7）。

（3）物价水平指标包括居民消费价格指数、工业生产者出厂价格指数和工业生产者进厂价格指数等。本文选择工业生产者购进价格指数和工业生产者出厂价格指数的比值①（参见表1）作为影响财政收入的物价因素变量。

表7 **2015年辽宁结构性经济指标同比变化情况** 单位：%

项目	1~3月	1~6月	1~9月
第二产业占比	−5.5	−5.8	−6.0
第三产业占比	5.23	5.7	5.8
二三产业占比	−0.2	−0.2	−0.3
国有企业占比	1.09	0.91	3.5
中央企业占比	−0.52	−0.56	2.3

说明：国有企业占比为工业企业中国有控股企业资产合计占比；中央企业占比为工业企业中中央企业资产合计占比。
资料来源：2015年《辽宁统计月报》。

2. 量化分析方法和结果

财政收入、固定资产投资、二三产业占比和物价指数均是时间序列

---

① 物价水平下降时，降价企业受损，购进产品企业获利。目前工业生产者出厂价格指数和购进价格指数均下降，为了全面衡量其对财政收入的影响，本文取二者变化的相对值。

数据，按照 ADF 单位根检验→平稳→传统线性回归模型、ADF 单位根检验→不平稳→EG 检验→存在协整关系→VAR 模型的原则判断拟采用的量化分析方法。经检验，[①] 4 个变量在 1% 显著性水平下均是二阶单整变量，可以进行协整分析，协整方程如下：

$$\ln FSL = -78.94 + 0.57\ln RFI + 17.96\ln ind23 + 11.69\ln PPI \qquad (3)$$
$$(0.03326) \qquad (1.99433) \qquad (1.41599)$$
$$t = \qquad 17.1292 \qquad 9.00677 \qquad 18.25777$$

对公式 3 进行 JJ 检验，检验结果表明至少存在 4 个协整方程。其中，$\ln FSL$ 表示财政收入的对数值，$\ln RFI$、$\ln ind23$ 和 $\ln PPI$ 分别表示固定资产投资、二三产业占比和工业生产者购进价格指数与出厂价格指数比值的对数值，它们的系数为正，且通过了系数的显著性检验，表明固定资产投资每增加 1%，财政收入将增加 0.57%；二三产业生产总值占比每增加 1%，财政收入增加 17.96%；物价指数每增加 1%，财政收入增加 11.69%。

根据公式 3，可以得出当经济因素指标同比变化时，财政收入同比变化的绝对数。由于绝对数的计算结果与基数水平有关。本文根据前文计算的财政收入虚增数值 807.6 亿元，对 2014 年各季度数值进行了调整，计算结果见表 8。经济影响因素导致财政收入同比增长 -13.4% ~ -16.8%，该影响中，经济增速强度最大，平均为 50.8%。物价水平次之，平均为 28.1%。产业结构最小，平均为 21.1%。

表 8   **2015 年经济因素影响占比测算**

	项目	经济下行	产业结构	物价水平	合计
一季度	同比变化百分比（%）	-8.3	-2.8	-4.6	-15.7
	同比变化绝对值（亿元）	-77.7	-26.5	-43.1	-147.3
	占经济因素比重（%）	52.9	17.8	29.3	100.0

---

① 检验过程略，如需要可以向作者索取。

	项目	经济下行	产业结构	物价水平	合计
上半年	同比变化百分比（%）	-6.0	-2.8	-4.6	-13.4
	同比变化绝对值（亿元）	-112.6	-53.3	-86.8	-252.7
	占经济因素比重（%）	44.8	20.9	34.3	100.0
前三季度	同比变化百分比（%）	-9.2	-4.1	-3.5	-16.8
	同比变化绝对值（亿元）	-230.4	-102.7	-89.2	-422.3
	占经济因素比重（%）	54.8	24.4	20.8	100.0

（三）政策性因素影响占比

2015年落实的一系列优惠措施包括：国家对小微企业各项税收优惠政策，"营改增"改革扩围政策，涉企行政事业性收费的普遍性降费政策。同时，2015年有9项基金划入公共财政预算收入，导致财政收入上升。两者相抵，政策性因素对财政收入的影响见表9。由表9可知，政策性因素导致的财政收入下降的绝对数变化不大，同比增长-0.8%~-1.1%，所占比重较小，对当前财政收入的变化影响不大。

表9　　　　　　　　　　2015年政策性因素影响占比测算

项目	1~3月	1~4月	1~5月	1~6月	1~9月
结构性减税和普遍性降费等政策（亿元）	-23.2	-30.8	-37.0	-46.9	-71.1
9项基金纳入一般公共预算收入（亿元）	12.7	18.4	25.5	31.6	48.9
政策性因素导致财政收入变化数值（亿元）	-10.5	-12.4	-11.5	-15.3	-22.2
2014年同期财政收入数（亿元）	938.9	1185.7	1455.9	1888.7	2512.4
同比增长（%）	-1.1	-1.1	-0.8	-0.8	-0.9

资料来源：辽宁省财政厅统计结果。

（四）量化测度结果与进一步解释说明

将表5、表8和表9的结果整理到表10中，可以得到测算的初步结果。影响辽宁财政收入负增长的三个因素中：

第一，做实财政收入因素占比最大，约为 58.0%。该影响导致 2015 年一季度财政收入同比下降 21.5%，同比减少 201.9 亿元，占全部因素的 56.1%；上半年同比下降 21.4%，同比减少 403.8 亿元，占全部因素的 60.1%；前三季度同比下降 24.1%，同比减少 605.7 亿元，占全部因素的 57.7%。做实财政收入因素的影响程度表现为由上升转为逐渐下降的趋势。做实财政收入，只会影响当期统计数据，属于一次性事件，且利大于弊。

第二，经济因素次之，约为 39.6%。该影响导致 2015 年一季度财政收入同比下降 15.7%，同比减少 147.3 亿元，占全部因素的 41.0%；上半年同比下降 13.4%，同比减少 252.7 亿元，占全部因素的 37.7%；前三季度同比下降 16.8%，同比减少 422.3 亿元，占全部因素的 40.2%。总的来看，经济因素的影响程度表现为由下降转为逐渐上升的趋势。实体经济因素比较复杂，具有一定的客观性，对财政收支的影响具有长期性，应对措施也比较复杂。

第三，政策性因素占比最小，约为 2.4%。该影响导致 2015 年一季度财政收入同比下降 1.1%，同比减少 10.3 亿元，占全部因素的 2.9%；上半年同比下降 0.8%，同比减少 15.1 亿元，占全部因素的 2.2%；前三季度同比下降 0.9%，同比减少 22.2 亿元，占全部因素的 2.2%。财税政策调整，从目前来看，以减轻税负为主，虽然短期内会使财政收支紧张，但长期来看，会激发市场活力，利大于弊。

表 10 2015 年各因素影响财政收入变化情况

项目	一季度			上半年			前三季度		
	同比增长（%）	同比绝对值（亿元）	占总因素比重（%）	同比增长（%）	同比绝对值（亿元）	占总因素比重（%）	同比增长（%）	同比绝对值（亿元）	占总因素比重（%）
做实财政收入因素	-21.5	-201.9	56.1	-21.4	-403.8	60.1	-24.1	-605.7	57.7

续表

项目		一季度			上半年			前三季度		
		同比增长（%）	同比绝对值（亿元）	占总因素比重（%）	同比增长（%）	同比绝对值（亿元）	占总因素比重（%）	同比增长（%）	同比绝对值（亿元）	占总因素比重（%）
经济因素	经济增速	-8.3	-77.7	21.7	-6.0	-112.6	16.9	-9.2	-230.4	22.0
	产业结构	-2.8	-26.5	7.3	-2.8	-53.3	7.9	-4.1	-102.7	9.8
	物价	-4.6	-43.1	12.0	-4.6	-86.8	12.9	-3.5	-89.2	8.4
	小计	-15.7	-147.3	41.0	-13.4	-252.7	37.7	-16.8	-422.3	40.2
政策性因素		-1.1	-10.3	2.9	-0.8	-15.1	2.2	-0.9	-22.2	2.2
合计		-38.3	-359.5	100.0	-35.6	-671.6	100.0	-41.8	-1050.2	100.0
季报结果		-30.4	-285.8	—	-22.7	-428.6	—	-27.4	-688.7	—
二者的差额（虚增数值）		-7.9	-73.7	—	-12.9	-243.0	—	-14.4	-361.5	—

　　需要进一步解释说明的是，本文测算结果与季报统计结果不相等，一季度相差 7.9%，上半年相差 12.9%，前三季度合计相差 14.4%，绝对数差额分别为 73.7 亿元、243.0 亿元和 361.5 亿元。究其原因可能有两个：一是在测算时遗漏了影响财政收入的其他因素；二是 2015 年财政收入数据依然存在虚增现象。通过进一步的实证分析，2015 年以来辽宁并没有特别因素来改善财政收入状况，[①] 从而可以推断这一差额的形成主要是虚增的体现，即 2015 年各季度也未完全做实财政收入，这一解释与辽宁财政组织收入部门的估算大体相符。该因素的影响取决于何时做实财政收入及其程度，否则就会通过"基数＋增长"的财税收入安排机制不断延续、传递。

---

　　① 除了测算的政策性因素、虚增因素和经济因素，还有管理因素。管理因素可能会对辽宁财政收入产生正向影响，但正如前文所分析的，其改善辽宁财政收入的程度和潜力均不高。

四、结语

财政部《2015 年全国财政收支情况》显示，1～12 月地方一般公共预算收入增长 9.4%，同口径增长 4.8%，其中：税收收入增长 5.9%，税收收入占一般公共预算的比重为 75.5%（比 2014 年降低了 2.4 个百分点）。辽宁、黑龙江、山西 3 省地方财政收入依然为负增长，分别为 -33.4%、-10.5% 和 -9.8%，而税收收入负增长的省份则扩大为 7 个（陕西 -3.4%、云南 -1.8%、新疆 -2.9%、吉林 -2.0%、山西 -2.9%、黑龙江 -10%、辽宁 -29.2%），占全国 31 个省份的 22.6%。如果没有比例高达 24.5% 的非税收入"对冲"，地方财政负增长的省份将会进一步增多。负增长现象背后，反映出地方财政收入增长的"困境"（王振宇，2010）。辽宁财政"非常态"增长，非一日之寒，是老工业基地结构性、体制性、机制性矛盾的综合显现，也是近些年来粗放式增长的结果，亟须引起高度重视。同样，问题的解决也非一日之功，结合历史数据分析和具体调研情况看，在 2015 年年末降幅达到谷底后会逐步好转，但根本性改变则需要一个较长过程，会是一场持久战。对此，我们既要着急，又不要操之过急，要充分尊重财政经济客观规律，积极谋求长期可持续发展。

第一，增强地方财政收入低增长（甚至负增长）容忍程度。近些年来，地方财政收入某些层面的"顺周期"增长已是客观存在，其结果是背离了中性原则，损伤了微观经济运行的基础，产生了挤出效应，降低了稀缺财力资源的配置效率。为此，要充分汲取以往行政命令式增长的教训，进行必要的休养生息，实现有质量、可持续的真增长。

第二，实行跨年度预算平衡机制。在经济"三期叠加"、地方财政收入"新常态"的前提下，继续追求以往的年度预算平衡理念，既不现实又不可能。为此，要落实新《预算法》的要求，编制好中期财政规划，实现跨年度预算平衡。同时，大力调整财政支出结构，重新研究界定财政供养范围和标准，注重靠机制保障和改善民生。

第三，实施中央政府干预和救助。辽宁财政经济这种"断崖式"下降，是多因素的综合反映，也是老工业基地各类矛盾和问题长期累积，可以说是历史性欠账的当下凸显。为此，地方特殊时期的特殊财政困境，建议借鉴国际通行做法，实施中央政府必要的干预和救助。

第四，改进政府间财政关系。重新梳理、评估、界定各级政府间的事权与支出责任，特别是赋予地方政府合理的、相对独立的事权、必要的财政权和相应的财力基础，适度降低财政"两个比重"，降低体制制度交易成本，充分调动地方各级政府当家理财的积极性。

第五，全面振兴东北等地区老工业基地。近年来，辽宁、吉林、黑龙江三省经济整体滑落，出现了"新东北现象"。为此，要按照党中央、国务院新近做出的"关于全面振兴东北地区等老工业基地的若干意见"（中发〔2016〕7号）总体部署，着力完善体制机制创新、着力推进结构调整、着力鼓励创新创业、着力保障和改善民生，加快政府职能转变，充分发挥市场在资源配置中的决定性作用，推进国资国企改革，支持发展民营经济，主动融入、积极参与"一带一路"建设战略。加大经济新常态下供给侧结构性改革力度，淘汰落后产能和"僵尸企业"，增加有效供给，提升东北老工业基地的发展活力、内生动力和整体竞争力，逐步实现东北地区财政经济的良性运行。

基于真实经济周期理论地方财政收入增长估量[①]

——以辽宁为例

伴随新常态下的经济增速下降，财政收入下降得更早、更快。在这个节点上，亟须科学地分析财政收入增长趋势和周期演变规律，判断其规模和增长率，防止地方财政风险和公共风险急剧扩大反过来威胁经济社会稳定和稳增长目标的实现。本文运用真实经济周期的分析范式，分别分析了财政收入增长趋势因素和周期因素的估计方法，并以辽宁为例，估计了 2017 年辽宁财政收入规模和预期增长率。

一、引言

近年来，财政收入高速增长的"红利"正在弱化，全国一般公共预算收入由两位数的高增长演化为个位数，从 2007 年的最高值 32.4% 下降到 2016 年的 4.5%，为 1988 年以来的最低增速。从地方来看，2014 年开始有省份出现负增长，2016 年同比负增长的省份有 6 个（陕西 -11.0%，青海 -10.7%，山西 -5.2%，新疆 -2.4%，黑龙江 -1.4%，江西 -0.7%）。与此同时，经济结构调整、生态环境保

① 本文完成于 2016 年 12 月，合作者郭艳娇，得到辽宁省省长陈求发重要批示（2017 年 1 月 17 日）。中宣部 2014 年"四个一批"人才自选项目"我国地方财政可持续发展研究"资助。刊发于《地方财政研究》2016 年第 6 期，复印报刊资料《财政与税务》2017 年第 9 期全文转载。

护、人口老龄化等方方面面的风险开始凸显，公共风险化解需要依靠财政活动加以支撑（刘尚希，2016）。在这个节点上，科学分析财政收入增长趋势和周期演变规律，判断其规模和增长率，对于防止地方财政风险和公共风险急剧扩大反过来威胁经济社会稳定和稳增长目标的实现具有重要意义。

国外关于财政收入预测的研究起步较早，20 世纪 30 年代就已经开始，20 世纪 80 年代随着 VAR 方法的兴起达到了一个高潮，研究主要集中在三个方面：预测模型本身的改进和方法的研究、模型应用方面的研究和预测不确定性处理的研究（吕宁，2006）。国内实际工作部门在制定来年预算收入时，一般采用"基数 + 增长率"的方法，且大多数地方政府在确定增长率时采取在 GDP 增长率基础上进行相应调整。这种方法简单易行，但在经济出现转折、GDP 和财政收入增速出现背离时，误差较大。政府决策部门也意识到这一问题，以各地方财政厅为主，纷纷建立计量模型来进行财政收入预测（辽宁省，1989[①]；河北省，2003[②]；江西省，2004[③]；北京市，2008[④] 等），全国人大常委会预算工作委员会从 2001 年开始，对税收收入进行了预测，并在 2003 年做出了进一步的修改和完善[⑤]。国内的专家学者也在不断尝试预测财政收入。

纵观国内外财政收入的预测，有单项预测，也有组合预测。单项预测可以分为三大类：一是从其他因素预测财政收入，包括一元线性回归、多元线性回归、传统时间序列、协整分析等，如塞克斯顿（Sex-

---

[①] 胡宁生：《辽宁省"八五"时期财政收入预测浅探》，载于《预测》1989 年第 5 期，第 22 ~ 23 页。

[②] 成军：《地方财政收入预测模型设计及实证分析》，载于《经济研究参考》2003 年第 88 期，第 27 ~ 34 页。

[③] 吕宁：《地方财政一般预算收入预测模型研究——以浙江省为例》，浙江大学硕士学位论文，2006 年。

[④] 冯润：《分解预测法在财政收入预测中的应用》，载于《中国财政》2008 年第 13 期，第 51 ~ 52 页。

[⑤] 李洁：《四川省税收收入预测模型探讨及实证》，西南财经大学硕士论文，2004 年。

ton，T. A，1987）、比特纳和考德（Buettner & Kauder，2010）、比茨马等（Beetsma et al.，2013）、余少谦（1994）、崔志坤和朱秀变（2011）等。这种方法首先需要确定财政收入的影响因素，主要有税收收入、国民收入、各种产值、GDP、投资额等。二是采用财政收入自身数据进行预测的现代时间序列模型，包括移动平均方法、季节调整、HP 滤波、指数平滑方法、AR 模型、ARMA 模型等，如唐斯和罗克（Downs G. W. and Rocke D. M.，1983）、戈洛索夫和金（Golosov & King，2002）、Krol（2013）、郭秀和路勇（2004）、屈丽萍和毛加强（2008）、王敏（2010）、陈隽（2011）及谢珊、汪卢俊（2015）等。三是两者的结合，包括 VAR 模型、灰色关联模型、BP 神经网络模型和支持向量机（SVM 模型）等，如菲拉特和古纳尔（Firat & Gunor，2009）、成军（2003）、孙元、吕宁（2007）、曹飞（2012）以及侯利强、杨善林、王晓佳（2013）等。

　　财政收入同其他宏观经济数据一样，具有波动的特征，这种波动与经济周期有关。所以财政收入的预测，特别是短期预测也必然要考虑经济周期因素，很显然，这一点是现有文献所忽略的。本文试图弥补这一缺陷。经济周期理论有两次研究浪潮：一是 20 世纪 20 ~ 40 年代，以米切尔（Wesley C. Mitchell）为代表，将经济周期定义为包括繁荣（expansions）、衰退（recessions）、萧条（contraction）和复苏（revivals）四个周而复始的过程。二是 20 世纪 70 年代开始至今，以基德兰德（Finn E. Kydland）和普雷斯科特（Edward C. Prescott）等为代表的真实经济周期理论，认为经济周期是经济趋势或者充分就业产出水平的变动，这种周期性的、非定期的波动被经济学家定义为对稳态增长路径的偏离，是由各种冲击导致的，例如石油价格变化、技术进步等。根据这一理论，宏观经济数据通常包含两部分信息：趋势成分和周期成分。其中，趋势成分代表经济时间序列长期的趋势特性，表现出随着时间推移而变化的特征；周期成分又可以进一步分解出循环要素（cycle）和季节变动要素（seasonal），与各种冲击有关。本文将真实经济周期的分析范式引入财政收入这一宏观经济变量的估计中。接下来的段落安排如下，第二部分分析趋势值的估计方法，第三部分分析周期因素，最后是结论和初步展望。

二、财政收入趋势值的估计

本文重在引入财政收入估计的新方法。新方法应用的前提是对经济波动典型事实的把握，新方法应用的效果还依赖于对数据的选取和处理，所以选取了作者比较熟悉的辽宁数据作为样本，通过对历史数据的解剖，力图分析与估计 2017 年辽宁财政收入增长情况。

（一）理论基础和研究方法的选择

根据真实经济周期理论，宏观经济数据通常包含趋势成分和周期成分两部分信息，趋势成分代表经济时间序列长期的趋势特性，即：

$$y = f(t) \tag{1}$$

式中，t 是时间变量，取值为 1，2，3，…。

根据公式（1）我们可以估计宏观经济数据未来潜在的增长水平。本文将该分析范式引入财政收入这一宏观经济变量的估计中，主要考虑财政收入是一国（地区）产出初次分配的结果，在宏观税负稳定的状态下或者财政收入呈现顺周期变动的情况下，可以预见财政收入也将包含趋势成分和周期成分。

利用公式（1）估计财政收入的潜在增长水平，需要将实际数据分解为长期趋势要素、循环要素和季节调整要素。目前根据季节调整，配合 HP 滤波仍是较好的实证方法（黄晶，2013），因此以该组合方法对辽宁财政收入进行分解，得到对数长期趋势，然后利用公式（1）进行预测。

（二）预测模型设定及估计的结果

样本数据区间为 2004 年第一季度至 2016 年第三季度。首先对该时间序列进行物价指数平减，消除价格因素的影响。然后对该时间序列取对数，减少异方差和偏态性。辽宁财政收入的季度数据表现出明显的趋势变动和季节变动，需要剔除其中的季节变动要素和不规则要素，得到趋势循环分量。季节调整方法选择的是美国商务部人口调查局采用的 Census X12 季节调整方法。季节调整之后，采用 HP 滤波进行分解，得到长期趋势。分解结果见图 1。

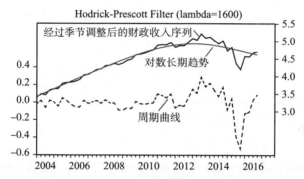

图 1　2004 年第一季度至 2016 年第三季度财政收入分解图

图 1 中的对数长期趋势和时间要素呈现出明显的二次项特征，且具有较明显的序列相关性，其趋势预测模型可以设置为：

$$y = c + \alpha t + \beta t^2 + ar(1) + \mu_t \qquad (2)$$

预测效果见图 2。预测评价指标在图 2 的右侧给出。一般来说，平均绝对百分误差[①]（mean abs. percent error，MAPE）的取值在 0～5 之间，说明预测精度较高，在 10 以内说明预测精度高。希尔不等系数 TIC（theil inequality coefficient）取值范围是 0～1 之间，越小越好。本研究的 MAPE 指标值为 0.311419，TIC 指标值为 0.001812，表明公式（2）的模拟精度较高。由这个方程预测 2017 年四个季度的财政收入见

---

① 图 2 中有四个预测评价指标，其中均方根方差（root mean squared error，RMSE）和平均绝对误差（mean absolute error，MAE）测量预测的绝对误差。平均绝对百分误差（mean abs. percent error，MAPE）和希尔不等系数（theil inequality coefficient，TIC）测量预测的相对误差。绝对误差比较直观，但取值大小受量纲的影响，不能形成统一的评价标准。相对指标则可以形成一致的评价标准。

表 1, 其中, 2017 年物价水平增长率设定为稳态增长路径下的一般水平, 即 3% 。

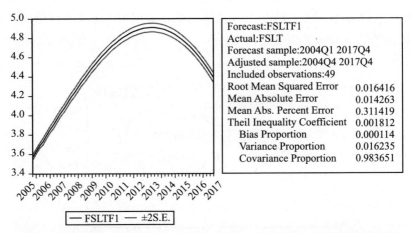

图 2　2004 年第一季度至 2006 年第三季度辽宁财政收入趋势预测效果图

表 1   2017 年辽宁财政收入增长趋势预测值

	第一季度	第二季度	第三季度	第四季度	全年
财政收入（亿元）	531	505	479	453	1967

考虑到前些年辽宁财政收入存在虚增现象, 且宏观经济变量的稳态增长路径一般呈现线性趋势, 本文删除了 2011 年至 2014 年第二季度之间的数据。近两年做实财政收入之后, 2014 年第三季度至 2016 年第三季度期间数值基本反映了真实状态, 这部分数据作为对经济发展结果的约束保留下来。X12 季节调整和 HP 滤波之后的结果见图 3。

图 3 中的对数长期趋势和时间要素呈现出明显的线性特征, 且具有较明显的序列相关性, 其趋势预测模型可以设置为:

$$y = c + \alpha t + ar(1) + \mu_t \tag{3}$$

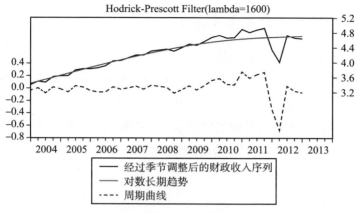

图 3　删除部分数据后财政收入分解图

　　预测效果见图 4。其中，MAPE 指标值为 0.230745，TIC 指标值为
0.001255，表明公式（3）的模拟精度较高。由这个方程预测 2017 年四
个季度的财政收入见表 2。

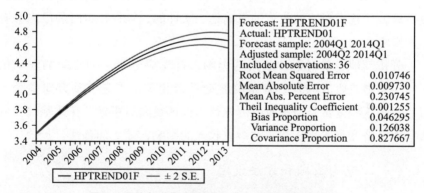

图 4　删除部分数据后财政收入趋势预测效果图

表 2　　　　　　　　　2017 年辽宁财政收入增长趋势预测值

时间	第一季度	第二季度	第三季度	第四季度	全年
财政收入（亿元）	612	609	604	597	2423

（三）2017 年财政收入趋势区间

表 1 的预测结果更多地反映了近期做实财政收入的情况，表现为向下调整财政收入，这与 2016 年全省经济形势调研时，各市反映财政收入变动主要由于挤水分导致的情况相一致，可以认为是 2017 年财政收入数值的下限；表 2 的预测结果剔除了虚增和做实财政收入因素，可以认为是 2017 年财政收入数值的上限，即 2017 年辽宁财政收入区间为〔1967，2423〕亿元。

三、辽宁财政收入周期波动分析

给定增长趋势，财政收入数值还受到周期因素的影响。总的来看，可以将影响财政收入的信号分成有利和不利两大类，前者如工业企业主营业务收入上升、利润增加等，后者如"营改增"、固定资产投资下降等。"营改增"属于政策调整，其影响可以通过政策规定的基数调整大致推算，而且它对财政收入的影响是一次性的，只在特定时间段内会有显著影响。

分析其他变量对财政收入的影响，首先应分析它们之间的联动情况：一是财政收入与这些变量的波动是否相关；二是波动方向是否一致；三是这些变量是财政收入的先行指标还是滞后指标。在此基础上分析其他经济变量未来走势及对财政收入的影响，才更加合理。

（一）理论基础和方法设定

根据真实经济周期理论的观点，周期波动是对长期趋势的偏离，这种偏离是由外在冲击（或其他因素）引起的，而且外在冲击对经济变量的影响会逐渐衰减，并不会长期存在，从而偏离仅仅是在短期出现。关于财政收入和其他变量的联动情况主要分三个方面进行研究：

1. 计算各变量波动程度

即计算实际值（y_t）偏离其长期趋势（τ_t）的程度，此处共有两步：一是衡量实际值偏离其趋势的幅度。本研究遵循基德兰德和普雷斯科特（Finn E. Kydland and Edward C. Prescott，1990）的做法，将波动幅度 v_t 定义为其趋势（τ_t）的占比：

$$v_t = \frac{y_t - \tau_t}{\tau_t} \qquad (4)$$

需要注意的是，采用趋势占比衡量偏离幅度，会比用绝对值衡量的偏离幅度要高。二是衡量波动程度。本研究采用公式（4）的标准差来表示。

2. 财政收入与其他宏观经济变量的当期联动情况

计算各个宏观经济变量波动程度（即波动幅度的标准差）的相关系数，如果相关系数接近于1，且为正，则二者是同方向变动；如果相关系数接近于1，但为负，则二者是反方向变动。如果相关系数接近于零，则表明二者之间的波动没有关系。

3. 财政收入与其他宏观经济变量的跨期联动情况

由 t 期财政收入和 t + j 期其他变量波动程度的相关系数衡量该变量是否引导财政收入变化；反之，由 t 期财政收入和 t - j 期其他变量波动程度的相关系数衡量该变量是否滞后于财政收入变化。

（二）计算结果及分析

表3给出了财政收入和其他经济变量之间的联动情况。

1. 波动程度

各变量的波动程度由表3中的第2行给出。辽宁财政收入的波动程度为4.51%，GDP、固定资产投资和工业企业利润的波动程度分别为8.05%、11.47%和9.27%，均大于辽宁财政收入的波动程度，分别是辽宁财政收入波动程度的1.78倍、2.54倍和2.06倍。工业主营业务收入、全国财政收入和地方财政收入的波动程度为2.68%、1.42%和1.27%，均小于辽宁财政收入的波动程度。

表 3　　　　　　　　财政收入和其他经济变量的波动程度和联动情况

变量		辽宁财政收入	GDP	固定资产投资	工业主营业务收入	工业利润	全国财政收入	全国地方财政收入
波动程度（％）		4.51	8.05	11.47	2.68	9.27	1.42	1.27
与 t 期财政收入的交叉相关系数	x(t−4)	0.50 ***	−0.09	0.20	0.23	0.07	0.32 **	0.63 ***
	x(t−3)	−0.10	−0.01	0.07	0.33 *	0.04	0.03	−0.13
	x(t−2)	0.04	0.46 ***	0.16	0.30	0.28	−0.13	−0.18
	x(t−1)	0.10	−0.32	−0.45 ***	−0.10	0.08	−0.04	0.14
	x(t)	1.00	−0.03	0.38 ***	0.43 **	0.58 ***	0.32 **	0.59 ***
	x(t+1)	0.09	−0.02	0.15	0.72 ***	0.46 **	−0.02	−0.18
	x(t+2)	0.04	0.43 ***	0.22	0.43 **	0.32 *	−0.14	−0.21
	x(t+2)	−0.10	−0.29	−0.28 *	−0.38 *	0.17	−0.04	0.18
	x(t+4)	0.45 ***	0.06	0.70 ***	0.45 **	0.29	0.33 **	0.72 ***

注：* 、** 、*** 分别表示在 10%、5%、1% 水平上显著。

2. 各变量的联动情况

辽宁财政收入与各变量的联动情况由表 3 中 x（t±j）各行中最大的相关系数加以反映。其中，GDP 与财政收入最大的相关系数出现在 x（t−2）期，表明 GDP 是财政收入的先行指标，通常会超前财政收入两个季度进行波动。数值为正，表明辽宁财政收入与 GDP 呈现出顺周期的特征，也进一步证明了本研究将财政收入分解成趋势成分和周期成分进行分析的合理性。表 3 中其他变量和财政收入最大的相关系数数值也均为正，表明这些变量与辽宁财政收入的变动方向也是相同的。但是联动情况和时期间隔表现出明显的不同。其中，固定资产投资、工业主营业务收入与辽宁财政收入最大的相关系数分别出现在 x(t+4) 和 x(t+1) 期，表明固定资产投资和工业主营业务收入波动均滞后于辽宁财政收入，滞后期分别为一年和一个季度。工业利润与辽宁财政收入表现出同期、同方向变动情况，而全国和地方财政收入分别在当期和 4 个季度间隔下与辽宁财政收入同方向变动（见表 4）。

表 4　财政收入与其他经济变量的联动情况和变动方向

变量	GDP	固定资产投资	工业主营业务收入	工业利润	全国财政收入	全国地方财政收入
联动情况	先行指标	滞后指标	滞后指标	同期指标	先行	先行
时期间隔	2 个季度	4 个季度	1 个季度	0	4 个季度	4 个季度
变动方向	相同	相同	相同	相同	相同	相同

根据上述分析，辽宁财政收入周期波动的先行指标主要有辽宁 GDP、全国财政收入和地方财政收入。根据这些指标近年的周期变动情况，可以估计 2017 年辽宁财政收入周期变动情况。三个指标季节调整和 HP 滤波之后的分解图见图 5a ~ 图 5c。由图中的周期曲线可知，近年这些指标主要表现为向下偏离趋势，这对 2017 年辽宁财政收入来说，是一个不利信号。

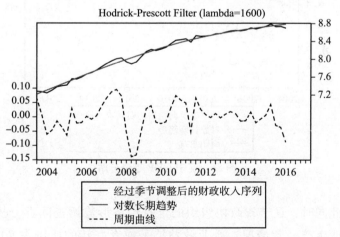

图 5a　全国地方财政收入趋势分解

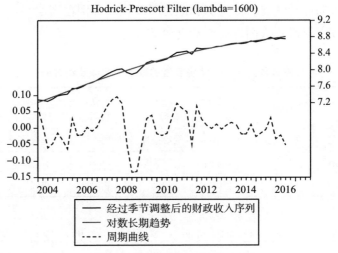

图 5b　全国财政收入趋势分解

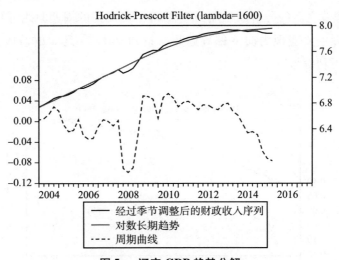

图 5c　辽宁 GDP 趋势分解

　　与此同时，辽宁省政协组织的全省经济形势调查问卷分析结果显示，企业生产经营情况、企业效益持平或者好转的比例占 70% 以上，宏观经济环境更加宽松的占比 80% 以上。这些数据表明：与辽宁财政收入同期变动的工业利润和滞后于辽宁财政收入变动的工业主营业务收入正在不断好转，宏观政策环境趋好，这将有利于 2017 年辽宁财政收入企稳回升，是影响 2017 年辽宁财政收入的有利信号。

四、初步结论及研究不足

将影响 2017 年财政收入的有利信号、不利信号和趋势预测结果相结合，可以得到 2017 年辽宁财政收入的期望值。其中，不佳的信号水平设定为有利信号占总体信号比例为 10% ~ 30%；稳健的信号水平下，有利信号占比为 40% ~ 60%；趋好的信号水平下，有利信号占比为 70% ~ 90%。平均增长率按照 2016 年财政收入能够实现年初增长率目标（2199 亿元）计算而得。

由表 5 可知，在不佳信号水平下，辽宁财政收入水平为［2013，2104］亿元，平均增长率为 - 6.0%。在稳健信号水平下，辽宁财政收入水平为［2149，2241］亿元，平均增长率为 0.3%。在趋好信号水平下，辽宁财政收入水平为［2286，2377］亿元，平均增长率为 6.5%。综合分析，2017 年辽宁稳健趋好的概率较大（见表 6），预期财政收入增长率为 5.0%，规模为 2309 亿元。

表 5　　　　　2017 年辽宁财政收入期望值和平均增长率

信号水平	有利信号占比（%）	期望值（亿元）	预期增长率（%）
不佳	10	2013	- 8.5
	20	2058	- 6.4
	30	2104	- 4.3
稳健	40	2149	- 2.3
	50	2195	- 0.2
	60	2241	1.9
趋好	70	2286	3.9
	80	2332	6.0
	90	2377	8.1

表 6　　　2017 年稳健趋好状态下的财政收入期望值和平均增长率

信号水平	稳健趋好				
有利信号占比（％）	65	70	75	80	85％
期望值（亿元）	2263	2286	2309	2332	2355
预期增长率（％）	2.9	3.9	5.0	6.0	7.1

　　由于受多因素的制约，本书还有许多不足，尚需不断完善、调整、提高，特别是关于周期波动分析，未来应结合地区、行业、产业等发展情况，具体问题具体分析。

实现辽宁财政可持续
发展的对策建议①

  财政是国民经济的综合反映。党的十八届三中全会"决定"更将财政定位为国家治理的基础和重要支柱。在老工业基地新一轮振兴过程中，辽宁财政经济运行状况，直接影响地方公共产品和服务供给能力水平和质量，也是成为检验新一轮振兴过程中成功与否的一个重要"晴雨表"。

  近些年，辽宁财政收入经历了"非常态"演化过程，从 2011 年 31.8% 的高增长突变为 2015 年 33.4% 的负增长，离差高达 65.2 个百分点；同时财政收入规模也由最高年份 2013 年的 3343.8 亿元降至 2015 年的 2127.4 亿元，两年间财政收入规模减少了 1216.4 亿元，回归至 2010 年的水平，可以说倒退了 5 年。2014 ~ 2016 年，辽宁逐渐采取的财政经济"做实收入"行动，使得财政运行较好步入了真实的轨道。2016 年，实现一般公共预算收入 2199.3 亿元，同比增长 3.4%，告别了持续 25 个月的负增长局面。辽宁财政收入增长由"负"转"正"释放了积极信号，而实现可持续发展意义更为重大而深远。

  综合分析当前和今后一个时期国内外宏观经济走势，具体考量辽宁的省情，要实现老工业基地全面振兴、财政经济根本性好转不可能一蹴而就，会是一场持久战。为此，我们既要着急，又不要操之过急，要充分尊重财政经济客观规律，积极谋求长期可持续发展。

---

① 本文是 2017 年 4 月 11 日辽宁省政协月度协商上的发言。

一、休养生息，增强地方财政收入低增长甚至负增长容忍程度，构建内生增长机制

2017 年 1 月 20 日，财政部负责人就辽宁省财政数据造假问题答记者问，有这样一段严厉表述："辽宁省此前搞假数字、带水分的财政收入，严重违反了党中央、国务院的要求以及预算法的规定，影响了中央对辽宁省经济形势的判断，误导了中央决策，损害了党和政府的形象和威信；同时，也影响了中央对辽宁省的转移支付规模，降低了市县政府可用财力和民生保障能力。"从 2015 年辽宁财政负增长影响因素量化分析中可以看出，主要是做实收入数据、挤水分的结果。为此，一是要充分汲取以往行政命令式、数字式增长的教训，树立正确的增长观，克服速度情结，进行必要的休养生息，放水养鱼，涵养税源，逐渐形成辽宁财政收入稳定增长的内生机制。二是要构建科学化、民主化、法治化决策机制，尊重财税经济规律，充分考虑经济增长预期指标及各种税收政策调整因素，实事求是地确定收入预期目标，依法组织收入，特别要避免因财税指标重新引入政府考核体系而出现的数据再失真的现象，从根本上告别"考核—造假"的怪圈。

二、统筹谋划，切实将辽宁财政收支活动置于国家整体来考量，最大限度享受现行财税体制"红利"

1994 年分税制财税体制改革以来，中央政府逐步强化了财政宏观调控能力，特别是 2016 年 5 月 1 日全面"营改增"之后，在财政收入的初次分配上，中央财政的集中度越来越高，相应地通过大量运用转移支付手段来实现基本公共服务均等化。2016 年，辽宁一般公共预算收入总量 2199.3 亿元，位居全国第 16 位，只占全国地方收入的 2.5%，与广东（10346 亿元）、江苏（8121 亿元）、上海（6406 亿元）、山东（5860 亿元）、浙江（5301 亿元）、北京（5081 亿元）等财政大省

（市）相差甚远。同时，辽宁地方一般公共预算支出高达 4582.4 亿元，辽宁财政自给率仅为 48%，超过一半（52%）的支出来自中央财政的各类转移支付。也就是说，辽宁财政收入增长对财政支出的边际效应逐年递减，甚至是增加的越多得到的越少。最保守的测算，2008～2014年辽宁财政因"注水"而少得中央财政转移支付资金 2106 亿元，同样 2015～2016 年因主动"挤水分"而多得 704 亿元。为此，要认真汲取以往赶超战略的负向性影响，充分认识到中国现有财税体制的特殊性，从夯实辽宁财政质量入手，严禁"过头税""空转"等虚增收入行为，最大限度地享受现行财税体制"红利"。

三、有效注入流动性，盘活辽宁现有存量资产资源资金，谨防道德风险

近些年来，随着土地、房地产财税贡献能力的不断下降，以及地方政府债务的规范化管理，地方各级政府面临着极为严峻的财政资金流量的约束，并在一定层面上出现了支付危机。2016 年辽宁财政民生性支出比例高达 75%，这一比重越到基层越大。高比例的财政民生支出，也同步带来了十分刚性的财政支付压力，特别是随着民生的进一步改善，压力和风险也会与日俱增。面对上述现况，亟须加大资金的筹措力度，提高极为稀缺的财政性资金周转和配置效益，尤其要避免形成大量的"沉淀、休眠"的怪现象。为此，一是要加大现有地方存量国有资产资源盘活力度，通过混改、资产证券化、国有资本经营收益等多种方式筹措资金。同时，努力争取在辽宁央企的国有资本收益按一定比例补充企业养老金保险支付压力。二是要抓紧用好用活现有的养老保险个人账户沉淀资金、养老保险风险基金、产业引导基金等运营力度，既要算好经济账，更要算好社会账、政治账，避免国家基本养老事权顶层设计前，辽宁养老金因"真缺口""假结余"现象而带来的基数性被动，谨防因当下支付危机而引致的道德风险。

四、适时跟进，不断推动省以下财政体制的机制创新，实现区域财政均衡协调

2016 年末，辽宁停止了对绥中、昌图两县的扩权改革，成为全国除民族自治区之外唯一进行"市管县"的省份。一个时期以来，财政"省直管县"在各种争论中试点，莫衷一是。辽宁既然选择了"省—市—县"管理模式，为此相关的财政体制机制等必须同步进行调整，特别是要强化"市管县"的主体责任，实现辖区财政基本公共服务均等化的目标，避免形成县（市）管理的新"真空"。同时，在现有省对大连市专项上解财政体制的基础上，研究探索调整的可行性方案，逐渐理顺省与计划单列市的财政关系。

五、及早谋划，防范政府债务和民生保障等风险，营造可持续发展的环境氛围

2016 年末全省政府性债务余额 9097.6 亿元，其中政府直接债务 8526.2 亿元，占 93.7%，居全国第 5 位。2017～2019 年按现行政策由地方各级财政支付债券利息支出就超过 600 亿元。2016 年，辽宁养老保险基金收支缺口 254.2 亿元，2017 年将扩大至 550 亿元。当前，部分地区财政收支矛盾已经十分突出，尤其是有些县区保工资、保运转、保养老金已经捉襟见肘，再加上还本付息压力，很难再腾出更多财力支持各项改革的落实和社会事业的发展。为此，各级各部门要高度重视：一是尽快建立风险防范预警机制，制定应急预案和必要的临时救助机制，特别还要避免 2016 年东北特钢和 2017 年辉山乳液等企业债务违约事件向各级政府层面延伸。二是积极争取落实《国务院关于推进实施新一轮东北振兴战略　加快推动东北地区经济企稳向好若干重要举措的意见》第十二条"中央财政提高对东北地区民生托底和省内困难地区运转保障水平"的要求，充分反映辽宁的阶段性困难，积极争取中央财政的临时

救助。三是妥善处理好一般公共预算与社会保险基金预算的关系。2014年8月31日，新修订的预算法较好明确了一般公共预算与社会保险基金预算的属性，即一般公共预算是以税收为主体，满足各级政府履职需要的收支预算。而社会保障基金预算主要来源于社会保险缴款，在精算平衡原则基础上，按照统筹级次和项目分别编制，做到自求平衡。从一般公共预算中安排一定资金补充社会保险基金，是符合预算法要求的，如对社会保险基金缺口实行财政兜底的做法，会对辽宁本已十分拮据的一般公共预算带来深度冲击，为此要合理界定两本预算的作用边界及其比例，谨防社保支付压力转化为政府财政风险甚至是金融风险。

理性看待地方政府非税收入的非理性增长[①]

　　非税收入作为政府收入分配体系的组成部分，与税收互为补充，都是以政府为主体的再分配形式，是政府财源的重要来源，在财政收入特别是地方财政收入中占有举足轻重的地位。

　　近年来，地方政府非税收入快速增长已成不争事实。虽然难以获取全口径的统计数据，但仍可从个案样本上估算其规模、结构及其增长情况。仅就纳入预算管理的全国地方非税收入[②]而言，2007年为4320.5亿元，占地方一般预算收入比重的18.3%。而在2003年，这一数据分别是1572.2亿元和16%，年均增长28.8%。根据辽宁省近年来的统计分析，一般预算非税收入约占全口径非税收入总量的20%～25%[③]。如果按20%的比例推算，2007年全国地方政府非税收入规模超过2万亿，约相当于2.4万亿元的地方一般预算收入。可以说，非税收入占据了地方财政收入的"半壁江山"，与税收收入呈"并驾齐驱"的态势，成为拉动地方财政收入快速增长的重要引擎。

　　按照财政部2004年界定的非税收入范围，行政事业性收费、政府性基金和罚没收入等，构成了地方政府非税收入的主要项目。2006年，

---

① 本文刊发于《瞭望新闻周刊》2009年11期。
② 包括国有资本经营收入、国有资源和资产有偿使用收入、行政性收费收入、罚没收入、专项收入、其他收入，简称一般预算非税收入。
③ 谢旭人主编：《中国财政与改革开放三十年》，经济科学出版社2008年版，第837页。

吉林、河北、陕西等省三项之和占到了非税收入总额的 80% 以上①。辽宁的相关数据显示，1999 年非税收入占 GDP 的比重为 4.5%，到 2007 年则提升至 10.2%，年均提高 0.7 个百分点。而同期的地方税收收入占 GDP 的比重，则由 5.9% 提升至 7.4%，年均提高 0.2 个百分点。1999 ~ 2007 年，非税收入年均增长 25%，而税收收入和 GDP 年均增长 16.1% 和 12.9%②。

国际上，联邦或中央政府非税收入一般占本级财政收入的比重在 10% 以下，州或省级政府这一比重为 20% 左右，州或省以下地方政府则为 30% 左右。在我国，目前一般预算非税收入占一般预算的比重，中央级约为 10% 以下，省级为 20% 左右，市县级 30% 上下，有的甚至高达 50% 以上。

长期以来，非税收入在增强地方财政实力、缓解财政压力、加强宏观调控、促进社会公共事业发展、维护社会运转等方面发挥着积极的作用。在肯定非税收入历史功绩的同时，也需理性分析其高速增长的"异变"过程，特别是地方非税收入规模不断膨胀的问题已经开始显现。

——地方政府非税收入非理性增长，反映出政府职能的错位。市场经济条件下，政府作用领域和范畴，重在弥补市场失灵和缺陷。而受长期计划经济思想的影响，地方政府和部门依然沿袭传统思维模式，直接参与微观经济活动甚至是项目建设，造成政府投资增长迅猛。当预算内财力无法满足需要时，非税收入就成为地方政府维持再投资、再生产的重要财源。所以，适应市场化的改革取向，按照"有所为，有所不为"的原则，加速从全能型政府向服务型政府的转变，加速从生产建设型财政向公共财政的转变，是有效抑制地方政府非税收入非理性增长的治本之策。

——地方政府非税收入非理性增长，反映出政府间财政关系的扭曲。地方非税收入作为一个历史范畴，兴起于改革开放初期，1994 年

① 财政部科研所：《研究报告》（第 95 期），第 13 页。
② 谢旭人主编：《中国财政与改革开放三十年》，经济科学出版社 2008 年版，第 838 页。

分税制财政体制改革之后又步入了"繁荣"阶段。这种"繁荣"不排除管理规范的因素,同时现行财政体制"基数+增长"的运行机制,更不容忽视。一方面,更下一级地方政府年复一年地为完成收入"基数"而战,不遗余力地为分享"增长"财力而努力(从中分享微不足道的增量财力);另一方面,受经济"增长"有限性的约束,于是非税收入就成为地方政府完成上年财政"基数"的砝码(否则就要扣减上年财力),这样不断累加,客观上"虚高"了地方财政收入。近些年来,地方财政收入以20%以上的速度增长,而基层政府并未感受到这种增长的"快乐"。所以,改进和完善政府间财政关系,适度调整中央财政集中度,基本满足基层政府行使职权、履行职责的财力基础,是有效抑制地方政府非税收入非理性增长的重要改革取向。

——地方政府非税收入非理性增长,反映出政府财政权的分散。古今中外,财政就是政府的财政。政府与财政的这一"天然"联系,决定了二者职能的同质性。而现行的非税收入体制,沿袭着"谁收费、谁使用"的模式,收费主体支配收费资金,即收支挂钩。近些年,地方政府加大了非税收入的调控力度,但"来五去五"的分配格局尚未根本改观。过多政府部门以"人格化"形式,纷纷参与国民收入的初次分配和二次分配,肢解了政府财政权的完整性。其后果,一是弱化了政府宏观调控能力,造成了公共产品和服务供给的不充足;二是出现了大量的"收费、养人、养机构"的模式,加重了社会经济负担,浪费了财政资源。所以,彻底解决"财权部门化、部门利益化、利益法制化"等问题,是有效抑制地方政府非税收入非理性增长的重要改革内容。

总之,保持适度的地方政府非税收入规模,符合社会主义初级阶段的中国国情,有利于调动多方面积极性,实现基本公共服务多元提供形式。同样,地方非税收入的整治,也是一个长期过程,需要统筹兼顾、分步实施、有效推进。当前,保增长、扩内需、调结构成为压倒一切的中心任务。各级、各部门要树立全国"一盘棋"思想,克服部门利益倾向,切实发挥好地方非税收入宏观调控作用,努力化解结构性减税造成的财力短缺问题。

辽宁 GDP、固定资产投资适度规模估量[①]

——以 2015 年财政收入数值为分析基础

合理划分政府与市场边界、充分发挥政府和市场两个积极性，是现阶段改革的重点。在人口、自然资源环境等要素的约束下，淡化规模和速度情结、追求效益也是现阶段改革的重点。辽宁自 2014 年以来，积极优化财政收入结构，提高财政收入数据真实性，已经迈出了改革的第一步。接下来，应进一步对地区生产总值（以下简称 GDP）和全社会固定资产投资（以下简称固投）进行改革，这不仅有利于客观评价辽宁现行的经济发展状况，更有利于科学规划未来的经济发展。基于这一改革背景和理念，本研究尝试估计 GDP 和固投这两个指标的适度规模。

一、分析研究框架的基本思路

本研究对适度规模的估计，总体上是基于固定资产投资影响 GDP，GDP 影响财政收入等宏观经济学一般性结论。

（一）固投影响一个地区（国家）的 GDP

GDP 是一个地区（国家）某一时期生产的最终产品和服务的市场

---

① 本文完成于 2017 年 1 月，合作者郭艳娇。

价值之和，也称产出水平。一个地区（国家）的 GDP 是由劳动力、自然资源、资本等要素数量和质量决定。在要素数量一定的情况下，要素的使用效率是决定一个地区（国家）产出水平的重要因素，包括要素质量和要素的组合使用，后者一般被称作全要素生产率（TFP）。从要素类别上看，资本作为人造资源，一个地区（国家）可以改变其数量。如果一个地区（国家）今天生产更多的资本品，明天这个地区（国家）就会拥有更多资本存量，进而可以生产更多产品。因此，提高一个地区（国家）生产率的办法之一就是今天将更多资源投资在资本品的生产上，即提高全社会固定资产投资会影响一个地区（国家）的 GDP。

全社会固定资产投资的提高可以依赖市场，例如，20 世纪 60～70年代，美国社会高度兴盛，各种技术创新不断涌现，私人投资也相当活跃。政府也可以提高本地区（国家）的全社会固定资产投资，例如降低投资的融资成本、吸引外资等，当然政府也可以直接进行投资活动，例如基础设施建设方面的投资。

（二）一个地区（国家）GDP 影响财政收入

一个地区（国家）从事生产的终极目的是为了民众的消费，消费物品分为公共物品和私人物品，其中公共物品一般由政府提供，私人物品一般由市场提供。所以政府因提供公共产品和服务而必须存在。如果将企业和家庭统一看作社会（市场）主体，一个地区（国家）的产出最终会分配给两个主体：政府和社会。政府收入以财政收入为主（下文以财政收入替代政府收入），不必然来自一个地区当年的产出，例如财产税的税基来自已有产出，当年税收收入也可能是社会主体用流动资产进行支付。当年产出也不必然产生当年财政收入，例如存货会计入当年GDP，但不会产生当年财政收入。但是，财政收入归根结底是社会产出的一部分，无论是现在还是过去，一个地区（国家）GDP 都会影响财政收入。

（三）GDP、固投的适度规模估量设计

由于边际效益递减定理，全社会固定资产投资不是越高越好，需要与该地区的人力、自然资源等要素相匹配，进而一个地区的 GDP 在某种程度上也不是越高越好，需要淡化规模和速度情结、追求效益理念。同样，财政收入作为政府介入经济活动的结果，也不是越高越好，也要追求效益。

如何来衡量这个效益呢？效益就意味着不能单独考虑一个变量，本研究借鉴财会理论的比率分析理念，结合辽宁实际设计两个比率：

比率 A $= \dfrac{\text{GDP}}{\text{财政收入}}$，表示一个地区（国家）一单位财政收入需要的 GDP 数量。对于两个具有相同 GDP 的地区而言，该指标越小，则说明该地区募集财政收入能力越强。

比率 B $= \dfrac{\text{全社会固定资产投资}}{\text{财政收入}}$，表示一个地区（国家）一单位财政收入需要的全社会固定资产投资数量。对于两个具有相同固投规模的地区而言，该指标越小，则说明该地区固投财政贡献能力越好。

比率分析可以采用比较法，例如纵向比较，即与自己的历史进行比较；或横向比较，即与其他地区（国家）进行比较。也可以设定参考值进行比较。考虑到中国是单一制国家，各省经济表现受到中央政府的考核和监督，各省之间存在激烈的竞争关系，本研究采用横向比较分析方法。

二、效益比率的量化测算及分析

地方财政收入包括两部分：一般公共预算收入和政府基金收入。本报告将一般公共预算收入作为分母设置为方案 I，将二者之和作为分母设置为方案 II。样本数据选择 2015 年，既考虑时效性，又考虑数据可得性。数据来源于 2016 年《中国统计年鉴》等。测算

结果见表 1。

从比率 A 看（见表 1 和图 1），GDP 效益最高的为上海、北京、海南，最低的为河南、黑龙江、吉林和辽宁。排名前 10 位的，除了上海、北京、天津和重庆之外，基本是海南、新疆、西藏和云南，这些地区的统一特点是 GDP 考核弱于其他地区。排名后 10 位的省份，例如河南、山东、河北等省份，通常 GDP 考核较严，而经济发展动力相对不足。经济发展较好的省份，如广东（排名 12）、江苏（排名 14 和 9）、浙江（排名 16 和 13）等均排在中间位置。辽宁 GDP 效益排名位于 31 和 30，不仅低于全国水平，更落后于东部发达省份。未来辽宁的经济发展，应追求效益为先，而后再追求规模，逐步接近东部发达省份。

表 1   2015 年各省（区、市）GDP、固投的效益比率分析

比率 A = GDP/财政收入						比率 B = 固定资产投资/财政收入					
地区	方案 I	排名	地区	方案 II	排名	地区	方案 I	排名	地区	方案 II	排名
全国	8.3	—	全国	5.7	—	全国	6.7	—	全国	4.6	—
上海	4.6	1	上海	3.2	1	上海	1.2	1	上海	0.8	1
北京	4.9	2	北京	3.4	2	北京	1.6	2	北京	1.1	2
海南	5.9	3	海南	3.9	3	广东	3.2	3	广东	2.3	3
天津	6.2	4	重庆	4.1	4	天津	4.4	4	天津	3.5	4
贵州	7.0	5	贵州	4.9	5	海南	5.5	5	海南	3.6	5
新疆	7.0	6	天津	4.9	6	浙江	5.7	6	江苏	3.7	6
重庆	7.3	7	江西	5.1	7	江苏	5.8	7	浙江	3.7	7
西藏	7.5	8	安徽	5.3	8	重庆	6.7	8	重庆	3.8	8
云南	7.5	9	江苏	5.5	9	内蒙古	7.0	9	四川	5.0	9
江西	7.7	10	宁夏	5.6	10	贵州	7.3	10	贵州	5.1	10
山西	7.8	11	新疆	5.6	11	云南	7.5	11	江西	5.3	11

比率 A = GDP/财政收入						比率 B = 固定资产投资/财政收入					
地区	方案 I	排名	地区	方案 II	排名	地区	方案 I	排名	地区	方案 II	排名
广东	7.8	12	广东	5.6	12	四川	7.6	12	福建	5.5	12
宁夏	7.8	13	浙江	5.8	13	江西	8.0	13	山东	5.7	13
江苏	8.7	14	西藏	5.8	14	新疆	8.1	14	湖北	5.7	14
陕西	8.7	15	四川	5.9	15	福建	8.4	15	安徽	5.8	15
浙江	8.9	16	山西	5.9	16	辽宁	8.4	16	辽宁	5.9	16
安徽	9.0	17	云南	6.2	17	山西	8.6	17	云南	6.1	17
四川	9.0	18	甘肃	6.2	18	山东	8.7	18	内蒙古	6.2	18
青海	9.1	19	陕西	6.3	19	黑龙江	8.7	19	陕西	6.5	19
内蒙古	9.1	20	湖北	6.3	20	湖北	8.8	20	山西	6.5	20
甘肃	9.1	21	福建	6.7	21	陕西	9.0	21	新疆	6.5	21
湖北	9.8	22	青海	7.0	22	宁夏	9.4	22	宁夏	6.7	22
福建	10.2	23	山东	7.4	23	西藏	9.5	23	湖南	6.8	23
广西	11.1	24	河北	7.4	24	安徽	9.9	24	黑龙江	6.9	24
河北	11.3	25	广西	7.6	25	湖南	10.0	25	河北	7.3	25
山东	11.4	26	湖南	7.8	26	吉林	10.3	26	广西	7.3	26
吉林	11.4	27	内蒙古	8.1	27	广西	10.7	27	西藏	7.4	27
湖南	11.5	28	河南	8.3	28	河北	11.1	28	吉林	8.0	28
河南	12.3	29	吉林	8.8	29	甘肃	11.8	29	甘肃	8.0	29
黑龙江	12.9	30	辽宁	9.4	30	河南	11.8	30	河南	8.0	30
辽宁	13.5	31	黑龙江	10.3	31	青海	12.0	31	青海	9.3	31

说明：方案 I 中，分母的财政收入取值于一般公共预算收入；方案 II 中，分母的财政收入取值于一般公共预算收入与地方政府基金收入之和。

从比率 B 看（见表 1 和图 2），固投效益最高为上海、北京和广东，最低为甘肃、河南和青海。与比率 A 不同，位于前十位的，除了四个直辖市之外，其余多为东部发达省份，例如广东（位于第 3 位）、江苏

（位于第7位和第6位）、浙江（位于第6位和第7位）。辽宁固投效益略优于GDP，居第16位，低于全国水平（6.7和4.6），与东部发达省份差距较大，存在提高效率空间。

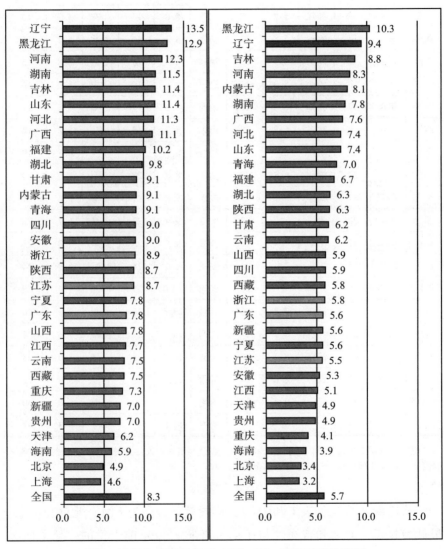

图1　2015年全国及各省（区、市）GDP效益比率图

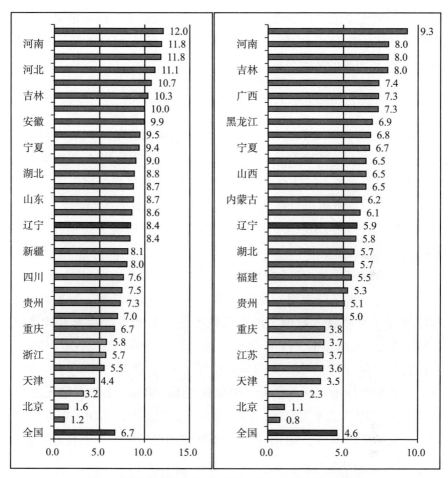

图 2　2015 年全国及各省（区、市）固投效益比率图

三、辽宁 GDP、固定资产投资适度规模评价与估计

2014 年以来，辽宁加大力度提高财税数据真实性，优化收入结构，税收收入占一般公共预算收入的比重 2016 年 1 ~ 11 月为 77.7%，位于全国第 7 位，高于全国平均水平（75.2%），前 6 位分别为上海（88.4%）、北京（86.9%）、浙江（85.6%）、江苏（83.9%）、广东（79.1%）和海南（78.7%）。因此，本研究以财政收入为既定值，运

用表 1 中的比率值求出对应方案下 GDP 和固投数值，结合前文效益比率分析，评价 2015 年辽宁 GDP 和固投水平，并测算 2016 年、2017 年辽宁 GDP 和固投的适度规模。

（一）2015 年辽宁 GDP 和固投水平评价

2015 年辽宁 GDP 和固投水平评价的思路是：首先以 2015 年辽宁一般公共预算收入（2127 亿元）为分母，运用表 1 中比率 A 和比率 B 的方案 I 数值，求出不同效益水平下对应的 GDP 数值和固投数值（见表 2）。然后对这些数值进行描述性分类统计分析（见表 3 至表 6），综合分析比较可以得到 GDP 和固投的适度规模。最后对适度规模和辽宁实际数值进行比较分析。

1. 2015 年辽宁 GDP 水平评价

表 2 的测算结果表明，两种方案下的估计结果具有一致性。对应 2015 年辽宁财政收入数值，用全国效益比率来衡量，所需 GDP 约为 1.7 万亿元。上海最低，所需 GDP 仅为 0.97 万亿元左右。描述性统计分析表明，31 个省份中，大部分省份所需 GDP 落入 ［15000，20000］区间，平均值约为 1.9 万亿元，中位数在 1.7 万亿 ~ 1.9 万亿元之间。辽宁实际 GDP 为 2.9 万亿元，高于全国效益比率所需 GDP1.2 万亿元，效益损失率高达 41%，比 31 个省份平均值和中位数多 1 万亿左右，效益损失率约为 34%。

2. 2015 年辽宁固投水平评价

表 2 中，两种方案下的结果也比较接近，方案 II 表现出更大的标准误差，但分布较为集中。对应 2015 年辽宁财政收入数值，用全国效益比率来衡量，所需固投约为 1.4 万亿元。上海最低，所需固投仅为 0.24 万亿元左右。描述性统计分析表明，31 个省份中，大部分省份所需固投落入 ［10000，20000］区间，平均值约为 1.7 万亿元。辽宁实际固投为 1.8 万亿元，高于全国数值 0.4 万亿元，效益损失率为 22%，明显低于东部发达省份。

表2　　　　　　　　**不同效益比率下的地区 GDP 和固投**　　　　单位：亿元

地区生产总值				全社会固定资产投资			
地区	方案 I	地区	方案 II	地区	方案 I	地区	方案 II
全国	17662	全国	17255	全国	14263	全国	13934
上海	9682	上海	9737	上海	2448	上海	2462
北京	10362	北京	10345	北京	3375	北京	3369
海南	12541	海南	11829	广东	6892	广东	7128
天津	13190	重庆	12491	天津	9436	天津	10571
贵州	14863	贵州	14723	海南	11689	海南	11026
新疆	14901	天津	14776	浙江	12082	江苏	11098
重庆	15513	江西	15404	江苏	12251	浙江	11229
西藏	15935	安徽	15978	重庆	14167	重庆	11407
云南	16022	江苏	16826	内蒙古	14847	四川	15149
江西	16423	宁夏	16962	贵州	15490	贵州	15344
山西	16537	新疆	17008	云南	15883	江西	16016
广东	16537	广东	17104	四川	16212	福建	16797
宁夏	16560	浙江	17625	江西	17075	山东	17232
江苏	18575	西藏	17699	新疆	17280	湖北	17301
陕西	18608	四川	17836	福建	17810	安徽	17706
浙江	18965	山西	17888	辽宁	17918	辽宁	17918
安徽	19073	云南	18703	山西	18231	云南	18540
四川	19087	甘肃	18803	山东	18586	内蒙古	18792
青海	19255	陕西	19105	黑龙江	18591	陕西	19699
内蒙古	19321	湖北	19246	湖北	18802	山西	19721
甘肃	19413	福建	20486	陕西	19187	新疆	19722
湖北	20916	青海	21202	宁夏	19936	宁夏	20420
福建	21721	山东	22472	西藏	20116	湖南	20627
广西	23591	河北	22475	安徽	21137	黑龙江	21010
河北	23942	广西	23065	湖南	21173	河北	22205

续表

地区生产总值				全社会固定资产投资			
地区	方案 I	地区	方案 II	地区	方案 I	地区	方案 II
山东	24237	湖南	23804	吉林	21989	广西	22276
吉林	24339	内蒙古	24455	广西	22783	西藏	22343
湖南	24434	河南	25231	河北	23654	吉林	24161
河南	26147	吉林	26743	甘肃	25027	甘肃	24242
黑龙江	27539	辽宁	28669	河南	25199	河南	24316
辽宁	28669	黑龙江	31121	青海	25577	青海	28162

（二）2016～2017年辽宁GDP和固投适度规模测算

根据前文分析，辽宁GDP现行的效益比率排名靠后，建议在经济实际运行基础上，以全国31个省份的3/4位数和平均数（见表3至表6）为参考目标区间。2016年辽宁一般公共预算收入为2199亿元，增长率为3.4%，则根据参考目标区间测算，GDP适度规模区间为［1.96，2.39］万亿元，简单算术平均数为2.18万亿元。2017年辽宁一般公共预算收入预计增长5%，绝对数为2309亿元，则根据参考目标区间测算，GDP适度规模区间为［2.06，2.50］万亿元，简单算术平均数为2.28万亿元。测算结果见表7。

表3　　　　　　　**方案 I 下地区生产总值的描述性统计分析**　　　金额单位：亿元

分组	平均值	中位数	最大值	最小值	3/4位数	1/4位数	标准误	观察值
［5000，10000）	9682	9682	9682	9682	—	—	—	1
［10000，15000）	13171	13190	14901	10362	14873	11996	1880	5
［15000，20000）	17722	18575	19413	15513	19084	16452	1496	15
［20000，25000）	23311	23942	24434	20916	24314	22189	1409	7
［25000，30000）	27452	27539	28669	26147	28387	26495	1263	3
总样本	18932	18965	28669	9682	23124	15957	4782	31

表 4　　　　　　　　　方案 II 下地区生产总值的描述性统计分析　　　　金额单位：亿元

分组	平均值	中位数	最大值	最小值	3/4 位数	1/4 位数	标准误	观察值
[5000, 10000)	9737	9737	9737	9737				1
[10000, 15000)	12833	12491	14776	10345	14736	11458	1915	5
[15000, 20000)	17585	17662	19246	15404	18703	16962	1138	14
[20000, 25000)	22566	22475	24455	20486	23619	21520	1388	7
[25000, 30000)	26881	26743	28669	25231	28188	25609	1723	3
[30000, 35000)	31121	31121	31121	31121				1
总样本	19026	17888	31121	9737	22474	16190	5083	31

表 5　　　　　　　　　　　方案 I 下固投的描述性统计分析　　　　金额单位：亿元

分组	平均值	中位数	最大值	最小值	1/4 位数	标准误	观察值
[0, 5000)	2912	2912	3375	2448	2448	655	2
[5000, 10000)	8164	8164	9436	6892	6892	1799	2
[10000, 15000)	13007	12251	14847	11689	11984	1405	5
[15000, 20000)	17769	17918	19936	15490	16859	1331	13
[20000, 25000)	21809	21581	23654	20116	21137	1273	6
[25000, 30000)	25268	25199	25577	25027	25070	281	3
总样本	16930	17918	25577	2448	14337	5846	31

表 6　　　　　　　　　　　方案 II 下固投的描述性统计分析　　　　金额单位：亿元

分组	平均值	中位数	最大值	最小值	1/4 位数	标准误	观察值
[0, 10000)	4320	3369	7128	2462	2689	2474	3
[10000, 20000)	15848	17015	19722	10571	11407	3333	18
[20000, 30000)	22976	22310	28162	20420	21010	2336	10
总样本	17032	17918	28162	2462	12343	6093	31

表7　　　　　　　　**2016～2017年辽宁GDP适度规模测算**

		2016年	2017年
一般公共预算收入（亿元）		2199	2309
GDP适度规模（万亿元）	区间	[1.96, 2.39]	[2.06, 2.50]
	平均值	2.18	2.28

辽宁全社会固定资产投资效益，从2015年开始在逐步提升，建议今后在经济实际运行基础上，力争达到东部发达省份的效益比率。对应于2016～2017年一般公共预算收入水平，以广东和天津效益比率测算，2016年全社会固定资产投资的适度规模为[0.71, 0.97]万亿元，简单算术平均数为0.84万亿元。2017年所需全社会固定资产投资[0.75, 1.02]万亿元，简单算术平均数为0.89万亿元。测算结果见表8。

表8　　　　　　　　**2016～2017年辽宁固投适度规模测算**

		2016年	2017年
一般公共预算收入（亿元）		2199	2309
固投适度规模（万亿元）	区间	[0.71, 0.97]	[0.75, 1.02]
	平均值	0.84	0.89

四、结语

2015年的数据分析表明（含比率分析和评价分析），辽宁GDP效益较低，不仅低于全国水平，也远远低于31个省份的平均水平。固投虽然有所改善，位于全国第16位，但也低于全国水平，与广东、浙江和江苏差距较大。这与地区的产业结构有关，但也在一定程度上反映了辽宁固投生成财政收入能力较低。

2016 年辽宁经济发展，从测算结果看，与实际数据比较接近，表明辽宁过去的一年致力于提质增效，有效降低了 GDP 和固投的效益损失率，全社会固定资产投资财政贡献能力甚至有望位居全国前 5 名。给定经济稳中向好，2017 年辽宁 GDP 和全社会固定资产投资有望实现正的增长率。

"十三五"时期东北老工业基地
潜在经济风险及应对策略[①]

　　2014 年以来东北老工业基地的经济增长出现实质性下降，出现了"新东北现象"。种种迹象表明，"十三五"时期宏观经济风险、微观经济风险和不能通过经济增长解决的其他经济风险将逐渐积累并显现，势必会影响东北老工业基地的可持续发展和新一轮振兴。本文以经济形势严峻的东北老工业基地为切入点，基于 AHP – SWOT 分析方法分析了该地区"十三五"时期风险化解机制，确定其所处的战略地位为扭转型战略，即充分抓住自身的机遇因素是应对各类经济风险的主要策略。具体而言，政府应首推自我改革、推进国企改革、淘汰落后和过剩产能、以国家战略和区域战略为引擎谋划经济发展、调整优化经济结构和构建经济风险预警机制和防范机制。

　　近些年来受"三期叠加"等因素的影响，中国经济逐渐步入了新常态。辽宁、吉林、黑龙江等老工业基地省份，自 2013 年以来各项主要经济指标持续低迷。三省地区生产总值增速，2014 年位居全国倒数第三、倒数第四和倒数第二。2015 年位居全国倒数第一、倒数第三和倒数第四，排名仍在全国倒数 5 名之内，等等。所有这些都表明，东北老工业基地出现了"新东北现象"。随着经济增速的下滑，东北三省潜在的各类经济风险开始显现，寄希望通过一定的发展速度来化解体制转换和结构

　　① 本文完成于 2015 年 12 月，为辽宁省委、省政府决策咨询委员会咨询研究课题（lzw201509），合作者郭艳娇。

调整的能力也在不断弱化。因此，防范和化解潜在经济风险是东北老工业基地经济可持续发展的前提，也是东北老工业基地再振兴的有力保障。

从现有文献看，虽有分析中国面临哪些经济风险、经济风险特征和经济风险驱动因素等方面的文献，但是从一个地区内外禀赋出发分析经济风险化解的文献很少。本文以亟待新一轮振兴的东北老工业基地为切入点，将 SWOT 战略决策分析方法和层次分析法（The Analytic Hierarchy Process，以下简称 AHP）相结合，从战略高度、综合地分析"十三五"时期东北老工业基地面临的各类经济风险及其化解，并有针对性地提出了机制体制组合建议。

一、"十三五"时期东北老工业基地各类潜在经济风险

根据 2013 年以来东北老工业基地的宏观经济形势，结合现有的资源禀赋、产业结构、科技创新能力等因素，"十三五"时期东北老工业基地可能面临的经济风险有宏观经济风险、微观经济风险和其他风险（见表1）。

表1　　　　"十三五"时期东北老工业基地各类潜在经济风险

风险层次	经济风险	
宏观	经济增速继续下滑风险	
	财政收入趋紧风险	地方债的流动性风险
		地方政府运行和社保等民生支出的可持续性风险
		积极财政政策执行风险
	失业率上升和居民收入水平下降风险	
微观	企业高负债经营模式风险	
	房地产等资产价格风险	
其他	投资驱动型经济增长模式风险	
	产业结构调整风险	
	资源环境风险	
	老工业基地固有的体制机制性风险	

（一）宏观经济风险不容忽视

1. 经济增速继续下滑风险依然存在

总的来看，"十三五"时期经济增速大幅上涨的可能性不大，经济增速继续下滑的风险依然存在。东北老工业基地的产业结构以重化工业为主，工业生产和固定资产投资一直是支撑经济发展的主要动力。以重化工业为主的产业结构，在经济下行的情况下，受到的冲击比轻工业要早而且更加严重。从全国来看，自 2013 年以来，工业增加值和固定资产投资增速开始下滑，东北三省也不例外，而且下滑的速度更快。2014 年辽宁固定资产投资增速开始出现负增长（-1.5%），2015 年 1~3 月工业增加值又出现负增长（-5.5%）。2015 年上半年黑龙江工业增加值也开始出现负增长（-0.8%）。吉林 2015 年规模以上工业增加值为 6054.63 亿元，略低于 2014 年的 6492.93 亿元。工业生产下降明显，固定资产投资规模缩小，对经济发展支撑作用明显减弱，加上产能过剩的影响，未来这一趋势还将继续，甚至会成为东北老工业基地经济下行的主要原因。

从国际形势来看，全球经济复苏仍然疲弱，2015 年辽宁、吉林、黑龙江出口总额同比下降 13.0%、18.7% 和 53.4%。净出口在短期内快速提高、支撑经济增长的可能性不大。居民消费虽然保持平稳运行，但是现有产业结构以重化工业为主，社会消费品生产占比不大。同时，房地产行业和汽车行业处于相对过剩的状态，所以，总的来说，消费对提振东北经济的动力不足。

从供给来看，人口老龄化和人才流失并存，环境承载能力达到上限，科技创新能力不强，再加上东北老工业基地特有的机制体制问题，"十三五"时期的经济增长有可能趋缓，甚至出现负增长，经济下行压力依然存在。

2. 地方政府财政收入趋紧，将引发一系列潜在风险

从财政收入供给角度看，2014 年东北老工业基地的公共财政预算收入增速下降，并显著低于全国水平。2015 年东北三省公共财政预算

收入比上年分别增长 −33.4%、2.2%、−10.4%。① 在宏观经济增长趋势放缓过程中,地方财政收入是比就业更为明显和提早到来的短板和约束。

地方财政收入趋紧甚至负增长将引发一系列经济风险。一是地方政府性债务流动性风险加大。截至 2012 年底,黑龙江有 1 个市级、2 个县级、77 个乡镇政府负有偿还责任债务的债务率高于 100%。辽宁有 5 个市级、11 个县级、32 个乡镇政府债务率超过 100%。而且 2015～2017 年是偿债高峰②,"十三五"期间如果财政收入进一步下滑,地方政府性债务的流动性风险会进一步加大③。二是维护政权运转难度加大。从实地调查情况来看,滞发、欠发公教人员工资现象再次抬头。而且随着地方财政收入能力的降低,可以预见整个"十三五"时期地方县乡政府履行政权运行、保障民生的财力基础的可持续性受到了严重挑战。三是积极财政政策腾挪空间更为狭窄。一方面我国财政政策的边际收益递减,另一方面 2015 年以来财政收入也出现下降,而在财政收入下降的同时,各项财政支出却居高不下,面临新增财力有限与增支因素矛盾叠加、刚性支出只增不减的双重压力,实施积极财政政策的空间将大大缩小。

3. 实际失业率上升,部分群体收入水平下降

从宏观统计数据来看,东北三省就业状况较为稳定,但低于全国水平,目前未出现大幅上升的情况。但由于隐性就业、不同行业失业率不同和统计制度等原因,失业率统计数据与现实情况出现了背离。(1) 调查情况显示,一些经营不景气的国有企业仍在坚持和观望,并没有大量裁员;一些私营企业出于储备人才的考虑,也在利润下降的时候没有及时降薪裁员;一些企业只是减发工资,这导致潜在失业比重上

---

① 数据来源:各省财政厅提供数据。

② 2015～2017 年到期需偿还的债务,辽宁分别占 13.46%、9.73% 和 7.26%,黑龙江省分别占 13.61%、10.06% 和 7.57%。数据来源:辽宁省和黑龙江省审计厅 2014 年 1 月 24 日公告。

③ 吉林省 2014 年 1 月 24 日审计公告中的数据显示,截至 2012 年底该省政府负有偿还责任的债务率为 75.98%,辽宁该指标为 68.78%,黑龙江为 45.86%。由此可以判断,吉林地方政府性债务风险情况至少与辽宁、黑龙江相当。

升。（2）此次经济下行中，工业企业受影响较大，工业企业就业人员数开始下降。例如辽宁2013年工业企业全部从业人员平均人数同比下降9.5%，2014年同比下降0.2%，2015年同比下降9.5%。（3）由于统计制度的原因，有的企业在亏损停产的情况下，已经开始裁员，但是却没有如实上报。失业率统计数据与现实情况已经出现了背离，并影响了一部分人的可支配收入。

（二）以高杠杆和泡沫化为主要特征的微观经济运行风险亟待解决

1. 企业高负债经营模式风险加大

与"十一五"时期相比，"十二五"时期东北老工业基地国有企业的偿债能力进一步恶化。2012年辽宁、吉林、黑龙江全省国有企业资产负债率分别为63.9%、60.1%和64.6%，分别高于国际警戒线3.9个、0.1个和4.6个百分点[1]。2013年国有及国有控股工业企业的资产负债率分别为68.7%、62.61%和57.69%，其中，辽宁和吉林高于国际警戒线8.67个和2.61个百分点，辽宁在全国31个省份中排名第4，仅次于山西、四川和青海。资产负债率居高不下，意味着企业依靠高负债、高杠杆实现大规模扩张。在经济增速放缓与结构调整的双重压力下，这种高负债模式的风险将逐渐暴露，并成为东北三省未来经济金融领域隐藏的高风险之一。

2. 以房地产为主的资产价格风险

房地产经过此前10年的繁荣，房价持续高涨，大量资金流入房地产市场，整个市场被认为呈现出泡沫化迹象，同时在"造城运动"下，部分市县房地产供给量过剩，存在新城风险。一系列"挤泡沫"、让房价合理回归的政策出台，再加上近期宏观经济调整，全国房地产市场均受到不同程度的冲击。东北三省也不例外。辽宁、吉林、黑龙江2014

---

① 《中国国有资产监督管理年鉴》编委会：《2012年中国国有资产监督管理年鉴》，中国经济出版社2013年版，第720页。

年房地产开发投资额、商品房销售面积和商品房销售额均出现了同比大幅下降（见表2），2015年这一下降趋势继续保持，但有所收窄。例如2015年吉林房地产开发投资额同比下降10.3%，商品房销售面积同比下降5.7%。房地产进入深度调整期，将使得过去几年流入的大量高成本资金暴露风险。目前部分地区已经出现小型房企因资金链问题而破产的案例。虽然楼市现在未到"崩盘"时，但防范房地产市场的潜在风险，却是"十三五"时期始终要面临的重要问题。

表2　　　　　　　2014年东北三省房地产开发投资情况

地区	房地产开发投资额		商品房销售面积		商品房销售额	
	绝对值（亿元）	同比增长（%）	绝对值（万平方米）	同比增长（%）	绝对值（亿元）	同比增长（%）
辽宁	5301.3	-17.8	5754.8	-38.1	3092.1	-35.0
吉林	1030.1	-17.7	1581.72	-28.6	808.58	-18.6
黑龙江	1324.1	-17.5	2475.7	-25.9	1208.5	-23.6

资料来源：中华人民共和国国家统计局：《2015中国统计年鉴》，中国统计出版社2015年版，第511页、516页和517页。

（三）不能通过经济增长解决的其他经济风险逐渐积累并显现

东北老工业基地资源型产业和重化工业比重较高，一些体制性、机制性问题尚未根本解决，历史遗留和积累的经济风险更多。

1. 投资驱动型的经济增长模式没有改变，科技创新能力不强

老工业基地振兴以来，投资对经济发展起到了极大的推动作用。但近两年，建设项目的支撑作用有所下降，制造业投资和民间投资降幅较大，投资驱动作用已经有所降低。依靠科技创新驱动的经济发展模式还没有实现很好的转换（见表3）。从投入来看，2014年国家R&D经费支出占全国GDP的比重为2.1%，同年，辽宁、黑龙江该比重分别为1.7%和1.1%，而浙江省这一比重为2.34%。从科研产出来看，东北

三省专利申请量、授权量和技术合同成交金额占全国比重均低于 3.2%，即低于全国平均水平。浙江省 2015 年专利申请量、授权量占全国比重分别为 11.0% 和 13.7%，表明东北三省科技投入水平不高，科技研发支出明显低于先进地区，科研成果在当地的转化率一直偏低，内生增长动力严重不足。

表 3　　　　　　　　　　　东北三省的科学技术投入和产出

项目		2014 年				2015 年		
		全国	辽宁	吉林	黑龙江	全国	辽宁	吉林
R&D 经费支出	绝对值（亿元）	13312	497	—	170	14220	459.1	—
	占 GDP 比重（%）	2.1	1.7	—	1.1	2.1	1.6	—
专利申请量	绝对值（万件）	236.1	3.8	1.2	3.2	279.9	4.2	1.5
	占全国比重（%）	100	1.6	0.5	1.4	100	1.5	0.5
专利授权量	绝对值（万件）	130.3	2	0.7	1.5	171.8	2.5	0.9
	占全国比重（%）	100	1.5	0.5	1.2	100	1.5	0.5
技术合同成交金额	绝对值（亿元）	8577	250.9	28.2	121.2	9835	292	26.5
	占全国比重（%）	100	2.9	0.3	1.4	100	3	0.3

资料来源：国家统计局：《2014 年国民经济和社会发展统计公报》，2015 年 2 月 26 日，http：//www.stats.gov.cn/tjsj/zxfb/201502/t20150226_685799.html，2015 年 10 月 27 日；国家统计局：《2015 年国民经济和社会发展统计公报》，2015 年 2 月 27 日，http：//www.ln.gov.cn/zfxx/tjgb2/ln/201502/t20150228_1595506.html，2016 年 5 月 6 日；辽宁省统计局：《2014 年辽宁省国民经济和社会发展统计公报》，2015 年 2 月 27 日，http：//www.ln.gov.cn/zfxx/tjgb2/ln/201502/t20150228_1595506.html，2016 年 5 月 6 日；辽宁省统计局：《2015 年辽宁省国民经济和社会发展统计公报》，2016 年 2 月 25 日，http：//www.ln.gov.cn/zfxx/tjgb2/ln/201603/t20160316_2091290.html，2016 年 5 月 6 日；吉林省统计局：《2014 年吉林省国民经济和社会发展统计公报》，2015 年 3 月 20 日，http：//www.jl.gov.cn/sj/sjcx/ndcx/tjgb/201503/P020150324443930539131.pdf，2015 年 10 月 27 日；人民网：《2015 年吉林省国民经济和社会发展统计公报》，2016 年 3 月 19 日，http：//jl.people.com.cn/n2/2016/0319/c351793-27968547.html，2016 年 5 月 6 日；黑龙江省统计局：《2014 年黑龙江省国民经济和社会发展统计公报》，2015 年 8 月 13 日，http：//www.hlj.stats.gov.cn/tjgb/shgb/201508/t20150813_32502.htm，2015 年 10 月 27 日。

2. 产业结构调整任务繁重

从三大产业比重来看，东北三省第二产业占比最大，从 2009 年到

2014年三省平均为50.0%，第三产业次之，占比平均为38.1%，第一产业占比平均为11.9%。从全国的产业结构来看，2014年我国工业占GDP比重降至36%，第三产业的比重升至48.1%，预计这一比例在"十二五"后期和"十三五"时期会继续稳步提高。与之相对应，东北三省"十三五"时期面临三大产业结构调整，不能再唱"工业一柱擎天"。在第二产业中，传统产业和产品仍占大头，"原"字号、"初"字号产品居多，一些本该淘汰、限制和转型的落后产能，例如钢铁、水泥、造船等投资规模不降反升①。"十三五"时期，东北三省还面临第二产业内部的产业结构转型升级调整。

3. 资源环境约束加剧，亟须加强生态文明建设

根据《2005年中国工业发展报告》中的行业能源消耗排序来看，黑色金融冶炼及压延加工业能耗排第二位，化学原料及化学制品制造业能耗排第六位，电力、热力的生产和供应业能耗排第七位，石油加工、炼焦及核燃料加工业能耗排第九位，这些行业均属于高耗能行业。近些年上述行业工业增加值占比和排序出现不同程度的下降，但是，黑色金融冶炼及压延加工业占比依然排在辽宁首位，石油加工、炼焦及核燃料加工业也只是略有下降，化学原料及化学制品制造业依然位于东北三省工业销售产值占比的前十位。与此同时，虽然近些年来东北三省加大力度节能减排，并且取得了一定的成效，但是节能减排和三废治理依然任重而道远②。

4. 老工业基地固有的体制性、机制性风险

"新东北现象"表面看是外部需求不足，投资拉动减弱所致，实质是没有根本解决的体制性、机制性矛盾的集中爆发③。作为最早进入又最晚退出计划经济的东北地区，和我国东部许多地区相比，在市场化程

---

①③ 何平、刘思扬、赵承、徐扬：《事关全局的决胜之战——新常态下"新东北现象"调查》，载于《人民日报》2015年2月16日第9版。

② 整理比较2000～2014年《辽宁统计年鉴》的数据可知，辽宁工业废水和烟粉尘排放量总体呈现出下降趋势。SO_2在2004年之前，排放量控制得很好，从2005年开始，又开始在比较高的排放水平下徘徊。工业废气和工业固体废弃物仅从2012～2013年开始好转。

度上还存在不小的差距，此外，三省的民营经济发展落后，尽管近年来三省民营经济发展迅速，但是和东南沿海地区相比差距仍很大。三省中辽宁民营经济占 GDP 比重最高，为 67%，黑龙江次之，为 52.3%，吉林为 51.1%①。地方经济仍严重依赖个别国有大型企业，例如大庆油田从 2014 年开始，每年减产 150 万吨原油，黑龙江将因此减少 60 亿元税收，占 2014 年全省财政收入的 5%②。

国有经济比重过大，市场不活，不少地方的经济是强势政府和弱势企业的结合，政府和市场界限不清，政府插手具体经济事务过多，这是东北经济面临的根本问题。再加上，东北振兴第一个十年，总体上靠投资拉动扩大总量的"加法"做得多，并在一定程度上导致了开发区过剩、产业趋同、恶性竞争等问题，而淘汰落后产能的"减法"、创新驱动的"乘法"、简政放权提高市场效率的"除法"，这些能够提升经济"含量"的工作做得少，经济发展缺乏动力和后劲。"十三五"时期，东北经济机制、体制问题再不转、不调，就是生存与死亡的问题。

二、基于 AHP—SWOT 方法的经济风险化解机制体制分析

SWOT 方法作为一种战略决策的分析方法，近年来已在很多方面得到了应用，小到个体微观企业，大到国家发展战略决策等各种层面，SWOT 分析方法均为最终决策提供了有价值的参考。从根本意义上说，SWOT 方法是一个决策过程，通过确定组织内部的优势和劣势、组织外

---

① 辽宁省统计局：《2014 年辽宁省国民经济和社会发展统计公报》，2015 年 2 月 27 日，http://www.ln.gov.cn/zfxx/tjgb2/ln/201502/t20150228_1595506.html，2016 年 5 月 6 日；吉林省统计局：《2014 年吉林省国民经济和社会发展统计公报》，2015 年 3 月 20 日，http://www.jl.gov.cn/sj/sjcx/ndcx/tjgb/201503/P020150324443930539131.pdf，2015 年 10 月 27 日；黑龙江省统计局：《2014 年黑龙江省国民经济和社会发展统计公报》，2015 年 8 月 13 日，http://www.hlj.stats.gov.cn/tjgb/shgb/201508/t20150813_32502.htm，2015 年 10 月 27 日。

② 何平、刘思扬、赵承、徐扬：《事关全局的决胜之战——新常态下"新东北现象"调查》，载于《人民日报》2015 年 2 月 16 日第 9 版。

部存在的发展机会和威胁来进行战略规划。虽然 SWOT 方法可以进行因素识别、分类，并能够系统地鉴别各个元素之间的关系，但是它无法衡量和评定这些因素的重要程度，只是定性分析。AHP 是定量分析与定性分析结合的典范，整个过程体现了人在决策思维活动中分析、判断、综合等基本特征。将层级分析法（AHP）与 SWOT 方法相结合，能较好地克服 SWOT 方法的缺点。

AHP—SWOT 分析的具体步骤如下：一是识别"十三五"时期化解经济风险的优势（S）、劣势（W）、机会（O）和威胁（T）各要素；二是运用 AHP 方法计算 SWOT 组内要素优先权重和组优先级权重和排序；三是 SWOT 各要素的组合分析；四是战略四边形的构建和战略地位的判定；五是基于 AHP—SWOT 分析结果，提出化解各类经济风险机制、体制组合建议。

（一）"十三五"时期经济风险化解因素识别

结合第一部分的具体分析（见表 1），通过文献检索、专题调研、筛选影响因素、专家评分等步骤，研究提出了"十三五"时期东北老工业基地潜在经济风险的分析框架。在专家评分环节，则体现了以下两项原则，即（1）如果有利于化解东北三省"十三五"时期的经济风险，则评分取正数，正数意味着该因素为优势或者机会，否则就为负数，负数意味着该因素为劣势或者威胁。评分分数的正负与影响强度无关。（2）强度代表该因素对化解潜在经济风险的影响程度。评分分数绝对值见表 4，临界值 1 表示微弱，2 表示较弱，以此类推。评分分数可以取小数。通过对专家评分表进行统计分析，根据获得的定性和定量结果识别出 SWOT 各要素。

表 4   影响强度评分标准

强度指标	微弱	较弱	中等	较强	极强
分数绝对值	(0, 1]	(1, 2]	(2, 3]	(3, 4]	(4, 5]

（二）基于 AHP 方法计算组内、组要素优先级权重

将识别出的 SWOT 各要素，根据专家打分情况，建立成对比较矩阵，然后运用最大特征根法对各个 SWOT 组进行层次单排序，运用特征值法计算这些要素的优先权数（见表 5）。各组分值的计算公式为：

$$各组分值 = \sum_{i}^{n} 第 i 个组内要素分值 \times 第 i 个组内要素优先权重 \quad (1)$$

表 5　　　　　　　　SWOT 各组组内因素及其影响力

SWOT 组	SWOT 因素	组内要素优先权重	组内排序	SWOT 组	SWOT 因素	组内要素优先权重	组内排序
优势（S）	物质资本	0.288	1	机遇（O）	政府改革	0.131	1
	区位、自然资源与环境	0.264	2		老工业基地再振兴战略	0.122	2
	储蓄	0.215	3		国家治理创新	0.102	3
	消费能力	0.113	4		沿海沿边经济带	0.102	4
	政府投资	0.107	5		国家发展目标	0.095	5
	私人投资	0.013	6		国企改革	0.083	6
劣势（W）	政府行为	0.150	1		国家实施京津冀战略	0.078	7
	文化传统和思想观念	0.133	2		国家实施"一带一路"重大发展战略	0.076	8
	所有制结构	0.127	3		利率市场化等金融领域改革	0.074	9
	市场化程度	0.127	4		省内经济开发区	0.066	10
	人口	0.094	5		国内宏观经济展望	0.050	11
	产业结构	0.094	6		政府投融资体制改革	0.020	12
	创新的环境	0.092	7	威胁（T）	国际经济周期	0.524	1
	产品结构	0.082	8		地缘政治	0.296	2
	经济结构	0.067	9		财税改革	0.180	3
	研发产出水平	0.022	10				
	研发投入水平	0.013	11				

运用各组分值，组成新的组间比较判断矩阵，得出组优先级权重和组间排序（见表6）。

表6 组间成对比较矩阵

组间要素	S	W	O	T	组优先级权重	排序
	2.18	2.62	1.90	1.56		
优势（S）	1.00	0.83	1.15	1.40	0.264	2
劣势（W）	1.20	1.00	1.38	1.68	0.317	1
机遇（O）	0.87	0.73	1.00	1.22	0.230	3
威胁（T）	0.72	0.60	0.82	1.00	0.189	4

（三）AHP—SWOT 实证结果的组合分析

从最终的组间分析结果来看，影响东北三省"十三五"时期各类经济风险的优势、劣势、机遇和威胁四个因素中，按影响程度排序是：劣势＞优势＞机遇＞威胁。分组分析如下：

第一，从化解经济风险的角度看，东北三省自身的劣势比较显著，其中又以政府行为、文化传统和思想观念、市场化程度和所有制结构为主要影响。人口因素、产业结构、创新能力等因素也比较突出。

第二，优势因素位于第二位，与全国平均值相比，东北三省的物质资本、区位、自然资源与环境条件和储蓄等因素还是具有一定的比较优势。优势因素中，政府投资的影响力趋于下降。老工业基地振兴以来，投资对于经济发展起到了极大的推动作用，但近两年，受多种因素影响，这种推动作用已经有所降低。综合政府投资挤出效应和乘数效应的分析，政府投资对化解"十三五"时期经济风险的优势不大。

社会消费涉及两方面，一是消费水平，二是消费空间。东北三省的社会消费目前依然保持平稳。但是社会消费主要针对消费品，即轻工业品，由于三省产业结构以重化工业为主，居民消费水平增加对拉动经济复苏影响不大。

私人投资的影响需要考虑成本和预期收益两个方面。在全国 PPI 持续走低、实体经济实际利率走高的情况下，私人投资未来不容乐观。而且私人投资也涉及投资领域问题，从现有情况来看，房地产深度调整，新开工项目不足。已有工业企业生产经营困难多，传统发展动力不足。新兴发展动力短期内无法改变。私人投资的优势几乎可以忽略。

第三，机遇因素排名第三位，其中政府改革、老工业基地再振兴战略、沿海经济带和国家治理创新为主要影响因素，国家发展目标和国企改革次之，这些是未来东北三省化解经济风险的工作重点。

第四，威胁因素的影响是四个因素当中最小的，主要表现为国际经济周期对东北三省的影响。目前，全球经济复苏仍然疲弱，从发达经济体来看，美国复苏较为强劲，欧洲、日本的复苏状况不容乐观。从新兴经济体来看，经合组织预计印度经济增速将达 6.4%，但是巴西和俄罗斯的经济增长相对缓慢，甚至零增长。东北三省经贸对象主要是俄罗斯、蒙古国、日本、韩国、朝鲜等国。这些国家经济形势不容乐观，不利于进出口和吸引外资。

（四）战略四边形构建和战略地位判定

组间优先级权重的值代表了 SWOT 四个方面的因素对"十三五"时期经济风险化解的影响程度，根据表 6 的分析结果，可以构建化解"十三五"时期经济风险的战略四边形，如图 1 所示。根据公式 $P(X, Y) = (\sum X_i/4, \sum Y_i/4)$，可以计算出图 1 战略四边形的战略重心坐标为 $P = (-0.013, 0.010)$，即此战略四边形的重心位于图 1 的第二象限，由此可以将东北老工业基地"十三五"时期化解经济风险的发展战略定位为扭转型战略，即东北三省有一定的机遇可以利用来扭转自身的劣势，充分抓住自身的机遇因素是此战略的主要思想，也是应对各类潜在经济风险的主要策略。

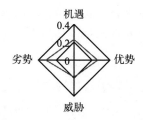

图1 "十三五"时期东北老工业基地化解经济风险的战略四边形

三、"十三五"时期东北老工业基地潜在经济风险的应对策略

回顾改革开放30多年的经济发展，中国虽然也面临着各种各样的经济风险，例如1992～1996年间的严重通货膨胀，1997～2002年的"三角债困局"，但不可否认的是，当时的国际环境和自身的资源禀赋条件均是良好的。经济保持高速增长，发展中出现的问题可以由发展来解决，即通过做大增量，用增量解决历史遗留问题和现实中出现的新问题。而"十三五"时期，东北三省自身禀赋的劣势大于优势，一方面经济增速相对下降，导致利用发展解决问题的能力不足；另一方面很多长期以来不能通过发展解决的问题逐渐积累并且开始显现，例如创新能力不足、产业结构不合理、政府宏观干预缺位越位导致的知识产权保护不利、民众办事难、社会养老金缺口逐年增大等一系列问题，都需要借助新的机制、体制加以解决。

（一）政府要首推自我改革，化解政府行为不利于经济发展的劣势

由于国有企业占比大和其他一些历史因素，东北三省政府与全国相比，介入经济事务的程度深且管理粗放，创新不足，这是当前制约东北三省经济发展的主要劣势。点调结果也显示，很多高新技术企业、中小型企业呼吁政府放松管制，还权于市场。东北三省具有物质资本、区位优势、自然环境和一定的储蓄消费能力，未来发展的关键在于政府改

革，从生产建设性政府向服务型政府转变，转变观念的同时需切实调整自上而下的政府行为。加大对经济增速的容忍程度，减少对微观经济指标的审批，加强对社会公益性指标的规制；合理安排财政收支，缓解政府收支矛盾，切实为防范各类经济风险创造良好的环境条件。结合"十三五"时期的各种机遇，东北三省政府近期应着重在信息平台建设（行业信息平台、"一带一路"沿线国家政策平台等）、各级政府政策宣传、落实和执行、人才吸引和培养等方面加大力度，确保市场活力被培育、发展和壮大。

（二）推进国企改革，淘汰落后和过剩产能，加快完善现代市场体系

东北三省的研发投入及绩效、文化传统和思想观念以及产业、产品等结构性因素表现为明显的劣势，优势因素中，私人投资排名最后，影响力几乎可以忽略不计，归根结底在于市场化程度不高。未来应加快推进国有企业改革，减少或者取消落后和过剩产能的各项扶持政策和措施，让市场进行优胜劣汰。将国有企业和民营企业放在同等重要的水平上，减少政府原因造成的竞争不公平。只有政府这只"看得见的手"积极退出，东北三省的市场机制才能在探索未来产业发展方向、发现和培育新的经济增长点以及推动全面创新、促进创新成果转化等方面发挥更大作用。

（三）以国家战略和区域战略为引擎谋划经济发展

"十三五"时期，老工业基地再振兴战略、"一路一带"倡议和京津冀协同发展战略为东北三省经济发展指明了改革、互联互通和区域协同的方向。将国家战略和区域战略中的沿海经济带和省内经济开发区发展战略相融合，全面对接中央各项支持政策；充分发挥东北三省处于东北亚腹地的区位优势，推进与俄、韩、蒙、日、朝等国的经贸合作，做好对东盟地区外贸工作；支持出口基地建设，优化出口商品结构，鼓励过剩产能转移，促进国际国内要素市场深度融合，提升东北三省企业参

与国际合作的综合竞争能力；积极开展东北四省（区）交流合作，推动东北东部经济带、辽西与内蒙古东部地区一体化发展。

（四）调整优化经济结构是经济发展的重要路径

东北三省经济困难局面，本质上是长期积累的体制性、结构性矛盾集中爆发的结果。要适应经济新常态，必须加大结构调整力度。一是以"互联网＋""中国制造2025"为导向，加快发展战略新兴产业，支持机器人智能装备、生物医药、电子信息等。以振兴装备制造业为突破口，拉长冶金、石化产业链，鼓励企业采用新技术、新工艺创造新产品。深化"两化融合"，促进信息技术在传统产业中的集成应用，推动工业产品向价值链高端跨越。二是支持金融保险业发展，创新投融资方式，解决融资难、融资贵制约发展"瓶颈"问题，引导金融租赁业发展，提高资金流动速度和效率。继续支持实施加快服务业发展四年行动计划，推动商贸流通服务业发展和各类服务业聚集区建设，进一步提高现代服务业对经济增长的贡献度。三是坚持节能环保、绿色发展是全省经济发展基础的模式。严格落实节能减排目标责任制，特别是电力、钢铁、石化、建材、煤炭、有色金属等领域的结构减排、工程减排和管理减排，加强高污染、高排放行业的污染防治；建设科研、加工、观光为一体的特色生态农业，加大对传统产业的绿色化改造，重点推进六大高耗能行业的技术改造和结构升级。

（五）有效构建经济风险预警机制和防范机制

一是建设经济环境的信息咨询网络。风险预警的正确性主要来源于对经济环境有关信息、咨询、数据的及时反馈和综合分析，从中发现风险存在和发生的可能性。建设庞大的、囊括世界性各类信息的网络，应该与国外有关信息机构、国内信息机构和企业已有的信息网络相联结，走资源共享的道路。二是强化经济风险预警机制。建立经济风险分析的专业队伍，选择对于经济风险预警最具先导性、敏感性、典型性的经济指标组成风险指标体系，建立经济风险预警模型，定期开展"滚动研究",评估预警经济风险程度,为各级政府制定化解风险对策提供科学依据。三是建立风险防范机制。在经济风险预警的基础上,建立风险防范机制。经济风险的防范与控制要根据风险的类型与成因,设置相应的防范手段,并从政策、机制上堵塞风险可能侵袭的缝隙,最终达成及时有效的防范。

"十二五"时期辽宁县域经济
发展财政政策研究^①

"郡县治、天下安"，县域经济是一个永恒的研究主题。县域经济概念的提出是在改革开放以后，而理论界给予特别关注则是从 20 世纪 90 年代中期开始。尤其是 2000 年以来，县域经济的提及越来越频繁，社会各界对县域经济的认识也在逐步深入。党的十六大提出"壮大县域经济"后，县域经济更是引起了广泛关注。树立和落实科学发展观、实施"五个统筹"、解决"三农"问题、改变城乡二元结构、全面建设小康社会、建设社会主义新农村、构建和谐社会等，都要求发展壮大县域经济。本研究在县域经济一般性描述基础上，客观评价了 2003 年以来辽宁财政支持发展县域经济的政策绩效、现存问题，研究提出"十二五"时期发展壮大县域经济总体思路、财政对策建议。

一、县域经济发展的理论基础及其财政作用机理

（一）县域经济发展的相关理论

1. 县域经济的概念

县域经济是以县（市）行政区划为地理空间，以县（市）政权为调控主体，以市场为导向，优化资源配置，具有地域特色的完备区域经

① 本文完成于 2010 年 8 月，为辽宁省财政科研基金资助项目。

济。进一步理解县域经济的内涵，必须把握以下几点：

——县域经济属于区域经济的范畴。县域经济是一种行政区划型的区域经济，它是以县城为中心，乡镇为纽带，农村为腹地的区域经济。

——县域经济具有一个特定的地理空间，是以县（市）行政区划为地理空间，区域界线分明。

——县域经济有一个县（市）政权作为市场调控主体，有一级财政。因此，县域经济有一定的相对独立性，并有一定的能动性。

——县域经济具有地域特色。这种地域特色与其地理区位、历史人文、特定的资源相关联。

——县域经济是以市场为导向的。县域经济不是封闭经济，它具有开放性。县域经济虽然是在县（市）行政区划上形成的，但它又不同于行政区划，随着市场经济的发展，县域经济要突破县（市）行政区划的束缚，在接受国家宏观经济政策的指导，在更大、更广的区域内进行资源配置，获取竞争优势，参与国内与国际的分工与合作。

——县域经济是国民经济的基本单元。县域经济是功能完备的综合性经济体系，县域经济活动涉及生产、流通、消费、分配各个环节，一二三产业各部门。但县域经济又不同于国民经济，县域经济不能搞"小而全"，要注重发挥比较优势，突出区位优势，突出重点产业。

——县域经济是以农业和农村经济为主体，工业化、城镇化、现代化是县域经济发展的主题和方向。

2. 县域经济基本特征

综合县域经济的内涵及其形成的历史过程，可以总结出县域经济的特点。其基本特征主要包括以下几个方面：

——综合性。县域经济是国民经济大系统中的重要组成部分，由多部门、多层次、多因素构成，是一个极为复杂的有机体。它既包括产业部门，又包括非产业部门；既有县、乡（镇）、村等多层次政权单位，又有多层次的所有制结构。

——枢纽性。县域经济在国民经济中起着承上启下的桥梁作用。特别是宏观调控对微观经济的作用和影响，必然要通过县域经济这个层次来完成。国家的政策法令、计划规划等也要通过县域经济系统逐步传达、分析、落实。

——差异性。各县域之间在生产力水平、自然条件、地理位置、资源状况、产业结构等许多方面存在着很大差异，由此形成各县域在经济发展水平、经济发展战略重点以及在国民经济中所处的地位上都有很大的差异。同时，县域内部不同部门、不同层次、不同产业间也存在一定的差异性。尽管县域经济具有相对的稳定性，但随着生产力发展水平的提高和科学技术的进步，县域经济在承受外在经济条件时，都会发生变化而出现经济发展水平差异。

——开放性。随着社会主义市场经济的深入发展，社会劳动地域分工程度的日益深化，县域经济的对外依存度将逐步提高，各县域自给自足的产品和劳务比重会越来越低，相互交换的比重则越来越大，县域经济与外界的联系更为广泛和密切，县域间将形成相辅相成的交往和协作关系。

——相对独立性。县域经济的发展虽然受利于宏观经济的调控，其发展状况与国家、省、市的经济控制高度关联，但因县域是具有相对独立性的行政区域，县域经济在决策上有一定的自主权，可以根据国家经济发展战略方针和政策，结合本地实际情况，独立地制定发展计划和规则，制定并实施一系列有利于自身经济发展的政策措施，等等。

——内在竞争性。由于行政区划的存在，客观形成了生产力要素的使用与流动上的县域区别色彩。由此出发的县域产业发展、县域经济主体对市场的拓展甚至意识形态的归属感，都会在不同县域之间构成内在性的竞争。这种发自于体制深处和人们内心的竞争往往更为惨烈和直接。

3. 县域经济发展的条件

任何县域经济的发展，都离不开它赖以生存的条件。一般认为，县域经济发展的条件包括五大方面：一是自然条件与自然资源；二是位置、交通与信息条件；三是人口、劳动力与科技条件；四是经济条件；五是社会条件。自然条件与自然资源是县域经济形成发展的自然物质基础，位置、交通与信息条件是县域经济形成发展的区位基础，人口、劳动力与科技条件是县域经济形成发展的动力基础与劳动力保障，经济条件是县域经济形成发展的经济基础和未来进一步发展的起跑点，社会条件则是县域经济形成发展的政治与社会基础。任何县域经济的发展都离不开上述五个条件，缺一不可。它们相互联系、互为影响，共同作用于县域经济（详见图1）。

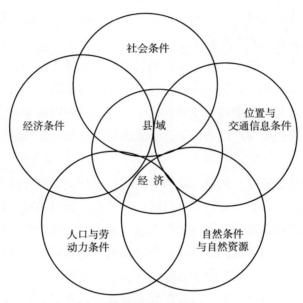

图1　县域经济与诸条件的关系

——自然条件与自然资源是县域经济发展的自然物质基础，直接影响和决定着县域第一产业的发展，如对农业、畜牧业和林矿采掘业的直接影响，间接影响着第二产业，如农畜产品加工业、林矿产品加工业；严重影响着第三产业，如旅游业的发展和交通运输业。

——位置、交通、信息条件是一个"三位一体"的概念，是制约县域经济发展的重要区位条件。在自然地理位置固定的前提下，交通、信息发达的县域，才能有效促进县域一二三产业协同发展。

——人口是县域经济的主体，它既是社会财富的创造者，又是社会财富的消费者，人类自身又有再生产的过程，人类这三种属性直接影响县域经济。科技条件又与人口的素质联系在一起。

——经济条件是县域经济发展的经济基础，是县域经济进一步发展的起跑点。认清县域经济的发展水平与现状、产业结构的状况与问题、经济运转状况及其存在的主要问题和县域经济类型，才能明确发展思路，避免盲目性。

——社会条件是县域经济发展的社会基础，主要包括管理体制、政策、计划、法律和国内外的政治环境。社会条件对县域经济发展的作用越来越重要，其作用，表现在对县域经济的正面影响越来越大，但其负面影响不可低估。

上述五个条件对县域经济的影响是综合的，并不只是一两个条件起作用，而是五个条件综合地作用于县域经济。只是有的时候这一条件与另一条件起主要作用，其他条件起次要作用；随着县域内外环境的变化，有可能起次要作用的条件变化为主要条件。因此，具体问题具体分析是综合分析县域五个条件，综合认识县（市）情的关键。

4. 县域经济的发展类型

县域经济的发展类型，实际上是对静态时点上县域经济运行状态的总结性描述。对县域经济类型的确定，将有助于制定因县制宜的未来发展战略。但是，在实际工作中，对县域经济类型的确定与划分方式却是多种多样的。

——从主次产业角度看，占据主导地位的产业可以代表所在县域经济发展的类型定位，如农业经济型、工业经济型和服务经济型，甚至还可以再加细分，如粮棉型、加工型、机械制造型、轻工型等。

——从发展实力比较的角度看，则可以确定为发达型、富裕型、欠发达型甚至落后型等。

——从经济综合实力和竞争力的角度考察，可以区分为强大型、较强型、较弱型和最弱型等。

——从资源禀赋差异看，可以分为矿产资源型、农业资源型、人才资源型、区位资源型等。

——从财税收支状况看，可以分为高收入型、较高收入型、中低收入型和较低收入型等。

——从县域经济发展模式和成长机制看，可以分为特色产业带动型、城郊型、集贸市场促动型、乡镇企业集聚型、项目建设劳动型、城镇建设拉动型、财政投入维持型、扶贫开发型等。

（二）县域经济发展中的财政作用机理

财政属于国民收入再分配的范畴，具有合理配置资源、公平收入分配、促进经济发展等基本职责。在县域经济发展过程中，财政应充分发挥其职能，通过财税杠杆协调作用，以达到加大对县域经济发展的扶持力度，促进县域经济全方位多元化发展。

1. 公共财政体制下财政与县域的逻辑关系

经济决定财政，财政反作用于经济，经济与财政之间存在着互动的辩证关系。一方面，县域经济的发达程度和县级财政状况是辩证统一的，解决财政问题，特别是缓解基层财政困难的主要途径在于通过发展县域经济，依靠经济增长来增加财政收入，做大财政"蛋糕"。另一方面，财政在资源配置、收入分配、经济稳定与发展方面都发挥着重要的调控职能，也就决定着财政在县域经济的发展中扮演者不可或缺的角色。财政为促进以经济发展为中心的全面协调和可持续发展，就要为满足社会公共需求提供公共产品和公共服务。因此，经济发展、财政实力与公共产品和公共服务之间的内在关联性，逻辑地决定着一个良性循环，即通过经济发展来增强财政实力，通过增强财政实力来增加公共产品和公共服务的投入，通过增加公共参评和公共服务的投入来改善投资环境，通过改善投资环境来进一步促进经济全面，协调和可持续发展。因此财政充分发挥职能，通过财税杠杆协调作用，以达到加大对县域经济发展的扶持力度，促进县域经济全方位多元化发展。实现"①县域经济发展—②增加财政收入—③支持县域经济发展"的良性互动（见图2）。

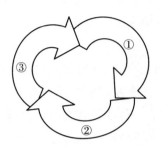

图 2 财政与县域经济的良性互动示意图

2. 县域经济发展中的财政职能作用

公共财政是适应市场经济客观要求的财政形态。在处理政府与市场关系和界定政府职能时，应牢牢把握"以市场为基础"这一基点，围绕市场有效运行来界定和规范政府的经济职能。坚持竞争性、补充性和效率性原则，保证社会公共需要、优化资源配置调控宏观经济运行，促进公平分配，协调地区社会经济发展。从县域经济发展的实际情况出发，财政除了收入、支出职能外，主要发挥财政的调控职能，综合运用预算、税收、国债、转移支付、补贴等财政手段，发挥财政政策见效快、导向作用大的特点。一是调节经济运行，促进经济稳定增长。主要财政政策对经济周期波动进行逆向调节。二是优化资源配置，促进经济结构的合理调整。运用财政政策把资源配置到急需发展的领域，不断优化经济结构。三是调节分配关系，保持社会的公平稳定。本着初次分配侧重体现"效率优先"原则，再次分配侧重体现"兼顾公平"原则，通过转移支付等方式，协调县区间的均衡发展，促进县域经济结构的合理调整。

3. 支持县域经济发展的财政政策工具

支持发展壮大县域经济，可供选择的财政政策工具主要集中在以下几个方面：

——财政体制。财政体制是处理中央与地方政府、地方各级政府之间划分财政收支范围和财政管理权责与权限的制度，是国民经济管理体制的重要组成部分。财政要通过合理构建政府间财政关系，确保实现事权与财权、财力相匹配，以满足不同类型县域经济发展的客观要求。

——转移支付。转移支付是政府之间财政分配关系的反映。基于中央政府和地方政府之间、地方政府与地方政府之间的财权、财力不平衡，应该实施无条件和有条件的转移支付，以财力的再分配形式，促进各不同类型县域之间基本公共服务均等化。

——税收或收费。税收是国家为了实现其职能，依法无偿取得财政收入的一种手段。运用税收工具支持县域经济发展，要制定选择性、差异化的税收政策，通过实施增税或减税（税式支出）手段，包括开立或废止税种（费种）、税收优惠、税收减免等，实现不同类型县域经济社会发展的目标定位。

——财政补贴。财政补贴是指财政为了特定目标安排专项资金向企业或个人提供的一种资助。补贴的范围涉及国民经济各部门和居民生活的多个方面，具有较强的灵活性和可操作性。财政可以通过对不同类型县域提供直接或间接补贴，达到促进县域经济发展的目的。

——财政担保。财政担保是指政府以财政资金为保证，引导信贷资金支持企业发展的信用担保方式。目前，财政已经初步建立中小企业信用担保体系，运用少量的财政资金取得了较好效果。要加大对县域高新技术产业的中小企业的扶植力度，支持企业的自主创新。

——公共支出。公共支出是财政为了满足经济社会事业需要，将筹集起来的资金进行分配使用，财政可以通过调整公共支出的规模和结构，确保不同类型县域经济建设的目标。

二、辽宁县域经济发展现状

辽宁省辖 14 个市，100 个县（市），属于广义县域经济范畴的 74 个（见表 1），其中县（市）44 个（县级市 17 个、县 19 个、自治县 8 个、涉农区 30 个）。2008 年末，74 个县（市）区（涉农区）总人口为

3250.7 万人，占全省总人口的 76.6%；完成地区生产总值 8765 亿元①，
为全省总量的 65.1%，三次产业结构为 6.3：62.9：30.8；实现社会消费
品零售总额 579.3 亿元，占全省总量的 11.8%。2009 年，辽宁 44 个县
（市），生产总值 6700 亿元，比上年增长 26%，占全省总量的比重
44.5%，地方财政的一般预算收入实现 290 亿元，同比增长 42.4%。占
全省总量的比重为 18.5%，到 2009 年底，全省基本提前一年实现了第
一个倍增目标。通过辨识县域主导产业、支柱产业或具有较大潜力的特
色产业，结合地区经济发展的地理区位、资源条件及经济基础等条件状
况，将我省 44 个县（市）经济划分为六大经济发展类型，即：农业型
（农牧产品生产与加工型）、加工型、林矿型、边境口岸型、旅游型和
商贸型（见表 2）。

表 1　　　　　　　辽宁省县（市）、涉农区区划情况

地区	合计	县级市	县	自治县	涉农区
合计	74	17	19	8	30
沈阳	8	新民市	辽中县、康平县、法库县		东陵区、苏家屯区、沈北新区、于洪区
大连	7	瓦房店市、普兰店市、庄河市	长海县		甘井子区、旅顺口区、金州区
鞍山	4	海城市	台安县	岫岩满族自治县（满族）	千山区
抚顺	4		抚顺县	新宾县（满族）、清原县（满族）	顺城区
本溪	6			本溪县（满族）、桓仁县（满族）	平山区、溪湖区、明山区、南芬区
丹东	4	东港市、凤城市		宽甸县（满族）	振安区
锦州	5	凌海市、北镇市	义县★、黑山县		太和区

---

① 各县（市）、区数字简单加总，略大于核算数。

续表

地区	合计	县级市	县	自治县	涉农区
营口	4	大石桥市、盖州市			老边区、鲅鱼圈区
阜新	4		彰武县★	阜蒙县（蒙古族）★	细河区、清河门区
辽阳	4	灯塔市	辽阳县		弓长岭区、太子河区
铁岭	7	调兵山市、开原市	铁岭县、西丰县★、昌图县		银州区、清河区
朝阳	7	北票市★、凌源市★	朝阳县★、建平县★	喀左县（蒙古族）★	双塔区、龙城区
盘锦	4		盘山县、大洼县		双台子区、兴隆台区
葫芦岛	6	兴城市	绥中县、建昌县★		连山区、南票区、龙港区

注：★为经济欠发达县。

表2　　　　　　　　辽宁县域经济发展类型划分情况①

地区	数量	县（市）
农业型	31	昌图县、西丰县、铁岭县、开原市、黑山县、法库县、凌源市、长海县、清原县、康平县、朝阳县、盖州市、辽中县、桓仁县、本溪县、凤城市、北宁市、义县、盘山县、阜新县、彰武县、建平县、建昌县、凌海市、喀左县、绥中县、大洼县、辽阳县、台安县、岫岩县、新宾县
加工型	6	普兰店市、庄河市、海城市、新民市、瓦房店市、东港市
林矿型	5	灯塔市（煤）、北票市（煤）、抚顺县（煤、林）、大石桥市（镁、滑石）、调兵山市（煤）
边境口岸型	1	宽甸县
旅游型	1	兴城市

① 陈才等：《东北地区县域经济发展研究》，东北师范大学出版社2007年版。

1. 辽宁省县域经济在全国位次不断前移

2003 年以来,特别是"十一五"时期,辽宁县域经济发展成为最快的历史阶段。国家统计局发布的"全国县域经济基本竞争力百强县(市)排序",较好刻画了县域的综合经济实力,2004 年辽宁只有海城市(77 位)入围,到 2010 年已增加至 7 个县(市),并且位次显著前移,且有 9 个县(市)进入东北三十强(详见表 3、表 4)。

表 3　　　　　2005~2010 年辽宁进入全国百强县位次情况

县(市)	2010 年	2009 年	2007 年	2006 年	2005 年
合计	7	5	5	5	5
瓦房店	18	27	36	46	48
海城	19	32	34	37	22
庄河	50	67	67	71	73
普兰店	58	60	64	69	70
大石桥	61	76	84	85	86
东港	83	—	—	—	—
开原	85	—	—	—	—

说明:2008 年未进行排名。

表 4　　　　　2010 年中国东北三十强县(市)辽宁位次情况

县(市)	位次	县(市)	位次
凤城市	11	辽中县	21
大洼县	12	灯塔市	22
新民市	15	辽阳县	26
调兵山	16	灯塔市	27
铁岭县	20		

2. 县域财政经济实力显著增强

据统计，2002～2009 年，全省 74 个县区地区生产总值由 3477.9 亿元，提高到 10674.3 亿元，年均增长 20.5%① （比全省平均水平快 4.9 个百分点），占全省地区生产总值的比重也由 57.9% 提高到 70.9%；一般预算收入由 99.5 亿元，提高到 490.9 亿元，年均增长 25.7% （比全省平均水平快 3.9 个百分点），占全省一般预算收入的比重也由 13.6% 提高到 24.5%；一般预算支出由 202.9 亿元，提高到 903.4 亿元，年均增长 26.7% （比全省平均水平快 5.3 个百分点），县 （区） 均财政支出规模由 2.7 亿元，提高到 12.2 亿元 （见表 5、图 3 和图 4）。

表 5　　　　　　　2002～2009 年辽宁省 74 县区财政经济情况

年度	地区生产总值			一般预算收入			一般预算支出		
	全省 (亿元)	74 个县区 (亿元)	占比 (%)	全省 (亿元)	74 个县区 (亿元)	占比 (%)	全省 (亿元)	74 个县区 (亿元)	占比 (%)
2002	5458.2	2900.2	53.1	399.7	99.2	24.8	690.9	172.2	24.9
2003	6002.5	3477.9	57.9	447.0	99.5	22.3	784.6	202.9	25.9
2004	6672.0	4145.4	62.1	529.6	114.9	21.7	931.4	245.7	26.4
2005	8047.0	4903.6	60.9	675.3	146.1	21.6	1204.4	305.4	25.4
2006	9304.5	5820.3	62.6	817.7	192.6	23.6	1422.7	389.0	27.3
2007	11164.3	6777.5	60.7	1082.7	268.4	24.8	1764.3	537.7	30.5
2008	13668.6	8765.0	64.1	1356.1	366.1	27.0	2153.4	696.5	32.3
2009	15065.6	10674.3	70.9	1591.2	490.9	30.9	2681.6	903.4	33.7
年均增长	15.6	20.5		21.8	25.7		21.4	26.7	

① 按现价法计算。

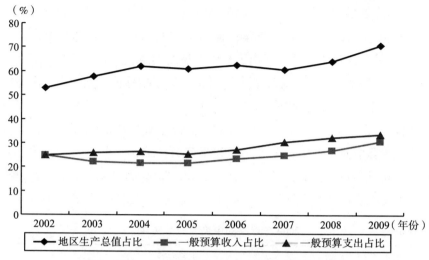

图3　2002～2009年辽宁省74县区财政经济走势图

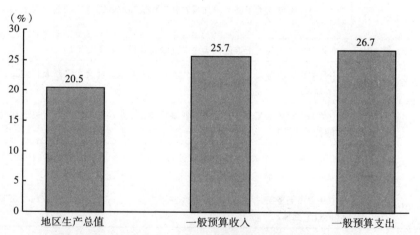

图4　2002～2009年辽宁省74县区财政经济年均增长情况图

三、辽宁财政支持县域经济发展绩效分析

　　党的十六大在党代会的正式文件中第一次使用了"县域"这个概念，而且发出了"壮大县域经济"的号召，十六届三中全会又进一步强调

"要大力发展县域经济"，充分表明了党中央对县域经济发展的高度重视。2003 年以来，新一代中央领导集体做出了"两个趋势"的重要判断，在"五个统筹"基础上，适时提出了科学发展观的执政理念。近些年来，在"两个反哺"和"多予少取搞活""三农"思想指导下，党中央、国务院出台了一系列强化惠农政策。如从 2004 年开始，连续 7 年出台中央"一号文件"（见表6）；2005 年 12 月 29 日十届全国人大常委会第 19 次会议做出了废除农业税条例的决定，从 2006 年开始取消农业税（烟叶除外），延续 4000 年①的"皇粮国税"画上了句号；实施对种粮农民的直接补贴、农资增支综合直补与良种补贴、农机具购置补贴、最低收购价，等等。

表6   2004 年以来的中央"一号文件"

时间	主要内容
2004 年 1 月	《中共中央国务院关于促进农民增加收入若干政策的意见》
2005 年 1 月	《中共中央国务院关于进一步加强农村工作提高农业综合生产能力若干政策的意见》
2006 年 1 月	《中共中央国务院关于推进社会主义新农村建设的若干意见》
2007 年 1 月	《中共中央国务院关于积极发展现代农业 扎实推进社会主义新农村建设的若干意见》
2008 年 1 月	《中共中央国务院关于切实加强农业基础建设 进一步促进农业发展农民增收的若干意见》
2009 年 1 月	《中共中央国务院关于 2009 年促进农业稳定发展 农民持续增收的若干意见》
2010 年 1 月	《中共中央国务院关于加大统筹城乡发展力度 进一步夯实农业农村发展基础的若干意见》

（一）辽宁支持县域经济发展政策综述

近年来，连续密集政策措施的实施，较好巩固了农业基础地位，确保了国家粮食安全，一定程度上化解了长期累存的"三农"问题和

---

① 另说2600 年。

"二元"结构矛盾。据统计，2003～2009年，全国农林牧渔业总产值由29691.8亿元，提高到60361.0亿元，按现价计算年均增长12.6%；粮食产量由43070万吨，提高到53082万吨；农村居民家庭人均纯收入由2622.2元，提高到5153.2元，按不变价计算年均增长7.1%。

辽宁省委、省政府以发展壮大县域经济为出发点，先后提出了"统筹城乡发展，繁荣县域经济"和"以工业化为主导，以城镇化为支撑，以农业化为基础"的县域经济发展方针，以及"以发展县域经济为重要载体，推进社会主义新农村建设"的重大战略部署。为此，省财政厅及时调整理财思路，更新理财观念，充分发挥财政职能作用，综合运用财政政策工具，着力做好财政支持县域经济加快发展这篇大文章。在大量调研和充分论证的基础上，先后向省委、省政府提出了一系列支持县域经济加快发展的政策建议，形成了较为完备的财政政策体系（见表7），极大地促进了辽宁省县域经济发展，有效缓解了基层财政困难，促进了社会主义新农村建设。2003～2009年省级收入增量返还县区情况见表8，省级增量返还与县（市）一般预算收入增长走势见图5。

表7　　　　　辽宁财政支持县域经济发展的"积极"政策措施①

年份	文件名称	创新性财政政策措施
2003	《辽宁省人民政府办公厅转发省财政厅关于促进辽西北地区省扶贫开发重点工作县和民族自治县经济与社会发展政策意见的通知》	1. 财政共享收入增量返还政策（"三税"返还）。对19县（后扩展至22县）省财政共享部分的增值税（10%）、营业税（20%）和企业所得税（30%），以2002年为基期，2003～2007年全部返还；企业所得税中央分成部分（60%），由省财政按每年环比增量返还 2. 转移支付补助政策。对19县国家规定的标准工资缺口和必需的刚性支出缺口，省财政给予一般性转移和工资性转移支付补助 3. 新增建设用地土地有偿使用费免缴政策。2003～2007年，对19县新增建设用地土地有偿使用费省财政部分（60%）全部免缴

① 近些年来，辽宁支持县域经济发展，先后建立县域经济发展产业项目贴息资金、招商引资奖励资金、整合政府财力资源以奖代补资金、财源建设工程奖励资金、县乡财政管理资金、县域经济社会发展综合评价以奖代补资金等，综合推进发展壮大县域经济。

续表

年份	文件名称	创新性财政政策措施
2005	《辽宁省人民政府办公厅转发省财政厅关于支持县域经济发展若干政策意见的通知》	1. 支持县域经济发展的财政体制政策（"五税"返还）。在22县执行辽政办发〔2003〕65号基础上，2005~2007年，省财政共享部分的个人所得税（15%）、房产税（50%），以2004年为基期，实行定比增量全额返还。其他18县，2005~2007年省财政分成的"五税"，以2004年为基期，实行定比增量全额返还 2. 实行招商引资大项目奖励政策
2005	《辽宁省人民政府办公厅转发省财政厅关于县（市）财源建设工程实施方案的通知》	实施财源建设工程奖励政策
2005	《关于实行省补助资金直拨到县（市）财政管理办法的通知》	推行财政"省直管县"的辽宁模式
2006	《中共辽宁省委、辽宁省人民政府关于推进社会主义新农村建设的实施意见》	确定15个发展县域经济重点县，进行扩大县级经济管理权限改革试点；确定10个经济欠发达县，在扶贫开发、财政一般性转移支付和民生等方面加大扶持力度；对74个县区在基础设施、工业园区建设等方面的专项资金支持
2006	《中共辽宁省委、辽宁省人民政府关于加快县域经济发展的若干意见》	1. 延长《辽宁省人民政府办公厅转发省财政厅关于支持县域经济发展若干政策意见的通知》中"五税"返还政策至2010年 2. 对涉农城区和郊区，以2005年为基期，视涉农程度（第一产业增加值占地区生产总值的比重、农业人口占地区生产总值的比重），于2006~2010年，实行省共享税收定比增量返还
2007	《关于印发辽宁省整合县区政府财力资源工作指导意见的通知》	整合财政各类专项资金；整合行政事业单位经营性和非经营性资产；整合土地、矿产等资源性资产；整合政府债权；整合非税收入和国有资产收益

表 8   2003～2009 年省级收入增量返还县区情况

年份	数额（亿元）
2003	0.9
2004	3.1
2005	7.3
2006	13.0
2007	25.0
2008	41.8
2009	38.4
合计	129.5

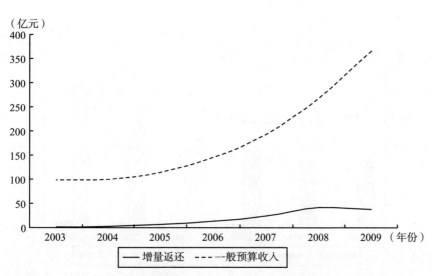

图 5 2003～2009 年省级增量返还与县（市）一般预算收入增长走势图

（二）辽宁县域经济发展的显著成效

在促进县域经济发展的"积极"政策措施长期综合作用下，辽宁县域经济发展步入了快车道。2009 年，辽宁 44 个县（市）财政一般预算收入达 290.6 亿元，增长 42.4%，占全省财政收入比重也以每年增加一个百分点的速度，从 2004 年的 13.3% 增加到 2009 年的 18.3%；生产总值超百亿元的县（市）由上年的 19 个增加到 30 个，超百亿元工业产业集群达到 9 个。

1. 县域财政经济规模快速增长

近年来，辽宁不断加大县市财源建设力度，推进财政经济跨越发展，在县域经济总量稳步提升的同时，县域财政实力显著增强。2009 年，全省 44 个县（市）地区生产总值达 6703.6 亿元，比上年增长 26%，高于全省平均增幅 1 倍；生产总值超百亿元的县（市）由 19 个增加到 30 个；一般预算收入实现 290.6 亿元，同比增长 42.4%，高于全省平均增速 1.6 倍（见图6）。

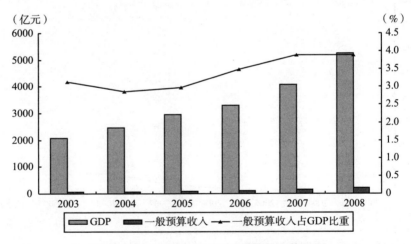

图6　2003～2008 年 44 个县财政收入情况图

2. 县域地方税贡献能力逐步增强

2009 年，增值税、营业税、所得税三大主体税种占税收收入比重为 41.6%，其他地方税占比高达 58.4%，首次突破 50%（2003 年 47.8%，2004 年 45.5%，2005 年 40.1%，2006 年 42.0%，2007 年

46.7%，2008年46.8%）。随着县域地方税逐年大幅增长，其税收贡献越来越大，占税收收入10%以上的4个税种中，地方税占了3个，分别是资源税、城镇土地使用税和耕地占用税。可以说，地方税正在逐步取代中央与地方共享税的统治地位，对县域财政收入特别是税收收入的支撑作用日益显现（见图7）。

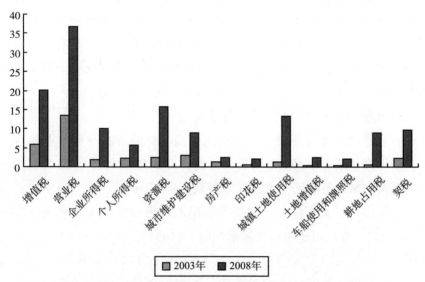

图7 辽宁省44个县2003年与2008年税收收入科目比较

3. 县域重点园区建设取得了显著成效

在省财政①和信贷资金的大力支持下，2009年44个县（市）重点园区全年新增基础设施投入253亿元，入驻企业4665家，新上项目1151个，实现销售收入2569亿元。

4. 县域工业产业集群快速发展

截至2009年，44个县（市）完成了百亿元工业产业集群建设发展

---

① 2006年省财政对22个重点县域工业园区扶持1000万元，2007年扩大到44个县（市），2008～2009年的扶持力度增加到每年2000万元。

规划。依托资源产业、引进创新等形式，实现了"无中生有"①，全省县域产值超百亿元的工业集群发展到 9 个②。

5. 县域农业产业化经营快速推进

围绕打造农业产业"全国第一县"，根据农业产业化发展建设的实际，进一步理清了优势农产品发展现状、工作思路，多数县（市）重点培育农业"一县一品"方向和目标已经确立。2009 年，新增种植业设施小区 100 万亩，总面积超过 750 万亩，新建畜禽标准化养殖小区 5787 个、省级水产健康养殖示范区 287 个；规模以上农产品加工业实现增加值 1450 亿元，增长 21.5%，省级以上农业产业化重点龙头企业达到 370 个。农产品加工业已成为我省第三大支柱产业。

6. 招商引资和项目建设取得重大进展

省政府创造性地开展了主题概念招商、产业链招商和产业集群招商，在引进和培养项目上取得重大突破。2009 年 44 个县（市）引进内资（省外）822.3 亿元，实际利用外资 16.2 亿美元，普兰店市、海城市、瓦房店市、大石桥市、大洼县实际利用外资突破 1 亿美元。2009年 44 个县（市）引进项目（落地项目）6145 个，5000 万~1 亿元项目 1056 个，1 亿~10 亿元项目 957 个，10 亿元以上项目 121 个。

长期以来，县域经济相对滞后一直掣肘着辽宁经济社会的快速发展，"十一五"时期县域经济的快速运行，为"十二五"时期的"跨越式"发展奠定了重要基础，提供了现实可能。

（三）辽宁县域经济发展存在的问题

在充分肯定成绩的同时，我们也要清醒地看到，与发达地区相比，按老工业基地全面振兴的要求，辽宁的县域经济发展仍然存在很大差距。

---

① 义县的电力电器、绥中的数字技术、昌图的换热设备、彰武的林产品加工产业集群。
② 法库的陶瓷、辽中的装备制造、瓦房店的轴承、庄河的食品加工、海城和大石桥的镁质材料、辽阳的钢铁深加工、开原的起重设备、铁岭的有色金属产业群。

1. 县域经济规模不大、实力不强

2009 年第九届全国县域经济百强县评选结果：辽宁省 5 个，山东省 26 个，浙江省 26 个，江苏省 27 个，福建省 8 个，河南 8 个，河北 5 个。无论在数量上还是在规模上，辽宁省和江苏、浙江、山东三省的差距都仍然很大。而 2009 年的中国百强镇评选，辽宁则榜上无名，广东、江苏、浙江分别高达 30 个、19 个和 17 个。

2. 县域经济结构矛盾突出、开放不足

一是产业结构不够合理，农业比重偏高，工业仍偏重于资源型、粗放型和传统型，产业集中度低。二是农业产业化程度低，对农民的带动作用不强，农事企业数量少、规模小、竞争力弱，缺少在国内、国际知名的大型企业和品牌，至今还没有年销售收入超百亿元的大型企业。三是对外开放程度不高，无论是产品出口还是利用外资，与南方发达省份相比都存在较大差距。从表 9、图 8 中不难看出，加工型县域经济的财政收入水平远远高于其他发展类型，比占数量最多的农业型的财政收入高出 3 倍多。同时，与其他省份的产业结构比重对比结果也显示（见表 10），辽宁省农业比重较高，产业结构不优化，产业化程度低的结构模式急需调整。

表 9　　　　　　辽宁区域经济发展类型经济指标比较情况表

地区类型	县（市）个数	一般预算收入总量（亿元）	县均一般预算收入（亿元）
农业型	31	150.80	4.86
加工型	6	86.56	17.31
林矿型	5	34.23	6.85
边境口岸型	1	6.01	6.01
旅游型	1	3.01	3.01

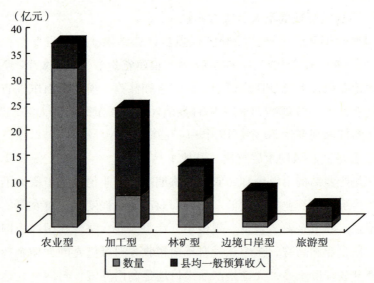

图 8　辽宁区域经济发展类型财政收入比较图

表 10　　　2006 年辽宁与全国部分地区产业结构比重对比情况表　　单位：%

地区名称	第一产业	第二产业	第三产业
辽宁	23.2	44.9	31.9
河北	17.3	54.3	28.4
江苏	10.1	57.1	32.8
浙江	7.7	57.9	34.4
福建	18.5	47.6	33.9
山东	13.8	57.7	28.5
广东	15.1	50.3	34.6
海南	49.3	22.1	28.6

3. 县域发展不平衡、区域差距明显

2009 年，44 个县（市）经济总量为 6703.6 亿元，前 5 位（海城市、瓦房店市、庄河市、大石桥市、普兰店市）合计为 2123.5 亿元，占 31.7%，而后 5 位（建昌县、西丰县、兴城市、彰武县、长海县）

合计为 248.3 亿元，占 3.7%，前者是后者的 8.6 倍。2009 年，44 个县（市）一般预算收入总量为 290.64 亿元，县均 6.61 亿元，前 5 位合计为 90.67 亿元，占 31.2%，后 5 位合计为 11.84 亿元，占 4%，前者是后者的 7.7 倍，26 个县（市）低于全省县域平均水平，其中，西丰县（最低）不及瓦房店市（最高）的 1/10 (8%)，二者相差高达 23.06 亿元，凸显畸高畸低的不合理分布。不难看出，财政收入相对较高的地区主要集中在沈阳市、大连市、丹东市，从区域分布来看，主要集中在中部城市群和沿海经济带，而西部及北部地区收入则较低，凸显了区域的明显差距（见表 11）。

表 11　　　　2009 年 44 个县（市）一般预算收入情况　　单位：亿元

县（市）	一般预算收入	排序	县（市）	一般预算收入	排序
瓦房店市	25.08	1	宽甸县	6.01	18
海城市	21.20	2	法库县	5.74	19
庄河市	18.12	3	朝阳县	5.40	20
普兰店市	14.06	4	凌源市	5.33	21
开原市	12.21	5	本溪县	5.01	22
大石桥市	11.30	6	调兵山市	5.00	23
凤城市	10.14	7	康平县	4.79	24
东港市	10.06	8	岫岩县	4.56	25
凌海市	8.16	9	盖州市	4.40	26
新民市	8.10	10	清原县	4.15	27
灯塔市	7.57	11	盘山县	4.09	28
大洼县	7.16	12	抚顺县	4.00	29
建平县	7.15	13	绥中县	3.81	30
辽阳县	6.89	14	桓仁县	3.81	31
铁岭县	6.80	15	台安县	3.51	32
辽中县	6.37	16	新宾县	3.34	33
北票市	6.36	17	黑山县	3.32	34

县（市）	一般预算收入	排序	县（市）	一般预算收入	排序
建昌县	3.29	35	阜蒙县	2.63	41
昌图县	3.21	36	彰武县	2.13	42
喀左县	3.20	37	长海县	2.05	43
北镇市	3.10	38	西丰县	2.02	44
义县	3.03	39	合计	290.64	
兴城市	3.01	40	平均	6.61	

4. 县域财政收入质量不高、缺乏规范

2009 年，全省 44 个县（市）完成一般预算收入 290.64 亿元①，比上年增长 42.4%，高于全省平均水平 17.3% 的 25.1 个百分点，实现了超高速的增长，为全省实现"两个不低于"目标做出了积极贡献。但超高速增长的背后，隐含着诸多不合理因素。一般预算收入占地区生产总值的比重反映出国民收入初次分配的政府集中程度，2003～2009 年，44 个县（市）这一数值分别为 2.86%、2.71%、2.80%、3.30%、3.64%、3.87%、4.34%，最高年份（2009）是最低年份（2004）的 1.6 倍，比重的逐年提高意味宏观税负的提高，最后伤害的还是县域微观经济的基础。考察 2009 年 44 个县（市）一般预算收入的相对指标，非税收入占 33.2%，比全省平均水平（25.6%）高 7.6 个百分点，其中：非税收入 40% 以上为 7 个，30%～40% 之间的高达 15 个，大量非税收入的存在降低了县域财政可支付能力，形成了有"增长"没"发展"、有数字无财力的窘境，2009 年县（市）自给能力仅为 46%，一半以上的支出来源于上级转移支付。据省财政监督部门 2009 年对 17 个县（市）省级共享收入增量检查情况看，县（市）不同程度上存在着空转税收、收取过头税等问题，既扰乱了收入秩序又造成了收入的失真（见表 12、表 13）。

---

① 占全省一般预算收入总量的 18.3%。

表12 　　　　　44 个县（市）一般预算收入占 GDP 比重

年份	一般预算收入占 GDP 比重（%）
2003	2.86
2004	2.71
2005	2.80
2006	3.30
2007	3.64
2008	3.87
2009	4.34

表13 　　　2009 年辽宁省 44 个县（市）一般预算收入相对指标 　　　单位：%

县（市）别	一般预算收入占 GDP 比重	税收收入占一般收入比重	非税收入占一般预算收入比重	财政自给能力
44 个县合计	4.34	66.80	33.20	45.94
辽中县	3.34	57.05	42.95	48.77
新民市	8.07	56.05	43.95	46.60
康平县	3.45	76.18	23.82	42.59
法库县	3.01	69.29	30.71	38.99
瓦房店市	63.49	72.45	27.55	77.07
普兰店市	2.75	60.81	39.19	72.42
庄河市	5.18	60.50	39.50	73.01
长海县	0.54	37.75	62.25	47.39
海城市	15.82	52.90	47.10	66.73
台安县	2.96	53.36	46.64	38.04
岫岩县	0.88	51.69	48.31	37.14
抚顺县	5.88	81.19	18.81	47.23
清原县	7.15	79.72	20.28	37.09
新宾县	4.94	77.17	22.83	32.21
本溪市	5.01	63.04	36.96	43.48

续表

县（市）别	一般预算收入占 GDP 比重	税收收入占一般收入比重	非税收入占一般预算收入比重	财政自给能力
桓仁县	4.48	80.44	19.56	34.53
东港市	7.39	65.80	34.20	51.81
凤城市	3.14	64.38	35.62	51.04
宽甸县	3.01	68.77	31.23	41.37
凌海市	7.77	72.41	27.59	52.09
义县	5.32	71.70	28.30	27.85
北镇市	1.99	72.48	27.52	28.70
黑山县	3.95	75.60	24.40	25.25
盖州市	3.61	69.14	30.86	31.00
大石桥市	3.13	60.70	39.30	54.91
阜蒙县	4.18	77.66	22.34	18.77
彰武县	5.32	76.45	23.55	20.86
辽阳县	4.46	75.45	24.55	56.56
灯塔市	5.65	68.73	31.27	57.78
铁岭县	3.89	69.67	30.33	49.53
开原市	10.52	63.94	36.06	64.13
昌图县	2.14	69.44	30.56	19.58
西丰县	3.94	59.25	40.75	25.41
调兵山市	3.30	70.18	29.82	67.52
北票市	6.05	76.31	23.69	37.46
朝阳县	2.20	70.12	29.88	38.99
凌源市	6.52	70.18	29.82	36.54
建平县	6.37	78.20	21.80	44.77
喀左县	4.26	84.39	15.61	30.51
盘山县	3.20	76.66	23.34	32.51
大洼县	6.12	75.47	24.53	42.45

县（市）别	一般预算收入占GDP比重	税收收入占一般收入比重	非税收入占一般预算收入比重	财政自给能力
兴城市	2.80	63.56	36.44	28.61
绥中县	7.33	68.42	31.58	31.06
建昌县	6.84	54.71	45.29	27.18

5. 县域财政供养负担逐年加重

2003 ~ 2008 年，全省 74 个县（区）财政供养人口由 87.1 万人增加到 93.1 万人，供养系数由 2.74 提高到 2.91，其中：44 个县（市）财政供养人口由 69.1 万人增加到 73.1 万人，供养系数由 2.91 提高到 3.08（见表 14、图 9）。

表 14　　　　2003 ~ 2008 年辽宁省县（区）财政供养情况

年份	指标	74 个县（区）	44 个县	30 个区
2003	供养人口（人）	870501	690989	179512
	供养系数（％）	2.74	2.91	2.24
2004	供养人口（人）	873709	690472	183237
	供养系数（％）	2.75	2.90	2.29
2005	供养人口（人）	890439	703818	186621
	供养系数（％）	2.80	2.95	2.35
2006	供养人口（人）	905678	713740	191938
	供养系数（％）	2.84	3.00	2.36
2007	供养人口（人）	918425	722064	196361
	供养系数（％）	2.84	3.04	2.28
2008	供养人口（人）	931110	731269	199841
	供养系数（％）	2.91	3.08	2.42

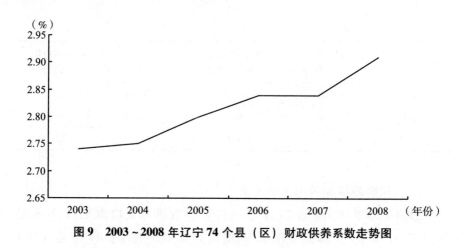

图9 2003～2008 年辽宁 74 个县（区）财政供养系数走势图

6. 一些制约县域经济快速发展的"瓶颈"问题突出

其一，融资困难。县域融资难度大，缺少有效的融资平台，尤其是基础建设融资出现严重困难。其二，土地供应不足。随着各县（市）项目建设数量的增加和建设速度的加快，土地供应的矛盾越来越突出。其三，项目质量有待提升。各县（市）引进项目不少，但高科技、高附加值、加长产业集群链条的项目不多，项目质量有待于提高。其四，工作体系不健全。一些市、县没有县域经济的专门工作机构，综合协调难度较大。

四、"十二五"时期辽宁县域经济发展总体思路、财政对策建议

（一）总体思路选择

县域经济的形成和发展具有客观性，其形成发展所遵循的主要规律及其条件因素互为作用，发展壮大县域经济需要用系统的分析方法，县域比较优势和劣势的判断，制定县域发展战略。纵观辽宁县域实情，在总结多年实践和充分借鉴基础上，研究提出以下发展思路。

1. 以比较优势为着力点，推进县域经济"特色化之路"

要从各地实际出发，着力建设县域特色经济区，解决县域经济发展千头一面、产业结构雷同、产品结构趋同、特色经济不明显、资源配置效率低下、缺乏竞争力等问题。要充分利用当地资源，打造特色产业体系，把资源优势转变为产业优势，把产业优势转变为经济优势、竞争优势。要在县域经济结构调整中突出特色，在发展中创造特色，在扬长避短中培育特色，在资源整合中打造特色，在科技进步中提升特色。

2. 以农业产业化为重点，推进农业"现代化之路"

推进农业现代化，要改变就农业论农业的观念，坚持用工业的理念谋划农业发展，增加对农业、农村基础设施的投入，改善农业发展环境。用先进的物质条件装备农业，用现代科学技术改造农业，用先进的经营形式发展农业，加快传统农业向现代农业的转变。要结合县域实际，在稳定粮食综合生产能力的基础上，积极推进农业结构调整，促进农业生产规模化和标准化，培育名牌产品，增强竞争力。要大力推进农业产业化，推动农产品加工转化增值，促进农业增效和农民增收。要加快农业科技进步，用现代科学技术改造农业，促进农业增长方式转变。加强农村现代流通体系建设，在农村发展现代流通业，建立新型营销体系。

3. 以发展第二产业为重点，推进县域"工业化之路"

实现工业化是县域发展壮大的必由之路，工业兴则县兴，工业强则县强。这对于绝大多数的县来说是一条带有规律性的基本经验。县域经济发展壮大的过程，一定意义上就是由农业主导向工业主导的转变过程。没有工业化，就不可能有城镇化，没有工业化、城镇化就不可能有农业和农村的现代化。加快县域经济发展，必须坚持以工业化为主导，走新型工业化道路，把推进工业化作为县域经济发展的重中之重，着力发展县域工业园区，改变过去乡镇企业"村村点火，户户冒烟"的状况。基础稍差一点的县（市），要把特色优势产品加工、资源开发作为第二产业发展的重点。传统农业比重大的县（市），要大力发展农产品加工业，提高农产品附加值，延伸产业链，以工业化带动农业产业化。

基础设施条件较好的县（市），要把为城市企业配套、劳动密集型和高新技术企业作为县域工业发展的重点，切实加快工业化进程，提高工业化水平。

4. 以产业聚集为重点，推进县域"城镇化之路"

城镇化是县域经济发展的重要载体，是县域经济发展的推动力量，也是由传统的农业社会向现代工业社会转变的必由之路。加快县域城镇化进程，必须改变不顾现实与可能，人为"造城"的传统习惯，把城镇建设理解成修马路、盖楼房、安路灯等，应当遵循经济社会和城镇化发展的规律，借力而为，顺势搞城镇建设。县域范围城镇建设，要以县城及其工业园区建设为重点，坚持高起点规划、高标准建设、高效能管理，提高生产要素集聚程度，增强对县域经济的辐射和带动功能。要以产业支撑城镇建设，坚持城镇建设、市场建设、工业园区建设相结合，引导、鼓励各类企业向县城及其工业园区集中，推动农村人口向城镇有序流动和集聚，为工业化提供载体，为农业现代化创造条件。

5. 以对外开放为重点，推进县域经济"外向化之路"

县域经济不是县内经济，更不是封闭经济，而是开放型经济。要进一步把眼界放宽一点，积极主动地融入国内和国际统一的大市场，拓展发展空间。要牢固树立县域以外都是外，无外不兴、无外不活、无外不强的观念，实行多层次、宽领域、全方位对外开放。要实施项目牵动战略，突出抓好招商引资，增加固定资产投资，不断增强县域经济发展后劲。要以闲置工业用地吸引资金，以资源吸引技术，以存量吸引增量，以市场吸引项目，以不断开放促自身发展，把外面的资金、技术、人才和管理经验吸引进来，以大开放促大发展。

（二）发展目标及工作措施

"十二五"（2011~2015 年）是辽宁全面实现老工业振兴、全面建设小康社会的重要时期，同时也是落实县域经济第二个"倍增计划"（2011~2013 年）的关键时期。要实现全省县域经济各项主要经济指标比 2010 年翻一番的目标——即 44 个县（市）完成地区生产总值 17000

亿元,地方财政一般预算收入730亿元,固定资产投资13000亿元;农民人均纯收入达到8110元;到2013年,力争有10~15个县(市)进入全国百强县(市),有2~3个县(市)进入全国前10强县(市);努力实现每年有1~2家龙头企业上市融资。争取在"十二五"期间基本补齐辽宁县域经济这块"短板"。

为实现上述中段期发展目标,当务之急要突出抓好以下几方面工作。

1. 大力推进县域工业产业集群建设

力争今年有1/3县(市)的产业集群销售收入突破百亿元,到2013年底基本实现每个县(市)有一个超百亿元工业产业集群。一是坚持因地制宜、分类指导,科学布局产业项目。充分与县域的资源、区位、产业等优势紧密结合起来,最大限度地发挥好各地的优势。二是进一步加大财政支持力度。省政府要结合项目每年对每个县(市)继续安排2000万元扶持资金,支持县域工业园区基础设施建设,完善园区功能,提高承载能力,使重点园区全部达到企业入驻条件。加大省技改贴息资金扶持县域重大项目和产业集群的力度。三是鼓励已形成规模的产业集群进行产业升级,不断提高产品的科技含量,提升产品的附加值,并支持有条件的县域发展新的工业产业集群,更好地发挥产业集群的集聚效应。

2. 大力发展农业产业化

一是整合农业专项资金重点支持"一县一品"发展,加快种植业设施小区、畜牧养殖小区、渔业健康养殖小区和林地经济区发展,推动各县(市)确立和做大做强主导产业,建设一批各具特色的专业县、乡和村。二是进一步扩大农业对外开放,加快引进和建设培养一批以农产品加工为主的农事企业。三是将农业产业化补助资金由2亿元增加到4亿元,专项扶持重大农业产业化龙头企业发展,做大做强,拉长产业链条,提高产品附加值,提升产品质量和市场竞争能力。四是大力发展中介服务组织。引导农民按照自愿互利的原则,兴办农民专业合作组织,鼓励专业合作组织开展跨区域经营,壮大自身实力,增强服务功能。支持龙头企业、农业科技人员和农村能人以及各类社会化服务组织，创办或领办各类中介服务组织，培育扶持专业大户和经纪人队伍，提高农民组织化程度。

3. 加快推进农村城镇化建设

一是积极创造条件，搞好县城规划建设，优化农村城镇化的布局结构，发挥中心城镇的辐射作用，采取由易到难，由城市郊区和中心镇梯次整村推进办法，推进形成一大批 30 万~50 万人口中等城市。二是广开投入渠道，加大城镇的基础设施建设力度，完善城镇功能，提高承载能力。三是深化配套改革，促进城镇化的发展。把解决符合条件的农业人口逐步转移到城镇就业和落户作为推进城镇化的重要任务，放宽中小城市、县城和中心镇落户条件限制，保障外来落户人口享有城镇居民同等权益。

4. 大力推进休闲农业快速发展

充分利用具有辽宁特色的乡村文化和民俗风情，将农业生产与现代旅游业有机结合，充分开发农业资源，延长农业产业链，使休闲农业成为辽宁省县域经济新的增长点，以温泉旅游为重点，努力打造"辽宁旅游无淡季"，把辽宁建成中国温泉旅游第一省。一是建立和完善工作机制。全省上下要明确管理部门的职责关系，形成有效的管理体系和工作机制，为休闲农业发展奠定良好的工作基础。二是加大各级财政投入。省、市、县三级财政部门每年要安排分别不低于 8000 万元、1500 万元、800 万元的专项扶持资金，用于对休闲农业园区的景观设施、道路、给排水、餐厅、停车场、卫生间等基础设施建设，支持和促进全省休闲农业发展。三是加强部门协调。休闲农业管理部门和旅游部门要加强合作，建立沟通顺畅的协调机制，共同加强对休闲农业景区、园区、专业村、农庄的认证，使休闲农业认证工作制度化、规范化和常态化，推进休闲农业发展。四是加强人才培养。把休闲农业作为战略新兴产业培育，坚持产业发展，人才先行，突出抓好软环境建设。依托我省教育资源优势，借鉴发达国家和我国先进省份的做法和经验，可采取自主承办、引进与合作办学的方式，建立高等教育学府，培育高端旅游产业管理人才。

5. 完善县域经济的各项扶持政策

一是完善招商引资有关政策。对重大项目实行"特事特办"制度,对农业产业化、工业产业集群、农村城镇化以及休闲农业投资达到一定规模的项目,实施生产要素包括土地、环评、项目贴息等省予以重点倾斜。二是完善县域金融政策。农业银行、农村信用社、邮政储蓄银行等金融机构都要进一步增加涉农信贷投放。积极推广农村小额信用贷款和联保贷款。通过股权融资、期权融资、BT融资等方式解决县域发展资金问题,拓宽融资渠道,力争在企业贷款和县域企业上市上实现重大突破。积极扩大农业保险保费补贴的品种和区域覆盖范围。三是推进扩权强县改革政策的落实。学习借鉴先进省份的经验,进一步扩大县域经济管理权限,加强县级人民政府行政管理职能,强化县(市)政府责任,提高办事效率。四是开展土地股份制改革试点。研究建立促进农村土地流转的财政补贴基金,调动农民转让土地经营权的积极性,加快推进土地规模化经营。五是继续实施百强县创建奖励政策,即进入全国百强的县给予3000万元奖励资金,进入全国前十强的给予1亿元奖励资金。六是设立重大项目奖励基金。发展县域经济,项目是关键。建议从省长基金中列支5000万元,对单体产业项目投资达到10亿元,对县域拉动作用明显的大项目,给予奖励,进一步调动各地抓重大项目的积极性。

6. 努力营造县域经济发展的良好氛围

一是加大县域经济宣传力度。实行典型引路,大力宣传县域经济发展的好经验和好做法。深入贯彻落实全省县域经济现场会精神,全面推广开原市县域经济发展经验,深刻领会开原经验的实质,不断研究发展过程中出现的新情况、新问题,有效地解决发展中的"瓶颈"问题。二是发挥部门作用,形成发展县域经济的合力。发展县域经济,既是各县(市)工作的重中之重,也应该成为全省各级部门的一个工作重点,形成抓县域经济的合力。三是表彰先进鞭策后进。表彰一批做出重要贡献的先进集体(包括省直部门,各市、县市人民政府)和先进个人,同时对第二个三年倍增计划进行再动员、再部署。四要进一步完善县域经济社会发展综合评价办法。建立科学的约束激励机制，鉴于东部山区涵养水源和生态保护的特殊性，建议对清原、新宾、本溪、桓仁、宽甸5个县的考核评价中，增加生态调节系数。

（三）财政对策建议

发展壮大县域经济是政府财政义不容辞的职责。在"十一五"时期省财政"积极"政策基础上，研究提出进一步放权让利、激励发展对策建议，确保财政支持政策的稳定性、连续性。

1. 支持发展壮大县域经济，夯实县域财源基础

一是继续落实农业投入政策，确保"三农"投入稳定增长。在财政预算中体现"三个高于"，切实形成财政投入的稳定增长机制。二是用好招商引资大项目奖励和产业项目贴息政策。继续执行辽政办发〔2005〕1号文件中有关招商引资项目奖励政策措施，用好用足支持县域经济发展的产业项目贴息资金，建议"十二五"时期适度加大支持强度。三是继续实施县（市）财源建设工程。按照省委、省政府县域经济"三年倍增"计划（第二个），在"十一五"时期县（市）财源建设工程基础上，合理运用激励发展机制，通过示范、试点，支持做大县域一般预算收入规模，培育一批财政"强县"、消灭一批财政"小县"、壮大一批财政"中县"，形成一个较为稳定的"橄榄式"财源结构，谋求辽宁县域经济的可持续发展。四是重视支持村域经济发展。村域是行政区域的最小单元，是发展现代农业、推进新农村建设、化解"三农"问题的重要载体。农村改革30年来，伴随着制度和技术创新，农村分工进一步深化，村域经济呈现多样化、多级化的趋势。由于村级组织的自治性，特别是2006年取消农业税后的"税收"纽带联系的中断，现行的村级治理基本处于"真空"状态。随着农村城镇化、农业产业化、农村土地流转和集约，村域经济必然会成为发展壮大县域经济的一个重要增长点。为此，建议"十二五"时期要重视、支持发展村域经济，稳步将现行的财税支持政策适度"延续"至村域。

2. 落实好省对县（区）的财政体制支持政策，适时出台"新"的

激励政策

根据《辽宁省人民政府关于调整省市财政管理体制的决定》，进一步落实好省对县（区）的财政体制政策。一是继续执行省对县直接补助的财政政策。除按制度规定实行市级统筹的省对县转移支付补助资金外，省对县其他各类转移支付补助资金，均由省直接补助到县。二是调整省级共享税收增量返还政策。从 2011 年起，以 2009 年省对县（区）上划升级共享税收"增量返还"的决算数为基数，省每年对各县（区）实行定额财力补助。三是继续执行提高县上划中央两税返还系数政策。将县上划中央两税返还系数从 1∶0.2 提高到 1∶0.5，相应增加的返还财力部分，由省和市分别承担 0.2 和 0.1，省承担 0.2 部分通过省对市县转移支付给予补助。

在落实好上述政策措施的基础上，视"十二五"时期（2011～2013 年）省级财力可能，适时出台省级共享收入"新"的部分或全部增量返还政策①。同时，合理确定专项资金县域分担比例，减少甚至取消"虚假"的配套问题②。

3. 完善省对县（区）财政转移支付制度，促进县域基本公共服务均等化

辽宁省对县（区）的财政转移支付，大体上延续着国家对辽宁的模式③，形成了财力性转移支付④和专项转移支付两种类型。2003～

---

① 2003 年以来省级共享收入"增量"返还的"四两拨千金"效应显著，7 年间累计返还 129.5 亿元。2009 年返还额为 38.4 亿元，县（市）、区（涉农）均为 0.52 亿元，考虑到"十二五"时期县域发展、改革任务繁重，建议继续执行"十一五"时期省级"增量"集中部分全部或部分返还政策。

② 1994 年开始实施的分税制财政体制改革，造成了政府间事权与财力严重脱节，到了县域这一层面"小马拉大车"问题特别突出，县域可机动的财力捉襟见肘。现行的专项支出政府间比例分担机制，到了县域难以落实，客观上存在着"假配套""虚拟配套"的问题，本着实事求是的原则，建议"十二五"时期新的专项支出不对县域做出硬性规定。

③ 2009 年以前分为体制性返还、财力性转移支付和专项转移支付等三种形式，2010 年将财力性转移支付改为一般性转移支付，将原财力性转移支付中的一般性转移支付改为均衡性转移支付。

④ 包括一般性、民族地区、调整工资、农村税费改革、取消农业税、缓解县乡财政困难及奖励、省级共享税收增量返还、天然林禁伐、农村义务教育等多种形式转移支付。

2008年，省对74个县（区）转移支付由60亿元增加到313亿元，其中：财力性由30.3亿元增加到133.2亿元，专项性由29.6亿元增加到180.2亿元。从比重上看，财力性由50.6%降至42.5%，而专项性则由49.4%提至57.5%。为此，建议"十二五"时期，一是逐步加大省对县域转移支付规模。二是优化转移结构，即增加均衡性的、压缩专项性的转移支付。三是积极引导试行上下游间、保护区域与受益区域的横向财政转移支付制度。

4. 调整和优化财政支出结构，有效增加县域公共产品供给

近十多年来，在公共化、法治化的改革取向下，初步构建了符合县域特征的公共财政体系框架。受多种因素的制约，县域财政的"生产建设性"特征明显，公共财政、民生财政的建设步伐任重而道远。为此，"十二五"时期在发展壮大县域经济的同时，必须创新财政预算管理制度改革，加速财政从一般性竞争性、生产性领域的退出步伐，调整存、增量财力结构，不断向民生倾斜、向基层倾斜，大力支持县域基础设施、教育、医疗卫生、科技、社会保障等社会事业发展，逐步解决城乡"二元"结构的矛盾，不断化解"三农"问题。

5. 创新体制机制，营造县域经济做大做强的环境条件

一是扩大县域经济社会管理权限。在"十一五"时期全省15个发展县域经济重点县①在扩大经济管理权限试点的基础上，建议"十二五"时期放大该项政策权限——由"试点"变为"施行"，范围拓展至所有县（市），本着能放都放、权责统一的原则，进一步简化上级政府的经济社会审批权限，赋予44个县（市）与14个市享有同等的经济社会管理权限，充分释放县域的体制活力。二是进行"镇级市"建设试点。比照温州市的做法②，在辽宁经济发达县域的强镇（如海城的西柳

---

① 新民市、普兰店市、长海县、海城市、抚顺县、本溪县、东港市、凌海市、大石桥市、阜新县、辽阳县、铁岭县、凌源市、大洼县、绥中县。

② 近期媒体披露，温州市在该市"两会"期间提出了建设"镇级市"的构想，并选择乐清市柳市镇、瑞安市塘下镇、永嘉县瓯北镇、平阳县鳌江镇、苍南县龙港镇5个强镇试点，主要是下放权力，比照中小城市的目标进行规划、建设和管理。

镇等），进行强镇扩权试点，赋予镇级政府县级管理职责，解决乡镇责大权小的问题，逐步在全省范围内建成具有示范典型的"镇级市"，不断推动城镇向城市的转型。三是明确"省—市—县"间的财政关系。历经 1995 年、2003 年和 2010 年的体制改革，辽宁省以下财政管理体制逐步趋于规范，初步构建了事权与财力相匹配的体制框架，促进了区域经济协调发展。立足于财政体制的视角，当前发展壮大辽宁的县域经济，一个十分棘手的问题就是在"省管县"还是"市管县"的取舍上。作为"市管县"的经验省份，继续进行这一模式有其合理性；但受国家政策取向的引导、外省试验的诱惑，辽宁的"省管县"不只要停留在指标、资金直拨的范畴。近些年财政"省直管县"的改革试验，受政府间相互利益的驱动，在省、市、县三级政府间，客观上存在着市级①对县级的"失职"状态，难以履行好"市管县"的责任。财政"省直管县"的犹豫不决，加之市对县的"不作为"，致使县级处于上下为难的"窘境"。其实，两种管理模式各有利弊，是延续原有的"省—市—县"层级式财政治理模式，还是推行"省直管县"改革，亟须深入分析、调研、论证，特别需要省委、省政府做出科学决策，进行必要的"试点"工作，谨防"政策摇摆"状态而贻误县域经济发展壮大。四是完善乡镇财政管理方式改革。加强基层财政建设，健全乡镇财政工作机构，稳定乡镇财政队伍。五是完善财政系统内部工作协调机制，整合涉农财政资源，切实发挥合力作用。

---

① 计划单列市除外。

关于支持辽宁沿海经济带发展
财政政策取向的建议^①

辽宁沿海经济带在整个东北亚格局中具有战略地位，其发展壮大是确保东北等地区老工业基地全面振兴的重要保证。从国家经济社会的战略高度来审视辽宁沿海经济带发展问题，亟须调动地方和中央"两个积极性"，妥善运用财税政策工具，突破体制机制的现有约束，营造实现辽宁沿海经济带发展的环境条件，实现沿海经济带的快速发展。

财政作为政府宏观调控的重要手段，在支持辽宁沿海经济带发展过程中肩负着重要职责。切实抓住《辽宁沿海经济带发展规划》即将上升为国家战略的有利契机，有效运用财政体制、转移支付、税式支出、贴息担保、政府采购等政策工具，充分发挥财政职能作用，是当前和今后一个时期各级、各部门亟须研究解决的现实问题。

近些年来，为落实省委、省政府开发开放沿海经济带的重大战略举措，省财政先后出台了产业项目贴息、税收增量返还、招商引资奖励等政策措施，有力推动了沿海经济带的发展。但从国家战略层面来审视，现行的财政支持政策凸显出层次低、力度小、时限短、手段单一等不足，尚需加以改进、完善、提高。为此，研究借鉴提出如下建议：

---

① 本文刊发于《地方财政研究》2009 年第 12 期。

一、积极完善辽宁的财政支持政策

1. 建立辽宁沿海经济带产业发展基金

发挥政府资金的引导作用，做大做强产业园区项目，是实现我省沿海经济带上规模、上水平的基础性前提。借鉴上海浦东新区开发建设过程中设立产业发展基金的做法，应积极筹建辽宁沿海经济带产业发展基金。资金来源，一是省财政每年现有的3亿元专项资金存量，二是视省财政状况适当增加财力增量，三是整合部分财政专项资金，四是变现部分国有资产资源，五是积极争取中央财政专项资金支持，由此形成一定规模的产业发展基金，通过财政贴息、基础设施建设投入等形式，支持沿海经济带优势工业、现代服务业和现代农业发展，推进产业结构优化升级。

2. 延长省财政税收增量返还政策的时限

按照《关于鼓励沿海重点发展区域扩大对外开放的若干政策意见》的规定，从2006年1月1日起，对沿海经济带重点发展区域上缴省级的增值税、营业税、企业所得税、个人所得税和房产税，以2005年为基期，省财政给予70%增量返还，此项政策执行到2010年。鉴于《辽宁沿海经济带发展规划》规划期为10年（2009～2020年），为此建议省政府将该政策延长至2020年，同时返还比例可在原70%基础上进行适当的增减（如第1年高比例返还，日后逐年比例递减），以确保政策措施的连续性、有效性。

3. 适当增加招商引资奖励政策措施的资金规模

按照《关于加快"五点一线"沿海经济带建设的若干意见》的有关要求，从2008年起省财政每年安排2000万元园区招商引资奖励，采取基础奖励和大项目奖励两种形式，调动园区招商引资的积极性。截至今年7月底，沿海经济带重点区域外商投资项目达314个，实际利用外资34.7亿美元，呈逆势而上的态势。为此，建议在此基础上适当增加资金规模，灵活运用激励机制，进一步提高沿海经济带招商引资工作的水平和质量。

4. 构建省财政利益调节机制

伴随着辽宁沿海经济带的形成，在中部城市群、辽西北、沿海经济带市县间，由于生产要素的流动，必然产生税源、财源在不同地区不同级次间的转移，出于地区利益的角度，极易形成行政阻隔和"诸侯经济"。为此，可从省级财政的层面，妥善处理好相关区域"存量"与"增量"利益关系，通过合理设计纵横向转移支付制度，有效构建财税收入比例分享机制，确保不同地区共享沿海经济带开发建设的成果。

二、积极争取国家的财政支持政策

1. 积极争取国家的财政专项资金支持

在上海浦东新区①、天津滨海新区②、福建海峡西岸经济区③开发建设过程中，中央政府通过税收增量返还、专项转移支付补助等形式进行了专门支持。为此，建议参照上述区域开发建设中的政策"标尺"，积极向国家争取，在 2009～2020 年规划期内，给予辽宁一定规模的专项资金支持。

2. 积极争取增值税全面转型试点区域

我国自 2003 年开始试行的增值税转型试点，在抵扣范围、抵扣数量上做了诸多限定，具有较明显的生产型增值税特征，在抑制投资过热的同时，也带来了投资约束的"负向"激励和"逆向"调节。鉴于辽宁作为兼具老工业基地和沿海的特殊省份，在解决历史遗留问题和兼顾发展的同时，亟须强有力的政策支持，形成必要的投资"洼地"，为此

---

① "九五"期间中央财政设立浦东发展基金，以 1993 年中央核定的税收返还为基数，浦东新区每年"两税"收入（增值税、消费税）增幅在 15%（含 15%）以内的，新增收入中央部分全部进入浦东发展基金，对增幅超过 15% 部分的中央新增收入 50% 进入浦东发展基金。

② 2005～2009 年，中央财政每年给予天津滨海新区 10 亿元专项补助，今年这项政策又延期了 5 年。

③ 《关于支持福建省加快建设海峡西岸经济区的若干意见》规定，对海峡西岸经济区的基础设施建设给予专项补助。

建议中央将辽宁作为增值税彻底转型的试点区，并为该政策在全国的推行积累经验。

3. 积极争取辽宁区域经济"成分"的改变

长期以来，沿海省份地理位置和计划经济时期"辉煌"使辽宁在区域经济划分上，同北京、天津、山东、江苏、上海、浙江、福建、广东等一起成为"富人俱乐部"。虽然经多方努力，辽宁"成分"问题有所改观，但尚不彻底。特别是近些年国家加大了基本公共服务均等化的财力保证能力，辽宁富人经济"成分"问题就开始显现。置身于老工业基地的特殊区域，伴随着沿海经济带规划战略的提升，建议积极开展辽宁区域经济"成分"相关政策研究，力求全部或部分比照执行中部或东三省的财税优惠政策。

三、多元构建投融资平台

1. 发行辽宁沿海经济带地方债

2008 年辽宁省的一般预算支出为 2152 亿元，同沿海经济带基础性、公益性项目建设开发的巨大资金需求相比，单靠当期的政府预算财力，可能是杯水车薪。2009 年，中央政府开启了代理地方发行 2000 亿元国债的先河，辽宁省也争取了 66 亿元额度，一定程度上缓解了当期的财政收支矛盾，同时也为健全财政投融资体制改革注入了新内容。为此，建议充分运用中央财政代理地方发债的有利契机，做好"辽宁沿海经济带"这一无形资产和"概念"，按照基础性、公益性、风险可控性的原则，通过项目储备、打捆包装、形象设计等，适时适量推进地方债的发行，多渠道筹集建设发展资金。

2. 建立辽宁沿海经济带中小企业投资基金

资金来源为省政府和相关市的投入引导，出售国有资产股权产权，引入境内外战略投资、民间资本等形式，通过规范的股份制运作、市场化经营、科学化管理，有效解决中小企业融资难的问题。

3. 大力推行 BOT（建设—经营—移交）、PPP（公用事业市场化）

等运营形式

运用政府的特许经营权（如 BOT、PPP 等），实现基础设施和公益项目的建设、运营、管理等问题，已被国内外实践证明是行之有效的实现形式。建议在辽宁沿海经济带的开发建设过程中，积极探索市场化的运营机制，避免政府过多包揽和"政府失灵"现象的发生。

后农业税时代县乡财政经济运行情况的调查[①]

——基于辽宁财政科研观察点问卷分析

2007 年辽宁省筹建了财政科研观察体系，在全省范围内选择 13 个县 120 个乡镇（好中差各 1/3），形成了 133 个科研观察"样本"，观察点联系人来自县乡财政部门。为全面了解取消农业税后农村新情况、新问题，我们设计了 50 道单项选择题，组织进行了无记名问卷调查。此次调查共收到有效答卷 112 份，其中县级 18 份、乡级 94 份，通过统计分析，结合实地调查、座谈，获取了基层政府财政运行第一手宝贵资料，据此对农村财政经济和社会运行情况进行客观、求是的判断。

一、基于调查问卷的统计分析

（一）关于现行财政管理体制

71.4% 的被调查者认为近年来辽宁的省对县乡财政政策"满意"，67% 的被调查者对市县的财政支持"基本满意"。

1. 分税制改革喜忧参半，在基层造成了事权与财力的极不匹配

52.7% 的被调查者认为 1994 年分税制财政体制改革"喜忧参半"，

①　本文是国家社科基金项目《取消农业税后农村新情况新问题及对策研究》（06AJY004）阶段性研究成果，刊发于《地方财政研究》2008 年第 4 期。

认为成功的占28.6%，不成功的占14.3%。48.2%认为现行的县乡财政体制属于分税制和包干制的"混合模式"，37.5%认为是分税制，6.3%认为是包干制。从事权与财力的匹配角度来衡量，68.3%选择了"极不匹配"，"基本匹配"的占14.3%，"难以判定"的占17.4%。

2. 税收成本过大，基层财政数字"大"、财力"小"

75.9%的被调查者认为税收成本过大，选择其占地区税收比重"5%～10%"的为25.9%，"5%以下"的为19.6%，"15%以上"的为15.2%，"10%～15%"的为13.4%。在比重的判断中，县乡的多数调查者判断为"10%～15%"，而乡级的多数调查者判断为"5%～10%"。针对基本财政数字真实性的判断，54.5%的被调查者认为"不真实"，认为"虚假"占一般预算收入比重大致是"5%～10%"的为17%，"15%以上"的为16.1%，"10%～15%"的为13.4%，"5%以下"的为10.7%。

3. 财政转移支付制度有较大改善，地方"配套"压力大

51.8%的被调查者认为，近几年财政转移支付制度有"较大改善"；38.4%认为"很成功"，一定程度上提高了财政均等化程度；6.3%认为"不成功"，获取转移支付的"成本"过大。对于来自上级"配套"压力问题，59.8%的被调查者认为压力"很大"，但"真"配套不多，同时也有21.4%的认为压力"不大"，属于地方政府承受范围之内。39.3%的被调查者认为应该"优化转移支付结构"，33.9%认为应进行"综合改进、全面设计"，26.8%认为应改"基数法"为"因素法"，来改进和完善现行的财政转移支付制度。

4. 乡村债务问题突出，存在演化为"财政危机"的可能

75.9%的被调查者认为乡村债务"很重"，解决不好会形成基层"财政危机"。在乡村债务构成上，67%的被调查者认同"上级达标性指令占1/3，自身管理占1/3，市场因素占1/3"的提法。

5. 公教人员工资"以县为主"发放体制效果较好，确保了不拖欠

73.2%的被调查者认为"以县为主"的发放体制"效果很好"；24.1%认为"效果一般""换汤不换药"，筹资主体还在乡镇；认为

"效果不佳"的占1.8%;"无法判断"的占0.9%。

(二)关于县乡财政管理模式

78.6%的被调查者认为基层财政管理"较规范",14.3%认为"不规范",认为"很规范"的为3.6%。

1. 弱化"省辖市"利弊并存,"省直管县"要因地制宜

50%的被调查者认为弱化"省辖市"各有利弊,其中:44.4%的县级表示同意弱化,而53.2%的乡级认为各有利弊,这一问题在县乡级间存在较大分歧。关于浙江的"省直管县"模式,56.3%赞同在辽宁推行,其中:县级88.9%赞成,而乡级赞成与不赞成的比例分别是50%和38.3%。值得注意的是,经济发达乡镇62.5%表示不赞成。

2. "乡财县管"模式在县乡间产生不同凡响,县级较赞成而乡级反对强烈

有关"乡财县管"模式,55.6%的县级被调查者表示"赞成";57.4%的乡级被调查者表示"不赞成",认为造成了乡镇一级政府"政"与"财"的分离,增加了管理成本。同时,在经济发达、中等、欠发达的乡级调查者中表示不赞成的比例分别为68.8%、60.5%和48.6%。关于"村财乡管"模式,75%的被调查者选择"赞成",认为村级不具备管理的条件。

3. "合乡并镇""合村并组"成效不大

有关"合乡并镇""合村并组"的成效,认为"成效不大"的被调查者占67.9%,认为"成效很大"和"没有成效"的各占13.4%。有关乡镇一级政府今后改革取向,59.8%选择了"加强",21.4%赞同作为县级"派出"机构,认为"撤并"的占11.6%,而"自治"的占4.5%。

4. "垂直"管理弊大于利

近年来,一些政府部门纷纷实行"垂直"管理,56.3%的被调查者认为这一模式"弊大于利",而认为"利大于弊"的为36.6%。

(三) 关于取消农业税

84.8%的被调查者"赞成"取消农业税，同时也有13.4%的"不赞成"。

1. 综合补贴政策收到了一定成效，改进完善的呼声很高

有关农村的各种补贴，54.5%的被调查者认为"很好"；38.4%认为效果"一般"。同时，这一问题在不同类型的乡级答案不一，其中：在中等水平有58.1%的被调查者认为"很好"，而处于两端的（发达和欠发达）有62.5%和48.6%的认为效果"一般"。可见，各种补贴政策在经济水平一般的乡镇绩效明显，而对发达和欠发达的乡镇成效不突出。因此，55.4%的被调查者认为下一步要改变对农户的直接补贴方式方法，集中财力用于弥补乡村公益事业投入的不足；而选择维持现状、继续增加补助的占25.9%。

2. 新一轮土地纠纷出现，提倡土地有序流转

取消农业税后，随着各种补贴政策的实施，42.9%的被调查者认为出现了新一轮的土地纠纷问题，37.5%的被调查者认为前后变化不大，只有6.1%认为没有出现。有关农村土地制度改革，38.4%的被调查者认为应坚持农村土地承包经营制度长期不变，在此基础上58%的被调查者"赞成"土地有序流转，规模经营。

3. "垦荒热"现象虽不普遍，但生态环境趋于恶化

79.5%的被调查者认为，取消农业税、实行各项补贴后，种地的比较利益提高后，农村出现新一轮"垦荒热"的现象并不普遍，但42%的被调查者认为农村的生态环境趋于恶化，自然灾害频发、河流断流等问题比较突出。

4. 乡镇职能转换迟缓，新一轮"招商引资"热现象比较突出

69.6%的被调查者认为目前乡镇的主要职能是发展经济，而完成上级交办的各项任务和社会管理只占14.4%和16%。县乡不同的是，县级的社会管理同级比重大于完成上级交办的各项任务比重，分别为27.8%和5.6%；而乡级的社会管理同级比重则小于完成上级交办的各

项任务比重，分别为 13.8% 和 14.9%。不难看出，乡镇基层政府对社会管理的承担能力十分有限。基于经济发展的定位，便不难理解有49.1% 的被调查者承认出现了新一轮"招商引资"热潮和"跑部（步）钱（前）进"的现象。

5. "一事一议"无法运行，乡村公共产品和服务供给机制亟须重视

有关"一事一议"农村公共事业供给方式，73.2% 的被调查者认为无法运行，基本是"有事难议""无事可议"，农村公共事业"筹资"问题处于停滞状态；选择运行很好的只占 10.7%。

6. 取消农业税后农民负担变化不大，农民生活水平符合初级阶段国情

42% 的被调查者认为，表面上看直接税费负担降低，实际上隐性负担仍很重，前后农民负担"变化不大"；34% 的认为农民负担"明显减轻"；24% 的认为由于农资涨价和看病、上学贵等因素，农民负担反而"加重"。有关当前农民的物质生活水平问题，高达 84.8% 的被调查者认为"可以"，符合初级阶段的中国国情；10.7% 的认为"不好"，存在着逐年恶化的趋势；3.6% 的认为"很好"。

（四）关于农村综合改革

63.4% 的被调查者对农村综合改革"很有信心"，26.8% 的认为"难以判断"，9.8% 的认为"没有信心"。有关下一步农村综合改革最关注的问题，56.3% 的被调查者选择了"乡镇财政体制改革"，38.4%认为是"乡镇体制改革"。县乡所不同的是，55.6% 的县级被调查者最关注的是"乡镇体制改革"，而 60.6% 的乡级被调查者最关注的是"乡镇财政体制改革"。67.9% 的被调查者认为"新农合""很好"，28.6%认为作用"一般"。73.2% 的被调查者对农村"低保"制度评价是"基本满意"，14.4% 认为"不满意"。

（五）关于新农村建设

66.1% 的被调查者对新农村建设"充满信心"，21.4% 表示"暂时

——乡镇政府职能"错位"问题尚待转换。寄希望于取消农业税而实现乡镇政府职能转向"公共化"的设想，却在政绩考核等"缺陷性"制度的"紧逼"下难以实现。因此，乡镇过强的经济职能与过弱的社会服务职能产生了自相矛盾。

——乡村干部"等、靠、要"思想有所加剧。由于缺少必要的财力支撑，乡村干部为民谋"事"的热情大打折扣，不得已而为之只能消极"怠工"，处于"进退"两难的局面。因此，作为一种理性选择，"等、靠、要"，"跑步（部、省、市、县）前（钱）进"的现象愈加突出。

——农村土地集中与流转处于"两难"境地。现代化大生产需要相应的规模经济、集约化程度，而取消农业税后形成的"小农经济"模式，表现在土地集中与流转上出现了矛盾，一方面适应生产力发展、科技进步，需要集中土地，另一方面因取消农业税、实行农村补贴的"比较利益"又加剧了土地流转的困难。

——农民负担出现了由政府转向市场、显性转向隐性的现象。取消农业税前，农民的各种负担体现在政府与农民之间，一切负担处于明处，而取消农业税后这些负担更多地转嫁于流通领域，是通过市场行为隐性运作的。

——"谁来种地、谁会种地"问题逐步显现。伴随着市场化改革的深化，在比较利益的驱使下，农村强壮劳动力大多进入城市和发达地区，剩下的多是年迈、"知识贫瘠"者，出现了所谓的"妇女村""儿童村""老年村"。实地调查显示，在一些经济较发达的农村，种地农民平均年龄在50岁左右。所以，再过若干年，"谁来种地、谁会种地"的担心并非危言耸听。

三、推动县乡财政经济良性运行的对策建议

城乡"二元"结构、"三农"问题是长期的中国国情，化解这一矛盾是一个复杂的系统工程，需要统筹兼顾、分步实施，要充分试点、总

结经验，切忌"一刀切""运动式"。

1. 加快政府职能的转换

按照"有所为，有所不为"的原则，科学界定政府与市场的作用边界，凡是通过市场机制能解决的，政府重点进入市场失灵或缺陷的领域。捍卫市场经济的主体地位，发挥市场配置资源的基础性作用，走出"万能政府"的怪圈，谨防政府过多干预、过多包揽，谨防旧体制简单复归。

2. 改进现行的政府考核体系

树立科学的发展观、政绩观，推行绿色 GDP 核算体系，避免不顾条件和可能而出现的层层下达指标、任务的做法，切实将基层政府从"考核经济""干部经济"中走出来。

3. 完善政府间财政关系

合理划分各级政府间的事权和支出责任，按照公共产品受益性原理，科学构建事权与财力相匹配的政府间财政关系。尽快研究出台《政府间财政关系法》，以法律形式规范政府间事权范围。完善现行的财政转移支付制度，增加一般性转移支付，压缩整合专项转移支付，取消税收返还，研究出台《财政转移支付法》。适度降低中央财政的集中度，建议以中央与地方各 50% 为宜。同时，积极推进新一轮税制改革，赋予地方政府必要的税权和稳定的税基。

4. 审慎推行简化政府级次改革

在市场经济条件下，"一级政府，一级事权，一级财力"是天经地义的。目前正在推行的"省直管县""乡财县管"等简化政府级次的改革，与繁杂的中国国情格格不入，特别是浙江的"省直管县"模式只是"个案"，难以在全国全面推广。同时，妥善处理好"垂管"部门与县乡政府的关系，在清理整顿的基础上，合理确定数量、级次，避免"垂管"泛滥化。

5. 重构农村公共产品供给机制

长期以来，我国农村公共产品供给制度形成和发展只是国家发展战略的一种被动性适应，农村公共产品供给总量不足、效率低下等问题直接影响了农村经济社会的发展。一是科学界定农村公共产品，明确农村公共产品供给主体的职责，适当增加中央和地方政府对农村公共产品的投入。二是在供给主体、资金来源和供给方式上，改变传统的完全依靠政府来提供公共产品的供给模式，实现多主体、多渠道和多方式共存的供给模式。三是改革和完善财政管理体制，加快相关配套改革。四是改革和创新农村行政管理制度，完善农村公共产品供给的决策、执行与监督机制。五是建立农民公共产品需求表达机制，充分尊重广大农民的需求意愿，保证农村公共产品供给的有效性。

6. 稳步推进农村综合改革

农村综合改革是一项长期的任务，要本着量力而行的原则，充分试点、稳步推进，切不可"大跃进""一刀切"。要在稳定农村义务教育经费保障机制改革成果的基础上，稳妥推进乡镇机构优化、职能转化，积极探索符合县乡实际的财政运行机制。

7. 有序推进土地流转制度改革

在稳定现行农村土地承包政策长期不变的前提下，适应社会化大生产、城市化进程等客观现实，积极探索土地股份制改造，试行土地公司化改革，有序流转农村土地资源，避免"小农经济"的简单回归。

8. 重视提高农民素质

立足于农村现有的土地资源，通过农业产业化、合作化等举措，提高农业劳动生产力，通过教育、培训、示范，全方位提高农民素质，发挥农民在农业生产、流通中的主力军作用。

关于土地财政的几点认识①

近些年来，"土地财政"成为中国的特有词汇。其中的地方债务问题，也日益成为社会各界关注的焦点。现实情况也表明，在一些地区（特别是中西部、东北）的市县，也因大量"土地融资"行为，存在着引发地方债务风险的可能。究竟有多少会转化为地方债务风险，的确是个未知数。

"土地财政"之所以成为贬义词，应该反思我们现行某些制度设计上的缺陷和不足，透过现象看本质。其实，地方政府财政收入依赖土地属于正常的现象，也是国际惯例。只是这种过分粗放的依赖模式出了问题，即步入了"征地—卖地—收费收税—抵押融资—再征地"的怪圈。

由于我国土地资源的极为稀缺性，客观上存在着土地供给递减规律和收益递减规律的限制。而地方政府的"变通"做法，往往就是不断地在城乡"二元"土地制度上做文章，借各种名义扩大土地储备，变更城乡区划，建设新城，规划工业园区，城乡土地置换，等等。

1994 年的财政体制改革，选择了中央对省级政府的分级分税模式，省以下大多沿用传统"财政包干"时期的做法。特别是更高一级政府不断地向上收紧财权，不断地向下转移事权，致使政府间纵向财力的非均衡匹配。在政绩考核制度和压力型财政制度"双重"作用下，也迫使地方政府在"经济城市"过程中找到了解决财政饥渴的便捷路径——转让、出售国有资源（资产）。

---

① 本文是为《中国经济时报》2012 年 5 月 5 日专题策划撰写的文稿。

　　我国的分税制不同于西方的传统模式,具有"让利不分权"特性,属于"经济性分权"的范畴。这种非规范模式的财政制度之所以得以长时期平稳运行,其根本原因在于中央政府对国有土地(矿产)资源收益权的让渡,这部分"国有"形同市县政府所有。可以说,有了这种让渡,使得十分刚性的制度变得富有弹性,一方面调动了地方政府发展经济性,改善了地方公共产品和服务的供给,另一方面也加速了地方工业化、城市化进程,并为中国经济近 20 年高速增长提供了强大的驱动力,这也是中国模式的一个重要奥秘所在。

　　"土地财政"是地方政府对上级政府的"倒逼机制",如此长时期的"倒逼"必然出现负激励,产生这样那样的问题。表面上,房价高企、资源环境恶化、地方债务危机等,好像都是"土地财政"惹的祸,归咎于地方政府的"坏孩子"行为。其实,"土地财政"作为一种客观存在,有其存在的合理性、历史性和阶段性,适时适度转型已成为必然。

　　"土地财政"问题的复杂性,决定了其研究和解决必须综合考量、顶层设计,决不能仅就土地财政而土地财政。

　　第一,加速地方政府职能的转型。按照有所为、有所不为的原则,进一步明晰政府与市场的作用边界,加快从一般性生产性、经营性领域退出步伐,充分发挥市场机制在资源配置中的基础性地位和作用,切实有效将政府过多的经济发展职能转变至公共服务上来。

　　第二,树立科学的政绩观。尊重客观经济财政发展规律,适度控制地方经济和财政增长速度,特别是弱化干部政绩考核体系中 GDP、财政收入的比重,切实将经济增长置于可持续发展的基础之上。

　　第三,加强地方税制建设。按照我国现行的税制,房产税、耕地占用税、契税、城镇土地使用税、土地增值税、车船税、烟叶税、固定资产投资方向调节税(已停征)8 个税种构成了完整意义上的地方税。以 2008 年为例,在总计 5.4 万亿元税收收入中,属于上述地方税的仅占 6.9%。"土地财政"问题的出现反映出地方税建设的滞后。为此,一是通过降低共享比例等措施,适当增加地方财政的初次分配比重;二是从土地保有环节入手，研究开征物业税，为地方政府提供可靠稳定的财源基础；三是研究开征遗产和赠与税，有效发挥税收的收入分配调整功能。

第四，改进国有土地资源收益管理。一是将现行的出让收益主要由市县支配模式，改变为中央、省级政府共享模式，有效遏制地方政府的"卖地冲动"问题；二是调整国有土地收益支出结构，逐步增加公益性、民生性比重；三是推进国有土地收益收支的预算公开，增加透明度，切实提高使用效益。

第五，赋予地方政府必要的融资权。近两年来，地方政府融资平台得到迅猛发展。这种自下而上的实践形式，需要客观评价，认真研究，积极引导，并通过修订《预算法》赋予地方政府有条件的发债权，切实解决地方一级政府融资发展问题。

财政改革深化

建立现代财政制度的"三个期待"[①]

　　党的十八届三中全会通过的《中共中央关于全面深化改革若干重大问题的决定》，首次从国家治理高度，明确了财政是国家治理的基础和重要支柱，并将建立现代财政制度作为重要的战略取向。

　　财政制度安排体现政府与市场、政府与社会、中央与地方关系，涉及经济、政治、文化、社会、生态文明等各方面。1994 年，我国实行了分税制财政体制，同步推进了税制改革，后经 20 余年的改进调整，较好地规范了中央与地方、国家与企业、政府与市场之间的关系，为构建现代财政制度奠定了良好基础。1999 年，我国启动了预算制度改革，通过部门预算、国库集中收付和政府采购等制度的引入，初步构建了现代财政预算体系框架，历经十几年的实践运行，预算理念深入人心，预算公开性、民主化程度显著提高。

　　当前，我国已进入全面建成小康社会的决定性阶段，机遇与风险并存，尤其是发展不平衡、不协调、不可持续问题依然存在。这些问题从机制上，都与现行财政制度设计、各项财税改革不到位有一定关系。20世纪 90 年代我国所推行的各项财政制度改革，随着时间推移，基本丧失了帕累托改进的可能，表现出诸多不适应性。一是预算管理制度的完整性、科学性、有效性和透明度不够，预算管理偏重收支平衡状态，支出预算约束偏软，不利于依法治税和人大监督。二是税收制度不适应经济社会发展、改革、转型的新形势，特别是在解决产能过剩、调节收入

---

　　① 本文刊发于《地方财政研究》2014 年第 1 期，"卷首语"。

分配、促进资源节约和生态环境保护方面的功能较弱，过多的区域性税收优惠政策，不利于公平竞争和统一市场环境建设。三是中央和地方事权与支出责任划分存在不清晰、不合理、不规范等问题，转移支付制度不完善，项目过多，规模过大，结构失衡，资金分散，不利于建设财力与事权相匹配的财政体制和推进基本公共服务均等化。

财政是政府配置资源的主要方式，是政府更好发挥作用的具体体现，要推进国家治理体系和治理能力现代化，必须实现财政制度现代化。

第一，期待着预算管理制度现代化。要通过改进年度预算控制方式、建立跨年度预算平衡机制、清理规范重点支出挂钩机制、完善转移支付制度、建立政府性债务管理体系等，逐步建立完整、规范、透明、高效的现代预算管理制度。

第二，期待着税收制度现代化。要通过完善地方税体系、提高直接税比重、推进增值税改革、发挥消费税的调节功能、逐步建立综合与分类相结合的个人所得税制、加快房地产税立法并适时推进改革、加快资源税改革、推进环境保护费改税等，建立有利于科学发展、社会公平、市场统一的税收制度体系。

第三，期待着政府间财政关系现代化。要本着外部性、信息复杂程度和激励相容的原则，通过适度强化中央事权和支出责任、合理明确中央与地方共同责任分担机制、部分中央事权通过转移支付"委托"地方"代理"等，切实有效建立事权与支出责任相适应的制度。

总之，加快构建现代财政制度，是一项复杂的系统工程，不可能一蹴而就，需要顶层制度设计，需要均衡各方面利益关系，需要长期不断地实践探索完善。

新时期我国财政改革的几个问题[①]

党的十一届全国人大四次会议批准通过的《国民经济和社会发展第十二个五年规划纲要》，从财税体制、预算管理制度和税收制度等方面明确了新时期我国财政改革基本取向。本文立足于地方视角，针对当前我国财政现实问题进行系统梳理，形成了一些不成熟的看法，以期对我国财政制度创新有所裨益。

财政作为国民经济的综合反映，其运行状况是检验一个国家或地区整体运行质量的"晴雨表"。改革开放近40年来，财政改革作为"急先锋"，为我国经济社会繁荣做出了历史性贡献。由于选择了渐进式的改革路径，随着时间的推移，现行财政制度的某些方面和环节基本丧失了帕累托改进的余地，步入了改革攻坚阶段，特别是受部门或地方利益的双重驱使，甚至出现了负向激励和逆向调节的问题，新时期、新阶段亟须顶层设计、统筹考量、切实推进。

一、关于财政职能的再定位

这是财政的首要问题。虽说是个老命题，但新时期必须重新界定、认知，否则财政改革与发展将会迷失方向。其实，财政从来就是政府的财政。1996年何盛明教授就提出了"政府应做的，就是财政要干的"

① 本文完成于2011年12月，国家社科基金资助项目（11BJY130）阶段性成果，刊发于《财政研究》2012年第3期，《复印报刊资料·体制改革》2012年第6期全文转载。

论断，形象表述出财政从属于政府的职能特征。计划经济时期，政府几乎控制着所有经济社会资源，进行着全过程、全领域、全方位的资源配置。这种低效率的体制选择，经过几十年尝试，逐渐被市场机制所替代。时至今日，政府职能定位模式问题尚未得到很好解决，计划经济的思维模式也在不知不觉中左右着政府财政职能，出现了诸如"缺位"与"越位"的矛盾。考察现时的财政职能作用，就"缺位"而言，近些年公共财政、民生财政的具体实践，一定程度上得以缓解、改进；就"越位"而言，似乎调整得不理想，政府万能思想根深蒂固，"强政府"模式通过财政收支活动作用于经济社会的方方面面。

如果将政府财政职能"越位"视为"左"的问题、"缺位"视为右的问题的话，相形之下，"左"比右更可怕。客观上讲，"不作为"的政府，难以弥补市场失灵和缺陷，难以有效提供公共产品和服务，这样的政府是"缺位"政府，是不称职的政府；反之，"乱作为"的政府，追求的是"左"的急躁冒进，超越了国情、省情和发展阶段，违背的是市场经济规律，浪费了稀缺的财政资源，这样的政府是"越位"政府，也是难以令人满意的政府。

当下，一个最为棘手的问题，就是政府与市场的作用边界模糊。政府多以经济人的角色，扮演着"运动员"和"裁判员"的双重身份，主导着资源配置，直接干预微观经济运行，出现了"你中有我，我中有你"的局面。"政府应该做的"，到底做什么？做到什么程度？究竟由哪级政府来做？等等，所有这些基本问题，必须做出明晰界定。一个基本的改革建议，就是凡市场能做的，政府就要少介入或者不介入；凡通过间接手段能调节的，政府就少用或者不用直接手段来干预；凡更低一级政府能做的，更上一级政府就少介入。只要明晰了上述这些原则，减少行政手段在资源配置上的无节制运用，还原市场机制的本原，才能真正实现由万能政府向有限政府特别是公共服务型政府的重要转型。社会各界达成了上述共识，"财政要干的"职能再定位问题也就迎刃而解了。因此，社会主义市场经济条件下的政府财政，必须"有所为，有所不为"，要重点在营造环境条件、构建良性机制上做文章，最大限度地满足社会公共需要。

二、关于财政政策取向的调整

近些年来，我国总体上实施的是积极财政政策。积极财政政策的选择，一般是在经济低迷、需求不旺的"非常时期"，通过增加政府支出、适度减税等手段，增加有效供给，刺激经济增长，降低宏观经济运行的波折。自20世纪30年代凯恩斯开启国家干预经济以来，扩张财政政策频繁加以运用，日益成为宏观调控的重要政策工具。

1998年以来，我国先后两次密集实施积极的财政政策，开启了运用财政政策工具反经济周期运作的先河，其成效也是有目共睹的。同样，积极财政政策也有其"消极"的一面。特别是2008年的"一揽子"扩张举措更是一柄"双刃剑"，政策制定之初人们担心和可能引致的后果也在意料之中，即这种以"要素驱动"型的增长难以持续，这种以"政府主导"型的增长模式必然会对民间资本产生"挤出效应"，这种以赤字财政为主导"透支"型增长必然会加剧财政风险，这种不加约束的增长必然会带来一系列矛盾和问题。

新中国成立初期，中国舶来了苏联计划经济体制的政府主导投资模式，20世纪90年代以来的市场化改革取向，逐步弱化了政府高度集中的计划投资体制，而1998年以来的积极财政政策，又在不知不觉中重新复归了政府主导经济的旧模式，步入了"审批经济"的"怪圈"。自2003年以来，中国经济出现了过热的迹象，而2005年财政政策向"稳健"转型，也因其扩张惯性和稳健时滞的双重作用，加之部门利益和地方政绩的双重驱使，实际上依然保留着"扩张"的成分。2008年，为应对全球金融危机的"四万亿"举措，更加注入了政府性投资扩张的因素。

扩张性财政政策，具有短期性、间接性、结构性等特征，若任其短期政策长期化、间接手段直接化，势必会产生挤出效应，降低经济社会资源的配置效率。十多年来，我国一直靠"透支"未来维系经济增长，形成了积极财政政策的路径依赖。若继续下去，后果只能是政策效应日益递减，进而产生负向激励和逆向调节的问题。为此，必须适时调整财政政策基本取向。一个基本的改革建议，就是加速积极财政政策向稳健财政政策的转型，并针对一个时期以来经济过热的客观现实，实施"稳中偏紧"的财政政策，必要时启动紧缩的财政政策。在大力压缩建设国债规模、优化投资方向和结构的同时，大力实施结构性的减税政策，积极营造市场经济条件下利于创业的财税制度、政策环境。

三、关于宏观税负的适度降低

财政收入占 GDP 的比重，也称宏观税负，是衡量政府参与国民收入初次分配的重要尺度，其与国家发展程度、社会福利提供状况成正比。受一个国家经济发展阶段、政府职能范围大小的制约，这一比重国际衡量标准较为模糊，而对发展中国家而言，较为主流的认同上限为25%（王美涵，2007 年）。考察改革开放以来我国预算内财政收入占 GDP 的比重，呈现出"V"形演化过程，即由 1978 年的 31.1%，降低至 1995 年的 10.3%，提升至 2010 年的 20.9%。其间的变化，得益于20 世纪 90 年代初期以来一系列"集权"财税改革举措，逐步做大了国家财政"蛋糕"，实现了振兴财政战略所期望的"20%"目标。

近些年来，有关我国宏观税负的争论一直不断。《福布斯》杂志公布的"全球税负痛苦指数排行榜"中，中国一直名列前茅。尽管官方和学术界从不同层面做出种种解释，但围绕"名义税负"与"实际税负"，财政收入计算口径大、中、小的讨论颇有疑义，也达成了目前普遍认同的共识——仅就制度内收入（预算内＋预算外）而言，在国民收入初次分配中，政府分配超过 25%；如果考虑制度外收入（制度外基金、制度外收费、制度外摊派、集资和制度外罚款等）因素，政府实际可支配收入超过了 35% 以上。这一比重对于长期处于初级发展阶段的发展中国家而言，可以说已经不低了，继续提高的空间极为有限。

按照国家"逐步提高居民收入在国民收入中的比重，提高劳动者报酬在初次分配中的比重"的总体构想，十分有必要充分发挥市场机制的作用，重新审视国民收入初次分配倾向政府和垄断行业的客观现实。道理很简单，国民财富的蛋糕是既定的，如果继续倾向于政府和垄断企业的一方，相应减少的是城乡居民收入份额；如果财政收入规模的继续扩大，必然会加重税收负担，降低市场配置效率，背离税收中性原则，产生挤出效应，妨碍微观经济基础。所以，从国民收入"蛋糕"的初次分配入手，通过深化税费改革、垄断行业改革等举措，合理控制财政收入非理性增长，适度降低财政收入占 GDP 的比重，实施"富民"战略，逐步实现从国富到国富与民富的协同发展。

四、关于适度降低中央财政集中度的考量

我国现行政府间财政体制框架，形成于 1994 年的分税制财政体制改革，其时的一个重要目标，就是增加中央财政集中度，通过采取一种"倒轧账"方式，确定中央和地方财力比例关系。后经 2002 年的所得税共享改革，稳步提升了中央财政收入占全国财政收入的比重。1993 年，这一比重仅为 22%，到 1994 年提升至 55.7%，近些年以来则稳定在 52%～55% 之间。我国是个幅员辽阔、差异巨大的单一制国家，保持适度的中央财政集中度，既现实又有必要。问题是这一比例究竟多少合适，亟须有个科学合理的界定。显然，太低不利于中央财政宏观调控，太高则不利于调动地方政府积极性。20 世纪 90 年代初，国家以"60%"作为中央财政集中度的调控目标，历经十余年的努力，较好地实现了改革初衷。财政自给能力（本级财政收入/本级财政支出）反映出这一演进过程，如 1993 年中央与地方分别为 0.73 和 1.02，到 2010 年已演变为 2.66 和 0.55。表面上看，2010 年中央财政集中度仅为 51.1%，按"60%"的目标来衡量，尚有进一步提升的空间。如果考虑到中央政府发行债务收入的因素，这一比重则接近于 60%。从地方公

共产品供给的有效性来衡量，多达 4 级或 4 级半①的地方政府，在财政收入初次分配中分享质量并不很高②的"40%"份额，与差异巨大的国情存有一定程度的不适应性。

从适度水平来考察，中央财政集中度则是一把"双刃剑"，目前较高的客观现实已经产生了诸多矛盾和问题，致使更低一级政府事权与财力极不匹配。对中央政府而言，属于典型的"大马拉小车"，而地方则是"小马拉大车"。因此，亟须从调整政府间收入分配关系入手，积极寻求集权与分权的平衡点，适度降低中央财政集中度，提高政府财力资源的配置效率。

五、关于深化分税制财政管理体制改革

1994 年的分税制改革，是改革开放以来最重要的财政体制创新，取得了巨大成就，充分调动了地方各级政府理财积极性，提高了中央财政集中度，增强了财政宏观调控能力，成为改革开放后半程中华民族伟大复兴的重要支撑基础。数据显示，2010 年全国财政收入总量为 8.3 万亿元，是 1993 年 0.4 万亿元的 19 倍，年均增长 18.9%；2010 年中央财政收入占全国财政收入比重为 51.1%，比 1993 年的 22% 提高了 29 个百分点。

分税制作为规范政府间财政关系的有效实现形式，发端于成熟的市场经济国家。这种财政分权制度，大多构建在联邦制基础之上，地方政府享有较高的自治权，并通过"用手投票"和"用足投票"等作用机制维系该体系的运转。而我国的分税制不同于西方模式，具有让利不分权的典型特征。特别是 1993 年 12 月 15 日，国务院做出的《关于实行

---

① 视村为半级财政供给模式。

② 我国各级政府财政收入质量与政府级次呈正比，中央级财政收入质量最高，其财政收入基本等同于可支配财力，而地方政府财政收入往往"有量无质"，大量非税收入的客观存在，降低了地方政府可支配财力规模，以 2010 年为例，地方一般预算非税收入总量 7911.6 亿元，占地方一般预算收入的 19.5%。

分税制财政管理体制的决定》，时值我国由计划经济向市场经济转轨的初期，受多种因素和条件的制约，选择了一条"渐进式"改革路径，过多照顾既得利益、过多强调中央集权、过多注重激励机制，形成了"中国式财政分权"（或称经济性分权），具有准分税制的特征。

这一体制模式经过 18 年的运行，普遍认同在事权划分、财权划分和转移支付上存有诸多问题。进一步分析，由于制度设计的"先天不足"① 和"后天缺陷"②，还明显存在着"旧体制简单复归"的倾向。财政制度是一个国家最为重要的经济制度之一，为此亟须对我国现行的财政体制进行根本性改革，而不是简单的试验（如省直管县）和改良（如县级财力保障机制），亟须有效进行"顶层设计"，下大气力妥善处理好与之相关的关系，如政府与市场、事权与财权、集权与分权、存量与增量、诸侯与王爷、人治与法治、非税与税、效率与公平、刚性与弹性、垂直与扁平等关系。

六、关于现行税制的改革深化

我国现行的税制结构，大体沿袭着 1994 年税改时的制度设计，这种以流转税、中央税为主导的税制模式，较好地体现了收入组织功能。1994 ~ 2010 年，税收收入由 5126.9 亿元提高到 73210.8 亿元，年均增长 19.5%。其间，流转税占到了全部税收收入的 70% 上下。这样的税制格局，虽有利于取得财政收入，但在调节居民收入分配，缓解贫富差距等方面的作用却相对较弱，甚至出现了"逆向调节"的问题。例如，由于个人所得税制的不完善，客观上存在着中低收入者税（负）重而

---

① 表现在三个方面：一是既得利益的照顾，在某种程度上使改革流于形式；二是政府间事权及财政支出责任划分的不清晰，成为日后改革的"羁绊"；三是以集中中央政府财权为出发点的改革，很大程度上重新步入了"集权"与"分权"的怪圈。

② 表现在三个方面：一是过多采用"共享税"模式，存有复归"比例分成"的客观现实；二是"小地方税，大转移支付"格局，存有复归"统收统支"的倾向；三是省以下财政体制不完善，基层财政有演变为上级"附属物"的可能。

高收入者税（负）轻的问题；由于财产税（物业税）、遗产税（赠与税）的空白，客观上存在着社会财富向少数人聚集、高房价、基层地方政府税源枯竭的问题；由于社保税制的缺失，客观上存在着高储蓄率低消费率的问题，妨碍了内需"内生"增长机制的形成。

1994 年分税制改革时，曾构想了较为完善的地方税体系，而后十多年不断进行的共享、暂停、取消等项改革，使得地方税税源日渐枯竭。目前，中央税为 4 个[①]（关税、消费税、车辆购置税、船舶吨税），地方税为 8 个[②]，中央与地方共享税为 7 个[③]。数量上，地方税种可观，而实际上地方税收入规模（2010 年）仅占全国的 8.3%，这与分税制改革初期 20% ~30% 的比重相比，出现了较大的降幅。地方税制的先天不足和逐年萎缩，伤害了地方政府的财源基础，迫使地方政府纷纷在土地、资源、环境上作文章，千篇一律地强调工业立省立市、立县、立乡，不惜代价招商引资，大规模房地产开发，造成了不规范竞争、产业趋同、产能过剩。

目前我国经济总量已跃居世界第二位，人均收入达到中等初级阶段。在国强向民富的转型过程中，亟须相关税收制度进行结构性调整。一个基本的改革建议，就是通过取消、优化、开征税种等措施，逐步弱化间接税、强化直接税，逐步弱化流转税、强化所得税和财产税，逐步弱化共享税、强化地方税，最大限度地发挥税收的宏观调控功效。

七、关于政府财政权的统一

1994 年的分税制改革，较好地解决了自 20 世纪 80 年代以来地方财力过大的问题，削弱了"诸侯"经济实力，提高了中央政府财政支付能力。但分税制只解决了财政关系问题的一个方面。立足于地方视角，

---

① 关税、消费税、车辆购置税、船舶吨税。
② 房产税、城镇土地使用税、耕地占用税、契税、土地增值税、车船税、烟叶税、固定资产投资方向调节税（停征）。
③ 增值税、营业税、企业所得税、个人所得税、资源税、印花税和城市维护建设税。

分税制在注重解决"诸侯"问题的同时，却忽略了对"王爷"（部门）权力的限制，肢解了政府财权的统一性。收入上，大量的预算外、制度外收入①、国有垄断集团税后利润等游离于政府预算之外，以"部门"利益的方式"自主"运行。部分学者研究显示，其收入规模约为财政预算内的30%~40%。支出上，则出现了比例化、泛法化的倾向，"各路大臣都分钱"（邴志刚，2006），"公共财政"形同"部门财政"。2010年，中央对地方的专项转移支付总量高达13829.5亿元，占三类转移支付②总量的41.9%，而1995年这一数值仅为374.7亿元和14.8%，16年间总量增长了36倍、比重提高了27.1个百分点。有些专项资金，实质上是"财权部门化"的体现，即各部门以"第二财政"身份参与国民收入的"二次分配"，过多体现部门利益，极易产生"寻租"行为，加之需要地方政府层层"配套"，成为中央各部门"条条"干预地方政府"块块"的重要载体。

没有统一的财政，就没有统一的政权。财权部门化、部门利益化、利益法制化等问题的泛滥，加重了纳税人的经济负担，浪费了财政资源，降低了分税制体制改革功效。为此，要从维护国家财政经济安全的高度出发，通过完善各项财政法规制度、深化政府预算改革、整合政府财力资源和实行"金财工程"等措施，确保政府财政权的完整、统一，从根本上遏制"王爷"经济现象。

八、关于地方财政可持续发展

地方财政作为国家财政的重要组成部分，是地方各级政府行使职权的物质基础。1994年，以分税制为主要内容的财税改革，通过部分让渡财政权，赋予了地方政府一定的财政自主权，较好地释放了体制活力。

---

① 制度外基金、制度外收费、制度外摊派、集资和制度外罚款等。
② 税收返还、财力补助、专项补助。

1995～2010 年，全国地方财政收入年均增长 19.6% 。其间，1 年在一位数区间增长，6 年在 10%～20% 区间增长，9 年在 20%～30% 区间增长。持续的高速增长，客观上做大了地方财政"蛋糕"。1994 年地方财政收入仅为 2311.6 亿元，到 2010 年则提高到 42488.5 亿元，年均增加 2511.1 亿元，16 年间增长了 17.4 倍。面对后金融危机时代的巨大冲击，地方财政收入依然表现出强劲的增长态势。

事实上，"增长"与"发展"具有不同的内涵。"增长≠发展"，只有有发展的增长才具有可持续性。置身于地方视角，同样感受到地方财政"增长"的烦恼，并未享受到"增长"的快乐，有时甚至步入了"增长"的极限，也在不知不觉中陷入了增长的"困境"。

研究表明，地方财政出现了"超能力""低质量""行政性""负债性""依赖性"增长等非正常变动态势。"发展是硬道理"日益演进为"增长是硬道理"。地方财政某些有增长而无发展的增长、有收入而无财力的增长、单纯为增长而进行的"被增长"，破坏了增长的真实性、可靠性，加重了纳税人的经济社会负担，恶化了生态、资源和环境，弱化了政府财政再分配能力，加剧了地方财政风险，扰乱了财政分配秩序。

实现地方财政的可持续发展是一项复杂的系统工程，涉及政治、经济、社会等诸多领域，为此必须充分认识地方财政存在的客观必要性、合理性，重新审视地方财政增长速度与质量的关系，切实将其建立在客观、真实、可靠的基础之上，赋予地方财政可持续发展的基础条件。

主动改革，改革主动。新时期要切实抓住当前我国财政收入平稳增长的有利时机，从完善制度、体制、机制入手，客观公正、深入系统地研究解决这些问题，切实为经济发展方式的根本转变营造制度环境条件。

经济发展失衡、财税制度
差异及其改进调整[①]

种种迹象表明，中国经济规模快速扩大的背后，隐含着诸多矛盾和问题，对经济可持续发展构成威胁。本文立足财税视角，分析、查找了现行财税制度的某些缺陷和不足，研究提出了促进经济可持续发展的财税思路与对策。

改革开放以来，中国经济得以突飞猛进发展。1978 年 GDP 总量仅为 3624 亿元，2007 年已达到 24.7 万亿元，年均增长 9.7%，增长速度极为罕见。中国经济从一度崩溃的边缘发展到总量跃居世界第四位，进出口总额位居世界第三位，人民生活从温饱不足发展到总体小康。中国经济增长的"奇迹"，是多因素长期综合作用的结果。特别是自 20 世纪 80 年代以来所推行的各项财税制度创新，成为驱动转轨经济高速成长的重要引擎。然而，这一构建在政府主导、粗放基础上的经济增长模式，难以经受长时间的考验，受资源、环境等约束条件的限制，在经济全球化背景之下，显得难以持续。落实科学的发展观，转变经济发展方式，迫切需要改进完善现行财税制度的某些不适应性，不断营造经济社会可持续发展的环境条件。

一、经济可持续发展面临的巨大挑战

当前，中国经济正处于一个重要的关口，一方面需求约束型的经济

---

① 本文完成于 2009 年 7 月，公开发表于《社会科学辑刊》2010 年第 1 期。

体制已经形成，另一方面经济发展中仍然存在与长期性、体制性因素相关的结构问题，各种社会矛盾犬齿交错，对可持续发展构成威胁。

1. 经济存在"内外失衡"，破坏了经济发展的协调性

内部失衡主要表现为储蓄、投资和消费比例关系不协调。由于消费不足，我国储蓄率长期居高不下，从金融角度看直接体现为银行存款增速明显快于贷款增速，2006 年存贷款余额差额已超过 11 万亿元。固定资产投资增长过快，2003 ~ 2006 年，我国固定资产投资增幅连续超出 22.5% 这一理论上限（刘伟，2006），使经济系统内部失衡风险加大。同时，消费需求增长乏力，2006 年最终消费支出对经济增长贡献率仅为 39.2%，远低于当代国际一般 70% ~ 80% 的水平。投资消费失衡进一步加剧了供求矛盾，使产能过剩问题日益突出。商务部 2006 年调查数据显示，国内 600 种主要消费品中 71.7% 供大于求，28.3% 大体平衡，供不应求没有；300 种主要生产资料中 23% 供过于求，72.7% 大体平衡，供不应求仅为 4.3%。这表明无论从消费品还是从投资品角度看，产能过剩已相当突出。外部失衡主要表现为"双顺差"，即经常项目顺差和资本项目顺差持续快速扩大。20 世纪 90 年代以来，我国国际收支持续出现世界经济史上少有的"双顺差"局面。2005 年，经常账户顺差达到 1608 亿美元，资本及金融账户达到 630 亿美元。持续双顺差带来外汇储备的激增，虽然一度缓解了我国资金短缺的局面，但目前看来，不仅使中央银行很大程度上丧失了货币政策的独立性，加剧了流动性过剩的局面，而且使投资效率严重受损，造成国民收入的不断流失。此外，其他结构性矛盾也比较突出，如一二三产业比例不协调，第三产业发展滞后，城乡之间、地区之间经济发展不平衡等等，也都阻碍着经济的良性运行。

2. 资源环境约束日益凸显，制约了经济发展的可持续性

长期以来，我国经济粗放型增长模式没有根本转变，过于注重总量的增长，而忽视经济的质量、结构和效益。这种粗放式增长所具有的"高投入、高能耗、高物耗、高污染、多占地"的基本特征，使资源环境付出了极其昂贵的代价，同时也进一步制约了经济的可持续增长。资

料显示，2004 年中国 GDP 占到世界的 4%，但同时却消耗了全球 8% 的原油、10% 的电力、19% 的铝、20% 的铜、30% 的钢铁、31% 的煤炭和40% 的水泥。中国主要矿产资源对外依存度由 1990 年的 5% 上升到目前的 50% 以上。生态环境也迅速恶化，达沃斯世界经济论坛 2005 年公布的"环境可持续指数"评价，中国在全球 144 个国家和地区中仅位居第133 位。因此，尽快实现经济增长由粗放型向集约型的转变，已迫在眉睫。

3. 收入分配比重偏低且差距过大，阻碍了全体居民对成果的共享

从初次分配来看，我国居民收入在整个国民收入中的比重不断下降，而政府与企业收入比重则不断攀升。1999 年劳动者报酬占当年地区生产总值的 52.4%，2006 年该比重已降至 40.6%，下降了 11.8 个百分点。居民收入增长缓慢，直接制约了我国消费能力的提高。与此同时，我国居民收入内部分配结构也出现日益严重的失衡。1995 年，我国城乡居民收入比为 2.71∶1，2006 年扩大到 3.28∶1，城乡收入差距不断拉大，直接导致了城乡居民消费差距的拉大。全国居民基尼系数也连续多年不断上升，目前已达到 0.46 以上，远远超过 0.4 的国际警戒线。由于高收入者消费倾向小于低收入者，当收入差距超过一定限度时，就会使总消费水平下降。也就是说，公平的缺失最终难以避免地损害到了效率。这种由收入因素造成的市场需求约束，制约了全体居民对发展成果公平、充分地享有，也严重制约了经济的又好又快发展。

上述分析可以看出，当前我国宏观经济运行面临的一个非常突出的问题就是消费不足。在消费乏力的情况下，国家为保证必要的经济增速，产生了对投资的过度依赖。而由此产生的投资与消费比例失衡，又在一定程度上导致了产能的过剩。在内需不足的情况下，扩大出口就成为自然的选择，进而导致外贸顺差进一步持续扩大。在现有的结汇制度下，为回购出口创汇，一个自然的结果就是基础货币进一步扩大发行。而基础货币的增加，又进一步造成银行流动性的加大。这又加剧了银行扩大信贷投放的冲动，在与地方政府强烈的投资冲动结合之后，就使投资进一步扩大。2006 年，我国投资率已达到 52% 的较高水平。在消费

未能同步增长的情况下，最终必然会造成未来更加严重的产能过剩，从而形成一个非良性的经济循环。中国作为一个发展中的大国，这个循环如果不能破除，将成为经济发展的一个重大隐忧，宏观经济失衡将会日益严重，对经济机体的伤害也会越来越大。为此，必须正确认识和充分重视这个非良性的经济陷阱，深刻理解"转变经济发展方式"的深邃含义，采取有效措施加以规避和解决。

二、促进经济可持续发展财税政策作用机理及其现实差距

市场经济条件下，政府财政行使着优化资源配置、公平社会分配和调控经济运行等重要职责，通过综合运用财税政策工具，以实现社会总供给与总需求的大体平衡。首先，当经济过热时，可通过减少支出、增加税收等措施，实行紧缩的财税政策；当经济萧条时，可通过增加支出、减少税收等措施，实行扩张的财税政策。其次，可通过某种制度性安排，如累进税制度、失业救济制度等，发挥财税政策的"自动稳定"作用，"烫平"经济运行中的种种"波动"。再次，可通过政府投资、财政补贴和税收减免等多种手段，加快农业、能源、交通运输、邮电通讯等公共设施和基础产业发展，为经济发展提供良好的基础和环境条件。最后，可通过提高治理污染、保护生态环境以及文教、卫生支出的增长速度，同时完善社会福利和社会保障制度等，使增长与发展相互促进、相互协调，为经济社会可持续发展提供和平安定的环境。

30 年来的财税制度改革创新，在极大激发各经济主体体制活力的同时，也由于受到初级阶段国情、转型期现实压力等种种因素的制约，以科学发展观来衡量，现行的财税制度具有某些"负向"激励和"逆向"调节特征，体现出一定层面的不适应性。立足于实现经济可持续发展的视角，这些不足之处集中体现在以下几方面：

第一，过于"扩张"的财政政策。为应对 1998 年亚洲金融危机的冲击，我国开始接纳、实践凯恩斯主义的扩张财政政策主张，以增发国债、提高中低者收入、提高出口退税率为主要内容，从增加供给的层

面，来化解投资、内需和外需等领域的不足问题。1998～2006 年，累计增发国债 1.05 万亿元，按 1∶5 的配套比例，共带动社会投资 5.25 万亿元，年均拉动经济增长约 1.5 个百分点。毋庸置疑，扩张财政政策的及时、有效实施，为中国经济渡过危机发挥了重要作用。然而，扩张性的财政政策，具有短期性、间接性、结构性等特征，若任其短期政策长期化、间接手段直接化，势必会产生挤出效应，降低经济社会资源的配置效率。新中国成立初期，中国舶来了苏联计划经济体制的政府主导投资模式，20 世纪 90 年代以来的市场化改革取向，逐步弱化了政府高度集中的计划投资体制，而 1998 年以来的积极财政政策，也在不知不觉中重新复归了政府主导经济的旧模式，步入了"审批经济"的"怪圈"。自 2003 年以来，中国经济出现了过热的迹象，而 2005 年财政政策向"稳健"的转型，也因其扩张惯性和稳健时滞的双重作用，加之部门利益和地方政绩的双重驱使，实际上依然保留着"扩张"的成分。这样，积极财政政策背离了实施初衷，短期政策演变成长期化投资行为，从而强化了投资拉动型经济增长，相应弱化了启动消费需求的"内生"发展模式的形成。

第二，"负向"激励的税收制度。我国 1994 年的税制改革，取得了一定的成功，对促进经济结构调整和市场经济发展发挥了重要作用。但在改革实践中也暴露出不少问题，远未达到税制改革的预期效果。由于过分注重效率、强化聚财功能，相应地忽视了公平、违背了税收中性原则。从促进经济可持续发展的角度来考察，在企业所得税、出口退税、生产型增值税等领域，都表现出诸多尚需完善之处。

一是改革开放初期，为更多地吸引外资，我国实行了内外有别的企业所得税制度。外商投资企业和外国企业的所得税，在"两税"合并之前，大多享受 2 年免税、3 年减半和 5 年免税、5 年减半征税等定期减免税优惠。长期优惠的税收政策"洼地"，在为我国赢得世界吸引外资最大国家的同时，也出现了某些"负向"激励的倾向。一方面，明显存在着企业宏观税负"内"（内资）重"外"（外资）轻的客观现实，外资经济"超国民待遇"，相应也就弱化了民族经济平等竞争、生存、发展的基础条件；另一方面，在利益的驱逐下，形形色色的虚假"外资"企业滥竽充数，降低了招商引资质量。

二是出口导向战略驱动下的出口退税政策的长期实施，在为我国赢得贸易大国地位、"中国制造"等美誉的同时，也出现了补贴政策的"逆向"调节的倾向，特别是大宗初级产品、原材料商品单纯为出口而生产，一方面恶化了生态环境，危害了国家的经济安全，造成了代际间的不平衡；另一方面加大了国际贸易摩擦，出现了大量的贸易盈余，增加了流动性过剩，加剧了金融动荡和风险。

三是我国 1994 年税制改革时所选择的生产型增值税模式，由于在生产和流通环节课税，较好地满足了其组织收入的基本特征，特别是有效地增强了中央政府财政宏观调控能力。1995 年全国增值税占税收收入的比重高达 43.1%，2007 年这一比重虽然降至 34%[①]，但在现行税制中的主体地位始终没有撼动。同时，增值税作为间接税的一种，具有一定的累退性，过分地追求"效率"，就难以较好地兼顾"公平"。由于现行生产性增值税不允许企业抵扣当年新增固定资产中的机器设备所含的进项税金，就对投资、技术改造等产生一定的抑制作用，不利于企业技术进步和发展方式的转变。同时，这种以货物流转为课税行为的税种，一方面会增加企业的税收负担，抬高国家的宏观税负；另一方面也因其税负的可转嫁性，归根到底会增加对最终消费者，尤其是社会弱势群体的税收负担，进而对启动消费需求产生不利影响。

四是低税率的资源税制度和缺失的环境税制度，难以实现企业成本"完全化"，也是导致生态环境恶化、自然资源掠夺性开采的重要诱因。

第三，纵向"失衡"的财政体制。1994 年分税制财政体制改革的重要目的之一，就是提高中央政府的财权集中度，削弱"诸侯经济"实力。为此，采取一种"倒轧账"方式，确定中央与地方的财力规模比例。在这种近乎"零和博弈"状态下，中央政府增加的财力无疑就是地方政府减少的财力。这一改革当年就取得巨大成效，1994 年中央

---

① 《中国统计摘要 2008》，中国统计出版社 2008 年版。

财政收入占全国财政收入的比重高达 55.7%，比 1993 年净增 33.7 个百分点。1993 年中央财政自给能力（一般预算收入/一般预算支出）只有 0.73，到 2006 年增加到 2.05，13 年间净增 1.32 个点，年均增长 10%；与此同时，地方财政自给能力却由 1.02 下降至 0.61，年均下降 3.2%。为确保分税制的顺利实施，1994 年选择了一条保地方既得利益的增量改革之路，即"基数＋增长"的模式。这种渐进式改革，作为过渡性举措，在到达临界点之后必然丧失了帕累托改进的余地，不可能在不损害某一部分利益的前提下，增进其他部分或整体的利益。这种缺乏制度创新、机制建构的改革，表面上看得以顺利推进，甚至取得了巨大成功，但过多"基数＋增长"改革措施的采用，也在深层次回避了改革的关键环节和主要矛盾，引发一系列矛盾和问题。就"基数"而言，下一级政府上一年度财政收入"基数"成为"硬杠子"，必须千方百计完成，否则就要扣减体制性财力，影响"既得"利益。分税制改革初期，由于下一级政府存有一定数量的"机动"财力（"家底"），"基数"问题尚处于"隐性"。但随着时间的推移，"基数"也在滚"雪球"，一年比一年大，随之"显性"化。1995 年，中央对地方的"两税"（消费税＋增值税）返还为 1867 亿元，到 2006 年"三税"（消费税＋增值税＋所得税）返还增加到 3930 亿元，占中央对地方转移支付总量近 1/3（28.9%）。巨额的税收返还同时代表着地方财政收入"基数"的同步增加。一般而言，更下一级政府完成上年"基数"，一个渠道是依靠发展经济，另一个渠道就是弄虚作假，采取拉税、寅吃卯粮、"先征后返"等变通手段。近些年来，随着公共财政理念的提出，政府公共服务领域和范围发生了变化，财政支出在"瓦格纳法则"作用下逐年攀升。对地方政府而言，事大财小的问题更为突出，确保稳定、改革与发展的支出压力更大。也就是说，地方政府特别是基层政府和欠发达地区，基本上陷入了"基数＋增长"的体制"陷阱"，一方面不择手段地为完成收入"基数"而战，另一方面为满足不断扩大的支出需要而拼命"增长"，从中分享微不足道的增量财力。事实上，税收收入同经济增长呈强正相关关系。受技术、资本、人力资本、资源禀赋和市场供需等要素的影响，要确保一个地区持续、稳定、健康、快速增长是两难的选择。这样，经济增长"有限性"与财政收入增长需求"无限性"之间就存在着矛盾。财政体制"基数"问题这种"捆绑"效应的存在，就使得地方政府必须不遗余力地发展经济，目前尚存的比较优势只有不惜提供低廉的土地、过度开采资源、牺牲生态环境、让渡税收——步入了一种无奈的"次优"选择。据不完全统计，近些年来非税收入占一般预算收入的比重随政府级次的提高而降低，中央级约为5%、省级20%、市级30%、县乡级40%，这一较大幅度反向变动的态势，一定程度上反映出基层政府财政收入"质量"在下降。也就是说，大量非税收入被纳入现行预算统计口径的同时，也带来了更低一级政府财政可支配收入能力的降低。由于这一运行机制的普遍存在，也就难以从根本上遏制地方政府发展经济"冲动"问题。基于上述分析，财政体制设计上的"基数＋增长"的激励效应，正随着时间的推移而弱化，并逐渐演变为"负"激励，产生"负"效应，也是造成我国当前经济过"热"、经济难以持续发展的重要"诱因"。

第四，尚需"调整"的财政支出结构。财政支出结构调整对经济增长结构、经济增长质量会产生显著影响。1998年我国开始了向公共财政取向改革的转型，经过近10年的具体实践，财政支出结构公共性、民生性特征初步显现。但由于受政府职能转换迟缓、传统思维模式等因素的影响，财政作用领域和边界依然模糊不清，政府担当"经济人"角色参与社会竞争、包揽社会服务，过多干预微观经济领域活动，过多介入参与资源配置等问题一直没有得到很好解决。目前，我国基础设施和经济建设占财政总支出的比重为30%，而教育、卫生、文化、社会保障等公共领域的支出仅占28%[①]，财政支出结构鲜明的经济建设型特征，并在其投资乘数效应作用下，带动了投资规模的增长，而普通百姓所面临的学费贵、看病难、住房贵等局面，又导致预防性储蓄倾向强烈和高储蓄，从而降低了居民的即期和远期消费水平。同时，由于财政经

---

① 林跃勤：《财政支出结构优化与经济发展方式转变》，载于《中国金融》2008年第4期。

济建设支出偏向重化工业、城市建设，相应削弱了对服务业和农村经济发展的支持，进而导致三次产业结构扭曲和资源环境压力加大。因此，政府财政过多地介入一般生产性、竞争性领域，不但会对民间资本产生"挤出效应"，而且也是投资规模膨胀和投资消费关系扭曲的重要诱因。

三、促进经济可持续发展的财税思路与对策

转变经济发展方式是实现经济可持续发展的核心，也是落实科学发展观的关键。党的十七大明确提出加快经济发展方式的"三个转变"，即经济增长由过度依赖投资和出口转变到提高消费增长贡献度，消费投资出口协调拉动；由过度依赖第二产业来拉动转向提升第三产业拉动作用，由三次产业协同拉动；由过度依赖物质资源消耗转变到更多依靠提高劳动者素质、加快技术进步和改善管理方面来。实现上述这些转变，就需要综合运用财税政策工具，发挥其在稳定经济增长、调整和促进产业结构升级中的作用，不断改善需求、供给和生产要素组合结构，切实为经济可持续发展提供基础和前提。

（一）调整积极财政政策的方式

积极财政政策包含着"加法"和"减法"两个方面。增加政府公共投资是人们的惯性思维，也是通行做法，这样似乎是"看得见的手"，作用效果直接。而现实的情况是，公共投资效应随着时间的推移而弱化，甚至还会出现负向激励的问题。相反，采取适度的减税政策，由于降低了纳税人的税收负担，形成了税收"洼地"，就会出现大量的生产者、消费者、就业者，从而激活了微观经济运行的链条，带动经济复苏高涨，而充足的经济活动行为又为组织政府收入提供了前提和可能。所以，当期的减税可能会带来财政收入的暂时减少，长远看积极的减税有利于涵养财源，更深远的意义在于有利于企业的技术进步和创新，进而提升"中国制造"的国际竞争力。充分利用好赤字财政政策的有利契机，在保民生、保运转的基础上，大力实施结构性减税政策，

从根本上消除现行税制设计上过分注重效率、强化聚财功能等缺陷，还原税收的公平、公正、中性特征，切实为产品更新换代、产业结构升级、发展方式转变注入强有力的体制机制活力。

（二）积极构建"内生"增长机制

针对拉大经济增长"三驾马车"失衡的结构性矛盾，努力实现拉动经济增长方式的转变，即由主要靠投资拉动转向投资、消费拉动并重，逐步提高消费率，降低积累率。一方面，不断增加城乡居民收入水平，稳步提高居民购买能力，形成"橄榄球"式的消费结构，培育一个稳定而庞大的中等收入消费群体，放大消费拉动经济增长的功能；另一方面，加快完善社会保障制度，不断扩大社会保障覆盖面，适当提高保障水平，进而消除人们的预期消费心理，增加即期消费。

（三）优化现行的税制结构

适应市场经济发展的客观要求，按照"简税制、宽税基、低税率、严征管"的原则，积极实现我国现行税制结构的优化。一方面，逐步实现以流转税为主的"单一"税制结构，向以流转税、所得税为主的"双主体"税制结构的重要转型；另一方面，加快生产型增值税向消费型增值税转换进程，完善消费税和所得税，改革资源税，开征并提高环境税。

（四）完善分税制财政体制

研究出台《政府间财政关系法》，以法律形式，科学划分政府间的事权范围，明确界定政府间支出责任。适当降低中央财政集中度，将其占全国财政收入比重控制在 50% 左右，基本满足基层政府行使职权、履行职责的财力需求。本着透明化、制度化、规范化的规则，优化转移支付结构，增加一般性转移支付比例，压缩、整合专项财政转移支付。同时，采取合理的转移支付分配方式，改"基数法"为"因素法"。

（五）优化财政支出结构

公共支出在拉动经济增长中具有能动作用，鉴于转型期中国政府在经济发展中的特殊地位，通过优化财政支出结构、促进经济可持续发展具有关键性意义。要本着以人为本、促进和谐、立足长远、公平均等的原则，调整和优化财政支出结构，重点向"三农"倾斜、向体制机制创新倾斜、向改善民生为重点的社会事业倾斜、向生态文明建设倾斜、向科技创新倾斜，科学界定财政供给范围，真正体现"有保有压""有进有退""有所为，有所不为"，统筹各种利益关系，满足社会公共需要，弥补市场机制在提供公共产品和公共服务、维持宏观经济稳定、促进社会财富公平分配等方面的失灵，确保社会成员的公共福祉。

（六）大力支持自主创新

促进创新发展是政府的重要职责，自主创新在由政府主导转向企业的过程中，就是要运用财税政策工具，不断营造企业和个人创新的宽松环境。一是加大财政投入力度，重点增加对基础科研和应用科研成果转化的财政投入，采取贴息、补助等方式加大对企业研发中心的财政投入，运用 BOT（建造—运营—移交）模式加大对科技风险的财政投入。二是落实好统一内外资企业所得税和对企业的税收优惠政策，大力扶持民营经济和中小企业发展，在市场准入、信贷、税费、投融资等方面，为其创造与国有企业、外资企业一视同仁的平等竞争环境。三是大力调整出口退税结构，对自主创新能力强、科技含量高的产品提高出口退税率，对"中国制造"而不是"中国创造"的产品降低出口退税率，对高能耗、高污染的产品限制甚至取消出口退税支持。

关于《优化大陆财政支出结构的若干思考》的评议①

由财政部科研所杨良初、李成威、武靖州三位学者提交的《优化大陆财政支出结构的若干思考》一文，论述了优化财政支出结构的必要性，分析了中国财政支出结构现状与问题，研究提出了优化财政支出结构的目标、原则及其政策建议。该成果研究体系完整、逻辑结构严谨，具有较强的应用指导性。

研读三位作者的研究成果，回顾中国近 15 年来财政支出结构调整和优化的具体实践，成就非凡。1999 年中国所推行的一系列财政支出改革举措，历经十几年的不断探索，逐步实现了公共财政从概念到实践的重要转换。基本形成了一个财力配置合理、管理规范、约束有力、讲求效益的公共财政支出机制。部门预算制度、国库集中支付制度、政府采购制度等各项改革，在不同政府级次得以较好推行。2004～2005 年，本人所在工作单位的团队曾与世界银行合作了"东北三省政府间财政关系研究"项目，起初美籍华人黄佩华教授整个方案设计停留在 20 世纪 90 年代初的改革前的水平，后经十多天的实地调研，加之我们的据理力争，后来她们又重新设计了研究方案。近些年来，本人作为辽宁省人大财经委的预决算审查专家，科研所作为一个部门预算单位，真实感受到期间的巨大变化。可以说，中国已构建了现代财政预算制度框架，财政预算理念达成广泛的社会共识。

---

① 本文系 2013 年 8 月 19 日 "海峡两岸财税学术研讨" 会上的点评发言。

长期以来，中国财政"二元"结构问题特别突出，重视城市忽视农村、欠发达地区，重视经济忽视社会、生态环境等。在公共财政思想作用下，十年间实施了财政公共化运动，财政支出重点注重向薄弱领域和重点环节"倾斜"：（1）通过向"三农"倾斜，加速了一元化财政建设进程；（2）通过向体制机制创新倾斜，"支付了必要的改革成本"（即花钱买机制），一定程度上化解了国企改革等历史遗留问题；（3）通过向民生等社会事业倾斜，一定程度上化解了"一条腿长，一条腿短"的问题；（4）通过向生态文明倾斜，一定程度上促进了资源节约型、环境友好型社会建设；（5）通过向科技创新倾斜，一定程度上加速了从中国制造到中国创造的步伐。可以说，因长期计划经济所累积的财政职能"缺位""越位""错位"等问题，近些年得到不同程度的解决。

当下，中国财政已是名副其实的大国财政。2012 年财政支出总量达到 12.6 万亿元，占 GDP 比重的 22.5%。若将政府基金和国有资本经营预算考虑进去，中国政府实际控制的支出规模约为 18 万亿元，占 GDP 的 35% 以上。考虑到政府债务因素，这一比重还要大些。如此巨大的财政支出规模，这对科学有效配置政府财力资源，提出了一个严峻而永恒的课题。

理论研究和实践经验表明，财政支出结构与一国经济发展阶段具有很强的相关性。在经济发展初期，财政投资性支出比重较大。进入经济发展中后期，投资性支出比重逐步让位于私人投资。当经济发展到比较成熟的市场经济以后，财政的收入分配功能增强，公共服务性支出在财政总支出的比重将大幅度上升。当前，中国已步入工业化中后期阶段，2012 年人均 GDP 已超过 6000 美元，进入了中等收入国家行列，同时也步入了公共产品和公共服务需求的快速扩张时期。从表面上看，这是一个不断化解社会矛盾的持续过程，但从实质上看则是一个政府职能转换、公共财政体制调整完善的过程。

三位研究者在文中第三部分，从四个方面宏观视角提出了优化财政支出的基本取向，即一是以构建公共服务型政府为目标，科学合理界定财政支出范围；二是注重发挥市场与社会组织的作用，调整和优化一般公共服务和财政投资支出；三是完善公共财政体系，逐步增加社会公共性支出比重；四是完善转移支付制度，促进基本公共服务均等化。涵盖了政府与市场、政府与社会组织以及政府间的财政支出关系的安排等。

受此启发，本人基于微观层面，感觉还有一些具体问题尚需进一步考量。

第一，关于降低政府运行成本问题。受现行统计口径的限定，中国政府运行成本可能是个糊涂账。十几年前，局限在人、车、会、话、医等方面。近些年人们热议"三公支出"，即公车、公款出国、公款消费等。尽管官方不断地进行解释甚至辟谣，特别是近两年大幅度下降，但政府运行成本过大、公务消费不透明的问题依然需要研究解决。一是通过行政体制改革降低行政成本。按照建设服务型政府的要求，加大机构整合力度，探索实行职能有机统一的大部门体制，精简和规范各类议事协调机构及其办事机构，减少行政层次，降低行政成本。二是将行政费用作为控制性指标列入政府的工作计划，建立责任机制。建议将"公务员的人均行政费用"和"行政费用增长率"等指标作为刚性的控制性指标进行考核。三是建立公共经费标准定额体系，严格按标准编制预算，控制开支。特别需要克服的是，预算标准的制定要符合实际，不能单纯为压缩而压缩，如当下压缩公用经费5%政策，对中央级尚有空间，到了地方一级本身安排就短缺，致使制度存在形式化和虚化现象。如差旅费政策等。

第二，关于规范职务消费问题。中国官员职务晋升至一定层级，相应对应着一定的职务福利。这一超待遇的福利制度，有其历史性，与物资极为短缺、计划经济制度有关，供给制色彩鲜明。其长期存续、固化甚至强化带来了诸多问题，公私间难以明晰界定，致使职务消费异化为权力消费。因此，亟须对以下问题进行规范改进：一是对于履行工作职责范围内的必要职务消费适当保留，少量存在并公开透明；二是加速职务消费制度化、货币化、公开化改革；三是妥善处理好在位与退位之间的关系，谨防职务消费终身制。

第三，关于改进财政补贴制度问题。短期内、小范围、一定数量财政补贴的存在，具有一定的积极作用。但长时期、广领域、大额度的财政补贴政策手段的应用会带来诸多问题，扰乱了价格信号，不利于形成合理的生产和消费预期，特别是短期政策长期化实施，还会出现边际效益递减甚至负向激励和逆向调节的。当下，中国的财政补贴就存在这样的问题和现象。2013 年以来，中央政府先后中止了汽车、家电下乡补贴等政策，出现了改进的迹象。下一步，要在清理的基础上，进行必要的改进、整合、调整：一是理念上凡是能通过间接手段作用的，就不要通过直接手段来介入；二是量上要控制、适度，谨防防止部门利益主导；三是改进现行的涉农补贴，在整合基础上按比例进行调整，重点倾斜于粮食生产领域的终端，倾斜于提高新农保、新农合政府补助标准，倾斜于乡村基础设施及公益事业。

第四，关于科研经费支出管理改革问题。当下，中国加大了科研经费投入，某些层面告别了"短缺"的年代。但科研经费支出管理的制度设计，基本是行政事业单位经费管理模式的再版，具体细化为差旅费、书报费以及少量的研讨费、办公费等。这与国际通行规则不一，几乎不认同人的智力要素价值，没有形成合理的人力资本投入补偿机制，致使科研经费支出异化为行政化的倾向。该项管理模式，出现了诸如山东财经大学火车票报销等违纪案件事件，不利于创新型国家建设，反而造成大量人才、资金浪费。因此，亟须进行治本性的改革。

第五，关于提高财政支出透明度、绩效问题。这是一个老生常谈的问题，近些年也取得了巨大进步，但离理想模式相差甚远。因此，该方面的改革任重而道远。一是牢固树立财政资源稀缺性理念，切实做到"花纳税人的钱要心疼"。二是在落实好财政"三公"经费公开的基础上，加速财政透明度建设，政府财政一定要让人看得见、看得懂，强烈建议恢复各级人大预算报告的大会报告制度。三是引入第三方的财政支出评价机制，建设责任追究制度，并将评价结果导向于部门预算的安排。

理性看待取消农业税后
农村新情况新问题[①]

取消农业税，结束了"以农养政"的旧时代，标志着新型城乡关系的开始。取消农业税，作为自上而下的"倒逼"机制改革，在实际运行中出现了诸多矛盾和问题，亟须客观分析、理性判断、综合整治。

自2006年1月1日起，农业税条例废止。中国农民依法彻底告别了延续4000余年的皇粮国税，具有划时代的意义。农业税的取消，结束了"以农养政"的时代，也将是一场更大变革的新起点。取消农业税直接降低了农民负担，由征收农业税引起的恶性事件也大大减少，加之一系列财政补贴等惠农政策的实施，一定程度上促进了农村经济形势的稳定发展，使农村经济及农民的生活有所复苏。然而，在肯定成绩的同时，也要清醒地认识到"三农"问题是我国长期累存固化的顽疾，它的解决不可能是一朝一夕、一蹴而就的。

取消农业税后，农村经济社会部分原有矛盾和问题进一步暴露，新情况新问题也不断显现。因此，理性看待取消农业税后农村新情况新问题，及时地加以解决，才能有效避免黄宗羲所言的"积累莫返之害"，从而为农村改革的进一步深入奠定良好的基础。

---

① 本文完成于2007年12月，系国家社科基金项目"取消农业税后农村新情况新问题及对策研究"（06AJY004）阶段性研究成果，公开发表于《经济研究参考》2008年第43期，在中央宣传部社科规划办《成果要报》第47期（总第577期）刊发（2009年9月15日），得到辽宁省原副省长陈海波重要批示（2008年8月8日）。

一、取消农业税是中央与地方政府互动博弈的结果

1994 年我国开始实行的分税制改革，虽然自上而下地划分了政府"财权"，但各级政府间"事权"却没有进行制度化明晰，一方面是自下而上地逐级集中财税资源，另一方面上级政府又尽量地将事权下移（或者通过目标考核机制下压），层层向下"甩包袱"。加之，20 世纪 90 年代开始实行的地方和中央的"分灶吃饭"财政政策，使一直处于高度紧张状态的县乡财政更加捉襟见肘。为完成达标升级任务及获得相对固定的财政收入来源，县乡政府千方百计地将"包袱"转移给农民群众，在正式的税费以外向农民加收摊派，结果演化为严重的农民负担问题。为减轻农民负担，中央适时地实施了农村税费改革并取消了农业税，以遏制"三乱"，根除基层政府的"盈利性"和"黑恶性"的不合理行为，试图紧逼县乡基层政府在十分有限的财源约束下进行自身改革，例如精简机构和转变职能等。然而，即便在中央政府不断投入资源以弥补缺口的情况下，县乡政府运作困难、无力支付改革成本、农村公共产品阙如、农民负担隐性化等问题却日趋严重。同时，由于不再承担收不上税费的责任，县乡政府本着风险最小化的逻辑，选择了不作为，继而出现了农村的治理危机。不难看出，取消农业税是中央"倒逼"地方，在有限的财源约束下进行自身的改革，但由此却产生了许多新情况新问题，"三农"问题再现危机，这便构成了取消农业税之后被置于"无为"尴尬境地的地方"反倒逼"中央的导因。因此，中央政府不得不进行新一轮的改革，一幅中央与地方政府互动的画面便展现在眼前：问题导致改革，改革产生问题，新问题又导致新改革，以此往复循环（见图 1）。

二、正视取消农业税后农村的新情况新问题

农业税作为最古老的税种天然地维持着政府、农民、市场间的关系，

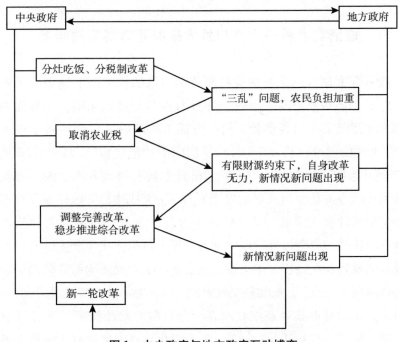

图1 中央政府与地方政府互动博弈

发挥着一种"自动调节器"的作用。取消农业税后，这一"链条"被中断，由相对"均衡"变为"不均衡"，暴露出一系列新情况、新问题。这些新情况、新问题不免令人郁悒，然而，辩证地看，也未必不是件好事，问题的及时发现是改革稳步推进的必要条件，只有积极地应对问题的挑战，同时利用问题所提供的机会，才能适时有效地调整和完善改革。

（一）事权与财权极不匹配，农村综合改革难以为继

农业税（含特产税）是基层财政的重要财源，原定五年内取消的目标，却在短短的两年内得以实现，使得基层政府措手不及，"小马拉大车"问题进一步凸显。一方面，取消农业税后，基层财政收入渠道变窄，收支矛盾加剧，基层财政陷入困境。尽管中央通过转移支付等各种方式尽力弥补，也只是勉强填补"吃饭财政"的缺口。"无权、无钱、

难办事"成了普遍现象。据问卷调查①，被调查者指出县乡财政的最大问题是事权大而财权、财力小，认为极不匹配的占到了68.3%，超过了半数，认可基本匹配及难以判定的只占了14.3%和17.4%。另一方面，农村综合改革处于无法支付"改革成本"的窘境。为减少财政支出的压力，缓解取消农业税后财政困境，精简机构、减少供养人员等改革成为必然的选择。具有取消农业税后配套性质的农村综合改革提上了日程。然而，本已是"吃饭财政"的乡镇政府，根本无力支付"改革成本"，出现了农村综合改革基本上处于停滞状态的尴尬局面。

（二）"撒胡椒面"式的补贴方式产生了递减效应

取消农业税后，各级政府发放了一系列农业补贴，如粮食直补、农资综合直补、良种补贴、农机购置补贴，等等。这些惠农政策的实施普遍赢得了民心，也收到了良好成效，各家各户拿到了国家给的现钱，日子仿佛比以前好过了。然而理性地看，目前国家的种种补贴，短期内是使从事农业生产的农民得到了实惠，某种程度上提高了农民的生活水平，但这种"撒胡椒面"式的资金分配方式，不免令人产生能否回到过去的"平均主义""大锅饭"时代的疑虑。一方面，平均地分配各种补贴，使资金的使用较为分散，对于单一农户似乎呈现了正效应，然而纵观整体的农业经济形势却出现了效应的递减。另一方面，实行补贴的"比较利益"加剧了土地流转的困难，极易导致"小农经济"模式的回归，不利于整个农业经济的整体发展，甚至会阻碍其发展的速度。据调查统计，对于农村的各种补贴，38.4%的被调查者认为成效需客观评价，平均每人几十元钱，效果一般，意义不大；55.4%的被调查者认为应改变对农户的补贴方式方法，集中财力用于弥补乡村公益事业投入不足及加强农业经济的可持续发展。可见，在制定补贴政策时充分考虑政策的针对性及成效性是十分必要的，与其给农村"输血"，不如从根本

---

① 本文所用的调查统计数据由"辽宁省财政科研观察点调查问卷"统计得出，调查对象为来自基层的财政科研观察点的联络员。

上增强其自身的"造血"功能,通过整合资金,调整分配结构,建立增长的"内生"机制,加速农业经济整体发展的步伐。

(三)乡镇政府职能转换迟缓,乡村治理陷入危机

取消农业税从根本上改变了国家与农民的关系,也从根本上改变了县乡的行为逻辑,县乡政府由取消农业税前的"收益最大化逻辑"转变为取消农业税后的"风险最小化逻辑",主要表现便是乡村事务的"不作为"。这种不作为倾向,使乡村治理陷入了危机,阻碍了乡镇政府的职能转变。

1. 乡村干部不作为,乡村治理陷入危机

取消农业税及各种惠农政策的实施,使农民的地位逐步提高,而相对被忽视的乡村基层干部则产生了失落感和抵触情绪,缺少了工作积极性。多年来,农村基层干部一直扮演着"收税者"的角色,取消农业税后,由于没有了任务的压力,加之缺少必要的财力支撑,乡村干部普遍存在消极等待的心理,为民谋"事"的热情大打折扣,不得已而为之只能消极"怠工",处于"进退"两难的局面,"等、靠、要"的"不作为"现象愈加突出。据调查,49.1%的被调查者承认"跑部(步)钱(前)进"现象的存在。

2. 乡镇政府职能转换十分迟缓

改革开放以来,地方主导经济发展成为中国经济高速增长的重要模式,在这一模式的诱导下,地方政府特别是县乡政府的经济职能大于社会职能和政治职能,随着市场化改革的深化,这一运行机制尚未从根本上得以改观。寄希望于取消农业税而实现乡镇政府职能转向"公共化"倾向的设想,却在"财政困境"及"政府不作为"的阻碍下难以实现。因此,乡镇过强的经济职能与过弱的社会服务职能的自相矛盾,阻碍了乡镇社会经济的发展。

(四)公共产品供给阙如,农村公共事业显现忧悒

农村公共产品供给水平与农村社会经济发展是相互依存的,农村社

会经济的发展是以农村公共产品的有效供给为基础条件，而农村公共产品的有效供给又依赖于农村社会经济的发展。因此，在强调农村社会经济发展的同时，必须加大农村公共产品的供给，这在解决"三农"问题过程中具有不可替代的作用。然而，目前我国农村公共产品的供给现状却令人担忧。

1. 公共产品短缺，乡镇政府无力承担供给

取消农业税前，农村公共产品的供给一直延续着"政府"＋"农民"的模式，主要由国家税收；各种统筹提留以及土地承包费；各种行政事业性收费、集资、摊派、罚款；义务工和积累工等组成。取消农业税后，在公共财政背景下，虽然政府成为农村公共产品的提供主体，但由于农村公共产品的供给机制始终没有彻底改变，城乡供给失衡、供给渠道单一等的制度缺陷依旧明显，严重影响了农村公共事业的发展，影响了农村社会经济的发展。就地方基层政府而言，其基本职能是提供更多、更好的地方公共产品，包括维持农村社会治安、制定小城镇发展规划、进行农村基本设施建设、农村基础教育和农民培训、农村社会保障体系建设等等。然而，取消农业税加剧了基层财政的困难，乡镇政府在没有足够能力维持农村原有的公共产品供给的情况下，却要面对为适应农村社会经济发展而不断加大的农村公共产品的需求，更加力不从心。与此同时，中央政府又不可能把农村公共产品供给全部包揽下来，致使农村公共产品的供给缺口不断拉大，而原本就存在的城乡公共事业差距更加被无限地扩大。

2. "一事一议"变成"凡事难议"

农村税费改革时，规定了"一事一议"的农村公共产品供给模式，但因受农民素质有限、经济基础脆弱等诸多因素的制约，很难实行，出现了"凡事难议"的尴尬局面。此外，"一事一议"也存在着演变成为基层政府向农民集资摊派的政策依据的潜在危险。据调查显示，对于"一事一议"的农村公共事业供给方式，高达73.2%的被调查者认为无法运行，基本是"有事难议""无事可议"，农村公共事业"筹资"问题处于停滞状态。可见，创新农村公共产品的供给机制，是有效解决

"三农"问题的途径。

（五）农民负担由政府转向市场、显性转向隐性

农业税取消了，农民种粮不用交钱了，表面上看农民似乎没有了负担，然而，政策运行两年来的实际情况却是，农民负担出现了由政府转向市场、显性转向隐性的现象。取消农业税前，农民的各种负担体现在政府与农民之间，一切负担处于明处，而取消农业税后这些负担更多地转嫁于流通领域，是通过市场行为隐性运作的。农药、种子、柴油等农资价格的大幅上涨，直接导致了农民虽无税且增产却不增收的尴尬局面。加之，农民上不起学、看不起病的重负不可能在短期内彻底解决，取消农业税的成果很可能被完全吞噬、抵消。据调查统计，42%的被调查者认为表面上看直接税费负担降低，实际上隐性负担（如教育、医疗、养老等）仍很重，所以农民负担变化不大；34%的被调查者认为农民负担明显减轻；而24%的人则认为由于农资涨价和看病、上学贵等因素，农民负担反而加重。

（六）土地纠纷增多，农村土地集中和流转处于"两难"境地

土地既是农民最基本的生产资料，又是农民最重要和最可靠的生存保障，是农村长期稳定的基础。取消农业税后，土地重新成为农户争夺的热点，农民对土地的态度实现了从"惜地"到"弃地"再到"惜地"的回归。

1. 出现了新一轮土地纠纷

随着农业税的取消及粮食直补、良种补贴等惠农政策的落实，农民种田的效益比以往有所提高，许多原来弃地的农户现在纷纷要地种粮，由此引发了一系列的土地纠纷。据调查显示，42.9%的被调查者认为继取消农业税后出现了新一轮的土地纠纷，只有6.1%认为没有出现。此外，新一轮土地纠纷问题的出现，在乡级特别是经济中等、不发达乡镇表现突出，分别占被调查者的45.7%、53.5%。

2. 土地流转困难加剧

现代化大生产需要相应的规模经济、集约化程度，而取消农业税后形成的"小农经济"模式，表现在土地集中与流转上出现了矛盾，一方面适应生产力发展、科技进步，需要集中土地，另一方面因取消农业税、实行农村补贴的"比较利益"又加剧了土地流转的困难。短期来看这一政策立竿见影，受到农民的拥护和社会各界的称赞，长期来看却是在违背规律，极易回归到"小农经济""自给自足"的状态。据调查统计，58%的被调查者提倡土地的有序流转（如参股、出租等）向种粮能手、农业产业化转移、集中。

（七）纳税意识淡化，农民丧失"博弈"权力

农业税是千百年来天然地维系着农民的国家观念、国家意识和国家情感的"纽带"，是农民作为国家公民的义务体现，同时也是其享有权利的凭借。政府要求农民交农业税，农民则会对政府提出服务要求、意见或建议，当政府为农民服务时，农民就可以拒绝缴税，这样就构成了政府与农民的博弈关系，缴纳农业税便成为农民在博弈过程中获得权力的砝码。然而，取消农业税后，一方面淡化了农民的纳税意识，没有了为国家履行义务的约束，进一步降低了农民的政治地位。另一方面，使农民丧失了享受权利的凭借，大大降低了基层政府回应群众的需求，建设和发展的主动性，加强了对上级政府的依赖。

三、深化完善农村改革的对策建议

取消农业税从最初的中央自上而下地强力推行，到政策未能全部适应基层情况而出现了执行政策偏差，从而导致了新情况新问题的出现，中央又适时地根据情况对原有政策进行修改。不难看出，这是一个良性的互动循环，而非"积累莫返"的怪圈。只要向着这种良性互动的方向发展，才能真正减轻农民负担，切实解决"三农"问题。而以取消农业税为起点的"后农业税"时代的变革，既涉及农村生产关系调整，

也将触及农村上层建筑的革新。不可否认，城乡"二元"结构、"三农"问题是长期的中国国情，化解这一矛盾是一个复杂的系统工程，需要统筹兼顾、分步实施，更要充分试点、总结经验，切忌"一刀切""运动式"。

（一）加快政府职能的转换

按照"有所为，有所不为"的原则，科学地界定政府与市场的作用边界，凡是通过市场机制能解决的，政府重点进入市场失灵或缺陷的领域。捍卫市场经济的主体地位，发挥市场配置资源的基础性作用，走出"万能政府"的怪圈，谨防政府过多干预、过多包揽，谨防旧体制简单复归。

（二）改进现行的政府考核体系

树立科学的发展观、政绩观，推行绿色 GDP 核算体系，避免不顾条件和可能而出现的层层下达指标、任务的做法，切实将基层政府从"考核经济""干部经济"中走出来。

（三）完善政府间财政关系

合理划分各级政府间的事权和支出责任，按照公共产品受益性原理，科学构建事权与财力相匹配的政府间财政关系。尽快研究出台《政府间财政关系法》，以法律形式规范政府间事权范围。完善现行的财政转移支付制度，增加一般性转移支付，压缩整合专项转移支付，取消税收返还，研究出台《财政转移支付法》。适度降低中央财政的集中度，建议以中央与地方各 50% 为宜。同时，积极推进新一轮税制改革，赋予地方政府必要的税权和稳定的税基。

（四）审慎推行简化政府级次改革

市场经济条件下，"一级政府，一级事权，一级财力"是天经地义的。目前正在推行的"省直管县""乡财县管"等简化政府级次的改革，与繁杂的中国国情格格不入，特别是浙江的模式只是一个"个案"，难以在全国全面推广。同时，妥善处理好垂管部门与县乡政府的关系，在清理整顿的基础上，合理确定垂管部门的数量、级次，避免垂管现象的泛滥。

（五）稳步推进农村综合改革

农村综合改革是一项长期的任务，要本着量力而行的原则，充分试点、稳步推进，切不可"大跃进""一刀切"。当前和今后一个时期要在稳定农村义务教育经费保障机制改革成果的基础上，稳妥推进乡镇机构优化、职能转化，积极探索符合县乡实际的财政体制。

（六）重构农村公共产品供给机制

长期以来，我国农村公共产品供给制度形成和发展只是国家发展战略的一种被动性适应，农村公共产品供给总量不足、效率低下等问题直接影响了农村经济社会的发展。改善农村生产条件，提高农民生活水平，促进城乡一体化发展，重新构建农村公共产品供给机制具有特别重要的现实意义，应从以下几方面入手：一是科学界定农村公共产品，明确农村公共产品供给主体的职责，适当增加中央和地方政府对农村公共产品的投入。二是在供给主体、资金来源和供给方式上，改变传统的完全依靠政府来提供公共产品的供给模式，实现多主体、多渠道和多方式共存的供给模式。三是改革和完善财政管理体制，加快相关配套改革。四是改革和创新农村行政管理制度，完善农村公共产品供给的决策、执行与监督机制。五是建立农民公共产品需求表达机制，充分尊重广大农民的需求意愿，保证农村公共产品供给的有效性。

（七）有序推进土地流转制度改革

在稳定现行农村土地承包政策长期不变的前提下，适应社会化大生产、城市化进程等客观现实，积极探索土地股份制改造，试行土地公司化改革，有序流转农村土地资源，避免"小农经济"的简单回归。

（八）重视提高农民素质

我国是一个拥有 8 亿农民的大国，通过减少农民数量相应增加农民人均土地数量致富的路径，会对城市化、生态环境产生巨大的压力，这一根治模式既不现实又不可能，长期看"农民"转化为"市民"需要一个过程，要立足于农村现有的土地资源，通过农业产业化等战略，提高农业劳动生产力，通过教育、培训、示范作用，全方位提高农民素质，发挥农民在农业生产、流通中的主力军作用。

结构性减税：期待着
由表及里"深化"[①]

当下，结构性减税成为社会各界热议的话题。

作为一种"有增有减，结构性调整"的税制改革方案，早在 4 年前就引入至财税改革中，并通过一些"减税""增税"措施，服务于不同阶段的特定目标任务。2011 年底召开的中央经济工作会议，则进一步将结构性减税作为宏观政策取向的一个主基调。

我国现行的税收制度，大体延续了 1993 年税改时的体系框架。2003 年召开的党的十六届三中全会，也曾明确了"简税制、宽税基、低税率、严征管"的 16 字税改原则，但受种种因素的制约，可以说整个税制改革进展的十分迟缓，在某些领域和环节甚至还出现了"负向激励"和"逆向调节"。

总括起来，我国现行税制的"结构性"问题，表现在以下几方面。一是过分倚重流转税，相应加重了宏观税负。近 20 年来，流转税（间接税）的主体地位一直未动摇，在较好满足财税收入组织功能、促进财政"蛋糕"日益做大的同时，必然加重纳税人的经济负担，按大口径计算，政府在国民收入初次分配中的比重高达 35%，超出了发展初级阶段的中国国情。二是过分强调中央集权，相应弱化了地方税系。分税制改革之初，曾构建了较为完备的地方税体系，之后十多年不断进行的共享、暂停、取消等项改革，使得地方税税源日渐枯竭。目前，中央税

---

① 本文刊发于《地方财政研究》2012 年第 5 期"卷首语"。

为 4 个，地方税为 8 个（含停征的固投税），中央与地方共享税为 7 个。数量上，地方税种可观，而实际上地方税收入规模仅占全国的 8.3%（2010 年）。地方税制的先天不足和逐年萎缩，倒逼着地方政府在土地、资源、生态上做文章，造成不规范竞争、产业趋同、产能过剩。三是缺失或空白的资源环境税、存量税（财产、遗产）、社保税，不利于经济发展方式的转变，难以发挥税收的调节收入分配功能，妨碍了内需"内生"增长机制的形成。

2011 年以来，我国税制改革开始有所动作，包括个人所得税微调、房产税试点、资源税改革、营业税改征增值税试点以及小微企业税收优惠等，开启了"十二五"的良好局面。相形之下，这些改革仅仅是迈出了很小的一步，尚属个案式、试验性和选择性改革等"表"象范畴，一些深层次问题尚未根本触及。

财税制度是一个国家最为根本的经济制度。要切实抓住实施结构性减税的有利时机和条件，尽快启动新一轮税制改革，着力于顶层设计和总体规划，并通过取消、优化、开征税种等措施，逐步弱化间接税、强化直接税，逐步弱化流转税、强化所得税和财产税，逐步弱化共享税、强化地方税，实现我国税收制度由"表"及"里"的深化。

"阳光财政"建设的辽宁实践①

"阳光财政"作为一种财政制度创新，近几年来在政务公开和财政透明度的"双重"驱动下，逐渐成为各级财政贯彻依法理财方略的重要举措。辽宁的"阳光财政"建设从起步到初步实施，同样经历了一个认知过程，借地方财政改革论坛制度创新的主题，向各位汇报如下。

一、"阳光财政"理念的形成

辽宁的"阳光财政"肇始于本届厅党组，截至今日约六七年时间。从主观上看，一个重要推动力是现任厅长邴志刚同志，他长期从事在税务部门工作，热衷于经济法的研究，遂形成了财政法治情结。刚到财政厅工作，他就产生了"困惑"，一方面纳税人的血汗钱汇成财政的江河大海——用于公共支出，另一方面审计风暴披露出政府财力使用中存在巨额的损失浪费，发出了"花纳税人的钱不心疼"的疾呼；一方面财政支出捉襟见肘，很多公用经费安排不足，甚至拖欠公教人员工资；另一方面批钱的条子堆积如山，追究预算频频发生，而各级政府的财政预算、决算报告却在人代会上顺利通过，发出了预算法规是否刚性、政府财权如何制约的思考。

---

① 本文完成于 2010 年 3 月，系地方财政改革论坛的发言稿，刊发于《环球时报（英文）》2010 年 3 月 22 日 10 版。

辽宁的"阳光财政"建设并非一蹴而就,而是有一个长期的酝酿过程,其中一个重要的理论准备,就是2006年2月,辽宁省财政厅邴志刚厅长撰写了一篇理论文章——《纳税人的"知情权"与"阳光财政"》①,其核心内容:

一切国家权力都直接或间接来源于公民权利,权力只是权利的一种形式。政府"权力"的运用,必须以保障公民合法"权利"为基本前提,并受到纳税人"权利"的根本制约。

目前我国财政透明度还很低,公开化、阳光化的程度距离理想目标模式有着很大差距,存在诸多问题。一是传统的功能预算线条过粗。二是预算科目体系不尽科学合理。三是预算执行调整频繁使预算严肃性缺失。四是预算外财政收支透明度过低。五是实际信息披露与现实可能性存在差距。六是缺乏对预算有效的监督。

推进"阳光财政"建设是维护纳税人知情权的基本途径。就其基本思路而言,就是努力通过采取法律、制度、机制等多方面的积极措施,从预算的编制、执行、监督与审核等具体环节入手,推动传统管制型政府向"民主、开放、规范、高效"的服务型政府转变,通过财政透明化加强纳税人与政府之间的对话与交流,增强公众参与程度,最终实现对政府"权力"的有效约束和对纳税人"权利"的良好保障。

省政府"账房先生"超前的理性思维,加之其2003年担任财政厅厅长之初"财政法治观"的提出②,加速了辽宁"阳光财政"建设进程。2007年8月,省人大财经委与省财政厅共同召开了推进"阳光财政"建设工作会议,9月省财政厅下发了《关于全省推进"阳光财政"建设工作的指导意见》,全面回答了财政为什么要"阳光""阳光"到

---

① 先后通过财政部科研所《研究报告》《财政研究》和《地方财政研究》等期刊公开发表,并收录在《政府理财研究》(经济科学出版社2006年版)。

② 牢固树立财政"三观"(财政经济观、财政法治观、财政绩效观),实现理财机制的根本性转变(变靠人为机制,人治到法治),将财政资金的分配从"铁管"变为"玻璃管",形成法律制度框架下的政府收支行为的科学化、规范化、民主化、绩效化。2005年省政府转发了省财政厅关于全面推进依法理财的意见,形成法治财政的基本框架。

何种程度、怎样"阳光"以及谁来"阳光"等基本问题，成为指导"阳光财政"建设的指导性文件。

2008 年 5 月 1 日我国开始实施《政府信息公开条例》，9 月 10 日财政部出台了《关于进一步推进财政预算信息公开的指导意见》。相比之下，辽宁的"阳光财政"制度建设起步较早，并且具有一定的比较特色。

二、"阳光财政"建设的主要内容及绩效

（一）基本原则和总体目标

辽宁的"阳光财政"建设基本原则设计上，着重体现了依法推进、全面真实、注重实效、便于监督、循序渐进 5 项原则。

——依法推进原则。符合《预算法》《监督法》《政府采购法》《会计法》《行政许可法》《保密法》《辽宁省财政监督条例》《辽宁省实施〈中华人民共和国各级人民代表大会常务委员会监督法〉办法》等相关法律、法规和有关政策规定。

——全面真实原则。除涉及国家秘密和依法受到保护的商业秘密、个人隐私之外，都要如实公开。公开的内容要明确具体，真实准确，依据政策，实事求是，取信于民，维护党和政府的威信。

——注重实效原则。与财政工作实际相结合，突出业务，简洁明了，讲求实效，力戒形式主义。

——便于监督原则。坚持事前、事中、事后公开相结合，便于群众知情，利于群众办事，利于群众对财政工作的监督。

——循序渐进原则。统筹安排、稳步推进，分层次、分阶段逐步实施。

在总体目标设计上，就是通过推进财政信息公开、科学民主决策、社会公众监督和绩效考评等制度建设，逐步规范理财行为，健全理财行为约束机制，提高依法理财水平，实现法治财政目标。

（二）主要内容

辽宁的"阳光财政"建设注重四项制度建设。

——财政信息公开制度。各级财政部门要制定全面、详细的财政信息公开计划，依法依规及时主动公开各类财政信息。主要内容：（1）财政政务信息公开；（2）财政预决算信息公开；（3）财政专项资金和转移支付资金的分配、使用与管理信息公开；（4）部门预算信息公开；（5）政府采购信息公开；（6）非税收入信息公开。

——科学民主的财政决策制度。各级财政部门要把科学民主决策作为一项财政管理的基本制度，贯穿于财政管理的全过程，不断提高财政决策水平。主要包括：（1）明确界定本级财政重大理财决策的范围和事项；（2）科学选择民主决策形式；（3）建立决策责任制度。

——财政监督制约制度。各级财政部门要按照《监督法》《辽宁省财政监督条例》等相关法规制度的要求，建立和完善监督的内外部制约体系。具体包括：（1）系统内部监督。（2）审计部门监督。（3）人大、政协监督。自觉接受人大依法监督和政协民主监督，一是坚持报告制度；二是完善送审制度；三是落实受理制度；四是建立与人大的信息网络系统；（4）社会公众监督。

——绩效考评制度。（1）建立和完善财政资金绩效考评体系；（2）强化绩效考评结果对预算的约束作用。

（三）实施绩效

两年多的实际运行表明，辽宁的"阳光财政"建设取得了一定成效。（1）在财政信息披露方面，在上海财经大学蒋洪老师《2009年中国财政透明度报告——省级财政信息公开状况评估》中，辽宁综合得分320.36，位居福建、内蒙古、安徽、北京之后，位居全国第五位①，一

---

① 研读过课题组的调研提纲，其指标体系的设计存在诸多不尽合理之处，并非都是财政信息公开的范畴。

定程度上反映出信息公开数量、质量和及时性（财政信息及时披露）。（2）重大财政事项决策上较好体现了公开、公正、民主、透明，引入了专家评审机制，网上申报，结果公示，过错责任追究制度（重大财政事项公开透明）。（3）较好地发挥了人大监督"新"机制①作用，一些财政部门没法监督、难以监督事宜，较好地通过人大监督付诸实施②（人大监督"新"机制）。（4）全面推行项目绩效考评，特别是将考评结果运用于项目预算安排，一定程度上提高了财力资源配置效率（考评结果"再"运用）。

三、关于推进"阳光财政"建设的几点思考

王绍光先生在《美国进步时代的启示》一书中有过这样的描述：没有预算的政府是"看不见的政府"，而"看不见的政府"必然是"不负责任的政府"。"不负责任的政府"不可能是民主的政府。预算改革的目的就是要把"看不见的政府"变为"看得见的政府"。"看得见"，人民才有可能对它进行监督。

同样，引申为没有阳光财政的政府是"看不见的政府"，而"看不见的政府"必然是"不负责的政府"或者"只对自己负责的政府"。

第一，"阳光财政"不应停留在概念、形式上而需实质性推进。2007年我们界定"阳光财政"的定义是，按照社会主义市场经济体制、社会民主政治和公共财政的本质要求，通过构建公开、民主、监督、考评的政府理财行为规范，实现政府理财活动科学化、民主化和法治化的一种制度。由此可见，"阳光财政"不只是公开几组数据那样简单，而是一种制度机制的再造，也是一项复杂的系统工程，不应停留在开会、发文件阶段，需要脚踏实地地付诸实施。从目前的情况看，"阳光财

---

① 蔡定剑——制定别人已经制定的法律，决定人家已经决定的问题，任免人家已经确定了的人员，监督领导让你监督的问题。

② 历史上，财政向人大报送的数字往往在统计口径上做文章。

政"同财政级次成反比，受财力的限制越基层越透明，所以下一步推进的重点是中央级和省级财政透明化问题①。

第二，以"阳光财政"建设为契机，加快从人治财政向法治财政的转变。对地方财政特别是基层财政而言，政府预算就是主要领导的意志，所以依法约束政府理财中的"自由裁量权"，亟须从"一支笔批钱"到向依法理财的转变。

第三，强化社会各界的财政意识，恢复"两会"预算大会报告制度。

日前媒体披露，今年的国家财政预算报告长达80页，账目更为详细，且配备了五大本说明书，是两会历史上最长的一个文本。出乎意料，预算审议却没有出现热议的场面。据央视《新闻1+1》等报道，全国人大代表叶青说，在小组分组审议中，"没有一个人谈到预算报告"。究其原因，一是不关注，二是不懂。为准备此次发言，我同厅里预算编审中心谈及省本级预算审查阶段专家审查情况，辽宁的30多位专家、学者，几乎没有人能提出实质性的预算编制问题。因此，一要向公民和社会各界普及宣传财政预算知识，二要改革现行的预算书面报告制度为大会报告制度，三是逐步实行职业化的人大代表制度和组建专业化的专家审查队伍。

第四，合理界定"阳光财政"与保密之间的边界。把握一个"度"，一方面确保国家的财政经济信息安全，另一方面不能因过分保密而影响财政透明、公开。

第五，加速推进财政预算管理制度改革。2000年开始实施的部门综合预算、国库集中收付制度、政府采购制度、非税收入、政府收支分类改革纵深推进，重点解决政府财政权的统一问题。

第六，科学构建"阳光财政"信息平台。金财工程、财税库行横

---

① 疾呼蒋洪课题组进行中国财政透明度研究，出版中央级财政信息公开状况评估。现行的集权体制下，基层政府的财力支配数量下降、可支配财力规模微乎其微，刚性化的体制使更为基层政府的"自由裁量权"近乎为零。

向联网、电子政务系统，整合信息资源。

第七，建立财政信息定期发布制度。新闻发言人制度，报刊、统计资料，财政门户网。

第八，加快财政数据标准化、通俗化、简单化建设步伐。外行看得懂，内行看明白。

财政政策完善

基于财税视角三中全会
精神的基本解读①

　　党的十八届三中全会通过的《关于全面深化改革重大问题的决定》（以下简称《决定》），在第五部分专门论述了深化财税体制改革主题。虽然只有区区 924 个字，在 60 项具体改革任务中，仅占 3 项。但改革力度之大、改革路径之清晰、改革含金量之高、可操作性之强，前所未有。《决定》明确提出财税体制改革的总目标是建立现代财政制度，发挥中央和地方两个积极性。

　　具体而言，凸显出以下"亮点"：

　　第一，首次从国家治理的高度明确了财政定位。《决定》提出了全面深化改革的总目标是推进国家治理体系和治理能力的现代化，而"财政是国家治理的基础和重要支柱，科学的财税体制是优化资源配置、维护市场统一、促进社会公平、实现国家长治久安的制度保障"这一重要表述，为全面建成小康社会、实现中华民族伟大复兴的中国梦，科学明确了财政的地位和作用。财政在从亚当·斯密"守夜人"的原始状态向凯恩斯"国家干预主义"的演化过程中，逐渐明确了资源配置、收入分配和稳定经济增长三大职能。计划经济时期，财政大多以政府"出纳"的角色处于从属地位。在体制转轨和结构调整过程中，财政也不同程度地存在着"越位""缺位""不到位"等问题。近些年来，在我国由于缺乏财政法治传统，财政职能呈现过度工具化的迹象（甚至凭着施

---

　　① 本文完成于 2013 年 12 月。

政者喜好，随取随用，随用随取，缺乏应有的稳定性和权威性）。作为国家治理的基础，财政职能的这一弱化，意味着国家治理潜藏着公共风险。这方面，欧洲主权债务危机是有过深刻教训的。这一重要表述，将财政基于经济、社会和政治等多维视角来考量，凸显了新一代中央领导集体对财政本质的新诠释。

第二，审核预算的重点由平衡状态、赤字规模向支出预算和政策拓展，即改进年度预算控制方式。根据现行《预算法》相关规定，目前我国预算审批包括收入、支出和收支平衡三个方面的内容，但核心是收支平衡，而不是支出规模与政策，客观上容易带来预算执行"顺周期"问题。也就是说，当经济下行时，财政收入增长缓慢，各级政府为完成收入任务、不影响收支平衡和扩大赤字，往往可能收取"过头税"，造成经济"雪上加霜"、恶性循环；而当经济过热时，财政收入增长较快，往往又会出现"藏富于民"，该收不收，造成经济"热上加热"。这样一来，政府财政行为不但不能熨平经济波动，反而是人为地助推了经济波动。可以说，这既不利于依法治税，也会影响政府"逆周期"的调控效果。年度预算控制方式的这种改进，是我国预算审批制度的重大改革，这将有利于加强人大对政府预算的审查监督，有利于改善政府宏观调控，促进依法治税。

第三，建立跨年度预算平衡机制。我国现行的财政年度为每年的1月1日至12月31日，为完成年度预算进度，往往在年末出现"突击花钱"、大量结转的问题，这一现象仅就支出预算而言的。事实上，当预算审核重点由财政收支平衡状态向支出政策拓展后，收入预算从约束性转为预期性，预算执行结果有别于预算预期的平衡将成常态，特别是年度预算赤字可能突破。这样，就需要进一步严格规范超收收入的使用管理，原则上不安排当年支出。同时，为确保财政的可持续性，全国年度总赤字应设置一定的警戒线（相应地方不同层级也要设置）。此外，为实现跨年度预算平衡机制，还需实行中期财政规划管理，通过编制三年滚动规划，实现逐年更新滚动管理，逐步强化三年滚动规划对年度预算的约束性，增强财政政策的前瞻性和财政可持续性。

　　第四，清理规范重点支出挂钩机制。长期以来，政府财权部门化、部门财权法治化，以及由此衍生的财政支出比例化、泛法化等问题十分突出。据统计，目前与财政收支增幅或 GDP 挂钩的重点支出涉及 7 类、15 项。除教育投入不低于生产总值的 4%，农业、科技、文化、医疗卫生、社保、计划生育等增幅也有相关法规和国家中长期规划、中央政策性文件的要求。以 2012 年为例，仅财政安排的上述 7 项挂钩的重点支出占全国财政支出的比例达到了 48%。应该说，财政支出向重点领域倾斜，在特定时点条件下发挥了积极作用，促进了一些薄弱领域、重点环节相关问题的解决。但这种不分级次且长期化的"挂钩"做法，造成了"法与法"之间的矛盾，不可避免地导致财政支出结构固化，肢解了各级政府预算安排，加大了政府统筹安排财力的难度，降低了政府财力资源的配置效率。为此，《决定》明确提出："清理规范重点支出与财政收支增幅或生产总值挂钩事项，一般不采取挂钩方式"。对财政部门而言，这是含金量最大、最为重要的举措，有利于增强财政投入的针对性、有效性和可持续性。我们要以此改革为契机，实事求是地推进清理规范工作，在确保民生等社会事业正常投入的同时，进一步调整和优化财政支出结构。

　　第五，建立权责发生制的政府综合财务报告制度。我国现行的政府会计一直沿袭收付实现制的形式，不能全面反映政府的资金运动，无法体现政府的"隐性债务"，反映的信息不充分。如当下，我国中央政府债务规模为 8.3 万亿元，这属于确定数，而地方政府债务则是一组模糊数据①，莫衷一是。权责发生制政府综合财务报告制度的采用，将有效规范各级政府的举债行为，进而构建合理的风险预警机制。

　　第六，改进财政转移支付制度。我国自 1995 年开始实行过渡期转移支付制度以来，历经十多年的实践运行，逐步形成了体制性、一般

---

　　① 2013 年 12 月 30 日公布的审计报告显示，截至 2013 年 6 月底，地方政府负有偿债责任的债务 10.9 万亿元，负有担保责任的债务 2.67 万亿元，可能承担一定救助责任的债务 4.34 万亿元，合计 17.91 万亿元。从级次上看，省级、市级、县级、乡镇级负有偿还责任占比分别为 16.3%、44.5%、36.4% 和 2.8%。

性、专项性三大转移支付形式。这一财政转移支付制度具有三个典型特征：一是具有较浓重的过渡性色彩，如各类体制性税收返还[①]。二是属于中央政府单一主导的纵向模式，主要在中央政府和省级政府间进行，省对下基本上是中央对下"委托代理"关系的延续或部分配套，政府间横向转移支付尚在萌芽状态。三是体现出较强的专项化特征。以2012 年为例，专项转移支付总量高达 1.9 万亿元，占三类转移支付总量的 40.4%。转移支付制度的初步建立，一定程度上缓解了政府间纵向、横向财力失衡问题，加速了基本公共服务均等化建设进程。但现行的这种规模过大、结构失衡、部门主导的财政转移支付制度，出现了一般转移支付专项化、专项转移支付一般化的问题。对此，《决定》较好地明确了转移支付改革的路径，如完善一般性转移支付增长机制，重点增加对革命老区、民族地区、边疆地区、贫困地区的转移支付；中央出台增支政策形成的地方财力缺口，原则上通过一般性转移支付调节；清理、整合、规范专项转移支付项目。

第七，完善税收制度。我国现行的税制结构，大体沿袭着 1994 年税改时的制度设计，这种以流转税、中央税为主导的税制模式，较好地体现了收入组织功能。1994～2012 年，税收收入由 5126.9 亿元提高到10 万亿元，年均增长 18%。其间，流转税占到了全部税收收入的 70%上下。这样的税制格局（特别是流转税具有一定的累退性），虽有利于取得财政收入，但在调节居民收入分配、缓解贫富差距等方面的作用却相对较弱，甚至出现了"逆向调节"的问题。例如，由于个人所得税制的不完善，客观上存在着中低收入者税（负）重而高收入者税（负）轻的问题；由于财产税、遗产税（赠与税）的空白，客观上存在着社会财富向少数人聚集、高房价、基层地方政府税源枯竭等问题；由于社保税制的缺失，客观上存在着高储蓄率低消费率的问题，妨碍了内需"内生"增长机制的形成。1994 年分税制改革时，曾构想了较为完善的地方税体系，而后十多年不断进行的共享、暂停、取消等项改革，使得

---

① "三税"返还、成品油价格和税费改革税收返还。

地方税税源日渐枯竭。目前，中央税为 4 个①，地方税为 7 个②，中央与地方共享税为 7 个③。仅从数量上看，地方税种较为可观，而实际上地方税收入规模（2010 年）仅占全国税收收入总量的 8.3%，这与分税制改革初期所设计的 20%～30% 的占比相比，出现了较大的降幅。地方税制的先天不足和逐年萎缩，伤害了地方政府的财源基础，迫使地方政府纷纷在土地、资源、环境上作文章，不惜代价招商引资，大规模进行房地产开发，造成了不规范竞争、产业趋同、产能过剩等问题。对此，《决定》对税制改革进行了系统表述，包括完善地方税体系，提高直接税比重，推进增值税改革④，发挥消费税⑤的调节功能，逐步建立综合与分类相结合的个人所得税制，加快房地产税立法并适时推进改革，加快资源税改革⑥，推进环境保护费改税。

第八，建立事权与支出责任相适应的制度。事权划分是现代财政制度有效运转的基础和逻辑起点。只有在明晰政府间事权划分的基础上，才能界定各级政府间的支出责任。理想的分税制模式是事权与财权大致匹配。1994 年分税制财政体制改革的主要目标是改进中央财政的拮据状况。相形之下，政府间事权划分则维系在 1994 年前的状况，"你中有我，我中有你"的问题比较突出。党的十六大提出了事权与财权相匹配，党的十七大进一步提出了事权与财力相匹配，十八届三中全会首次提出了事权与支出责任相适应，这是一个重要的认知过程和较大改进。

---

① 关税、消费税、车辆购置税、船舶吨税。

② 房产税、城镇土地使用税、耕地占用税、契税、土地增值税、车船税、烟草税。

③ 增值税、营业税、企业所得税、个人所得税、资源税、城市维护建设税、印花税。

④ 在交通运输业和部分现代服务业全面"营改增"的基础上，适时将其他服务行业纳入改革范围，实现"十二五"完成"营改增"的改革目标。同时，适当简化税率，逐步实现对所有货物和服务的出口适用零税率。

⑤ 消费税改革重点是，一是适当扩大征收范围，将一些高耗能、高污染产品以及部分高档消费品纳入征税范围；二是调整征收环节，逐步由生产（进口）环节改为零售或批发环节；三是调整部分税目税率。

⑥ 重点是推进煤炭等重要矿产品资源税从价计征改革，清理取消相关收费基金，适当提高从量计征的资源品目的税额，适应生态文明建设需要，逐步扩大资源税征收范围（如水资源）。

本着外部性、信息复杂程度和激励相容的原则，一是适度强化了中央事权和支出责任，国防、外交、国家安全、关系全国统一市场规则和管理等作为中央事权；二是合理明确了中央与地方共同责任的分担机制，部分社会保障、跨区域重大项目建设维护等作为中央和地方共同事权；三是部分中央事权通过转移支付"委托"地方"代理"。

第九，保持现有财政"两个比重"总体稳定。财政"两个比重"是指财政收入占 GDP 的比重（简称"第一个比重"，也称宏观税负）、中央财政收入占全国财政收入的比重（简称"第二个比重"，也称中央财政集中度）。20 世纪 90 年代初期，党中央、国务院做出了振兴国家财政的战略部署，并以"20%"和"60%"为两个比重调控目标，历经其后的一系列财税制度改革，较好实现了改革初衷。以 2012 年为例，第一个比重为 20.3%[①]，比最低年份 1994 年的 10.3% 提高了 10 个百分点；第二个比重为 48%[②]，比最低年份 1993 年的 22% 提高了 26 个百分点。近些年来，围绕财政"两个比重"高低的争论一直不休，一种认为不高，还有进一步提升空间的必要；另一种认为这一比例已经较高，需适当降低；还有一种认为适中，应维系现有的水平，短期内不宜大波动。为此，《决定》明确提出"稳定税负""保持现有中央和地方财力格局总体稳定"，无疑给这一争论画上了句号。财政"两个比重"的相对稳定，符合现阶段中国国情，有利于更好地发挥政府特别是中央政府宏观调控职责，促进实现基本公共服务均等化。

但随着"营改增"试点及其试点范围的扩大，营业税的地方主体税种地位将不复存在，为此《决定》也明确提出，要结合税制改革，考虑税种属性，重新划分中央与地方收入。目前来看，可供选择的改革方案，一是重新划分中央与地方间增值税、所得税分享比例，二是改进消费税并

---

① 按大口径计算，我国的宏观税负为 35% 左右（2012 年），作为发展中国家，可以说税负较重。

② 中央与地方间税收收入划分比例为 53∶47。考虑到中央政府发债权等因素，中央财政的集中度还需高一些。

让渡地方（或者开征零售税），三是开征房产税（不动产税）①、遗产和赠与税，等等，以此弥补地方因"营改增"后的财力缺口。

第十，实施全面规范的预算公开制度。预算公开本质上是政府行为的透明，是建设阳光政府、责任政府的需要，也是依法行政、防范财政风险的需要。我国自1999年开始政府预算制度创新改革以来，历经十多年的实践探索，初步构建了现代预算体系框架，预算理念深入人心，预算公开性、民主化程度显著提高。2013年5月6日，李克强总理主持召开国务院常务会议，研究部署2013年深化经济体制改革9项重点工作，其中第二项就提出，"要下力气推动建立公开、透明、规范、完整的预算体制，形成深化预算制度改革的总体方案"。为此，《决定》明确提出"实施全面规范、公开透明的预算制度"。近些年，围绕"三公经费"公开，各级财政做了大量工作。但我国预算普遍存在着通俗化不够（外行看不懂）、人大预算监督乏力（基本上流于形式）、预算完整性不够（粗线条的功能预算）、保密制度不完善导致预算公开不合理等亟待解决的问题。其实，预算公开不只是公开几组数据那么简单，而是一种理念转换和制度机制再造，所以不应只停留在概念、形式、口径层面，而需向实质性推进，脚踏实地地付诸实施，借此加快从人治财政向法治财政的转变。

推进预算公开，要借鉴国际经验，从我国实际情况出发，注重顶层设计、明确实施步骤，积极稳妥加以推进。逐步扩大公开范围，细化公开内容，不断完善预算公开工作机制，强化对预算公开的监督检查，逐步实施全面规范的预算公开制度。

---

① 2013年11月20日，李克强总理主持召开国务院常务会议，决定整合不动产登记职责、建立不动产统一登记制度，突破不动产"信息孤岛"，由国土资源部负责指导监督全国土地、房屋、草原、林地、海域等不动产统一登记职责，基本做到登记机构、登记簿册、登记依据和信息平台"四统一"。一般认为，这是开征房产税的重要前提。

积极财政政策的"积极"解读①

积极财政政策又称扩张性财政政策，同紧缩的、中性的一起构成了财政政策的三种类型。积极财政政策的选择，一般是在经济低迷、需求不旺的"非常时期"，通过增加政府支出、适度减税等手段，增加有效供给，刺激经济增长，降低宏观经济运行的波折。自 20 世纪 30 年代凯恩斯开启国家干预经济以来，扩张财政政策频繁加以运用，日益成为宏观调控的重要政策工具。

一、积极把握两次积极财政政策的差异性

1998～2004 年，我国实施了长达 7 年的扩张性财政政策，累计增发长期国债 9100 亿元，按 1∶5 的投资带动比例估算，拉动投资总规模达 4.6 万亿元，每年拉动 GDP 增长约 1.5～2 个百分点，较好地缓解了亚洲金融危机对中国经济的冲击。在历经近 4 年的中性（稳健）财政政策之后，我国重启积极财政政策取向，同 10 年前相比，其环境、条件迥异，则内容、方向、结构、性质也必然不同。一是危机的范围、程度不同。1998 年的亚洲金融危机发端于新兴工业化国家和地区，波及个别转轨国家，主要发达国家非但毫发未损甚至还从中渔利，属于局部性金融危机，而 2008 年因美国次贷引发的金融危机，则具有全球性，

① 本文刊发于《中国经济时报》2008 年 11 月 28 日，被《齐齐哈尔日报》《南京日报》等全文转载。

是近百年来最为严重的经济危机。二是所处的经济发展阶段不同。1998年距改革开放20年，1997年中国的经济总量仅为7.9万亿元，基本上处于短缺经济阶段，供给相对不足，入世谈判尚在进行中，开放程度有限，对外依存度不高，而1997年我国的经济实力高达24.9万亿元，出现了国内产能过剩、消费结构升级、资源环境约束、国际竞争加剧等多重压力。三是物价环境差异很大。1998年的中国处在通货紧缩时期，其时的CPI、PPI低增长甚至负增长，而今天的中国则是全方位的通货膨胀，特别是自2007年下半年以来逐渐呈现出物价高企与经济增长趋缓的"滞胀"压力。四是与货币政策搭配的条件不同。1998年的积极财政政策，是在连续密集运用宽松货币政策"失灵"前提下启动的，相形之下银根较为宽松，而如今的积极政策却面临着人民币升值的压力、紧缩的货币政策和"惜贷"的背景条件。上述分析表明，两次积极财政政策的环境条件差异巨大，相应其政策内涵、作用领域也要适应这些特殊性的变化。

二、积极确保积极财政政策的有质有效推进

2007年，我国的固定资产投资总规模为13.7万亿元，而这次扩大内需投资规模到2010年底仅两年多时间内高达4万亿元，年均2万亿元的额度是上次年均1300亿元的15倍，力度之大前所未有，可以预见其对经济的拉动作用将十分明显。据专家测算，仅2008年第四季度增加投资1000亿元，2009年灾后重建提前安排200亿元，至少拉动经济增长1.3～1.4个百分点。可以预见，未来两年中国经济在政府投资"乘数"的作用下，维持一个较为合理的发展速度既现实又可能。

确保积极财政政策有质有效推进，是各级各部门亟须研究解决的首要问题。对此，笔者提出一点粗浅的建议。

（一）合理把握积极财政政策的尺度

这里有三点需要考量：一是"量"上要控制，赤字预算的安排、

国家信用的透支，一定要坚持审慎的原则，切实将发债数量控制在经济所能承受的范围之内，决不能由此而形成风险，甚至危及国家财政经济安全。二是"时限"上要合理，积极财政政策属于短期化政策，一般以两三年期限为宜，若像上次那样长期化实施，就会背离国际的通行规则，不但降低政策的作用功效，而且还会产生逆向调节作用。三是充分考虑到政策的"时滞"效应，积极财政政策同其他政策一样，完全释放其作用功效尚需时日，要在贯彻好"四字"原则（快、重、准、实）的前提下，有效克服急躁冒进、急于求成的问题。

（二）适度减税也是积极财政政策的重要内容

扩张性财政政策包含着"加法"和"减法"两个方面。增加政府公共支出是人们的惯性思维，也是通行做法，这样似乎是"看得见的手"，作用效果直接。而现实的情况是，公共支出的作用效应随着时间的推移而弱化，甚至还会出现负向激励的问题。相反，采取适度的减税政策，由于降低了纳税人的税收负担，形成了税收"洼地"，就会出现大量的生产者、消费者、就业者，从而激活了微观经济运行的链条，带动了经济复苏高涨，而充足的经济活动行为又为组织政府收入提供了前提和可能。所以，当期的减税可能会带来财政收入的暂时减少，长远看积极的减税有利于涵养财源。要借助于积极财政政策大力实施的有利时机，按照"简税制、宽税基、低税率、严征管"的要求，积极实现我国现行税制的优化，消除税制设计上过分注重效率、强化聚财功能等缺陷，还原税收的公平、公正、中性特征，为经济社会平稳运行注入体制机制活力。

（三）保增长与促发展二者不可偏废

增长是发展的基础，没有增长就没有发展，发展也离不开增长。我国是世界上最大的发展中大国，多年的实践证明，实现国民经济适度增长，对于化解结构调整、体制转轨中的矛盾和问题，改善民生，促进就业，意义重大而深远。此时我国重启积极的财政政策，一个重要寓意就是要防止经济大幅回落，确保经济增长。但增长不等于发展，发展才是硬道理。所以，增长要讲质效，并有利于提高人民福祉，不能片面追求数量和总量的扩张，更不能为了应对短期的金融危机而牺牲长期的发展。运用好积极的财政政策，就是要把促进经济增长与推动结构调整、深化改革结合起来，切实做到既拉动当前增长，又增强经济发展后劲。

（四）加强监管、提高效益是关键

增发国债，实行赤字的财政政策，花的是纳税人的远期税收，所以花在哪儿？谁来花？怎样花？是民众最为关注的基本问题。当务之急，就是要构建一个阳光民主的分配机制、相互制约的监督机制、科学合理的问效机制和责任追究的惩罚机制，防止"暗箱操作"和"权力寻租"，同时充分发挥人大、政协、审计、新闻媒体、社会公众的监督作用，确保积极财政政策的各项支出绩效最大化。

三、积极克服实施积极财政政策过程中的四种倾向

《环球时报》日前披露：国务院十大措施甫一公布，各大部门"积极"响应，新旧投资规划立即上报，许多地方政府、驻京办、驻部办、京内外企业闻风而动，国家有关部委门前车水马龙、熙熙攘攘。借鉴1998年时期的积极财政政策，此次扩张财政政策的实施，在下述四个问题上必须予以足够重视并有效克服。

第一，克服审批经济的倾向。国债资金通常是在国家高度集中的投资体制下，采取投资项目由地方、下级层层申报，中央、上级层层审批，银行配套贷款、地方配套安排的运作模式，其实质是政府主导型经济。循着这样的一种制度安排，又会在不知不觉中重新步入"审批经济"的怪圈。一方面，地方政府必然加速其"跑步进京"的努力程度，积极争取更多的项目资金。另一方面，部门也会不断强化其"部门利益"。所以，要通过深化政府投融资体制改革等，有效克服这一倾向。

第二，克服重复建设的倾向。实施积极的财政政策，需启动一大批

建设项目，除国家重大基础项目外，地方政府也将续建、新建一大批一般项目。在这一过程中，政府有关部门就是要加强项目的审查管理，严格执行国家限定或鼓励的产业目录，避免出现新一轮建设过热、低水平重复建设问题的发生。

第三，克服挤出效应的倾向。政府扩大赤字、增发国债必然引起对民间资金供应的减少，从而减少民间投资现象。要防止该倾向的出现，一是政府性投资严格限定在公益性、基础性范畴，二是降低民间资本进入的门槛，三是充分发挥财政资金"四两拨千斤"的引导功效。

第四，克服旧体制复归的倾向。在货币政策与财政政策的搭配上，一般认为，货币政策偏重于市场调节，财政政策特别是国债投资政策偏重于政府的计划调节。当前，我国正处于计划经济向市场经济体制转轨的关键时期，如果长期实行扩张性财政政策，国债规模不加控制，就有可能强化计划经济体制的作用，导致旧体制复归，影响市场经济体制的确立。所以，要相机抉择、审慎灵活地选择财政政策的具体类型，努力营造积极财政政策转型的环境氛围。

生态文明、经济增长
及其财税政策取向

——基于辽宁生态足迹的样本分析①

面对着资源约束趋紧、环境污染严重、生态系统退化的严峻形势，国家决定将生态文明建设放在突出地位，并做出了一系列战略部署。本文运用生态足迹模型，以辽宁为分析样本，对生态文明建设现状进行了定量分析，并从生态效率和环境库兹涅茨曲线两个维度，评价了现行财税政策在促进生态和经济增长之间平衡发展的成效和原因，进而提出了改进完善的财税政策取向。

一、引言

一般认为，生态文明是指人类遵循人、自然、社会和谐发展这一客观规律而取得的物质与精神成果的总和，被认为是人类社会继渔猎文明、农业文明和工业文明之后的第四个阶段。

生态文明的提出是经济系统不断增长的必然结果。从资源配置效率的角度看，当将经济系统视为地球生态系统的一个子系统时，如果相对于更大的生态系统而言经济子系统的规模非常小时，资源环境不是稀缺

① 本文完成于 2014 年 9 月，合作者为连家明、郭艳娇等，为辽宁省科学事业公益研究基金项目"建立健全生态功能区利益补偿机制研究"（2013004020）、辽宁省财政科研基金项目"支持辽宁生态文明建设财政政策研究"（2013B001）阶段性成果，刊发于《财贸经济》2014 年第 10 期，《复印报刊资料·财政与税务》2015 年第 2 期全文转载。

的，经济扩张的机会成本可以忽略不计。但在有限的和非增长的生态系统中，经济的持续增长最终会导致增长的机会成本非常显著（Herman E. Daly，Joshua Fareley，2007），此时有必要推进生态文明建设，即"用质量性改进（发展）的经济范式代替数量性扩展（增长）的经济范式作为未来进步的道路"（Herman E. Daly，2001）。这种转变需要两个重要的脱钩：一是经济增长与自然消耗的脱钩，即经济增长是低物质化的；二是生活质量（客观或者主观福利）与经济增长的脱钩，即要求在经济增长规模得到控制或者人造资本存量稳定的情况下提高生活质量。

从中国目前的实际情况来看，要想实现"绝对的脱钩"成本太大（诸大建、臧曼丹、朱远，2005）。首先，低物质化的经济增长需要科学技术的支撑、企业生产经营模式和居民生活消费模式的转变，这不是一朝一夕可以实现的。其次，中国依然有相当数量的人口在贫困线以下，没有经济增长的福利改进在中国也是不可想象的。当然中国也不能继续走"先污染、后治理"的老路，所以结合中国社会经济发展和生态环境的现状，理性的选择是寻求经济增长和保护生态平衡发展的、有中国特色的生态文明，即享有经济增长带来的益处的同时，消除它给环境带来的潜在威胁。当然这并不是中国生态文明建设的终极目标，它仅是中国生态文明建设的短期目标。中国未来应以此短期目标为基础追求质量改进的可持续发展，实现人与自然和谐共生的长期理想目标。

在建设中国特色生态文明过程中，有两点必须是认真把握的。一是对资源环境面临的整体形势要有清晰、准确的认识，避免生态环境恶化超过其阈值而带来不可逆的灾难性后果，为决策提供科学依据；二是生态文明建设的公共性和外溢性非常强，难以在以市场为交易基础①、通过以自利为目的的企业和消费者的自主选择加以实现，必须依托政府的

---

① 市场条件下，价格机制引导企业和消费者进行决策。而在目前的制度设计下，资源环境等生态价值大多数被认为是免费资源，所以企业和消费者在进行决策的时候，不会自动考虑自己行为对资源环境产生的影响。

强力介入和引导。在这种情况下，政府政策尤其是财政政策的施力点如何确定就具有十分关键的意义。

显然，建设生态文明至少需要回答三个问题，即做什么、何时做和如何做？本文对已有定性研究（如诸大建，2008）和定量研究（杨永华、诸大建，2007；宋涛、郑挺国、佟连军，2007；赵细康、李建民、王金营，2005等）进行整合延伸，尝试给出了上述三个问题比较科学的、逻辑合理的答案（见图1）。

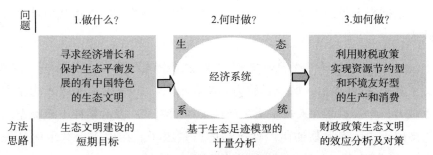

图1　本书的分析方法和思路

考虑到中国现行政体下，生态文明和财税政策虽然是中央提出并进行总体部署，但是由各级地方政府负责具体实施，基于地方视角研究生态文明更能发现问题，使研究的结论更具有现实意义；而在省级层面，辽宁的生产方式和产业结构具有典型的传统工业文明特征，其城镇化和工业化还需进一步发展，而资源环境形势却不容乐观，所以本文以辽宁为分析样本进行研究。

二、基于生态足迹模型的生态文明计量和判断

生态足迹模型由 Rees 于 1992 年提出，并由维科纳格尔等（Mathis Wackernagel，2004；Justin Kitzes，Audrey Peller，Steve Goldfinger，Mathis Wackernagel，2007）进一步完善，它将区域自然资源的供需状况加

以量化，通过生态足迹和生态承载力的测算和对比，反映出一个国家或地区生态盈余或赤字的状况，可以定量测量一个国家或地区的经济系统和生态系统的和谐状况，是目前国内外通用、官方认可的一种用来衡量人类对自然资源的需求和消耗的有效工具，是观察生态文明现状的一个新视角。所以，本文运用生态足迹模型，从宏观的视野测量是否应该开展生态文明建设。

（一）生态足迹模型与数据来源

根据生态足迹模型，代表区域自然资源总供给的生态承载力计算公式为：

$$EC = N \times ec = N \times \sum a_j \times r_j \times y_j \tag{1}$$

式中，EC 表示区域总承载力；N 表示人口；ec 表示区域人均生态承载力；a_j 表示某种人均生物生产性土地面积；r_j 表示某种土地类型的均衡因子；y_j 表示某种生产性土地的产量因子。在生态承载力的计算中，一般会扣除 12% 的生物多样性保护面积。

代表人类对生态系统供给可再生资源（包括食物、木材、纤维、生物质燃料）与吸收二氧化碳废弃物（Monfreda C.，Wackernagel M.，2004）这两大类生态服务总需求的生态足迹，其计算公式为：

$$EF = N \times r_j \times ef = N \times r_j \times \sum \frac{c_i}{Y_i} \tag{2}$$

式中，EF 表示区域总生态足迹；ef 表示区域人均生态足迹；c_i 表示第 i 类消费项目的人均消费量；Y_i 表示第 i 类消费项目的全球平均生产力；i 表示不同消费项目。

生态承载力和生态足迹的差额表示该地区人类活动和自然禀赋的和谐状况，即生态赤字（ED）或生态盈余（ES），其计算公式为：

$$ES = EC - EF,\ ifEC - EF > 0$$
$$ED = EC - EF,\ ifEC - EF < 0 \tag{3}$$

模型中变量的数据取自 1994～2012 年《辽宁统计年鉴》和1994～2012 年《辽宁年鉴》。生物资源类的消费包括农产品、动物产品、林产品和水产品四大类。农产品主要包括水稻、小麦、玉米、高粱、谷子、薯类、大豆、其他杂粮、棉花、油料、甜菜、烟叶和蔬菜；动物产品包括猪肉、牛肉、羊肉、禽肉、奶类、山羊毛、绵羊毛、羊绒和禽蛋；林产品包括水果和木材，水产品主要指近海水域和内陆水域提供的水产品。建筑用地为支持交通、住房、工厂与水电站等基础设施的土地利用情况。碳吸收用地采用历年《辽宁统计年鉴》中能源的日消费量进行折算。所有消费均采用联合国粮农组织计算的世界平均产量进行折算。生态承载力计算中，有提供农产品的耕地、提供水产品的水域、提供禽畜产品的牧草地、提供水果和木材的林地以及建筑用地。很显然，到目前为止，地球上的生产性土地中并没有用于碳吸收的用地。

（二）生态足迹计算结果与分析

根据公式 1～3 计算出辽宁 1993～2011 年的人均生态足迹、人均生态承载力和人均生态赤字（盈余）和不同组分情况，结果见表 1 和图 2。由表 1 可以看出，辽宁的人均生态承载力总体呈现上升趋势，但增幅不大，且主体是由建筑用地增加导致。辽宁的人均生态足迹呈现快速上升的趋势，2011 年生态足迹是 1993 年的 2.13 倍。其中，占比最大的是碳吸收用地，2011 年碳吸收用地是 1993 年碳吸收用地的 2.16 倍。水域、牧草地占比虽不大，但增长速度很快，2011 年较之 1993 年分别上升了 2.80 倍和 3.94 倍。辽宁在 1993 年就已经出现了人均生态赤字。以 2007 年为例，全省生物消费和碳吸收所需的人均土地面积为 4.3927 全球公顷，同期辽宁区域内的人均生态承载力仅为 0.6627 全球公顷[①]，人均缺口达 3.7310 全球公顷。也就是说，如果保持自然环境和资源在其生态承载范围内，那么为了保证 2007 年全省人口的生物消费和废弃物排放吸收，辽宁需要 6.63 个现有土地

---

① 由于生态足迹模型赋予各种不同类型的土地面积一定的权重，从而将各种不同类型的土地面积转换成一个标准化的单位，即全球公顷，表示具有世界平均生产能力。

面积才能实现。而这一数值，在 1993 年是 4.08，在 2011 年则为 7.95，表明辽宁不仅依赖自然资源的增量，而且动用自然资源的存量来支持辽宁的生产和生活，生态系统功能将不断退化，且退化趋势明显。

表1　　　　辽宁 1993 ~ 2011 年的人均生态盈余/赤字　　　单位：全球公顷/人

年份	人均生态足迹	人均生态承载力	人均生态赤字
1993	2. 5189	0. 6162	- 1. 9027
1994	2. 5579	0. 6139	- 1. 9440
1995	2. 7099	0. 6102	- 2. 0996
1996	3. 1244	0. 6090	- 2. 5154
1997	3. 0255	0. 6841	- 2. 3414
1998	3. 2059	0. 6827	- 2. 5231
1999	3. 1660	0. 6817	- 2. 4843
2000	3. 2103	0. 6771	- 2. 5332
2001	3. 3266	0. 6754	- 2. 6512
2002	3. 4908	0. 6441	- 2. 8467
2003	3. 7616	0. 6674	- 3. 0942
2004	4. 0221	0. 6711	- 3. 3511
2005	4. 2469	0. 6687	- 3. 5782
2006	4. 1438	0. 6719	- 3. 4719
2007	4. 3937	0. 6627	- 3. 7310
2008	4. 7542	0. 6618	- 4. 0923
2009	4. 8333	0. 6607	- 4. 1726
2010	4. 9951	0. 6619	- 4. 3332
2011	5. 3577	0. 6737	- 4. 6839

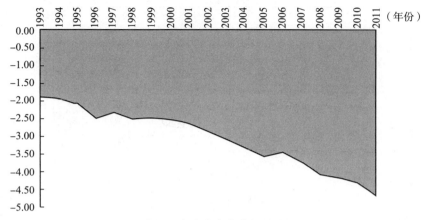

图2 人均生态赤字汇总图

由图3可以看出：（1）耕地在2000年出现小幅盈余，其他年份均是生态赤字，以2011年为例，在保证耕地的生态功能情况下，为了保证2011年全省人口的农产品消费，辽宁需要1.67个现有耕地面积才能实现。（2）辽宁的林地一直是生态盈余的，但是此处的盈余仅就林地提供木材和水果产品消费而言，未考虑森林吸收碳排放所需要的面积。如果考虑碳吸收用地，辽宁在2011年需要30.98个现有林地面积才能实现。（3）碳足迹赤字在2000年之前，变化幅度不大，2000年之后，规模明显扩大，2011年达到2.9860全球公顷/人，为1993年人均碳足迹赤字的2.16倍，表明全省范围内能源化石的消费量增长迅速。（4）水域和牧草地的生态赤字增长较快，从1993年到2011年，水域人均生态赤字翻了2.79倍，牧草地人均生态赤字翻了3.95倍，表明辽宁在禽蛋肉类产品和水产品方面的人均消费增长迅速，为了保证2011年全省人口该类产品消费，辽宁分别需要1136.57和186.65个现有牧草地和水域面积才能实现。

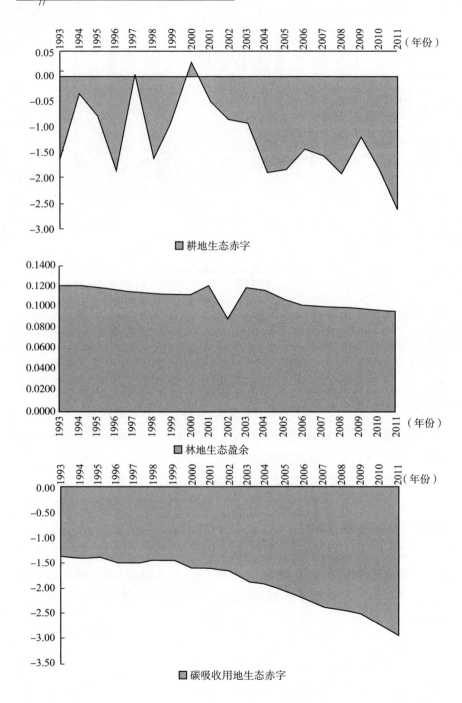

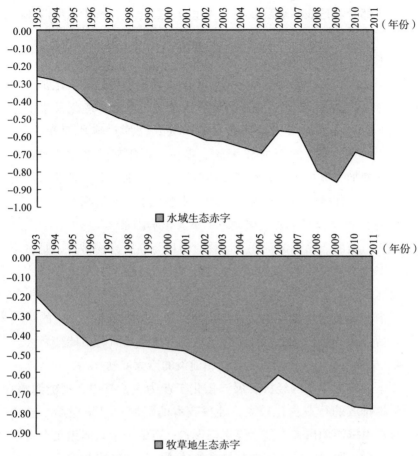

图3 根据生态足迹组分分解的辽宁人均生态赤字/盈余

（三）生态文明建设状况的基本判断

根据生态足迹模型的分析，辽宁的人均生态足迹远超人均生态承载力，且人均生态赤字超过全国和世界的平均值。例如，2007年辽宁人均生态足迹是人均生态承载力的6.63倍，同期全国该数值为2.20倍，世界为1.50倍。具体而言：

1. 碳排放量增长迅速，节能要求依然迫切

碳吸收用地是辽宁所有生态足迹中增长最快的，并且是生态赤字最

大的组成部分。这表明现阶段经济快速增长过程中，减少碳吸收用地是减少生态赤字的重中之重，节能要求依然迫切。

2. 住房、交通和商品消费的增长进一步恶化生态现状

辽宁住房、交通等居民日常生活中的资源能源消耗显著增加，例如在 2010 年分行业主要能源消费品种消费量中，电力、燃气及水的生产和供应业所消耗的煤炭占总消耗量的 45%，交通运输所消耗的汽油、柴油分别占总消费量的 48% 和 55%。再加上近年来随着经济增长和人民收入的增加，禽蛋肉类和水产品消费量快速增加，源于农业自然资源消耗和温室气体排放也快速增加，进一步恶化了生态现状。

3. 城镇化是未来生态文明建设的重要影响因素

高人口密度、高能源消耗、高物质消耗与高废弃物排放，是城市产生高生态压力的主要原因。根据《中国生态足迹报告 2010》研究，辽宁城镇居民人均生态足迹约为乡村居民的 1.2 倍，并具有快速拉大的特征，其中碳足迹的贡献率约为 74%。所以，伴随城镇化发生的居住模式与生活模式的改变，生态足迹快速增长的挑战与风险可能会增大。

4. 传统工业化模式构成生态文明建设的巨大威胁

辽宁近二十年来的经济发展以重化工业为主，其中，高能源消耗、高污染物排放的行业占比较大，使得我省的资源缺口呈现逐年递增趋势，煤炭由资源调出省，变为煤炭调入省；石油产量只能满足全省生产需求的一半。同时，传统工业化带来的环境污染也越来越严重，已远超自然环境的生态承载力，经济发展的可持续性面临挑战。

三、财税政策支持生态文明建设的效应分析

前文分析表明辽宁的生态状况不容乐观，而且有进一步恶化的可能，需要引起足够重视，深入研究和探讨如何进一步推进生态文明建设。在这一过程中，财税政策是最为直接有效的宏观调控工具（克利福德·柯布，2007；苏明，韩凤芹，武靖州，2013）。通过建立可操作性强的资源有偿使用制度、排污权交易制度和生态补偿制度，深化资源性

产品价格和税费改革，体现市场供求关系、环境资源稀缺程度和生态产品公平分配原则，财政创造了生态文明建设必须的基础性制度条件；财政是政府推行各项施政方针最基本的物质保障，例如，保护环境不受破坏、修复已破坏的环境、发展新型的工业化和城镇化等所需的人力物力投入；财政可以利用其政策工具和手段发挥资金引导作用，引导社会资金投向循环、低碳和绿色经济等生态文明建设领域；财政可以通过税收优惠、财政支出等政策为企业和消费者的行为改变提供激励，例如，企业和居民使用环保材料可以享受税收优惠。

中国已经开始利用财税政策促进生态文明建设，效应如何是后续研究的基础，本文将从定量角度对此进行验证。从表2中我们可以看到，财政节能环保支出占GDP比重总体趋于上升，从2006年的0.23%增加到2011年的0.33%，绝对值增加了2.5倍，而同期的万元GDP生态足迹则明显下降，降幅达到44%，万元节能环保支出生态足迹降幅更是达到63%。这较好地佐证了财政投入对于改善辽宁生态环境状况所发挥的积极作用。因此，本文进一步分析现有财税政策在促进资源节约、废物排放降低和经济增长之间平衡发展的成效。由于很难用一个变量来代表这种平衡状态，而且该平衡状态不能单纯依靠市场自发实现，需要政府财税政策的引导和激励。所以，本文直接验证资源消费、废物排放和经济增长之间的关系。如果两者关系趋于和谐，表明财税政策有效果；反之，表明财税政策不利于或者没有有效促进生态文明建设。

表2　　　　2006~2011年辽宁财政节能环保支出和生态环境状况

年份	生态足迹（万全球公顷）	GDP（亿元）	财政节能环保支出（亿元）	财政节能环保支出占GDP比重（%）	万元GDP生态足迹（全球公顷/万元）	万元节能环保支出生态足迹（全球公顷/万元）
2006	17447.06	9304.5	21.16	0.23%	1.88	824.53
2007	18592.82	11164.3	28.07	0.25%	1.67	662.37
2008	20186.81	13668.6	48.18	0.35%	1.48	418.99

续表

年份	生态足迹（万全球公顷）	GDP（亿元）	财政节能环保支出（亿元）	财政节能环保支出占GDP比重（%）	万元GDP生态足迹（全球公顷/万元）	万元节能环保支出生态足迹（全球公顷/万元）
2009	20570.52	15212.5	55.71	0.37%	1.35	369.24
2010	21237.67	18457.3	77.44	0.42%	1.15	274.25
2011	22797.01	22226.7	74.20	0.33%	1.03	307.24

资料来源：生态足迹数据为本文前面计算所得，财政节能环保支出数据来源于辽宁省财政厅，依据预算科目汇总计算所得，GDP数据来源于《2012辽宁省统计年鉴》。

1. 资源消耗与经济增长——生态效率分析

财税政策促进资源节约和经济增长的成效可以用生态效率[①]的提高（杨永华、诸大建，2007）进行验证。2000年以来，辽宁加大节能力度并取得了一定的成效，辽宁单位GDP能源消耗从1978年的22.96下降到2012年的0.90。为了检验这种变化的成效，本文以1978～2011年为样本空间，采用可变参数的状态空间模型进行分析。能源消耗和人均GDP数据均来自2012年《辽宁统计年鉴》。人均GDP以1978年的城市消费物价指数进行处理。利用EViews6.0统计软件进行分析。构造的能源消费的变参数模型的状态空间形式如下：

$$量测方程：logppcon_t = -3.28 + loggdp_t \times \beta_t + \mu_t \tag{4}$$

$$状态方程 \beta_t = -0.60 + 0.60\beta_{t-1} + \varepsilon_t \tag{5}$$

式中，logppcon表示人均能源消耗，loggdp表示人均GDP，β_t是随时间改变的，体现了解释变量对因变量影响关系的改变，并且假定系数β_t由AR(1)描述。ε_t为$E(\varepsilon_t)=0$，$Var(\varepsilon_t)=\sigma_\varepsilon^2$，$Cov(\varepsilon_t\varepsilon_s)=0(t\neq s)$的连续的不相关扰动项。

从系数的曲线图（见图4）可以看到：1978年以来$\beta_t < 0$，表明辽宁GDP增加1%，辽宁人均能源消耗下降0.2%～1.4%，即能源消耗

---

① 生态效率是指单位GDP所需的资源数量的有效降低。

总体上随着人均 GDP 的增加而减少。但是 β_t 的绝对值随着时间的推移不断下降，表明这种随着人均 GDP 增加而减少的趋势在弱化，即辽宁的财税政策并没有促进能源消耗的持续有效降低。

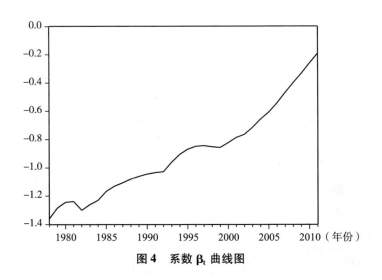

图 4　系数 β_t 曲线图

2. 环境污染与经济增长——环境库兹涅茨曲线分析

财税政策促进废物排放的有效降低和经济增长的成效可以用环境库兹涅茨曲线进行验证（Gene M. Grossman，Alan B. Krueger，1955）。环境库兹涅茨曲线（EKC）假说认为，在经济发展处于较低水平时，环境污染随着经济增长而更加严重；当经济发展到较高水平时，由于科技进步、财税政策等因素，环境污染将逐渐降低。本文以辽宁"三废"数据为例，采用 ECM 方法协整分析了环境污染和经济增长的长期趋势和中期趋势。中期趋势分析主要考虑到辽宁对"三废"的治理主要开始于"十一五"期间，而且近年来污染排放指标出现一些关注重点上的变化，例如，辽宁"十二五"规划中生态文明的指标体系对废水中化学需氧量、氨氮等排放量给予了更多强调。

长期和中期分析中的"三废"数据分别来自历年《辽宁统计年鉴》和《辽宁环境质量报告书》。协整分析的步骤是：先进行单位根检验，经检验服从同阶单整条件的，再进一步采用 ECM 方法进行协整检验。如果存在协整关系，再进一步判断长期协整关系的类型。检验结果见表 3。

表 3　　　　　　　人均废弃物排放和人均收入实证分析结果汇总表

人均废弃物类别	是否同阶单整	是否存在长期协整关系	何种长期关系	统计上是否显著
长期趋势分析				
废水	是	存在	正 U 型	否
工业废水	是	存在	倒 U 型	是
工业废气	是	存在	正 U 型	是
SO_2	是	存在	正 U 型	是
烟粉尘	是	存在	正 U 型	是
工业固体废弃物	是	存在	正 U 型	是
中期趋势分析				
工业废气	是	存在	倒 U 型	否
二氧化硫	是	存在	正 U 型	是
烟粉尘	是	存在	倒 U 型	否
工业粉尘	是	不存在	—	—
废水	是	存在	倒 U 型	是
工业废水	是	存在	倒 U 型	否
生活废水	是	存在	线型	是
化学需氧量	是	不存在	—	—
氨氮	是	存在	倒 U 型	否
工业氨氮	是	存在	倒 U 型	否
生活氨氮	否	—	—	—
工业固体废弃物	否	—	—	—

表 3 表明，与人均收入存在长期协整关系，且随着收入的上升，污染趋势得到控制的只有长期分析中的工业废水和中期分析的废水；随着收入的上升，呈现出恶化趋势的有长期分析的工业废气、二氧化硫、烟

粉尘、工业固体废弃物和中期分析的二氧化硫和生活废水，其中，工业废气、烟粉尘、氨氮和生活氨氮在中期分析中，呈现出随着收入的上升不断改善的趋势。这表明废物排放治理虽有成效，但总体呈现恶化趋势，特别是二氧化硫、生活污水和固体废弃物排放。辽宁的"三废"治理任重而道远，财税政策还需进一步改进。

3. 财税政策对生态文明建设成效不足的成因分析

虽然近几年我国加大了对生态文明的支持力度，但是由辽宁生态效率和环境库兹涅茨曲线的实证结果可知，生态效率并未显著改善，废物排放治理虽有成效，但总体呈现恶化趋势，表明现行财税政策措施并未促进经济增长和保护生态的平衡发展，甚至阻碍了两者的平衡发展。究其原因，主要体现在以下三个方面：

首先，从财政投入力度来看，难以满足改善环境的需要。按照国际经验，要维持生态环境不进一步恶化，环保支出占 GDP 比重至少应达到 1% 以上，要实现生态环境的改善和优化，则该比重应达到 2% ~ 3% 。而目前辽宁整个环保领域的资金支持力度仍然远远不够。从纯粹的政府财政环保支出来看，2012 年辽宁环保支出占 GDP 比重仅为 0.38% ，不仅远未达到国外先进国家政府环保支出的力度，而且距离全国 0.56% 的同期平均水平也仍有明显差距。

其次，现行财税制度安排不利于生态文明建设，地方政府缺乏足够的激励。例如目前以流转税为主体的财税制度下，辽宁税收主要靠工业，特别是短期内利高税大的重化工业项目，恰恰这些项目的环境污染最为严重。而现行的政绩考核机制，进一步刺激了地方官员任期内的短期行为，重视经济建设，关注财税利益，而对生态文明建设缺乏应有的积极性。

最后，从财税运行机制的微观角度看，现行财税政策也不利于生态文明建设。主体功能区规划滞后影响转移支付生态作用的发挥；在生态环境建设过程中，财税引导市场机制发挥调节作用没有充分发挥；排污费制度难以形成对企业治污的有效约束；财政节能环保资金管理使用不够规范；环保投资管理方式落后进一步影响环保投资绩效等。

四、支持生态文明建设的财税政策取向

建设生态文明，促进经济增长和保护生态的平衡发展，财税政策面临着巨大的转型挑战，这既涉及财政体制自身的调整，也涉及相关税制的重塑，还包括一系列政策体系、机制的构建和完善。结合前文分析，本文提出如下财税政策选择：

（一）调整生态文明建设的财税政策体系

借鉴国外发达国家的做法，调整现行财税政策，逐步形成相对系统完善的财政支持生态文明建设的政策工具框架。该框架包括财政收入和财政支出两方面：一方面对污染、能源以及自然资源开发课以环境税费，将环境成本内部化，以正确反映环境问题的净成本收益。通过提高污染、排放和自然资源开发的成本以达到节能减排、增加政府环境治理财政收入的目的；另一方面对有益于低消耗、低排放和低污染的生产和消费予以减税、直接补贴和优先政府采购，以提高公众的环保意识和参与生态文明建设的积极性，向生态经济积极转型。同时删除已有的对环境造成负面影响的税费、补贴及政府采购。

（二）建立长效的生态文明建设财政投入增长机制

中国现在还不具备西方发达国家治理环境的财政能力。想一蹴而就实现理想化的财政投入增长目标，既不现实也不可能。作为可行的路径选择，财政环保投入的增长应该允许有一个渐进的过程，但要强调的是，这个过程必须是持续增长的，并且要将这一指标纳入行政绩效考核中，以增强地方政府官员重视生态的行政性动力。

（三）加大生态环境重点和薄弱领域的支持力度

财政资源有限的情况下，优化结构，突出重点，就成为支持生态文

明建设过程中财政的必然选择。各省份可以根据自己的实际情况，从生态足迹不同组分、不同区域和城乡来进行选择。例如，根据前文分析，辽宁的草地、水域和碳吸收用地①生态赤字最为严重，所以辽宁的财政支出要重点加大对森林、水域和草场的支持力度。

（四）完善生态文明建设的财政管理体制

完善省以下财政体制，健全县级财力保障机制，使限制和禁止开发区地方政府在弱化甚至放弃经济增长目标后，仍然能够获得满足运转的基本财力保障，促进县域基本公共服务的均等化。完善转移支付制度，提高转移支付系数中生态因素的权重，并加大对重点生态功能区域的转移支付力度。对主体功能区分类制定财政引导政策，促进生产要素资源在不同主体功能区之间的合理流动，如必要的生态移民、异地开发的"飞地模式"②等。清理现有财税优惠政策，对不利于限制和禁止功能区生态环保的政策加以取缔。整合生态建设相关资金，通过设立生态文明建设专项资金等方式，发挥政府财力资源的综合效益，确保生态文明建设的顺利推进。要加强节能环保领域财政资金的有效监管，解决项目资金管理过程中跑冒滴漏，使有限的环境资金最大限度地发挥作用。优化环境治理投资结构，加大财政预算资金比重。加快生态补偿机制建设，推进生态文明制度创新。合理运用绿色政府采购政策，完善绿色采购相关办法和实施机制，扩大绿色产品的政府采购范围，给予绿色产品适当的价格补偿，切实发挥政策引导功能。建立健全资源环境定价机制和税费制度，从根本上解决资源浪费性开采使用、排污者内部成本外部化等问题，引导市场积极发挥基础性作用。

---

① 尽管林地作为生物资源类用地实现了生态盈余，但考虑碳吸收用地赤字情况的话，森林生态压力非常巨大。

② 考虑到限制开发区和禁止开发区的经济发展需求，可以允许限制开发和禁止开发地区在临近的重点开发区内设立经济开发区，经济开发区内产生的产值、利税等归限制开发区和禁止开发区所有，实行异地开发。

（五）优化财政政策支持工业化和城镇化建设方向

从经济与自然消耗逐渐"脱钩"的角度来看，生态文明建设迫切需要推进生态导向的新型工业化和新型城镇化。建议中央加大外溢性较强的技术改造与创新、节能减排和淘汰落后产能等领域投入力度等；继续支持循环经济试点的深入开展和对绿色节能建筑的相关财税扶持政策。在城镇化寻求产业化支撑过程中，不能以牺牲环境为代价，要提高"生态门槛"，宁缺毋滥，完善吸引绿色产业发展的财税优惠政策。要支持污水垃圾等城市配套设施建设，建立健全相关运营机制，切实提高城市环境质量，促进可持续发展。

关于"发展中国家应对金融危机的中国实践"的评议[①]

由财政部科研所贾康、程瑜两位学者提交的"发展中国家应对金融危机的中国实践"一文，立足于中国应对国际金融危机的具体实践，系统梳理了一揽子经济刺激计划的内容、相关举措和政策绩效，研究者精辟概括为 4 个重点、7 个方面和 14 个年度经济目标数据，涉及保增长、扩内需、调结构等诸多政策措施。研究者详尽的数据资料、严谨的逻辑分析，反映出中国作为世界上最大的发展中国家，在应对国际金融危机过程中所履行的"大国责任"。

从 2008 年 11 月 5 日国务院公布了包括加快保障性安居工程、加快农村基础设施建设等旨在拉动内需的 10 项措施和 4 万亿元投资计划，到 2009 年 8 月 26 日国务院研究部署抑制部分行业产业过剩和重复建设等过程，近 10 个月来连续密集"反周期"的宏观调控，有效克服了自大危机、大萧条以来最为严重的冲击。当前，中国经济企稳回升良好态势的较好形成，也在实践着"中国式"复苏的"新共识"。正如作者文中所言："中国在致力于做好自己事情的同时，提升了国际社会坚定信心、携手应对、共克时艰的理念。"

研读两位作者的研究成果，对照 10 年前（1998 年）中国政府应对亚洲金融危机的历史，此次"中国式"应对凸显下列"积极"变化。第一，将扩大内需作为首要的战略取向，出台了一系列促进消费的政策

---

① 本文是 2009 年 8 月在"海峡两岸财税研讨会"上的点评。

措施，并从改善民生入手，完善了相应制度机制建设。第二，将结构性减税作为实施扩张性财政政策的重要举措，这种"减法"式的"逆向"调节，较好克服了长期以来"加法"式扩张的递减效应，为中国经济的持久发展奠定了基础。第三，开启了地方政府合法举债的先河，2000亿元——虽说从规模上微不足道，甚至可能还存在诸多不尽人意之处，但其象征意义大于实际内容，也为地方政府"财权"的完整性注入了新动力。第四，更加注重结构优化、科技创新和区域经济协调发展，较好体现了科学发展的基本理念，更加谋求可持续发展。所有这些积极的变化也映射出中国政府宏观经济驾驭能力的不断提升。按目前的经济运行状况判断，实现全年经济"保八"增长的目标几无悬念，"保增长"这一重要目标的如期实现，为13亿人口中国大陆的发展赋予了政治、经济和社会意义。

同样，应对国际金融危机的中国实践也是一柄"双刃剑"，政策制定之初我们担心和可能引致的后果也在意料之中。第一，这种以"要素驱动"型的增长难以持续。如何实现明年、后年甚至更远年度增长的动力何在？"短期"政策难以"长期"化，当务之急是寻求持久增长的动力，重启经济体制改革、推动经济增长方式转变，逐步将"保增长、扩内需、调结构"的目标调整为"调结构、扩内需、促发展"，追求经济社会的可持续发展。第二，这种以"政府主导"型的增长模式必然会对民间资本产生"挤出效应"。如何把握政府与市场的"均衡"点，如何充分发挥市场机制在资源配置中的基础性作用，也是我们亟须研究解决的新课题。当务之急要科学界定政府在国民收入初次分配中的份额（简称"第一个比重"），合理确定中央政府的财政集中度（简称"第二个比重"），切实处理好"集权"与"分权"的关系。第三，这种以赤字财政为主导的"透支"型增长必然会加剧财政风险①。自1998年连续十余年的扩张财政政策究竟还能持续多长时间实在难以判断。置身于财政特别是地方财政的视角，现行的增长与发展似乎步入了"财政依

---

① 理论上，现行的政府各项债务指标尚在警戒线之内。

赖"的路径，这种旧体制的简单回归，难以实现财政资金绩效最大化，到最后还是会浪费最为稀缺的财政资源。当务之急要重构"财政生态"，强化财政意识和危机意识，回归财政的公共性本原。第四，这种不加约束的增长必然会带来产能过剩的问题。在传统的钢铁、水泥、汽车、电解铝等产业过剩基础上，又增加了风能、多晶硅等新兴产业的新倾向。在国际金融危机的背景下，我们要有"断臂求生"的勇气，下力气遏制"两高一资"（高能耗、高污染、资源性）行业和产业，在保增长中更加注重推进结构调整，大力发展符合市场需求的高新技术产业和现代服务业（特别是生产性服务业）。

危机——隐含着"危"和"机"两层含义，能否抓住契机，化"危"为"机"，在危机之后的国际分工中赢得应有的份额，也是考量中国大陆宏观调控能力的重要标尺。

"十二五"开局之年的财税
改革评述与前瞻[①]

　　财税制度是一个国家最为根本的经济制度。2007 年党的十七大报告，曾系统提出了我国财税体制改革的总体目标、基本路径和改革举措。2011 年 3 月全国人大审议通过的"国民经济和社会发展第十二个五年规划纲要"，明确了新时期我国财政改革基本取向。盘点"十二五"开局之年我国的财税改革，其最大亮点就是"试点"这一词汇。宽领域、多密集的试点使其成为近些年改革力度最大的一年，多年迟疑不决的改革，在内外压力共同作用下，终于有所松动。但是，从另一个方面来看，2011 年我国的财税改革，可以说仅仅迈出了很小的一步，一些深层次问题尚未根本触及，长期累积的体制性、机制性矛盾难以解决。由于受种种因素的制约，我们的改革显得信心和动力不足，而某些探索式的改革由于受部门或集团利益的左右，又出现了碎片化、摇摆状的问题。当务之急，要切实抓住财政收入平稳增长的有利时机，尽快启动新一轮财税改革，尽快迈出坚实步伐，取得实质性突破。

　　按时间先后顺序，大致可以梳理出以下重大事项：

　　——房产税试点。1 月 28 日，率先选择上海和重庆两市开始征收房产税，开启了新中国历史上正式向居民（自然人）房产在住房保有环节征税之先河。早在 2003 年 5 月，财政部和国家税务总局就分 3 批在北京、辽宁、江苏、深圳、重庆、宁夏、福建、安徽、河南、大连

　　① 本文刊发于《科研要报》2012 年第 1 期、《中国经济时报》2012 年 1 月 12 日。

10 个省区市和计划单列市的 32 个县、市、区开展了房地产模拟评税试点工作。这一工作被称为房产税的"空转"。两个试点市的房产税政策,上海重点以打击投资投机为主要目的,而重庆则在调节贫富差距、促进社会公平的作用更明显。

房产税(物业税)试水,或许是雷声大雨点小,表面上是在为不断虚高的房地产市场降温,本质上则释放出强烈的改革信号和消费引导。一年下来,中国房地产这匹脱缰的野马似乎有所驯服,但行政主导的调控模式(如限购、限价、限贷)难以长期运用,亟须研究治本的替代之策,而开征物业税是最为现实、有效、可行的选择。对居民个人"多余"的不动产课税,符合国际通行规则,既会对基层政府日益枯竭的"土地财政"注入生机,又会促使房地产回归理性发展的轨道。

从空转到试点,从扩大试点到实际开征,自然需要一个过程,尚有许多技术细节问题需要研究解决,但无论如何,适时开征真正意义上的房产税已大势所趋。

——预算公开。4 月 14 日,科技部第一个公开了"三公"经费,揭开了中央部委向社会公开的序幕。5 月 4 日,国务院常务会议研究部署了进一步推进财政预算公开的具体事宜。6 月 30 日,全国人大常委会表决通过的 2010 年中央决算显示,2010 年中央行政单位、事业单位和其他单位"三公"支出合计 94.7 亿元。媒体跟踪显示,截至 8 月下旬,在 98 个中央序列部门中,除外交部、国务院侨办和国务院港澳事务办外,其余均向社会公布了 2010 年的"三公"决算和 2011 年预算。按照国家的总体部署,今后"三公"经费将会在省及省以下政府级次逐渐推开。至此,几年前社会热议的"三个三千亿"(即公务接待、公车、公款出国经费支出各三千亿)一事,终于向纳税人有了一个明确的官方答案。

我国自 1998 年开始政府预算制度创新改革以来,历经十多年的实践探索,初步构建了现代预算体系框架,预算理念深入人心,预算公开性、民主化程度显著提高。在此过程中,一些地方实践层面的探索颇具典型意义,如上海的闵行区、浙江的温岭、广东的广州、河南的焦作、四川的白庙乡等，同时一些民间力量（如蒋洪的中国省级财政透明度报告）和互联网的"倒逼"加速了预算公开步伐。总的来看，目前我国财政透明程度还不高，距离真正的公开、民主、阳光的路程还很遥远。

学者王绍光在《美国进步时代的启示》一书中曾有过这样的表述：预算改革的目的就是要把"看不见的政府"变为"看得见的政府"。"看得见"，人民才有可能对它进行监督。

预算公开不只是公开几组数据那么简单，而是一种理念转换和制度机制再造，所以不应只停留在概念、形式、口径层面，而需向实质性推进，脚踏实地地付诸实施，借此加快从人治财政向法治财政的转变。

——个人所得税改革。4月25日，全国人大将初次审议通过的个人所得税草案在网上公布后，引发了一场空前规模的社会大讨论，征求意见数量超过23万条，创历史之最。6月30日通过9月1日实施的个税法修正案，一下子将工薪所得税免征额提高至3500元，超出起初设计的目标（2500元或3000元）。根据权威部门公布的数据，改革后工薪收入者的纳税面将由28%降至7.7%，纳税人数将由8400万人降至2400万人。新个税法自9月1日实施以来居民受惠达600多亿元。

个人所得税与民众的关系最为密切，自1994年以来呈现良好的成长性和巨大潜力，已由1994年的73亿元增长至2010年的4837亿元，占全部税收收入的比重也由1.4%上升至6.6%，成为国内税收规模的第5大税种。

相对于个税改革，免征额（起征点）的界定，仅仅是冰山一角，最终目标还是要健全分类与综合相结合的制度。日后的改革要勇于抓住主要矛盾，跳出免征额的"圈圈"，避免细节问题上的过分"纠缠"，造成不必要的社会资源浪费。

——资源税改革。9月30日，国务院公布了修改后的《资源税暂行条例》等三个法律性文件，决定从11月1日起，在全国范围内实施原油、天然气资源税改革。这是继新疆及西部地区试点后，资源税改革迈出的重要一步。其核心内容，就是变"从量定额"计征为"从价定率"计征。

我国自 1984 年开始建立资源税制度，历经多次完善，资源税收入总量已从 1984 年的 4 亿元，提高到 2010 年 417 亿元，年均增长 33.7% 。受多种因素的考量，新资源税改革选择了谨慎性原则，即从价计征范围只有石油和天然气，并且实行最低税率标准，其他品目资源税仍从量计征（焦煤和稀土从煤炭和有色金属中单独列出并上调从量定额标准）。

自资源税制创立以来，其调控目标已发生了多次变化。适应科学发展的要求，现阶段促进资源节约和生态环境保护显得尤为重要。今后的资源税改革推进，尚需逐步扩大范围，大力推进资源型产品价格改革，妥善处理好与之相关的体制、机制和税费等问题。

——地方债试点。10 月 20 日，财政部下发了《2011 年地方政府自行发债试点办法》的通知，选择上海市、浙江省、广东省、深圳市开展地方政府自行发债试点。此次地方政府债券的自行发行，与 2009 年财政部推出的代发模式的最大区别，就在于发行主体由财政部变更为地方政府。"自行发行"与"自主发行"虽一字之差，但内涵却有所不同。我国现行的《预算法》是不允许地方政府负债的，只能由财政部代发，视同国债。地方政府发行债券，属于"市政债"的范畴，不同于城投债和企业债券。市政债券作为地方政府重要融资渠道已成为国际惯例。

在政绩考核制度和压力型财政体制等多种因素作用下，近些年来地方政府变相融资举债问题引起国家的高度重视。此次选择东南沿海发达地区试水，以及日后的全国性试点，一个重要信号就是中央政府要赋予地方政府有限的举债权。地方债试点，象征意义大于实际意义，期待着通过完备市场约束机制的引入，从根本上解决地方政府融资权的问题。

——营业税改征增值税。亦称增值税"扩围"改革。11 月 17 日，财政部和国家税务总局发布了《营业税改征增值税试点方案》，明确从 2012 年 1 月 1 日起，在上海市交通运输业和部分现代服务业开展营业税改征增值税试点。至此，酝酿十几年的增值税"扩围"改革总算走出了实质性的一步。

2009 年 1 月 1 日，我国已在全国范围内推行了生产型增值税向消费型增值税的转型（尚属不完全转型），此次试点也是推进增值税改革的重要一步。自 1994 年以来，增值税的第一税种地位一直未动摇，而交通运输业和服务业则游离于增值税税制体系之外，不能抵扣，加重了企业税负负担，不利于经济结构调整和现代服务业发展。

按照现行的政府间税收划分，营业税构成了地方税系中唯一的主体税种（除铁道部、各银行总行、各保险总公司集中缴纳的部分归中央政府）。2010 年全国营业税总量为 11157.9 亿元，其中：地方为 11004.6 亿元（占 98.6%），营业税占地方税收份额的 1/3（33.7%）。同时，营业税的征收主体为地税部门，而增值税的征收主体则为国税部门。因此，这一改革必然极大影响地方政府的近期和远期财政利益，也会影响征管主体的变化。所有这些都需要在试点过程中通盘设计、全面考量、有效解决。

——结构性减税。12 月 25 日召开的全国财政工作会议传递出一个重要讯息就是结构性减税，包括降低部分商品关税，增加能源资源产品、先进设备和关键零部件进口；落实提高增值税、营业税起征点等减轻小型微型企业税费负担的各项政策；实施对小型微型企业的所得税优惠政策，对年应纳税所得额低于 6 万元的小型微利企业，其所得减按 50% 计入应纳税所得额，按 20% 的税率缴纳企业所得税；在上海的交通运输业和部分现代服务业开展营业税改征增值税试点，并稳步扩大试点范围，促进服务业特别是现代服务业发展；扩大物流企业营业税差额纳税试点范围，实施支持物流企业大宗商品仓储设施用地的城镇土地使用税政策；对蔬菜的批发、零售免征增值税；落实好其他各项税费减免政策，促进产业结构调整升级；取消不合理、不合法的涉企收费项目，全面清理规范公路收费，减轻企业和社会负担。上述这些改革，绝大多数是"老"政策的延续，个别则是"新"举措。

结构性减税，有别于全面减税，是一种"有增有减，结构性调整"的税制改革方案，是为了达到特定目标而针对特定群体、特定税种来削减税负水平。我国现行的税收制度，大体延续了 1994 年的体系框架。

这种以流转税(间接税)为主导的制度设计,较好地满足了财税收入组织功能,促进了财政"蛋糕"日益做大。财政收入规模"膨胀"也是一柄双刃剑,一方面为政府履行职责提供了财力保证,加快了公共产品供给和基本公共服务均等化建设步伐,另一方面必然带来宏观税负提高的问题。

近些年来,尽管官方多次反驳《福布斯》杂志有关中国税负痛苦指数高估的问题,但从各方面反馈的情况看,似乎并未赢得社会各界的普遍认同,而一些研究成果又佐证了税负确实不低的现实。事实上,仅就税收收入占 GDP 的比重约为 20%(狭义税负)来看,我们的确与发达国家、发展中国家有一定差距,据此个别研究者和中央部门判断我国还有"增税"的空间。但若将预算内外、制度内外的各类政府性收入(基金、收费)计算在内,这一比重就高达 35% 以上(广义税负),印证了一般群体的感受——税负并不轻。甚至还有学者计算出 2010 年中国的"税负工作天数"[1] 为 161 天,远高于美国(102 天),接近于英国(150 天)。

关于宏观税负高低难有统一标准,一个国家政体形式(单一制或联邦制)、人口多寡、国土面积大小、传统文化(孔教文化或基督教文化)、市场发育程度等,都会影响政府在国民收入初次分配的比例。一般认为,发展中国家宏观税负 25% 比较合适,过低则难以满足公共需要,过高则会背离中性原则,属于国民收入超水平分配。更为重要的是,税负水平还要与福利水平相当。若高税负换来的是低福利,则制度设计出了问题,而我们就可能面临这样的困境:绝大多数公共产品和服务还是低水平供给,这样就令纳税人不满意。

财税收入历经 18 年的高速增长,奠定了名副其实的财政大国地位,2011 年更是首次超过 10 万亿。当下,实施结构性的减税措施,可以说条件具备、时机最佳,也是到了非改不可的地步了,这既是落实积极财政政策的"减法"(喻政府投资刺激为"加法")举措,又会对调整国

---

① 税负工作天数 =(税收总额/居民总收入)×365 天。

民收入分配结构、改善经济运行环境和实现可持续发展产生深刻的影响。

盘点过去一年的我国财税改革，主要体现在财政体制、预算管理、税收制度等方面。其最大亮点就是"试点"这一词汇，突出了稳健原则，仍属渐进式改革的范畴。如此宽领域、多密集的试点成为近些年改革力度最大的一年。

早在 2003 年的党的十六届三中全会做出的关于完善社会主义市场经济体制决定，以及 2007 年的党的十七大报告，曾系统提出了我国财税体制改革的总体目标、基本路径和改革举措。2011 年 3 月全国人大审议通过的"国民经济和社会发展第十二个五年规划纲要"，又从财税体制、预算管理制度和税收制度等方面明确了新时期我国财政改革基本取向。

相形之下，2011 年的我国财税改革，可以说仅仅迈出了很小的一步，一些深层次问题尚未根本触及，难以解决长期累积的体制性、机制性矛盾。由于受国际经济环境的制约（如世界性金融危机、新贸易保护主义等），国内日益旺盛的民生支出需求，以及近十年来财政收入高速增长的繁荣，我们的改革显得信心和动力不足，表现出一定的滞后性，而某些个案式、试验性和选择性改革，由于受部门或集团利益的左右，又出现了碎片化、摇摆状的问题。

财税制度是一个国家最为根本的经济制度。当务之急，要切实抓住财政收入平稳增长的有利时机，尽快启动新一轮财税改革，着力于顶层设计和总体规划，有效克服既得利益的束缚，特别要在政府间事权财权界定、财政转移支付改进和现代税制完善上，尽快迈出坚实步伐，取得实质性突破。

在"积极财政政策如何与供给侧结构性改革对接"上的点评[①]

为应对亚洲金融危机，在连续 7 次运用货币政策工具无效的前提下，1998 年中共中央、国务院印发了 12 号文件，开始引入凯恩斯扩大财政政策进行反周期操作。1998~2004 年连续 7 年累计增发国债 9100 亿元，按 1:5 的投资带动比例估算，拉动投资总规模达 4.6 万亿元，每年拉动 GDP 1.5~2 个百分点，较好地缓解了亚洲金融危机对中国经济的冲击。此为第一次积极财政政策。

在经历近 4 年的所谓中性财政政策之后，2008 年重启了积极财政政策，即我们熟知的 3 年 4 万亿元投资计划，以应对全球金融危机。短期内稳定了经济速度，并带来了短期的中国繁荣，甚至被冠以"北京共识"。由于种种原因，4 万亿元投资计划，加之近些年来"多万亿"财政扩张，也为中国经济可持续发展带来了隐患。在"经济新常态"普遍共识下，我们不得不进行供给侧结构性改革，形象地表述为"三去一降一补"。所以，当下的产能过剩等问题，与 2008 年以来的第二轮积极政策高度强正相关。

在多年的学习研究过程中，本人基于地方视角的具体观察，一直对积极财政政策持保留意见。如短期政策不宜长期化，过多政府主导的"加法"政策不可持续，以增长为目标的政策设计背离了财政"结构"性作用机制，等等。这些观点本人在 2008 年 11 月 28 日《中国经济时

---

① 本文系 2017 年 4 月 22 日中国财政学会年会暨第 21 次全国财政理论研讨会上的发言。

报》、2009 年 8 月 28 日海峡两岸财税政策研讨会中均表述过，但位卑言轻。然而，可怕的是，本人多年前的大部分担忧，终于演化为今天棘手的现实问题。

从地方层面特别是老工业基地省份，新一轮积极财政政策在贯穿落实过程中存在四种倾向，本人称为"四个悖论"：

悖论之一：积极财政政策如何有效向地方、部门传递，缓解地方流动性短缺的问题，实现积极而有效的目标设计。2014 年 9 月，国家发改委调研组来辽宁调研座谈时本人提出这一命题，即国家宏观层面所实施的积极财政政策和相对宽松的货币政策，到了地方层面，在各种约束机制作用下，都表现为"双紧缩"。随着时间推移，这一现象有增无减，特别在辽宁这样老工业基地省份，表现得尤其突出。当下，地方流动性短缺是个客观存在，如果不引起重视会带来增长约束、民生支付等风险问题。同时，还有一个新现象也需要引起重视，即地方政府、预算单位甚至个人，对花钱的积极性不高的问题，以前普遍存在的"驻京办""跑部钱进"等现象已不复存在，不愿意花钱就意味着不愿意做事。近些年"三公经费"大幅度下降固然有其合理性成分，但近乎零支出或零增长，也在一定层面说明过分监督约束而影响了积极财政政策的有效落地。

悖论之二：积极财政政策如何作用于制造业等实体经济，而非房地产、虚拟经济的问题，如何有效作用于结构调整而非总量扩张的问题。高房价背后隐含的逻辑，需要我们深刻反思。"稳增长、调结构、惠民生、防风险"的总基调，从积极财政政策而言，应该将"调结构"置于首要选择。

悖论之三：当下一系列减税的积极财政政策如何在现行财政体制下合理分担的问题。对像辽宁这样的地方而言，支出是刚性的、固化的，而不断地减税、降费则不断深化地方财政收支矛盾。所以，要加快政府间财政关系的调整，充分考虑地方的承受能力，避免陷入所谓的减税"民粹主义"倾向。

悖论之四：积极财政政策还有多大空间、强度多大的问题。高培勇老师做过一个分析，认为 2016 年中国实际赤字远超 10%。本人也有此担忧，究竟积极财政政策的 "窗口期" 有多长时间？强度有多大？需要深入分析研究。

作为一个问题导向型学者而未 "愤青"，本人利用今天这次点评的机会，抛出几个现实问题，供批评指正。

财政综合考量

财政生态：概念引入及
体系框架构建[①]

一、问题的提出

当前，我们正处在一个经济至上的时代，尽管没有一个政府公开这样宣称，但实际上经济主义作为核心意识形态，已渗透于现代文化的各个层面，成为最深入人心的"硬道理"。经济主义认为人的一切行为都是经济行为，个人幸福和社会福利绝对依赖于经济增长，科技进步保证经济无限增长，这些基本信条被许多人奉为真理。但细究之后则会发现，经济主义貌似有理，实则荒谬，其危害已经开始显露。全球性生态危机明白无误地告诉世人，顺从人类贪欲的经济主义的生产消费模式，是不可持续的，它正在把人类引向灾难。改革开放以来，我国从"以阶级斗争为纲"到"以经济建设为中心"，实现了历史性的转变，改革开放 30 年来取得了辉煌的成就。但在此过程中，"两点论的重点论"深层思维方式实际并没有改变[②]。这种"只抓重点，不计其余"的简单思维模式，使我们竞相追逐 GDP 指标的快速增长，而其他领域则付出了巨大的代价，比如生态环境、公共事业和社会正义。因此，我们

① 本文完成于 2009 年 4 月，合作者连家明，刊发于《财政研究》2009 年 8 期，获"许毅财经科学奖励基金"二等奖。

② 卢风：《经济主义批判》，载于《伦理学研究》2004 年第 4 期。

必须正视这样一个现实，即人类社会发展是一个无比复杂的系统工程，只有用系统的、整体的思维方式去制定发展战略，才能最大限度地避免失误。

财政中的经济主义，也普遍地存在着。相当多的政府部门乃至专家学者往往习惯于从经济的视角考察财政，仅仅就经济与财政的关系来研究财政问题，认为经济是决定一切的力量，而忽视了政治、法律、文化、传统习惯及自然生态等其他因素对财政的影响；财政的收入与支出紧紧围绕经济活动来安排，无限度地追求绝对数量的增长，而不论收支规模是否适当或是否可持续；财政的管理也往往仅被看作是通过内部管理方式的改变实现边际效用最大化的一个封闭系统①，而不是看作应充分调动纳税人、议会、舆论媒体等外部因素作用的开放式体系。财政横向与纵向之间的差距伴随着各自对经济资源的占有一道，越拉越大。

这种财政经济主义的思维方式，带来的负面影响可能不是非常直接和显性化，但危害却十分巨大而深远。由于对财政问题理解上的狭隘，使财政这个有机系统的整体性被人为破坏，财政发展严重失衡，系统各个要素之间的有机联系被割裂，确定的政策和制度框架由于缺乏整体设计而往往事倍功半，甚至走向了反面。从现实来看，正是由于经济主义思维模式的存在，我国"公共财政"建设的进程才会走得如此艰难。

那么，破解"经济主义"难题的出路何在呢？人们对此进行了积极的探索。近年来，生态学特有的系统性、有机性和动态可持续性研究思路与方法，受到人们空前的关注，生态学与其他相关领域的交叉式研究也取得飞快发展，经济生态学、行政生态学等新兴学科都给人们提供了极富创见性的、具有强烈现实意义的崭新思路。

所谓"生态"，是指一定时间和空间范围内，生物与非生物环境通

---

① 苟燕楠、王逸帅：《中国市级政府预算管理制度改革——一种预算生态框架的实证分析》，载于《当代财经》2006年第10期。

过能量流动和物质循环所形成的一个彼此关联、相互作用并且具有自动调节机制的统一整体（泰斯勒，1935）。与此对应，如果我们把财政作为一个"生命体"来看待的话，其本身具有的"生态性"特征十分突出。首先，像自然生态系统一样，财政经过几千年的发展和演进，也经历了从简单到复杂、从低级到高级的组织演化过程，形成了自身的发展规律和内在逻辑，体现出鲜明的进化性和较强的稳定性。其次，财政通过"收入"和"支出"两个方向的运动，与其他主体之间以货币（或实物）的形式实现了完整的能量流动和物质循环，并在"取之于民，用之于民"的过程中，形成了纳税人（生产者）—财税部门（分解者）—纳税人（消费者）这样一条明晰的财政"食物链"（见图1）。再次，财政是政府实现职能的物质保障和政策工具，而不同层级、不同地域的政府之间往往围绕各类资源展开激烈的竞争，与此相适应，财政的竞争性特征也是十分突出。最后，财政受到经济、政治、法律、文化、传统习惯和自然生态资源等各种外部环境的影响和制约，在适应环境的同时，通过财政各项职能作用的发挥，反过来也深刻地影响和改变着外部环境，从而体现出很强的自调节特征。

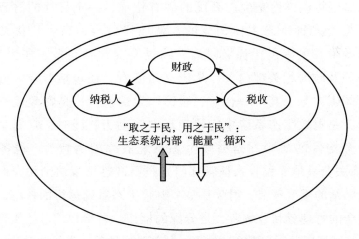

图1 财政生态循环简化示意图

基于上述分析，我们认为将生态学的成果和方法引入财政领域进行交叉式研究是完全可行的。而且，"财政生态"理念的提出，必将大大提高人们思考财政问题时的系统性、整体性和前瞻性，使人们更加关注财政各要素之间的有机联系和系统的开放性，更强调财政事业的可持续发展，从而有效突破传统财政理论的狭隘和局限，为今后财政改革与发展提供更加广阔而新颖的研究视角。

二、财政生态的概念及其体系框架

所谓财政生态，就是指财政与各相关主体之间及其与外部环境之间在长期演进过程中，以财政性资金循环和流动为纽带形成的相互联系、相互依赖、相互作用、相互竞争，并具有较为稳定的结构秩序和一定自调节功能的动态平衡系统。从其体系框架来看，主要包括财政生态主体、财政生态环境与系统平衡机制三个方面的内容：

（一）财政生态主体

正如生物多样性是生态系统的固有特征，一个良性的财政生态系统也是由多种生态主体构成的。就现代财政而言，从狭义角度看，财政生态主体包括各级财政、纳税人（包括企业、居民）、税务、海关及政府相关部门等；从广义角度看，还包括各级政府、人大、新闻媒体等。其中，企业、居民作为纳税人，是财政性资金的生产者，是财政生态系统中能量循环的原动力；同时，它们又是财政性资金支付的对象，是财政生态系统最终的消费者。税务部门（包括海关及其他非税收入征管部门）是财政性资金从纳税人向财政流动所必经的重要环节。财政是整个财政生态系统运行的核心，是财政性资金的管理者和分解者，是分配的枢纽。各级政府、人大则是相关财政制度规则的制定者和监管者，与新闻媒体等一道维护财政生态系统的有序运行。

（二）财政生态环境

一般而言，生态环境是指某一特定生物或生物群体周围一切的总和，包括空间及直接或间接影响该生物或生物群体生存的各种因素。财政生态环境就是以财政为核心的各财政生态主体运行的内外环境及各种影响因素，具体包括经济、政治、社会、法律、传统、文化和自然生态等。不同的经济体制和发展水平决定了不同的财政模式和收支规模，政治架构和民主进程决定了财政分权模式和财政的民主化水平，法律环境直接制约着法治财政的建设，文化氛围影响着财政的伦理状况，传统习惯意味着制度惯性和既得利益的存在，而自然生态环境如何，则对生态财政政策提出了不同的要求。

（三）系统平衡机制

一个生态系统要能存在并有序运行，必定要有一个相对稳定的秩序结构，而促进这一秩序结构形成的背后，必然有一套维系平衡的机制。平衡对财政生态系统十分重要，它是系统良性稳定发展的前提。平衡体现在很多方面，包括财政收支的平衡，各级财政事权、财权与财力的平衡，财政运行各环节的平衡，财政运行与外部环境之间的平衡，经济社会、城乡、区域、人与自然、国内与国外总体运行环境的平衡等。要实现上述平衡，除了通过不断改革完善财政内部管理制度、维护公平有序的财政竞争、控制财政赤字和债务风险等以有效发挥系统自调节机制外，还要具备良好的外部调节机制，充分发挥各级政府、人大、社会舆论等规则制定者和监管者的积极作用，通过合理制定财政政策、明确政府间财政体制、严格审定预算并监督预算执行等，维护财政生态系统的平稳运行（见图2）。

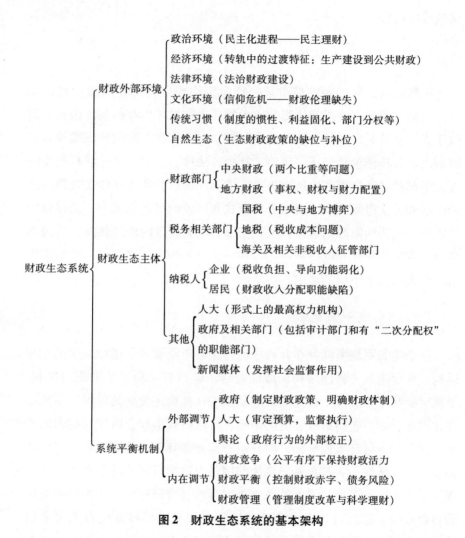

图2 财政生态系统的基本架构

三、财政生态的评价及指标体系的建立

一个国家（或地区）财政生态运行状况如何，单靠不同侧面定性地描述很难得出完整、直观的判断，不同地区之间、同一地区不同时段

之间的比较分析也难以有效进行，因此对财政生态进行科学的评价和量化取值就显得十分必要。

（一）财政生态评价的价值取向

如前所述，经济主义的思维模式已渗透到包括财政在内的各个领域，并且带来严重的后果。引入"财政生态"理念，十分重要的目的就是努力破除"经济主义"的负面影响，使财政制度设计和政策制定更加系统、有机，使财政运行实现可持续发展。因此在对财政生态状况进行评价的过程中，必须始终遵循科学发展观的价值取向和衡量标准，树立可持续发展的价值观、理财观，促进经济效益、社会效益和生态效益统筹兼顾，和谐共进。

（二）财政生态指标体系的建立

建立合理的财政生态指标体系，是对财政生态进行量化评价的必要前提。财政生态指标的选取，要符合财政生态的基本内涵，在财政生态体系框架内确定标准和依据。我们把财政生态指标体系划分为三个一级子指标系：一是财政可持续发展指标。财政是整个财政生态的核心主体和中心环节，因此财政运行状况如何，是否能实现可持续发展，是至关重要的内容，这类相关指标必不可少。二是财政生态环境指标。财政生态特别强调财政作为"生物体"与外部环境的互动，强调系统性、整体性和协调性，因此包括经济、政治、法律等在内的财政生态环境如何，也是量化考核的重要内容。三是财政生态系统平衡指标。生态平衡与否，是整个系统良性稳定运行的一个基本标志，因此与财政系统平衡相关的指标我们也划作一大类进行考察。在上述每个大类中，我们又分出两个不同层次（即二级指标和三级指标），确定更加明晰的范围领域，并选取典型性的具体指标（见表1）。

表 1 财政生态评价指标体系

一级指标	二级指标	三级指标
财政可持续发展	财政收入	财政收入规模增长率
		中央财政收入占财政收入的比重
		财政收入占 GDP 的比重
		非税收入规模增长率
		税收收入占财政收入的比重
		国有资本经营收益与财政收入的比率
	财政支出	财政支出规模增长率
		财政支出对经济发展的弹性（财政支出增速与 GDP 增速之比）
		财政资金支出进度
		财政负担系数（地区财政供养人数与人口之比）
	税收建设	税收总额的增长率
		税收负担率
		企业税收负担率
		中央税与地方税之间比率
		税收成本占税收收入比重
		税收征管率
财政生态环境	经济环境	GDP 增长率相对财政收入增长率的弹性
		人均 GDP 增长率相对财政收入增长率的弹性
		人均收入增长率相对财政收入增长率的弹性
		各区域财政收入占 GDP 比重的差异系数
		财政收入分产业所占的比重
		财政收入分经济类型所占的比重
		经济增长率相对物耗率的弹性
		社会生产利税率
	社会发展	财政支出变化相对失业率变化的弹性
		婴儿死亡率
		平均每万人拥有的医生数

续表

一级指标	二级指标	三级指标
财政生态环境	社会发展	学龄儿童入学率
		社会保障覆盖面变化
		财政支出变化相对人均居住面积变化的弹性
		财政收支变化相对恩格尔系数变化的弹性
		基尼系数
		城乡居民收入比率
		财政民生性支出占财政总支出的比重（教育、医疗、社保、扶贫帮困、公共安全等）
	民主法治	财政信息公开程度（定性）
		人大对政府预算审核（定性）
		政绩考核（定性）
		官员比指标
		预算追加支出占预算支出比重
		财政法律法规的健全性（定性）
		政策法规普及和透明度（定性）
		财政违法违规行为处罚力度（定性）
		预算外资金占地方财政收入比重
		会计诚信状况（定性）
		财政违规违纪金额变化
	自然生态	人均自然资源拥有量
		自然资源变化情况
		大气污染综合指数
		地面水质达标率
		工业废水排放达标率
		水土流失面积变化率
		森林覆盖率变化率
		环境税收占财政收入的比重
		单位 GDP 能耗变化率
		城市人均绿地面积增长率
		财政环保支出占财政支出的比重
		财政环保支出占 GDP 的比重

续表

一级指标	二级指标	三级指标
财政生态系统平衡	财政风险	财政赤字
		国债依存度（国债发行量与财政支出之比）
		政府债务总额占财政收入比重
	财政纵向平衡	中央财政自给能力
		省级财政自给能力
		县级财政自给能力
		一般转移支付占转移支付比重
		税收返还占转移支付比重
	财政横向平衡	财政收入最高省与最低省比值
		人均财政支出最高省与最低省比值

（三）财政生态指数的计算

财政生态指标体系的建立，为财政生态的量化评价奠定了重要的基础。但仅有指标体系是不够的。一方面我们要通过对上述指标体系相关数据的考察，对财政运行有更加系统、全面的把握，为决策者提供更加广阔、合理的视角；另一方面，财政生态理念引入后，也要强调其评价结果的应用性，既对各区域财政生态状况有一个客观公平的量化评价，形成对传统定性分析评价的有益补充，同时也要通过一种清晰、直观的方式，对不同区域、不同阶段财政生态状况进行量化打分式的排序和对比，从而发挥一种潜在的激励和约束。这种激励和约束是非官方、纯粹学术角度的，唯其如此，其意义才可能更加深远。

要实现上述设想，合理而又现实可行的办法就是以财政生态指标体系为基础，通过计算指数的方式，达到科学、直观的评价目的。通过采用因子分析法和层次分析法①，将指标体系的具体数值转化为得分，再由指标得分及其权重汇总得出财政生态各级子指标系的综合得分。

从具体步骤来看，第一，对原始数据进行预处理，包括将定性指标转化为具体的分数；第二，利用因子分析法对三级指标计算求值，汇总成二级指标，得出财政收入、税收建设、经济环境、社会发展、自然生态、财政风险等二级指标的得分；第三，对经济环境、税收建设、社会发展、自然生态等二级指标，采用层次分析法确定各要素的相对重要程度，求得各自权重，据此计算出各大类指标的综合得分；第四，对财政可持续发展、财政生态环境、财政生态平衡三大类指标的得分进行标准正态化，并求出其对应的标准正态分析累计概率值作为计算指数的得分；第五，在相关年度不同大类指标得分算出以后，选定基期年度，便可求得此后各年度财政生态总指数和分类指数。

以这种方式得出的财政生态指数，由于涵盖了财政自身运行及其外部环境互动多种因素，具有系统性、有机性、全面性、客观性和科学性等多重优点，也具有较强的操作性，简便、合理、易行，不仅可以较好地体现出某一时点上的财政生态状况，而且可以通过横向、纵向的比较，得出对比图和趋势图，更加直观、清晰地体现出某一地区、某一时段财政生态状貌及时空上的差距。

四、结语

"财政生态"概念的引入，绝非单纯地追逐潮流、标新立异或玩弄文字，而是在"经济主义"甚嚣尘上的背景下，经过理性思索后所选

① 所谓因子分析法，就是一种把一些错综复杂的彼此之间有机联系的变量归纳为少数几个公共因子的多元统计分析方法，当这几个公共因子的累计方差和贡献率达到80%以上时，就说明这几个公共因子集中反映了研究问题的大部分信息，且彼此之间又不相关，再以各主因子贡献度为权重大小，即可分别求出所研究系统的综合评价值。所谓层次分析法，就是先把复杂问题分解成各个组成要素，并将这些要素按支配关系进行分组以形成有序的递阶层次结构，然后通过两两对比判断的方式确定每一层次中各要素的相对重要程度。

择的一条具有真正可持续性的财政发展道路。尤其对于刚刚经历30年经济高速增长正步入工业化中期的中国，"经济至上"所带来的暂时繁荣蒙蔽了许多人的眼睛，大量严重的问题乃至危机被掩盖，殊不知财政经济运行已经走到了极其危险的关口，财政、经济、政治、社会、伦理、自然生态已经显露出严重的失衡。

在"经济主义"思维模式的引领下，我国各级政府都将经济增长作为重中之重，财政收入也成为紧随其后必须完成的"硬杠子"。计划经济思维在制定财税收入指标时熠熠可见，指标制定往往就是简单地"基数加增长"，而不顾这种增长是否与经济、社会、自然生态的承载力相协调。在不尽合理的行政架构和政绩考核体系下，行政长官"对上不对下"的价值取向驱动他们更愿意采取机会主义的路线，制定短期化的政策，而法治的缺失又使得"人治"模式下上述扭曲行为难以得到有效的矫正。改革开放取得巨大成就，但对追求财富价值取向的确认也使得拜金主义盛行，加之转轨期间腐败泛滥和收入分配职能缺位带来社会贫富之间的巨大鸿沟，使得财政生态的文化土壤日益贫瘠，财政伦理明显缺失，弄虚作假、拉税引税等财政不正当竞争行为不断上演。不合理的经济增长模式加剧了对资源的掠夺和对生态的破坏，而过度的"竭泽而渔"又使得财政经济的增长变得不可持续。条块之间长期累积的矛盾和根深蒂固的本位主义思想，使财政自身纵向和横向之间的失衡也日益严重，基层债务突出，财政风险不断集聚。公共财政取向的改革目标既明确又模糊，纳税人作为整个财政生态的重要主体，知情权等基本权利也并没有得到很好的保障。按照里格斯的提法，公共行政领域最主要的生态要素包括经济要素、社会要素、沟通网络、符号系统以及政治架构，而过低的财政透明度则使得沟通网络变得十分有限，从而大大降低了我国财政生态系统中信息流通的质量和效率，也使得外部对财政乃至政府的监督严重弱化，最终使财政运行中一些不合理的机制或因素进一步膨胀、"异化"，使财政生态状况难以改善。

总之，以财政生态的视角来审视我国财政运行状况，会发现无论是财政生态主体层面、财政生态环境层面，还是财政系统平衡层面，都面临着十分严峻的形势。而这些问题往往又有机地纠缠在一起，牵一发而动全身，"头痛医头、脚痛医脚"的办法根本无助于问题的解决，反而造成更多的困难。财政，是政治、经济集中交叉的领域，也是社会发展各种矛盾的焦点所在。毫不夸张地说，财政改革的深化是未来经济、政治、社会、文化各个领域改革成功与否的重要基础和关键环节。因此，必须以更加开阔的财政生态视野来观察和推进财政改革，特别强调改革措施之间的系统、协调与互动，也许未来有很长一段路要走，但这样一种步伐会更加坚实，而且方向正确。

改善民生：谨防"三种倾向"①

　　改善民生，使全体人民学有所教、劳有所得、病有所医、老有所养、住有所居，已成为各级、各部门贯彻落实党的十七大精神，加快和谐社会建设的重要内容。但在推进改善民生的实际工作中，有三种"倾向"亟须引起重视。

　　倾向之一："大包大揽"的旧体制回归

　　充分发挥财政职能，着力保障和改善民生，这是公共财政义不容辞的职责。但一些部门和同志多沿用传统的"惯性"思维，多热衷于政府全"买单"、财政全"兜底"的"大包大揽"方式。这种倾向，忽视了社会主义市场经济体制的客观存在，模糊了政府与市场的作用界限，低估了市场机制这只"看不见的手"的功效。若任其过分依赖政府财政的做法持续下去，势必简单回归至计划经济时期的模式。这种"大而宽"的供给格局，既损失效率又做不好公平，可能会重新回归原始平均主义的贫穷时代。

　　倾向之二：养懒人的高福利"陷阱"

　　市场经济是效率经济，积极探索市场规则与国家福利的平衡点，实现公平、正义，确保人人共享改革开放福祉，是社会主义的本质属性，也体现了党的性质和根本宗旨。但在改善民生过程中，一些部门和同志超越了初级阶段的国情、省情，不顾财力可能，盲目"上马""扩面"

---

　　① 本文完成于 2008 年 2 月，刊发于《中国经济时报》2008 年 2 月 21 日，先后被《北京日报》《新华文摘》等多种报刊摘编。

"提标""加速"，存在着"左倾""冒进""跃进"的苗头。政府的民生支出属于"刚性"的范畴，具有"不可逆性"，财政一旦进入就很难退出，就会步入"边际效益递减"状态——随着时间的推移，支出"基数"会越垫越高，受益者的期望值会越来越大，而满意度会越来越低。所以，一个超过历史阶段的高福利供给，势必会形成虚假的"公平"，产生"效率"的挤出效应，造成养懒人的高福利"陷阱"。

倾向之三：政府财力的"部门化"

1994年我国实行的分税制财政体制改革，较好克服了"诸侯经济"现象，提高了中央财政集中度。但由于政府职能转换迟缓，受部门利益的驱使，近些年来"王爷经济"现象开始显现，一些政府职能部门，以"第二财政"的身份，过多地参与国民收入二次分配，出现了"各路大臣都分钱""跑步（部）前（钱）进"的问题，降低了财政资金使用效益，甚至滋生了"寻租"、腐败行为。在改善民生过程中，某些职能部门依旧延续着上述的思维模式和行为准则，纷纷打着民生的"旗号"，通过设立专项、分配专项，进一步固化、强化了财权"部门化"的趋势。这种扭曲"倾向"继续发展下去，势必会肢解政府财权的完整性，加剧"撒芝麻盐""分小钱"等零打碎敲的现象，难以从全局上有效改善民生。

我国是世界上最大的发展中国家，社会主义初级阶段国情将长期存在。在改善民生问题上，既要尽力而为，又要量力而行。要本着广覆盖、保基本、多层次、可持续的原则，区别轻重缓急，妥善处理好需要和可能、局部与全局、公平与效率、政府与市场的关系，算好政治账、经济账、社会账，注重建立与市场发展相适应的长效机制，做到从制度上保障民生问题的解决。

当前促进就业的财税思路与对策[①]

在全球性金融危机影响下，我国本就严峻的就业形势更是雪上加霜，成为当前经济、社会乃至政治生活中众所瞩目的突出问题和根本性矛盾。国家已经明确了"扩内需、保增长、调结构"的宏观调控目标，如何在完成上述目标过程中，使扩大就业更加受到重视并同步实现，是当前面临的紧迫任务。财政和税收政策对于促进就业具有十分重要的作用，充分运用和发挥好财税政策工具，对于化解当前经济生活中的深层次矛盾，实现经济增长和充分就业双重目标具有积极的现实意义。

一、金融危机背景下就业形势分析

（一）我国就业的基本形势

作为世界第一人口大国，中国就业面临的困难和形势与他国相比要复杂严峻得多。一方面，庞大的人口基数使每年新增就业压力十分沉重，制度转轨过程中大量下岗失业人员不断累积，由"隐"变"显"的农村富余劳动力向城镇大规模转移，多重因素叠加导致劳动力供大于求局面长期存在；另一方面，我国长期奉行的以经济总量扩张为中心的经济发展战略，并没有严格遵循比较优势原理积极发展劳动密集型产业，充分发挥自身劳动力丰富的要素禀赋优势，而是在自身资本严重不

---

① 本文刊发于《税务研究》2009 年第 4 期，合作者为连家明。

足的情况下大力发展资本密集型产业，追求赶超式发展，结果在经济高速增长的同时，制约了经济发展对就业的吸纳能力，并进而影响了就业—消费—增长的良性循环，导致经济结构的严重失衡。因此，尽管改革开放使中国的就业形势发生了极大的改观①，1978～2007 年，我国就业人员由 40152 万人增加到 76990 万人，增长了近 1 倍，城乡就业人员比重也由 23.7% 和 76.3% 转变为 38.1% 和 61.9%，但当前就业任务依然十分艰巨。据劳动保障部统计，"十一五"期间全国城镇劳动力平均每年供大于求约 1200 万人，农村富余劳动力平均每年需转移约 900 万人。另据预测，2005～2020 年，我国年均人口增量将在 800 万～1000 万人之间，劳动力供需总量存在巨大缺口且呈扩大趋势，就业增长率未能与经济增长率实现同步，"奥肯定律"明显失灵，② 就业弹性不断下降（参见图 1、表 1）。据测算，我国当前 1 个百分点的 GDP 增长所能增加的就业岗位大致为 70 万～80 万个，仅为 20 世纪 80 年代该数据的 1/3 左右，而且就业增长的结构变动与经济增长的结构变动也并非协调一致，结构性偏离特征十分明显。

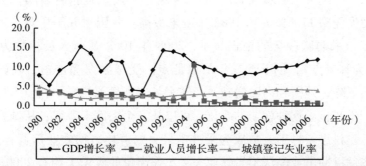

图 1　1980～2007 年经济增长率、就业人数增长率与失业率变动趋势图

---

① 一方面，制度性变革，尤其是土地家庭联产承包责任制的全面推行和多种所有制经济的蓬勃发展，使劳动作为一种生产要素真正得以流动和优化配置；另一方面，对外开放的不断扩大，尤其是加入 WTO，又使得我国劳动力资源优势在参与全球范围分工过程中得到最充分的实现，在劳动力近于无限供给的情况下为其就业提供了巨大的有效需求。

② 奥肯定律描述了经济增长与失业之间的反向关系，即经济高增长伴随低失业率，低增长率伴随高失业率。

表1 改革开放以来我国不同时期分产业就业弹性的变化

年份	总就业弹性系数	第一产业弹性系数	第二产业弹性系数	第三产业弹性系数
1979~1980	0.35	-0.48	0.49	0.95
1981~1985	0.35	0.23	0.87	0.56
1986~1990	1.14	0.89	1.01	1.93
1991~1995	0.08	-0.38	0.14	0.66
1996~2000	0.13	0.16	0.05	0.35
2001~2006	0.10	-0.27	0.24	0.37

说明：就业弹性 = 就业数量增长率/经济增长率。

资料来源：雄健益、从日玉：《我国经济发展水平与劳动力就业数量关系研究》，载于《改革与战略》2008年第9期。

（二）金融危机对我国就业的影响

在就业如此困难的情况下，国际金融危机使就业形势更加严峻，令人窒息。国际劳工组织发布的2009年第一季度失业报告表明，美国第一季度失业率11.6%，为1982年以来最高。我国也并不乐观，来自中国物流与采购联合会的报告显示，2008年10月从业人员指数为47%（50%为临界点），创下近三年的最低点。受金融海啸冲击，我国进出口大幅下降，外需和内需锐减，经济增长速度显著放慢，就业形势也随之进一步恶化。这种就业的恶化，可以从三个层面来考察：从城乡角度来看，农村进城打工人员成为受冲击最大的群体。据农业部调查统计，因经济危机冲击或经济不景气而失去工作岗位的农民工约有2000万人。而就业岗位不足，又对城镇新增就业人口产生明显的挤压效应，最突出的就是大学生就业变得更加艰难，并成为引发社会不稳定的重要因子。从地域来看，沿海地区外向经济比重大，所受影响大于内地，珠三角地区最为严重，长三角地区次之。从行业企业来看，制造业、外商投资企业和中小企业受冲击程度最大。特别是中小企业，2008年1~9月，仅广东省就倒闭了1.5万户中小企业，绝大多数都是加工制造业和劳动密集型企业，由此带来的失业状况不难想象。①

在上述多重因素的作用下，我国当前和今后一个时期的就业压力将异常沉重。据中国社科院研究报告，2000万春节返乡农民工中，仍将有1400万人左右继续外出打工，应届大学毕业生610万人，上年未就业毕业生150万人，城市下岗失业人员约830万人，总计约需新增3000万个就业岗位。我国目前每年所能创造的新增就业岗位只有约1000万个，供给远大于需求，劳动力市场面临前所未有的困难。

二、财税政策对于扩大就业的作用及实践中存在的问题

（一）财税政策促进就业的作用途径

西方学者将财政政策定义为，为促进就业水平提高、减轻经济波动、防止通货膨胀和实现稳定增长而对政府支出、税收和借债水平所进行的选择，或对政府收入和支出水平所做出的决策，由此定义不难看出财政政策与就业之间的天然联系。作为国家干预经济的主要政策工具，财政税收成为直接或间接促进充分就业的有力杠杆。我国实行的是社会主义市场经济，虽然与西方制度有别，但市场经济在理论上是一脉相通的，财政政策与就业之间的相关关系并无根本不同。

财税政策对就业的促进作用，可以从多个不同视角来考察：

从政府在减少失业方面的基本作用模式来看，主要包括：第一，公共部门就业模式（也称凯恩斯模式），即通过大量的公共投资来创造就业机会；第二，增量模式，主要通过促进国内民间部门发展来吸纳劳动力；第三，开放经济模式，主要通过推动"引进来"和"走出去"的手段来解决就业；第四，非正规模式，主要通过支持灵活和非正规方式

---

① 王德文：《中国就业形势变化与未来展望》，载于《光明日报》2009年2月5日。

解决就业,[1] 创业特征明显。[2] 无论上述哪一种模式,都离不开财税政策的支撑。并且,由于上述不同模式对于就业的促进作用层面不同、领域各异,因此单独采用某种模式都难以充分发挥作用,必须将上述模式与国情实际有机结合,协调推进,综合运用各种财税手段,全方位、有重点地促进扩大就业。

从财税政策促进就业的作用过程来看,主要通过劳动力的供给和需求两方面实现。一方面,持续加大人力资本投入。在支持计划生育国策、控制劳动力总量的同时,切实改善劳动力质量,重点加大对教育的投入规模,改善教育财政支出结构,加大对职业教育和职业培训的投入力度,为经济发展和产业升级提供丰富而优质的劳动力。另一方面,积极创造新的就业岗位。通过扩大公共性投资,降低宏观税负,支持相关产业发展,促进中小企业发展壮大等,切实增加有效就业需求。

从财税政策对不同类型失业的支持来看,也体现出不同的作用效果。对于周期性失业,财政积极发挥宏观调控职能,通过增支减税等方式促进经济增长,达到增加就业岗位的目的。而对于结构性失业和摩擦性失业,单纯拉动经济增长不再起作用。特别是在自然失业率占到整个失业率 2/3 以上的情况下,有效增强与造成结构性和摩擦性失业有关的劳动力市场功能,充分提供就业信息,更好地实现劳动力技能与就业岗位需要之间的匹配,进一步拓宽劳动力资源配置的空间,对于治理失业具有更加直接的作用。[3] 此外,由于充分就业更多时候是一种理想化状态,失业难以避免,这就要求政府财政在积极促进就业的同时,对就业困难人员给予必要的救助和扶持,建立健全包括失业保险在内的社会保障体系,减少失业人群的后顾之忧。

---

① 非正规就业,又称灵活就业,是指在正规形式就业之外的其他就业形式,主要是指在劳动时间、收入报酬、工作场地、保险福利、劳动关系等方面不同于建立在工业化和现代工厂制度基础上的、传统的主流就业方式的各种就业形式的总称。

② 匡小平、肖建华:《比较优势、经济发展战略与我国就业中的财税政策选择》,载于《财贸经济》2008 年第 1 期。

③ 蔡昉:《经济增长不会自动带来就业扩大》,载于《工人日报》2007 年 5 月 29 日。

(二) 促进就业财税政策实践及现存问题

针对复杂严峻的就业形势，我国政府也从上述不同角度出发，进行了一系列的政策实践，积极运用财税工具扩大就业。1998 年为应对亚洲金融危机采取的积极财政政策，就是通过扩大公共支出拉动经济增长，进而带动对就业的需求。有专家曾测算过 1998 ~ 2002 年积极财政政策对就业的拉动作用，结果显示 5 年间共创造了 1741.3 万个就业岗位，而以国债投资的贡献最大。[①] 除了公共投资拉动就业以外，在提供就业再就业资金、税收政策支持、完善劳动力市场、发展职业培训、提供公共就业岗位、促进灵活就业等方面也采取了一系列措施，发挥了重要作用。据统计，2004 ~ 2006 年，中央财政用于促进就业的投入分别为 183亿元、206 亿元和 251 亿元，呈现出逐年递增的趋势，三年来每年约有200 多万个就业岗位直接靠财政投入及税收优惠等政策创造和解决。[②]

全球性金融危机逐步蔓延以来，我国政府也进一步采取了促进积极就业的财税政策。一方面，从宏观上实施积极财政政策，制定了到2010 年高达 4 万亿元的投资计划，全面落实增值税转型等减税政策，刺激经济拉动就业；同时，下发了《国务院关于做好当前经济形势下就业工作的通知》，从扩大就业、鼓励创业等 6 个方面规定了 26 项应对失业的政策举措。另一方面，从微观上出台一系列促进就业再就业的具体财税措施，例如为减轻企业负担、稳定就业局势出台 "五缓四减三补两协商" 的组合拳；[③] 提高外贸企业出口退税率；通过税费的减免对安置

---

① 卢亮：《1998 ~ 2002 年我国积极财政政策就业效应的实证分析》，载于《西北人口》2005 年第 1 期。

② 刘社建、李振明：《促进积极就业政策完善的财政政策探讨》，载于《财政研究》2007 年第 10 期。

③ "五缓" 是指对暂时无力缴纳社会保险费的困难企业，在一定条件下允许缓缴养老、医疗、失业、工伤和生育五项社会保险费。"四减" 是指阶段性降低除养老保险外的四项社会保险费费率。"三补" 是指使用失业保险基金为困难企业稳定岗位支付社会保险补贴和岗位补贴，以及使用就业专项资金对困难企业开展职工在岗培训给予补贴。"两协商" 是指困难企业不得不进行经济性裁员时，对确实无力一次性支付经济补偿金的，在企业与工会或职工双方依法平等协商一致的基础上，可签订分期支付或以其他方式支付经济补偿的协议。

下岗失业人员的企业给予政策照顾；利用信贷补贴政策对失业人员自主创立的企业给予资金支持；通过职业培训和职业介绍补贴政策对下岗失业人员进行免费职业培训和职业介绍；加大财政投入，强化劳动力市场建设；对下岗失业人员创业，按每户每年 8000 元为限额扣减营业税、城市维护建设税、教育费附加和个人所得税等；扩大小额担保贷款范围，提高担保贷款额度，加大财政贴息力度；① 专门制发文件，重点支持高校毕业生和农民工两大特殊群体就业；等等。2008 年，中央财政安排就业补助资金 260 亿元，并下发了《关于就业专项资金使用管理及有关问题的通知》，规范资金使用。中央政府还停止征收 100 项行政事业性收费项目，切实减轻企业负担。各地政府也纷纷出台政策不许企业随便解雇员工，同时有针对性地减轻企业负担，稳定就业，如北京市除了对招用就业困难人员的企业给予社保补贴及工资性岗位补贴外，还将在一定时期内适当降低社保缴费率。巨额公共支出、各种财政补助和税收减免优惠政策的综合运用，对扩大就业发挥了积极的作用，保持了我国就业形势的基本稳定。

尽管财政税收政策在促进就业方面发挥了积极的作用，但在此过程中我们也看到，当前促进就业的财税政策还存在一系列的问题，迫切需要解决：

一是当前经济发展战略制约了财税就业政策效应的发挥。我国以 GDP 增长为核心的发展战略，对投资尤其是资本密集型投资过度依赖，在经济高速增长的背后，实际隐含着就业能力下降的痛苦。由于财税政策始终要围绕国家总体发展战略确定和展开，这就使财税政策在促进就业方面受到极大的局限，影响到政策效应的释放。从表现来看，就是支持就业的财税政策不成体系，政策导向性不明显，在总体财税制度设计上，不利于吸纳就业能力强的第三产业，特别是劳动密集型产业和中小企业的发展，"头痛医头、脚痛医脚"倾向明显，难以形成政策合力。

二是财政对就业支持力度不够，人力资本投入不足。就世界发达国

---

① 王炜：《免、减、补三招促创业》，载于《人民日报》2008 年 12 月 4 日。

家情况看，各国财政促进就业支出占 GDP 的比重一般在 1% 左右，而我国财政对就业的支持明显不足，就业支出占总支出比例显著偏低。与劳动力素质关系最密切的教育支出占总支出比重与世界平均水平相比也差距甚远，而且对基础教育投入尤其不足，对就业再就业培训也缺乏足够的资金保证。其结果就是我国劳动力资源总量虽然极其丰富，但劳动力素质较差，难以满足产业发展需要，并导致自然失业率居高不下。

三是财税就业优惠政策不够完善，落实不尽到位。当前就业再就业优惠政策主要面对城镇下岗失业人员，没有统筹兼顾城乡待就业人口。现行鼓励就业的税收优惠政策缺乏长期性和稳定性，覆盖面太窄，限制过严，申报认定手续繁杂，管理难度较大，影响了政策的操作性。一些针对特定安置对象的就业优惠政策，在设计上也不利于扩大弱势者就业。

四是转型时期的制度性障碍降低了财税政策对就业的促进作用。劳动力市场的地区性分割，阻碍了劳动力的自由流动，尤其减少了弱势群体的就业机会；信息市场的不完善无法为求职者提供充分的求职信息；城乡统一的失业统计制度还未有效建立，对失业状况缺乏整体的准确把握；工资价格无法真实反映劳动力市场的变化；等等。这些问题均相应降低了财税政策促进就业的正效应。

五是政府的过度干预阻碍了促进就业的市场化机制的形成。为拉动经济增长，促进就业，政府积极扩大公共开支，在资本密集型的基础设施、公用事业和其他领域加大投入力度，这虽然可以在较短时间内迅速增加新的就业机会，但一方面就业吸纳能力呈现下降趋势，同时过度的公共投资对私人投资的挤出效应也将不断显现，有可能破坏市场机制对资源的基础性配置作用，从而使促进就业的财税政策效应为负。

六是财税支持就业的"政绩化"倾向明显。财政政策在促进就业过程中，往往出于政绩考虑，将其当作政治任务来完成，而并非通过经济手段去实现，导致就业岗位不能与培育当地经济的自生能力和改善政府本身服务质量结合起来，就业质量低下，比如部分公益性岗位的购买。并且财税政策的出台，往往时间过于仓促，缺乏长远考虑，管理机关的自由裁量权过大，税收优惠成为寻租的工具，带来效率损失。

三、当前促进就业财税政策基本思路

如上所述，当前我国就业形势非常复杂严峻，既有长期累积的内生性矛盾，也受到外部的强烈冲击和影响。作为民生之本，就业已经成为目前我国经济社会发展面临的一个首要任务，迫切需要调整和完善相关财税政策，加大对就业的支持力度。从基本思路来看，就是要实现"一个转变"，即由以经济增长为中心发展战略向以就业为优先目标发展战略转变；化解"两大难点"，即努力化解大学毕业生和农民工群体当前尖锐的就业矛盾；完善"三套体系"，即完善劳动力市场体系、社会保障体系和财税优惠政策体系；突出"四项倾斜"，即向中小企业倾斜、向第三产业倾斜、向非正规就业倾斜、向基础教育倾斜。

（一）实现"一个转变"

经济发展战略一般来说有两种思路，一种是增长优先论，一种是就业优先论。通常市场经济发达国家都选择后者，比如美国总统奥巴马在未上台之前就已经提出要创造 250 万个就业，却并没有把 GDP 增长作为许诺指标，而我国则出于赶超的目的选择了前者。在经历多年快速增长之后，这一模式的弊端逐渐暴露，不仅使中国成为世界上经济失衡最严重的国家，对就业的抑制作用也日益凸显。我国劳动力资源占到世界的 26%，而资本仅占世界的 4%，因此要从根本上化解当前的就业矛盾，必须发挥自身要素禀赋优势，改变以往 GDP 为王的战略模式，改变过度依赖投资拉动就业的传统思维和通过工业化、城市化自动解决就业问题的天真想法，真正建立以就业为优先目标的经济发展战略。这也是财税政策切实发挥对就业促进作用的一个根本性的前提。就当前来看，一方面，实行事前防范失业和促进就业的积极劳动就业政策，切实加大公共财政对就业的投入规模和比例，逐步使公共财政对就业的年均投入比例分别达到财政支出的 3% 和 GDP 的 1%，与发达市场经济国家逐渐拉齐。同时，将已计划安排的 4 万亿元投资与就业有效挂起钩来，合理安排投向，努力争取经济增长和充分就业目标的同步实现。另一方面，财政也要逐渐改变投资的主导地位，减少"挤出效应"，实现财政投资职能向社会服务职能的转变。要通过财政政策的改革和调整降低私人的创业成本，积极发挥民间投资作为增加社会就业主渠道的作用。同时，伴随发展战略的转变，财税政策在促进就业问题上也必须从对特定安置对象进行优惠的治标导向，向促进产业结构优化和劳动密集型企业发展、鼓励企业增加就业岗位和吸纳安置对象的标本兼治导向转变。

（二）化解"两大难点"

1. 促进大学毕业生就业

2009 年，我国高校毕业生已经占城镇新成长劳动力总量的一半以上，毕业生就业难成为当前就业领域一个最为尖锐的矛盾。国务院制发的《关于加强普通高等学校毕业生就业工作的通知》，要求把高校毕业生就业摆在当前就业工作的首位，可见其问题的严重。从财税政策来看，要有效贯彻落实《通知》精神，积极鼓励和引导大学生去基层工作、到中小企业和非公企业就业、参与科研项目和进行自主创业。具体细化、明晰各扶持领域的财税政策，建立起简便、有效、规范的财税优惠政策，增强扶持政策的可操作性，加大政策优惠的力度，并与人事等其他部门制定的鼓励政策有效衔接和配合，发挥积极的促进作用。同时，切实促进高等教育改革，优化高等教育学科设置，提高大学生职业技能，使其知识结构和技能水平与市场有效衔接，供需匹配，减少结构性失业。

2. 促进农民工就业

从 2009 年情况看，春节返乡农民工和每年新增加农民工合计约有 2500 万人，面临较大的就业压力。国家对农民工问题高度重视，下发了通知，也制定了多项举措积极促进其就业。就财税而言，在加大铁路、机场、农村基础设施等公共工程建设，直接吸纳农村劳动力就业的同时，切实发挥财税政策的支持引导作用，为农民工就业创造机会和条件。一是促进农村劳动力就地解决就业。积极支持县域经济发展，增加农民工就业机会。同时，支持农村金融组织改革，在财税政策上给予必要倾斜，间接推动乡镇企业发展，吸纳农村劳动力。二是加快推进城市化进程，使城市化进程与工业化相匹配，为农民工就业提供广阔空间。三是积极支持工业化方式组织的农业生产，借鉴北京小汤山兰花种植基地工厂化集中管理模式的经验，打破季节对农业生产的限制，为农村劳动力提供稳定的就业机会。四是加大对农民工培训的支持力度，通过"回炉深造"提高劳动力素质，并缓冲现实就业压力。

（三）完善"三套体系"

1. 完善劳动力市场体系

要通过财税政策支持，培育统一开放、规范有序的劳动力市场。一是打破劳动力市场在地区和行业间的壁垒，使劳动力能够自由流动，真正实现市场调节就业和劳动者自主就业的密切结合。二是支持全国性统一信息网络建设，更好地提供劳动力供求信息和职业指导、职业培训等服务，减少因信息不对称而造成的摩擦性失业。三是切实加强职业教育和技能培训，通过对就业培训机构给予税收优惠和财政补贴等方式，重点加强下岗失业人员和农民工的就业培训，提高劳动力素质，防止结构性失业。

2. 完善社会保障体系

加强社会保障这道"防火墙"和"安全网"的建设，对于解决就业意义重大而紧迫。一是提高社会保障统筹层次，推动全国性劳动力市场真正建立，促进劳动力的自由流动，有效降低自然失业率，切实保障失业人员的基本生活和再就业需要。二是建立健全社会保障预算，更有效地实现社会保障资金的收支平衡，克服多头管理的混乱状况，规范资金运行，提高资金使用效益。三是扩大社会保障覆盖面，把外商投资企业、私营企业等非国有经济和个体工商户等都纳入社会保障范围，加快农村社会保障制度建设，建立起真正覆盖全社会的保障体系。

3. 完善财税优惠政策体系

应对现有促进劳动力就业的系列财税政策进行一次全面的梳理，积极效应明显的，当予以保留并可适当加大力度，作用不显著的，要结合实际制定新的促进就业的财税优惠政策，并努力将财税优惠政策的重心，从单纯的购买岗位向鼓励自主就业转移。在整合不同时期出台的针对各类安置对象的就业与再就业财税优惠政策的基础上，制定统一规范、易于操作的优惠政策体系。加大现行促进就业财税优惠政策的力度，扩大优惠对象范围，将享受优惠人员的范围扩大到所有的就业弱势群体，包括农村失地农民、低保人员、退役士兵、短期内未就业大学生和其他没有收入来源的劳动者。

（四）突出"四项倾斜"

1. 向中小企业倾斜

我国中小企业4000多万户，占全国企业总数的99.5%，就业岗位中75%由中小企业创造，已经成为我国劳动力的"蓄水池"，其发展速度直接关系到我国的就业水平。因此政府在财税政策选择上必须要加大对中小企业的支持力度。一是进一步改革完善增值税制，在落实增值税转型的同时，适当提高增值税起征点，降低小规模纳税人的征收率，有效降低其税负；二是规范税收优惠，延长对中小企业的减免税期限，进一步提高计税工资和捐赠费用扣除标准，加大对安置失业人员和特殊人员的税收优惠等；三是继续优化中小企业的发展环境，进一步取消抑制中小企业发展的收费和罚款，清理对创业不利的行政管制。

2. 向第三产业倾斜

就等量的资本投入来看，第三产业是最能吸引劳动就业的产业。目前我国第三产业从业人员比重只有30%，明显低于发达国家60% ~ 70%的水平，甚至低于发展中国家平均水平，这说明第三产业吸纳就业能力还有很大空间。因此要通过财税政策积极促进第三产业，尤其是劳动密集型的服务业快速发展。当前要特别把社区服务业发展作为增加就业岗位的亮点。相关政府部门要简化审批手续，落实税费减免政策，为社区服务业的发展和下岗失业人员在社区就业创造便利。重点开发托幼托老、家庭病房、代购物品、修理维护等家政服务岗位，物业管理、保洁保绿、商品快递等劳务型岗位，发展钟点工、季节工等灵活就业形式，鼓励社会资本投资社区服务业，扶持下岗失业人员开办小餐饮、商店等个体经济，实现自主就业。

3. 向非正规就业倾斜

国家在编制财政预算时，应把非正规就业的投入列为专项投入予以保证，并强化非正规就业服务机制。通过财政政策的导向功能，鼓励非正规就业人员自行创业。继续扩大对教育的投入，实施人力资源开发战略，加大对非正规就业者职业技能培训投资的力度。

4. 向教育倾斜

从当前劳动力供给角度看，劳动者素质越来越成为扩大就业的突出障碍。通过财税政策加大对各种层次教育的投入，提高劳动者就业能力，是化解就业矛盾的关键环节。一是切实加大公共财政对教育的投入力度，提高财政教育经费在国民生产总值中的比重，重点加大对基础教育的投入力度，尤其是农村"普九"教育的投入，构建起完善的现代国民教育体系和终身教育体系。二是充分发挥税收政策功效，参照各国通行做法，对企业和个人用于教育的投资给予直接的税收优惠，将教育性支出列入允许扣除的费用额中，从应税收入中扣除，减少投资者的教育投资成本。对社会办学的营业收入免征营业税，减征所得税；对企业和个人对教育的捐赠允许税前列支。

促进提高辽宁城乡居民收入水平的财政政策取向①

　　财政分配是国民收入分配和再分配的重要枢纽，它通过主要以税收形式完成第一次社会产品的分配，又通过税收的分配实现公共产品的第二次分配。在提高城乡居民收入水平上，财政分配的着眼点就在于通过运用财税政策工具，促进营造公开、公平、公正的环境氛围。

　　第一，优化政府财力资源配置，不断增强公共产品和服务供给能力。财政资源是社会资源的主体。市场经济条件下的公共财政着眼于满足社会公共需要，重点解决由于"市场失灵"而出现的资源配置失效。构建和谐辽宁、促进提高城乡居民收入水平，就要求财政从计划经济时期"大而宽"的职能范围和"事无巨细"的支出格局中调整出来，着力解决"缺位""越位"问题。一是调整现行财政支出结构。重点向基础教育倾斜，向公共卫生倾斜，向就业、社会保障等民生支出倾斜，向生态环境建设倾斜，向科技创新倾斜，向政权运转倾斜。二是调整财政投资结构和方向。实现财政投资重点由城市转向农村，大力支持农村基础设施建设；由一般基础设施建设转向社会公共事业发展、环境保护和生态建设；由经济建设转向促进科学发展，重点支持促进城乡、区域协调发展以及涉及广大人民群众生命财产安全和切身利益的项目。同时，积极探索通过"购买服务"等手段，实现财政投入由"养人办事"向"办事养人"的转变，创新财政投入方式，引导社会资金向公共产品和

---

　　①　本文刊发于《咨询文摘》2010 年第 5 期。

服务领域投入。三是科学界定财政供给范围。以政府职能转换为核心，通过深化机构改革、加速事业单位改革，有效缩减财政供养机构和人员。四是试行国有资本经营预算。一方面，按照"有退有进""有所为有所不为"的原则，通过资产重组、股份合作等方式，加快辽宁国有资本在一般竞争性领域有序退出，变现部分国有资产；另一方面，认真履行国有资本出资人职责，收缴国有资本经营预算，切实增加政府可支配收入，缓解公共支出领域的资金需求矛盾。

第二，完善现行财政管理体制，促进城乡、区域统筹协调发展。政府间财政关系的扭曲，降低了地方政府提供地方公共产品和服务的财政支付能力。要本着科学、民主、法治、规范的原则，重新匹配政府间财力资源，逐步提高基层政府财政保障能力。一是在国家合理界定中央与地方政府基本公共服务支出责任的基础上，按照公共产品的层次性和受益范围，从辽宁实际出发，科学界定省、市、县各级政府的财政支出责任和事权范围。二是在国家调整和规范中央与地方收入划分的基础上，按照事权与财权、财力相匹配的原则，完善省、市、县财政管理体制，切实提高县乡政府的财政自给能力。三是规范财政转移支付制度。调整转移支付结构，增加一般性转移支付，优化专项转移支付，构建转移支付激励约束机制。四是以"乡财县管"等改革为重点，推进政府财政管理的"扁平化"，提高政府运行效率。

第三，综合运用财税政策手段，调节收入分配差距。市场经济条件下，政府财政的一项重要职责就是运用财税政策工具，通过收入再分配，扩大中等收入阶层比重，形成"橄榄型"的收入分配格局。一是按照中央要求改革机关和事业单位工资制度，规范津贴补贴。适当提高机关和事业单位职工收入水平，推进公职人员福利待遇货币化改革，逐步解决对干部职工的政策性欠账。二是根据中央部署推进个人所得税和财产税改革。通过建立综合与分类相结合的个人所得税制度和完善财产税制度，更好地发挥税收调节收入分配差距的作用。三是规范国有企业收入分配秩序，合理确定管理者与职工的收入比例，调控过高收入。四是规范职务消费。科学、合理地核定职务消费范围、标准，硬化预算约束，规范财政支出，强化法律约束，重点推进以公务车辆、公务接待、公务休假为重点的改革，杜绝职务消费异化为权力消费的倾向，逐步实现职务消费制度化、货币化、个体化、市场化、公开化。

第四，推进依法理财，构建科学、合理的财政运行机制。就构建和谐社会过程中的民主法治、公平正义而言，财政管理中存在的科学化、民主化、透明化程度不高，主观随意性过大，以及纳税人"知情权"缺失等问题，一定程度上弱化了财政资金使用绩效，降低了公共财政的"公平化"程度。对此，要加快构建科学、合理的财政运行机制。一是依法构建"阳光财政"。深化部门预算、国库集中支付、政府采购、非税收入等各项预算管理制度改革，建立统一、完整的公共财政预算，增强财政收支的透明度和规范性。二是合理构建公共财权制约机制。采取事前预警、事中监管、事后评价、跟踪反馈等多种监督方法，形成日常监督与专项监督并存的新格局。完善人大、审计等专门监督体系和运行机制，自觉接受社会监督、群众监督，实现"透明"理财。三是科学构建绩效评价机制。坚持经济性、效率性和效用性原则，以开展专项资金和预算编制绩效评价为重点，建立和完善财政绩效评价体系。

新型城镇化与城乡发展一体化过程中的几个财税问题①

感谢主办方为我提供了此次难得的学习机会。新型城镇化与城乡发展一体化问题，基于本人专业视角的解读，这是一个老生常谈的"三农"问题，更是一个以人为本渐进推进基本公共服务均等化的问题，或者用最新词语来表述就是逐步建立现代财政制度的过程。

在准备发言稿过程中，偶尔翻阅了陈桂棣、春桃夫妇十年前的报告文学《中国农民调查》。在我看来，该作品的面世，加之清华大学秦晖教授所谓"黄宗羲定律"担忧的加入，以及其时决策者的执政偏好。可以说，这三重因素叠加，加速了那个历史时段中国涉农领域一系列重要改进。简单回忆一下，首先是从 2000 年前后实行农村税费改革，在"三个取消，两个调整，一个逐步取消"的税费改革思想指导下，设计了较为规范的农村土地税收制度（本人至今还认为这一制度简单放弃很可惜）；其次，于 2006 年本计划用三年时间取消农业税，却突然宣布让其退出了中国历史舞台（本人至今还认为这一改革成效有待历史检验）；最后，实施了一系列涉农补贴政策（本人至今还认为这一政策的后遗症太多）。这些刺激政策，短期内凸显了正效应，正如几年前几句顺口溜所描述的那样："种地不缴税，上学不付费，看病不太贵"，甚至"养老不犯愁"。同时，这些政策所隐含的深层次变化也须引起关

---

① 本文系在 2014 年 9 月 20 日重庆工商大学承办的第五届比较研究工作坊研讨会上的发言。

注：一是农民开始由弃土变为惜地；二是农村户籍由歧视变为高贵。

回到第五届比较研究坊新型城镇化的主题，中国的城镇化具有极其鲜明的两个特征：一是土地城镇化快于人口城镇化，即半城镇化的问题，2013 年全国有 2.7 亿农民工（这个群体，一部分是难以融入大城市，另一部分是不打算融进去）；二是人口流动的单项性，即只有农村人向中小城市（特大城市除外）流动，缺乏逆向流动诸多制度障碍。所以，这样的城镇化可能是政府的主导性和农民的非自愿性。

农业、农村、农民构成了"三农"问题。梳理我国近十几年的"三农"政策可以发现，大多以农业为出发点，即中央政府从国家粮食安全的视角来出台各项政策，鼓励粮食生产，而农村、农民政策相应处于极为次要的地位（其间不乏出台新农村建设、农民增收等"一号文件"）。对地方基层政府而言，组织财税收入成为其维系政权运行的第一要务，当向农民获取收入的渠道被中止后，其可用途径早已在土地级差地租、部分矿山资源过度开发、牺牲生态环境上做文章了。所以去年年初当李克强总理将新型城镇化作为中国经济增长的动力源时，一些学者和实际工作者并不看好，甚至形容为强弩之末（本人也是如此判断）。中央政府与地方目标的迥异性，致使诸多"一号文件"难以有效落地，或者雷声大雨点小。本人有位高中同学在省农委工作，聚会都调侃他现在农委重要了，每年有"一号文件"作保证，他则不以为然，并认为越是重视的则越是薄弱的。听起来很有道理。

基于本人长期基层跟踪观察，并非取消皇粮国税、实施涉农综合补贴等政策后，所有"三农"问题迎刃而解，相反一些深层次问题可能更加棘手。也就是说，在广大农村长期历史形成的大致均衡被打破后，亟须建立新秩序、新平衡。繁荣的背后存在着隐忧，下述问题需要引起人们的足够重视。

第一，基层政权弱化问题。是保留还是撤销，是强化还是弱化，亟须进行顶层设计。前年日子，在辽北农村调研，感觉乡镇干部特别凄凉，责权利严重扭曲，他们很灰心、很无奈，如何让这一群体有尊严、体面地工作和生活下去?! 是个很大的难题。我曾经多次问过许多人，乡镇一级取消或者自治是否可行？大家都认为不可行，需要发挥基层政权的作用。《中国农民调查》暴露出其时干群关系"人命案"问题，赵本山的《乡村爱情》又塑造了乡村干部"坏孩子"形象，那只是个案和艺术作品的渲染。其实，在辽宁也有乡村干部垫缴农民税费自杀的个案。几年前，本人曾提出，一定要理性看待地方政府非理性行为，现在看来要警惕基层干部不作为行为。

第二，乡村治理"真空"问题。农业税费存在时，以其为纽带维系着政府与农民的关系、维系着农村公共产品和服务的基本供给，取消之后这一天然联系被中断。当下中国的农民，完全是个自由人（甚至较幸福的群体），享受着各种权利，基本不承担表面上名义税费等义务（共产主义初级阶段）。调研中得知，有的让农民到乡镇开会议事（一事一议的需要），每次需要支出50元或100元才行（禽流感通知一下，要50元）。村级党组织、村主任贿选已是公开的秘密。由人情费而引致的"灰色消费"问题，在某些欠发达地区成为农民的"新"负担。更有甚者，各种教会的号召力远大于基层党组织和政府。近些年也采取了一些临时性举措，如机关干部驻村、大学生进村等，试想一下，这是治本之策吗？

第三，粮食安全问题。这里的担忧有三层含义，一是谁来生产粮食问题，二是粮食质量问题，三是粮食数量问题。首先，当下从事粮食生产的，年轻人很少，大多为50岁至70岁的中老年人（女性占很大比例），老龄化问题特别突出，加之受教育程度低、技能低、观念陈旧，只能维持传统的简单的农业生产，可以说不远的将来谁来种地是个极为严峻的问题（可能，狼马上就来了）。几年前，我就认为取消农业税、实施涉农补贴可能会加速自给自足小农生产方式的简单再回归，由于农地固定的补贴收益，一定程度上影响了农地流转，影响规模生产及其组织方式的实现。其次，当下中国的粮食生产，依靠化肥、农药的大量投入和大规模地下水开采，土地板结、地力下降、污染严重等问题特别突出。在辽北调研，一位乡干部表述出这一担忧。辽宁是北方水稻重要产区，清水大米都是一个重要卖点。在辽南一个优质的苹果小山村，100户人家（300人左右），年均水果产量50万~60万斤，户均年收入5万~6万元（总收入500万~600万元），算是很富裕，60%家庭建起了400多平方米的二层楼，50%家庭拥有小汽车。以前村落里就有300~400口大井，今年遭遇60年一遇的大旱，几乎家家打机井，每口投入2万~3万元（占年收入的近一半），更为可怕的是，每口井深度都在200米以上，地下水位的下降，可能会带来系统性的生态破坏及其风险。但愿这个苹果小山村能够持续生产下去。最后，同其他经济作物相比，种粮的比较收益低，加之取消农业特产税，种粮可能是农民的最后选择。近些年，土地城镇化占用了大量的粮田，中国的粮食产量真的连年丰收吗？为什么在2012年从国外进口了2000万吨粮食！

上述现象和问题的背后，暴露出现行"三农"问题对策的临时性、应急性、碎片化、治标不治本等特征。在新型城镇化与城乡发展一体化背景下，需要从农民、农业、农村，市场、社会、政府等视角，进行顶层设计、综合整治、稳步推进。基于财税层面，提出三点不成熟的建议：

一、加快构建一元化的财税制度

我国现行财税制度依然存在着"二元"结构特征，表现在城乡、层级和区域等诸多方面。建立现代财政制度，一个重要的改革取向，就是在国家治理体系和治理能力现代化框架下，加速一元化财税制度的设计。党的十八届三中全会"决定"明确了财税改革的基本思路，6月30日中央政治局审议通过的《深化财税体制改革总体方案》更进一步明确了时间表和路线图。从目前披露信息来看，中央会上收一部分事权，并将城乡房产保有环节的税收作为基层政府的主体税源。但维系基层政府的可持续运行，第一还需做好"土地财政"这篇文章（土地，三大法宝，再次土地革命），考虑以土地资源税、承包费等形式，结合土地二轮承包期结束前，重构乡村税费关系，为基层基本公共产品和服务有效供给提供财力保证。第二要充分发挥财政初次分配的功效，建议中央进一步下放事权、财权、财力，降低中央财政集中度，切实做到"花自己的钱给自己办事",而不是像目前这样"花别人的钱为别人办事"。第三要充分发挥财政二次分配在基本公共服务均等化中的作用,加快财政转移支付制度的重构。

二、重新考量简化政府财政级次的改革

十几年前,中央政府某些层面将财政"省直管县"和"乡财县管"作为解决分税制后地方财政困难的尚方宝剑,学术界也从多视角论证了该举措的必要性、可行性。这一研究和实践层面也基本经历了从热到冷的过程。本人认为,简化政府财政级次的改革是权宜之计,并非治本之策。简单效仿美国政府层次的做法,可能难以适合国情。其实,一个国家财政级次的选择,受政体、经济发展阶段、区域面积、人口数量、历史文化、信息化等多因素的制约。浙江的实践是否具有普适性,尚需时间检验。因此,不能整齐划一、"一刀切"。财政部曾明确 2012 年底作为推行财政"省直管县"的最后期限,从目前全国情况来看尚有一半的省份没有完成任务,甚至还有部分推行该项试点的省份走"回头路",重启"市管县"的路径,一定程度上反映出这项改革的不成功性。2014 年 8 月 31 日修订的《预算法》明确地方政府 5 级预算体系框架,本着一级政府、一级事权、一级预算的原则,在新公共治理理念下,一味追求简化政府财政级次的改革,势必会带来一系列政治经济社会的混乱。当务之急,一要重新评估、审视这一改革,避免因政策的摇摆,造成县域经济社会的无人问津的窘境。二要从统筹城乡、区域发展的视角,引入辖区财政概念,实行命令财政,切实有效解决省以下地方政府财政治理问题。

三、改进涉农财政补贴政策

农业是弱质产业,在一定时点条件下,选择不同领域、不同环节进行适度补贴符合国际惯例和中国实际。我国现行的涉农补贴包括综合性

收入补贴（粮食直补、农资综合直补）、生产性专项补贴（良种补贴、最低收购价、农机购置）等，按照 WTO 规则大多属于"黄箱"政策范畴，大多又属于间接补贴方式，特别是随着时间的推移，这些政策凸显累退性特征，亟须改进完善。基本的改革建议，在整合财政涉农补贴资金的基础上，逐步由"黄箱"转向"绿箱"政策，重点向科技、水利、环保等领域倾向，逐步由间接方式向直接方式转换，体现结果导向，如通过适当提高粮食最低收购价格调动生产者积极性，确保国家粮食安全。同时，涉及农民财政补贴的政治敏感性比较强，建议逐步将其转化农民社会保障范畴，如新农保、新农合等，为真正意义上的城乡统筹奠定基础。

最后，建议陈桂棣、春桃夫妇继续撰写《中国农民再调查》，也希望有志之士撰写《中国农业调查》《中国农村调查》，本人愿意提供素材及其相应的帮助。

谢谢！

期待"顶层设计"实践[①]

"顶层设计"已成为近一个时期的流行语。作为工程学的名词，其概念引入经济社会发展的实践范畴，绝非偶然，而是我们单纯从"经济人"到"社会人"发展的认知过程，这也是马克思主义中国化的过程，即从感性认识到理性认识，再到理论具体指导实践。党的十七届五中全会首次提出了"顶层设计"的表述，"顶层设计"也绝非只是停留在概念、口号、形式阶段，而是最终转化为深化改革的动力和行动纲领。

1978年党的十一届三中全会召开，开启了中国改革开放的新篇章。实践表明，制度、体制、机制创新，极大地释放了体制活力，赢得了30多年改革发展的伟大成就，跻身于世界第二大经济体的大国地位，实现走向中华民族伟大复兴的几代人梦想。39.8万亿元的经济总量，约占世界的9.5%，这只是一个体量和数字。

资料显示，1700年的中国占据着世界经济总量的1/4，鸦片战争前的1820年这一比重已提升至32.9%。经历百年的殖民、战乱和社会动荡，到1949年已降至4.9%，到1978年再降至4.9%。应该说，面对13多亿的人口基数，人均算起来的话，我们依然是发展中国家，这就是中国的国情、省情、市情、县情、乡情。

更何况，面对着刘易斯拐点的出现、人口红利的削减、未富先老的客观现实以及可能出现的"中等收入陷阱"迹象，我们的改革只是走过了相对容易、简单的一面，未来的改革攻坚，必将步入"深水区"，

---

① 本文刊发于《瞭望新闻周刊》2011年5月16日。

难"啃"的骨头实在太多。可以预言,如果"啃"不好的话,可能会带来更多的不确定性。

渐进式改革有别于激进的"休克疗法",在确保既得利益、实现平稳过渡、实现共赢的同时,随着时间的推移,也必然会丧失帕累托改进的余地,甚至会产生负向激励和逆向调节。当下,制约中国经济社会可持续发展的矛盾很多,在化解这些问题的过程中,迫切需要"顶层设计",决不能就当前而当前,就部门而部门,就地方而地方,避免头痛医头、脚痛医脚,片面地追求速度而忽视质量,过分地注重任期而忽视长远,切实用系统的、全局的和长远的眼光,来注重制度建设和机制构建,真正从思想和行动的深处践行科学的发展观。

从1921年到2011年,经过90年中国特色发展道路的探索,中国共产党悟出了革命时期和建设阶段许多颠扑不破的道理。过去已经成为历史,值得总结和回味;立足于今天,展望明天,执政党同样肩负了历史使命,本着对未来和历史负责的态度,继续深化改革,在实践中"顶层设计"、综合整治。

谈《周礼》中的财税文化[①]

　　财税文化是中国古文化的重要组成部分，而《周礼》中体现的财税文化则可以说是中国财税文化之祖，是研究中国财税文化最重要的一部典籍。《周礼》强调政教，体现的财税文化异常丰富。《周礼》财税文化中表现出强烈的教化功能，如激励人们努力从事自己的职业、实现赋税均平、增强民族凝聚力、维系宗主统治与怀柔远方民族、贯彻节约原则、贯彻社会保障政策和保持生态平衡等，至今仍具有积极的现实意义。

　　财税文化问题看似简单，举目可视，触手可及，其实是很难求解。古今中外很少有人能准确、全面地给"文化"下一个定义，因为"文化"是一个很宽泛的概念，它既包括物质的，也包括精神的；既涵盖中国的，也涵盖外国的；既有古代的，也有当代的；既有广义的，也有狭义的等等。财税文化虽然具体一些，但也有其内涵、外延、质的规定性等等区分，很难一言以蔽之。我们只能从某一层面、某一角度加以探讨。本文从古代文化说起，只是想就《周礼》所体现的财税文化，谈一点肤浅的认识。

一、财税文化的界定

　　就广义文化而论，有人将"文化"的体系分成四个层次：一是物

---

① 本文刊发于《地方财政研究》2010 年第 5 期，与孙文学老师合作论文。

态文化层，由物化的知识力量构成，是人的物质生产活动及其产品的总和，是可感知的、具有物质实体的文化事物。二是制度文化层，由人类在社会实践中建立的各种社会规范构成。包括社会经济制度、婚姻制度、家族制度、政治法律制度、家族、民族、国家、经济、政治、宗教社团、教育、科技、艺术组织等。三是行为文化层，以民风民俗形态出现，见之于日常起居动作之中，具有鲜明的民族、地域特色。四是心态文化层，由人类社会实践和意识活动中经过长期孕育而形成的价值观念、审美情趣、思维方式等构成，是文化的核心部分①。如果这一说法成立的话，那么，财税文化即属于其第二个层次——制度文化层。

中国最古老的"文化"思想，实际是"以文教化"思想，例如《周易》的《贲卦·象传》载："刚柔交错，天文也；文明以止，人文也。观乎天文以察时变，观乎人文以化成天下。"刘向《说苑·指武》载："圣人之治天下也，先文德而后武力。凡武之兴，为不服也。文化不改，然后加诛。"这里都体现着"文而化之"的思想。财税文化实际就是运用财政税收政策、制度进行"以文教化""文而化之"的重要内容。换言之，财税文化就是运用财政税收的方针、政策、制度等条文，来规范、约束人们的行为方式，以保证国家运行的正常秩序。由此观之，财税制度文化，又属于"财税教化"的重要内容之一。

"教化"一词在中国历史上的使用频率是相当高的，远在《易经·系辞下》中就有关于"包羲氏没，神农氏作，斫木为耜，揉木为耒，耒耨之利，以教天下，盖取诸益。日中为市，致天下之货，交易而退，各得其所，盖取诸噬嗑。神农氏没，黄帝、尧、舜氏作，通其变，使民不倦，神而化之，使民宜之。易穷则变，变则通，通则久。"这里已经包含着"教化"之义；《诗·周南·关雎序》中，就有"美教化，移风俗"之句。在这里，"教化"已经形成一个词语。"教化"的方式是多种多样的，但大体上可分为非强制方式（例如心灵、情感、道德、礼仪的教化方面等）和强制的方式（例如武力征伐、制度约束的教化方面

---

① 张岱年、方克立：《中国文化概论》，北京师范大学出版社2004年版。

等）两类。强制的教化方式又称为"政教文化"，财税教化无疑要归属于"政教文化"的内容。《唐律疏议》指出："前汉志曰，刘向上疏曰：教化所恃以为治也，刑法所以助治。故律疏云：'德礼为政教之本，刑罚为政教之用。'"① 就是说，政教主要还是用德、礼说服教育，但这种政教行不通时，还要动用刑罚。大家都知道，《易传系辞下》有"理财正辞，禁民为非，曰义"这样一句话，（唐）孔颖达对这句话的解释是："言圣人治理其财，用之有节，正定号令之辞，出之以理；禁约其民为非僻之事，勿使行恶事，谓之义。义，宜也，言以此行之而得其宜也。"② "理财"包括生财、聚财和用财。生财就是创造财富，聚财就是向百姓收取税赋，用财就是蓄养民众。生、聚和用都要讲"义"，生财有道，聚财有理，用财得当。理财的目的在于"禁民为非"，而"禁民为非"的手段，就是"义"，而不是借助武力、刑罚、欺骗。可以说，这句话是我国最早关于理财的定义，也是我国最早关于财税文化概念的内涵；财税文化在这里被具体化为"财税教化"，而这种"财税教化"集中地体现为"政教"，即运用行政手段规范、约束人们行为方式的文化。这种"财税政教"文化则是中国古文化的重要组成部分之一。

二、《周礼》强调政教

《周礼》一书应该说是中国财税政教文化体现最充分的一部古典著述，无论是理财机构的设置，还是税收征管制度，抑或是财税方针政策，都突出"政教"的内容。这部书之所以处处强调"政教"，与这部书成书的背景是分不开的。

《周礼》一书到底成书于何时，众说纷纭，迄无定论。对此，我们亦不能给出一个确定的答案，但我们赞成孙景坛先生的观点：此书并非一人一时之作，绝非周武王前后周公旦所著，很可能是周厉王在"厉始革典"时的文件汇编。当时，周厉王曾聚集一些熟悉历史上典章制度，

①② 《唐律疏议》卷一。

特别是周公旦时期政治、经济制度的士人，搜集了大量历史上的典章制度，结合当时的具体情况，加以修订、编纂、整理，未及成书，就因为改革的失败而中辍。后世的有心人，偶然获得这部未竟书稿，并进行粗略加工，加进作者理想化的改革思路，经过制作而成的政典汇编，或可说是一部未及颁行的新政典。

从公元前 2070 年夏朝建立，到公元前 858 年周厉王即位，国家的统治已经经历了 1000 多年，政治统治术已经很成熟，对百姓进行教化与政教都取得了很大的成功。统治者已经懂得以下几方面的道理：

（一）经济的发展需要教化

当时的经济刚刚从石器时代进入铜器时代，铁器在当时还是一种奢侈品。社会生产方式还十分落后，生产工具还很简陋，主要使用的是青铜器；生产部门还十分单纯，主要是农业生产，辅之以畜牧养殖、家庭手工业和官营手工业、官营商业和零星私人商业（集市贸易）；人们的生产知识、生产技能还很浅薄，刀耕火种、火耕水耨是当时进行农业生产的主要方法。即使这些简陋的工具、浅薄的生产技能、有限的知识，也仅掌握在少数人手中，不为大多数人所熟知。所以，想要提高生产效率，增加社会财富，就必须对人们进行教化。《周礼·夏官司马》关于养马官的政教就十分典型地证实了这一点。据载："廋（sōu）人：掌十有二闲之政教，以阜马、佚特、教駣（táo）、攻驹，及祭马祖、祭闲之先牧，及执驹、散马耳、圉（yǔ）马。"[①] 意思是说，养马官掌管有关十二项对天子所有闲置马匹养育的政教方法，以使马盛壮，使马用之而不过于劳累，教习套马训马，阉割公马以及（春季）祭祀马祖，（夏季）祭祀发明用闲养马的先牧以及举行执驹礼（小马二岁离开母马开始服役的仪式），使马习惯声音的刺激，教养马人养马。在《周礼》中，类似的记载很多，如"辨十有二壤之物而知其种，以教稼穑树

---

① 《周礼·夏官司马第四·大司马之职》。

藏"① 等，不一一列举。

（二）政权的巩固需要政教

夏朝的灭亡成为商朝的借鉴，所谓"殷鉴不远，在夏后之世。"②商朝的灭亡，又成为周朝的借鉴，所谓"前车覆而后车不诫，是以后车覆也。"③ 如何借鉴前朝的教训？就要进行"教化"。当时的统治者意识到，单纯地非强制性地教化，往往不能解决问题，于是便采取强制性教化，即"政教"。正如《逸周书》所说："国有本有干，有权有伦。质有枢体，土地本也，人民干也，敌国侔交权也。政教顺，成伦质也。君臣和，枢体也。土地未削，人民未散，国权未倾，伦质（人伦道德之理）未移，虽有昏乱之君，国未亡也。"④ 意思是说，国家有根本、有主干、有法码、有伦理、有枢机（关键的事情）。土地，是根本；人民，是主干；均势之国平等交往，是法码；治国教化和顺而成功，是伦理；君臣和睦一心，是关键。如果土地没有减少人民没有离散，国政没有倾危，伦理没有改变，即使有昏乱的国君，国家也不会亡。政教成为国家能否灭亡的三个基础之一。"厉始革典"之时，西周政权已经岌岌可危，这时制定的典章制度，必然要强调"政教"。所以，《周礼》一书多次强调要加强政教以巩固国家政权。例如为征收赋税而行政教，"乃颁比法于六乡之大夫，使各登其乡之众寡、六畜、车辇，辨其物，以岁时入其数，以施政教，行征令。"⑤ 意思是说，向六乡大夫颁布校比法，使他们各自登记本乡人数的多少、六畜和车辇的数目，弄清各家的财物，每年按季呈报数字，以便施行政教，执行征收赋役的法令。为征发徭役而行政教，"凡起徒役，毋过家一人，以其余为羡；唯田与追胥竭作。凡用众庶，则掌其政教与其戒禁，听其辞讼，施其赏罚，诛其

---

① 《周礼·地官司徒·大司徒之职》。
② 《诗经·大雅·荡篇》。
③ 《韩诗外传五》。
④ 《逸周书》卷十《武纪解》第六十八。
⑤ 《周礼·地官司徒第二·小司徒之职》。

犯命者。"① 意思是说，凡征调兵役和劳役，不超过每家一人，把其余的（丁壮）作为羡卒，只有田猎和追捕寇贼时（正卒和羡卒）才全体出动。凡征用民众，就掌管有关的政教和对被征用者的禁戒，评断他们的争讼之辞，施行对他们的赏罚，惩罚他们当中的触犯禁戒者。不仅对百姓要行"政教"，对王、贵族、公卿、大夫的子弟（所谓"国子"）要进行教化以维系这个阶级的统治，对百官也要进行教化。《周礼》中关于对官吏进行教化的记载尤其多。

（三）人们觉悟的提高也需要政教

当时，人类刚刚脱离蒙昧而走向文明，这时用阶级统治的文明教化百姓，是维护统治秩序、保证国家机器正常运转的必备条件。因此，《周礼》制定了十二项规则，以此来教化百姓，即"施十有二教焉：一曰以祀礼教敬，则民不苟。二曰以阳礼教让，则民不争。三曰以阴礼教亲，则民不怨。四曰以乐礼教和，则民不乖。五曰以仪辨等，则民不越。六曰以俗教安，则民不愉。七曰以刑教中，则民不虣。八曰以誓教恤，则民不怠。九曰以度教节，则民知足。十曰以世事教能，则民不失职。十有一曰以贤制爵，则民慎德。十有二曰以庸制禄，则民兴功。"② 意思是：施行十二个方面的教育：一是用祭祀之礼教民尊敬，人民就不会马虎随便。二是用（乡射礼、乡饮酒礼之类的）阳礼教民谦让，人民就不会相争。三是用（婚礼那样的）阴礼来教民相亲，人民就不会相互怨恨。四是用乐教民和睦，人民就不会乖戾。五是用礼仪来辨别（上下尊卑等级），人民就不会僭越。六是用习俗教民安居，人民就不会苟且。七是用刑法教民遵守礼法，人民就不会暴乱。八是用誓戒教民敬慎，人民就不会懈怠。九是用制度教民节制，人民就会知足。十是用世间技艺之事教民技能，人民就不会失业。十一是根据贤行颁授爵位，人民就会谨慎修养德行。十二是根据功绩制定俸禄，人民就会致力于建

---

① 《周礼·地官司徒第二·小司徒之职》。
② 《周礼·地官司徒·大司徒之职》。

立功业。对都鄙的百姓还有另外的规定，即"以乡三物教万民而宾兴之：一曰六德，知、仁、圣、义、忠、和；二曰六行，孝、友、睦、姻、任、恤；三曰六艺，礼、乐、射、御、书、数。"① 这里，也体现了"德礼为政教之本，刑罚为政教之用"的原则。

总之，在当时的经济基础薄弱、政治尚不稳固，以及百姓觉悟偏低的状况下，强调教化（包括政教），是十分必要的，特别是在"厉始革典"之时，在礼崩乐坏之际，编制一部改革政典，就更加必要。因而，在仅四万五千余字的《周礼》中，仅"政教"一词就出现五次之多，至于"教""化"出现的次数就更多了。"教"字出现达 97 次之多，"化"字也达 7 次之多。无论是"政教"，还是"教""化"这些词或字，都体现着当时的统治者非常重视运用行政手段约束、规范人们的行为方式，以达中兴周朝的目的。

三、《周礼》中体现的财税文化及其功能

《周礼》是一部政典，财税是国家行政的重要内容之一；《周礼》强调政教，在其财税内容中，也必然突出政教；政教是文化的表现形式之一，因而《周礼》财税中的政教，即是《周礼》财税文化的表现形式之一。文繁事富，体大思精，学术与治术无所不包的《周礼》，体现了丰富的财税文化，并系统地展示了财税文化的功能。

如前所述，《周礼》实施的教化是全方位的，不仅对贵族子弟（国子）实施教化，还对官吏进行教化，而对百姓实施教化则是所有教化对象的主体。要有效地实施教化，就要设立专门的教化机构。从《周礼》的记载看，天官冢宰是教化贵族子弟和百官的专门机构，也是主持建立对百姓进行教化机构的主体。在天官冢宰之下，设有小宰一职，在小宰的工作中，有一项重要职责，就是主持设立官署，规定"以官府之六属举邦治"，其中的第二属，是"地官，其属六十，掌邦教，大事则从其

---

① 《周礼·地官司徒·大司徒之职》。

长，小事则专达。"也就是说，地官中包括大司徒、乡老、封人、鼓人等六十个官署，七十八名职官，加上《叙官》中提及而下文中未列的乡老一职，合计七十九职。这些职官都具有对百姓实施教化的职责。在小宰的六职中，也专门设有"教职"一项，目的是"以安邦国，以宁万民，以怀宾客"①。这就意味着地官中的所有工作，无不与教化相联系。我们知道，地官司徒主要掌管土地、人民、户籍、征收赋役等项工作的。正如《周礼》所载，地官司徒的职责是："乃立地官司徒，使帅其属而掌邦教，以佐王安扰邦国。"② 就是说，地官的中心职责就是让他率领下属，掌管天下的教化，以辅佐王安定天下各国。至于土地、人民、户籍、征收赋役等项工作，都是在对人民进行教化中完成的，换言之，地官所进行的建立国都、辨别方向并确定（宗庙和朝廷的）位置、划分都城与郊野的界限、分设官职、赋役征管等，这些工作都是为了教化百姓，简言之，就是寓赋税征管于教化之中。

有人以为，西周时期人们承担的赋役十分轻简，从孔、孟开始，直到民国，赞颂之声，不绝于耳。其实，从《周礼》的记载看，西周时期人们的赋役负担是相当沉重的。从赋税的种类看，西周的正税有九贡、九赋、九功（九种职业的赋税），更多的是各种杂税，如园廛税（相当于房地产税）、漆林之征、里布、屋粟、夫家之征、锄粟、间粟等③，此处还有各行各业的贡物④；徭役的种类也不下五种，如师役、政役、田役（田猎和耕作）、会同（天子约会诸侯，或者诸侯与诸侯之间的约会，这时要役使百姓为其清理现场、饲养马匹等）野役（这是对居于"六遂"之民，亦即王城百里外至二百里内的居民所征之役），除上述的师役、政役、田役、会同、野役之役之外，还要出其他一些杂役，如修桥、筑路、兴修水利、采矿、伐木等，无所不包。

既然西周的赋役十分繁重，那么，为什么人们没有感觉难以承受，

---

① 《周礼·天官冢宰·小宰之职》。
② 《周礼·地官司徒·大司徒之职》。
③ 《周礼·地官司徒·旅师》条载："掌聚野之锄粟、屋粟、间粟而用之。"
④ 参见《周礼·地官司徒·闾师》。

后人还倍加赞颂呢？这就是教化的功效。这些功效具体表现在以下诸方面：

（一）财税教化旨在激励人们努力从事自己的职业

赋税产生之始，并非着眼于财政意义。通过上面的论述，我们知道，赋税产生于生产力还很不发达的奴隶社会，当时人们每年所创造的社会财富十分有限，加之灾害频仍，致使统治阶级的消费欲望受到极大的抑制，何况当时国家行政机构的规模不大，而天子和统治集团的成员都占有大量的奴隶为其提供基本的生活必需品，又有诸侯们的贡、赋保证，所以国家并不热衷于征收赋税。相反赋税的激励作用反而会大于财政作用。《周礼》载："凡宅不毛者，有里布；凡田不耕者，出屋粟；凡民无职事者，出夫、家之征。以时征其赋。"[1] 由此可以看出，当时国家征收赋税重在劝农，并非着眼于财政。

从《周礼》的记载中我们不难看出，三代时期不仅有以土地为课征对象的贡、赋、彻，有以成人为课征对象的役；同时还存在以商业行为为课征对象的税、费，如"絘布、緫而、质布、罚布、廛布"等[2]，这些均属于似税非税、似费非费性质的课征；另外还有为达到奖勤罚懒目的而课征的税收，如里布、屋粟、"夫家之征"的"夫税""家税"等等，这无疑体现了多种税并存的思想。特别是西周时期，"闾师掌国中及四郊之人民、六畜之数，以任其力，以待其政令，以时征其赋。凡任民，任农以耕事，贡九谷；任圃以树事，贡草木；任工以饬材事，贡器物；任商以市事，贡货贿；任牧以畜事，贡鸟兽；任嫔以女事，贡布帛；任衡以山事，贡其物；任虞以泽事，贡其物；凡无职者，出夫布；凡庶民不畜者，祭无牲；不耕者，祭无盛；不树者，无椁；不蚕者，不帛；不绩者，不衰。"[3] 从这里的记载中我们发现，无论从事哪种行业

---

① 《周礼·地官司徒·载师》。
② 《周礼·地官司徒》"廪人"条。
③ 《周礼·地官司徒》"闾师"条。

的人都要缴纳税收，对懒惰者当然要课税，对不养牲畜、不耕地、不种树、不养蚕、不纺织者，给以更严厉的惩罚。由此我们可以看出，这种税收制度，不仅体现了多种税并存的思想，而且体味出这种税制设计者的良苦用心，既要以税收制度引导和激励人们从事耕织，以奖勤罚懒；又要达到人人都尽"王民之职"的均平赋税的目的；同时还要实现增加国家赋税收入的要求。

（二）通过财税教化实现赋税均平

首先，设立专门机构平衡协调税赋。为了实现贡、赋、役的均平，西周设有专门的机构负责均平工作，即"均人"和"土均"。《周礼》载："均人掌均地政，均地守，均地职，均人民、牛马、车辇之力政。凡均力政，以岁上下。丰年，则公旬用三日焉；中年，则公旬用二日焉；无年，则公旬用一日焉。凶札，则无力政，无财赋，不收地守地职，不均地政。"[1]"均地政"，即"均地征"按土地征收贡、赋；"力政"，即"征发徭役"。不论是贡、赋，还是力役，都由"均人"加以平衡协调，做到均平征收。又载："土均掌平土地之政。以均地守，以均地事，以均地贡，以和邦国、都鄙之政令、刑禁。与其施舍、礼俗、丧纪、祭祀。皆以地媺恶为轻重之法而行之，掌其禁令。"[2]此句与上句相互重叠，但也证明"土均"同样是主持均衡征收贡、赋、役的机构。其次，在《周礼》一书中以"均万民"为治国的"政典"[3]。凡涉及征收赋役之处，都强调"均"，或"平"，据不完全统计，《周礼》一书有近四十个"均"字，仅地官司徒一章，就不下三十个"均"字，可见均平在当时的统治者心中的地位是很重的。此外，在征收赋税、徭役时注意赋、税、役的轻重协调、距国都远近的协调等都体现了统治者的均平意识。最后，分等征税。为了落实均平征收的政策，又根据不同

---

[1] 《周礼·地官司徒·均人》。
[2] 《周礼·地官司徒·土均》。
[3] 《周礼·天官冢宰·大宰之职》，另见《周礼·天官冢宰·小宰之职》。

的职务，根据运输距离的远近，规定了不同的税率，实行分等征税。《周礼》载："载师掌任土之法。以物地事，授地职，而待其政令。以廛里任国中之地，以场圃任园地，以宅田、士田、贾田任近郊之地，以官田、牛田、赏田、牧田任远郊之地，以公邑之田任甸地，以家邑之田任稍地，以小都之田任县地，以大都之田任疆地。凡任地，国宅无征，园廛二十而一，近郊十一，远郊二十而三，甸、稍、县、都皆无过十二，唯其漆林之征，二十而五。……以时征其赋。"① 近郊之地征收 1/10 的税，远郊征收 3/20 的税，甸、稍、县、都均属国都之外地区，故征收 2/10 的税，而对种植漆林的土地则征收 5/20 的税。由此可见，税率的制定依据了"轻近重远"的原则，同时规定"国宅无征"，因为"国宅"是公家的财产，所以不应征税。而在奴隶社会，国家即天子，天子即国家，所以，"国宅"即天子之宅，所以不征税，这也体现了天子的特权思想。

（三）财税文化对增强民族凝聚力有着不可低估的作用

中华民族之所以能够发展成为土地辽阔、人口众多的多民族大国，固然有诸多因素，其中赋税不能说不是诸多因素之一。统治者欲征收赋税，不论是货币性的，还是实物性的，抑或是力役性的，都要设法将人们束缚在土地上，固着在一定区域之中。于是，便出现了基层行政组织。例如西周，"遂人掌邦之野。以土地之图经田野，造县鄙形体之法。五家为邻，五邻为里；四里为酂，五酂为鄙；五鄙为县，五县为遂。皆有地域，沟树之，使各掌其政令刑禁，以岁时稽其人民，而授之田野，简其兵器，教之稼穑。"② 划分邻、里、酂、鄙、县、遂的目的之一就是"以岁时稽其人民"，稽有计考之意，也有留止、固着之意，也有征税之意，显然就是要通过这一行政组织，将百姓固着在土地之上，并对人民征收赋税，同时考核人口的增减。当然，这种凝聚力是来自外力

---

① 《周礼·地官司徒·载师》。
② 《周礼·地官司徒·遂人》。

的，统治阶级的主观愿望不一定是为了凝聚人民，但在设置行政组织以征收赋税时，客观上就起到了凝聚作用。此外，人们为了逃避赋税，往往隐瞒人口，这也有助于强化百姓的凝聚力。正是这种凝聚力，支撑着我们的祖先战胜了自然灾害，抗击了外侮和强暴，也开拓了疆域和领土，使中华民族不断成长、壮大。

（四）财税文化用以维系宗主统治与怀柔远方民族

赋和役不仅是天子（国家）赖以生存的经济源泉，而且是控制诸侯的重要手段。《尚书》就有这样的记载："公曰：……'汝其敬识百辟享，亦识其有不享。享多仪；仪不及物，惟曰不享。惟不役志于享。凡民惟曰不享，惟事其爽侮。'"① 这是周公在成王东迁洛邑之前，对周成王说的一段话。意思是周公告诉周成王，要查验哪些诸侯进贡了，哪些诸侯没进贡，进贡的也要看是否是诚心，如果连诸侯都不进贡，或者不诚心，老百姓就更不进贡、不诚心了。所以，对不进贡的诸侯就要出兵讨伐。《周礼》还在《夏官司马》中设立"怀方氏"这一机构，其主要职责是"掌来远方之民，致方贡，致远物，而送逆（此处为'迎接'之义）之，达之以节。治其委积、馆舍、饮食。"② 显然，这个机构的主要任务就是怀柔远方的民族，包括索取土贡、各种珍奇之物和送往迎来的食宿供给等。这一做法，实际上也是为了国家的宗主统治。

（五）财税文化用以贯彻节约原则

《周礼》宣传的节用原则主要有两大方面：一是节约支出的原则。节约支出是三代时期的主要财政原则，这个原则在《周礼》中多次被强调。例如本节所说的"以九式均节财用"③，还有《周礼·大宰·司会》中所说的"以九式之法均节邦之财用"，《周礼·小宰之职》中所

---

① 《尚书·周书·洛诰》。
② 《周礼·夏官司马·小司马之职》
③ 《周礼·天官冢宰·大宰之职》。

说的"以均财节邦用","以均万民,以节财用",等等。二是专税专用的原则。专税专用是指某种收入,专供某种支出,专款专用,不得串项。例如西周时的九种赋税收入,专供九种支出,对此《周礼·天官冢宰·大府》所说的"颁财,以式法授之",就是收入与支出的对应模式,这种收入与支出的对应关系如列出表格,就看得很清楚了,如表1所示。

表1 支出与收入对应关系表

支出项目	资金来源
祭祀之式	邦都之赋
宾客之式	邦中之赋
丧荒之式	山泽之赋
羞服之式	关市之赋
工事之式	邦甸之赋
币帛之式	邦县之赋
刍秣之式	四郊之赋
匪颁之式	家削之赋
赐予之式	币余之赋
好用之式	贡之余财

除表1中所列十项收支对应的项目外,还有两项,这两项实际上也是一种收支对应关系,即"凡邦国之贡以待吊用"和"凡万民之贡以充府库"。"邦国之贡"即指九贡。九贡虽然各有各的用途,但这里又强调"以待吊用",就是说九贡之财还要供给"吊用",即供给凶礼之五事(丧礼、荒礼、吊礼、禬礼、恤礼);而"万民之贡",即九种职业的百姓所进之贡,是用以充实府库的。

《周礼》之所以提出这两项原则:一方面是当时经济不发达,财富总量的生产在节用的条件下尚且难以满足社会的需要,如不节用,就更难以满足社会的需要了,况且财富的创造和聚集都需要一年或更长的时间，不节约用财，或不专款专用，一旦发生变故，就将无法应付，如遇灾荒或者瘟疫，没有足够的储备，必将造成百姓的流散，甚至会造成国家的灭亡；尤其是当时战争频繁，如果不节省财政支出，将有限的财富挥霍殆尽，更无法应付战争局面。《周礼》一书虽说是"厉始革典"的产物，但也保留了相当一部分周初周公旦所制定的制度。周公旦在辅佐成王期间，位居天官冢宰，统率百官多年，还先后灭商建周、平叛乱、立典章等等。长期的从政经验，使他充分认识到天子和百官的节省对国家政权的重要意义，所以他经常劝诫周成王和百官以德治国，周成王在他的熏陶下也曾告诫百官要"位不期骄，禄不期侈。恭俭惟德，……"①所以，这一思想也是历史经验的总结。在《周礼》中，有这样一段记载："官府之六职辨邦治：一曰治职，以平邦国，以均万民，以节财用"②。"节财用"是"六职辨邦治"中的第一项，可见"节财用"的重要意义。另一方面，也有限制天子的挥霍浪费之意。周公在辅佐成王期间，曾多次谈到夏桀、商纣王的淫奢误国的教训③，而夏桀、商纣王的淫奢，就因为天子的支出没有限制。所以周公在制定周朝的法制时规定收支对应的法令，以规定天子支出的范围也就不难理解了。其实这九赋以供九式的规定，明显是针对天子的。所以《周礼》的教化，不仅体现着对百姓的约束，也体现着对天子的规范。

（六）以财税文化贯彻社会保障政策

"以荒政十有二聚万民：一曰散利，二曰薄征，三曰缓刑，四曰弛力，五曰舍禁，六曰去几，七曰眚礼，八曰杀哀，九曰蕃乐，十曰多昏，十有一曰索鬼神，十有二曰除盗贼。以保息六养万民：一曰慈幼，二曰养老，三曰振穷，四曰恤贫，五曰宽疾，六曰安富。"这就是传之千古的救荒十二政与养民六法；"大荒、大札，则令邦国移民通财、舍

---

① 《尚书·周书·周官》。
② 《周礼·天官冢宰·小宰之职》。
③ 参见《尚书·周书》"康诰""酒诰""诏诰""多士""无逸""君奭""多方"等篇。

禁弛力、薄征缓刑。"① 这是移民通财救荒之法;"遗人:掌邦之委积,以待羁惠。乡里之委积,以恤民之艰厄;门关之委积,以养老孤;郊里之委积,以待宾客;野鄙之委积,以待羁旅;县都之委积,以待凶荒。凡宾客、会同、师役,掌其道路之委积。凡国野之道:十里有庐,庐有饮食;三十里有宿,宿有路室,路室有委;五十里有市,市有候馆,候馆有积。凡委积之事,巡而比之,以时颁之。"② 这是以平时的积蓄救济孤、老之法。

这里所涉及的救荒文化是《周礼》所体现的重要文化之一,也是三代时期的重要财政政策。这项政策同样源于自然经济和农业生产的粗放经营,一旦发生灾荒,则人力无法抗拒,如事先不做好准备,就会出现人口的大量死亡或流徙他方,这不仅不利于国家统治,严重时甚至危及政权的存在。所以天子及其统治集团必然十分重视救荒与养民问题,所以才有十二条荒政和六条养民措施。荒政中与国家财政有关的有八项,一是散利,即在灾荒之年,国家根据灾情的不同而借给百姓一定数量的粮食或农具,以解决百姓的穿衣、吃饭、种田等方面的困难;二是薄征,即在灾荒年份,国家要适当减轻百姓的赋税负担,而减免赋税;三是弛力,即在灾荒年份,国家要适当减轻百姓的徭役负担;四是舍禁,即在灾荒年份,国家应该开放那些原来国家禁止进入的地区(主要是山林川泽),允许百姓进山采集野菜、野果、狩猎放牧、捕鱼,以自救;五是去几,即对百姓通行关卡时所携带的行李物品不进行检查,实际就是在灾荒年份允许百姓自由入城贸易;六是眚礼,即是减少礼仪形式;七是蕃乐,就是搁置乐器,放弃乐器的演奏,这里的"蕃"有掩藏的意思,以上这两项的本意是灾荒之年不应有过多的礼仪和欢乐的乐器演奏,但同时也有减省财政支出之意;八是多昏,意即在灾荒年份死亡的人超过平时,为了补充人口,应该少要彩礼,鼓励结婚。由此可见当时的救荒工作主要是以国家为主,也是以财政为主的。在安养百姓方

① 《周礼·地官司徒·大司徒之职》。
② 《周礼·地官司徒·遗人》。

面的六条措施中，一是慈幼，即是爱护幼小。二是养老，即对年老的人要分级予以照顾，据说 50 岁以上的人国家给予粮食以示赈济，60 岁以上的人由乡养之，70 岁以上的人由天子养之。三是赈穷，即是赈济穷者，什么是穷？分四种情况，其一是鳏，老而无妇者；其二是寡，老而无夫者；其三是孤，少而无父者；其四是独，老而无子者。四是恤贫，即对无财产的百姓国家贷给一定数量的粮食，以赈恤之。五是宽疾，即国家对有残疾的人，根据不同情况给予一定的徭役减免，如果完全丧失劳动能力，则全免，如果没有完全丧失劳动能力，则减半。六是安富，即对富人的赋役也要适中公平征收，不能以其富而专取之。这些文化虽然还很粗糙，但却是我国最原始的社会保障思想。

移民、通财以救灾是我国最古老、也是最有效的救荒政策。《周礼》所记载的这一政策是否实行于西周，不得而知，但春秋时期确实实行过。据《左传》载："（定公五年）夏，归粟于蔡，以周急，矜无资也。"当时蔡国发生饥荒，鲁则将所征蔡国之粟归还给蔡国，以解决蔡国的燃眉之急。这就是在发生灾荒之时，协调财物，互通有无的"通财"的典型。而到了汉、唐之际，移民就食的事例就更习以为常了。

（七）保持生态平衡的财税文化

在《周礼》中，还蕴藏着丰富的保持自然界的生态平衡与做到人类社会的和谐、从而保证经济可持续发展的财税文化，虽然很原始，但却说明我们的祖先早已注意到了这个问题。例如"兽人掌罟田兽，辨其名物。冬献狼，夏献麋，春秋献兽物。……凡田兽者，掌其政令。渔人掌以时渔为梁。春献王鲔，辨鱼物，为鲜薧，以共王膳羞。……凡渔者，掌其政令。凡渔征入于玉府。"[①]"山虞掌山林之政令。物为之厉而为之守禁。仲冬，斩阳木；仲夏，斩阴木。凡服耜；斩季材，以时入之，令万民时斩材，有期日。凡邦工入山林而抢材，不禁，春秋之斩木不入禁。凡窃木者有刑罚。若祭山林，则为主而修除，且跸。若大田

---

① 《周礼·天官冢宰》中有关各条。

猎，则莱山田之野。……。林衡掌巡林麓之禁令而平其守，以时计林麓而赏罚之。若斩木材，则受法于山虞，而掌其政令。川衡掌巡川泽之禁令而平其守。以时舍其守，犯禁者，执而诛罚之。祭祀、宾客，共川奠。泽虞掌国泽之政令，为之厉禁。……"① 这里记载的"兽人"是管理捕猎的机构，同时规定了捕猎的时间和品种以及有关的政策规定。"渔人"是管理捕捞的机构，并规定了何时捕捞何种鱼以及有关的政策规定。"山虞"是管理山林之政的官吏，同时规定了何时、采伐哪个位置上的树木，以及有关的规定。"川衡"是管理大河大川的官吏，同时规定了其他的一些禁令。由此我们不难看出，三代时期的统治者对保持环境、维护生态平衡是十分重视的。这里故然有当时人们抵御自然灾害的能力十分薄弱、不得不靠天吃饭思想的表露，同时也是人们尊重、爱护自然的环境保护意识的一种表现，也是保证经济可持续发展思想的原始形态。

此外，还有如平抑物价的财税文化、会计文化、寓兵于农文化、分田制禄文化等等，不一一列举。

四、结语

《周礼》编纂之后，便随着"厉始革典"的失败而束之高阁，既不见其文，也不见其书，但《周礼》文化却没有被埋葬。因为《周礼》并非一人之作，参与编纂的人必然会通过各种渠道，散发出来，进而不断发酵，以至逐渐影响整个社会，其中孔丘、孟轲对宣扬《周礼》文化功不可没。另外，我们从春秋战国时期各诸侯国进行政治经济改革的过程中，都可以看到《周礼》文化，特别是《周礼》财税文化的影子。"厉始革典"失败不久，除个别诸侯国没有进行改革之外，大多数诸侯国都秉承《周礼》财税文化的精神进行了改革。例如齐国的"相地衰征"，晋国的"作爰田""作州兵"，鲁国的"初税亩""作丘甲""用

---

① 《周礼·地官司徒》中有关各条。

田赋"，楚国的"量入修赋"，郑国的"为田洫""作丘赋"等。

　　汉成帝时，刘向、歆父子在校理秘府所藏文献时，发现《周礼》一书，并进行加工整理，并著录于史。东汉末年，经学大师郑玄又为《周礼》作了出色的注疏。由于《周礼》自身的文化价值，以及郑玄的崇高学术声望，《周礼》一跃而居《三礼》（即《周礼》《仪礼》《礼记》）之首，成为儒家的皇皇大典之一。古代名家大儒，以及近代的梁启超、胡适、顾颉刚、钱穆、钱玄同、郭沫若、徐复观、杜国庠、杨向奎等著名学者都介入了对《周礼》的讨论，《周礼》文化影响之大，可见一斑。今天，我们在探讨财税文化的时候，也不能不研究中国的财税文化之祖——《周礼》的财税文化。

关于做好地方财政科研
工作的探索与实践^①

地方财政科研是地方财政工作的重要组成部分。近年来，辽宁省财政科学研究所紧密围绕地方财政科研机构"做什么，怎样做，为谁做，谁来做，做到什么程度"等一系列基本问题，立足省情，进行了一些有益探索，积累了一些经验，也取得了较丰硕的成果。

一、做什么——找准地方财政科研工作定位

地方财政科研机构有别于中央级的财政科研机构（如财政部科研所）、专门化的科研机构（如各级社科院、发展研究中心、高等院校），也有别于地方财政厅局的综合处室（如办公室、预算处、综合处等），是一个集理论研究、政策研究、调查研究、工作研究为一体的综合研究机构。基于这一判断，我们合理界定了地方财政科研的工作定位：一是开展符合地方实际、突出地方特色的财经应用研究；二是传播满足地方财政部门需求的财经信息资料；三是适度介入厅文字综合工作（如撰写厅领导署名文章、起草重要会议材料）。

二、怎样做——积极开发科研平台及其产品

"巧妇难为无米之炊"。几年来，我们通过积极开发科研平台，丰

① 本文系 2008 年 2 月 25 日全国财政科研工作会议上的发言，刊发于《中国财经信息资料》2008 年第 18 期。

富了地方财政科研内容。（1）2001 年开办了辽宁财经书店，在较好满足自身研究资料需求的同时，也产生了较大的社会效益。（2）2003 年同辽宁社会科学院合办了"辽宁财政改革与发展研究所"，通过合作研究，开创了横向合作的一种形式。（3）2004 年创办了《财经活页》（每月两期），以财经专题的形式，及时采编信息资料，4 年来累计编撰96 期，受到各有关方面的一致好评；2004 年同东北财经大学合办了《地方财政研究》杂志（月刊），本着地方性、研究性、工作性、资料性的办刊宗旨，较好地传播了地方政府的理财实践。（4）2004～2005年同世界银行开展了"东北三省政府间财政关系研究"项目，尝试了国际间合作研究的新形式；2006 年成功申报了国家社科基金重点研究项目——"取消农业税后农村新情况、新问题及对策研究"，标志着课题研究形式的"升级"；2006 年比照社科基金的管理模式，筹建了辽宁财政科研基金，制定了相关管理办法，两年来累计立项课题 65 个，较好地提升了财政科研的社会影响力。（5）2006 年创办了《财政科研通讯》（每月一期），较好地传播了财政科研"动态"，发挥了"上情下达""下情上达"的功效，并在一定层面进行了自我"宣传"。（6）2007 年建立了辽宁财政科研观察点，在全省范围内选择 13 个县、120 个乡镇，形成了财政科研的"向下"延伸载体，奠定了获取"第一手"信息的基础。总之，上述这些"形式"，实现了与科研"内容"的有效对接，确保了地方财政科研工作的多样性、稳定性、趣味性。

三、为谁做——谋划发挥参谋助手作用的重要途径

地方财政科研是地方财政部门的"智慧"中心，能否把握领会厅主要领导的思路脉搏，是检验发挥参谋助手作用好坏的重要"尺度"。近年来，我们通过深入开展重大项目研究、撰写理论文章、出版研究文集等形式，努力用"成果"赢得厅党组的了解、理解、支持和重视。先后组织开展了"做大辽宁省政府财力研究""转轨时期辽宁老工业基地区域经济问题研究""政府理财研究"等重大研究活动，主要成果近

十次获得省部级一等奖以上奖励；撰写了 30 余篇厅长署名文章，公开发表于重点报刊上；编撰了《走向市场经济的财经理论与实践》《转轨时期辽宁老工业基地区域经济问题研究》《政府理财研究》等十余部研究成果；起草了 20 余个省长、厅长讲话类材料。所有这些，都切实、有效地发挥了参谋助手作用。

四、谁来做——着力于培养"自主"人才队伍

由于财政部门数据口径的特殊性，地方财政科研"外行"难以介入研究。近些年来，我们一方面坚持适当借用"外脑"，另一方面更注重自主培养人才，坚持形成"自有知识产权"，通过严把进口关、严格"传帮带"、科学分工合作、"满负荷"工作等，培养了科研工作者的文献检索能力、信息加工能力、文字综合能力和应用研究能力，较好地提高了地方财政科研工作效率，最大限度地释放了所内同志的主观能动性。目前，我们共有 10 位同志，从事着课题研究、期刊编辑、资料采编、厅部分文字综合、财政学会秘书处、财经书店、图书资料等大量繁杂工作任务，绝大多数都富有成效。

五、做到什么程度——把握地方财政科研工作的"度"

如何做到"到位"而不"缺位"或"越位"，是做好地方财政科研工作的一个难题。几年来的实践体会：一是努力做、用心做、持续做并尽力做好；二是做到"不可替代"、不可或缺；三是做到令自己满意、令绝大多数满意。

以上只是我们近年来的初步探索与实践，算不上经验之谈，也称不上辽宁模式，仅供同仁参考。我们深知同先进省份相比还有很大差距，尚需进一步学习、努力和提高。

辽宁财政科研工作的具体
实践及其理性思考①

　　地方财政科研是整个地方财政工作的一个组成部分。近些年来，辽宁财政科研在各有关方面的鼎力支持下，结合具体省情，进行了多种实现形式的有益探讨和尝试。同样，新形势下做好辽宁财政科研工作挑战与机遇并存，为此进行了几点思考。

一、近些年辽宁财政科研的基本思路及其工作实践

　　辽宁省财政科学研究所成立于 1979 年，按照省编办《关于重新核定省财政厅所属部分事业单位机构编制事项的批复》（辽编办发〔2010〕68 号），重新核定为：机构规格相当于县处级；人员编制 17 人（2015 年调减至 16 人），经费渠道为财政全部补助。省编办批复的主要职责：（1）负责财政财经理论的研究工作；（2）负责全省财政财经热点、难点问题的调查研究工作；（3）负责《地方财政研究》的编辑出版工作；（4）参与省财政科研基金项目管理的有关服务性工作。

　　2015 年 2 月 5 日，省财政厅第二次党组会议纪要，明确科研所负责与财政部政策研究室对口业务联系，承担厅党组交办的重大财税改革政策研究任务。

　　按照省人社厅核定的事业单位岗位设置，16 个人员编制中，管理

①　本文完成于 2017 年 3 月，为全国财政科研工作会议撰写的经验交流材料。

岗5个（五级领导1个，六级领导2个；五级普通1个，六级普通1个），专业技术岗10个（正高四级1个，副高五六七级各1个，中级八九级各2个、十级1个，初级十一级1个），工勤1个，双肩挑2个。

在科研所现有11名在职人员中，已聘用专业技术二级职称1人、四级1人、五级1人、七级4人、十级1人，五级管理领导1人、六级管理领导2人、六级管理普通1人，工勤高级工1个。总的来看，专业技术人员占绝大多数，呈现出教育程度高、从研时间较长、产出能力较强等特点。

辽宁省共有14个省辖市，其财政科研机构分为两种类型：一种为独立建制的科研所，包括沈阳、大连、抚顺、丹东、锦州、营口、铁岭、辽阳、盘锦等9市，人员编制一般5~6人，实有人数2~4人；另一种为合署办公模式，如鞍山、本溪、阜新、朝阳、葫芦岛等5市，主要在办公室或政策法规处内设1人兼职。

经过多年的不断探索，辽宁财政科研逐步确定了四个方面的工作"定位"，呈现出现代智库的一般特征。一是参谋助手。通过科研、调研、文字综合等，充当"政策研究室"角色，服务于厅党组的中心工作。二是讯息传播。将最新的财经讯息、研究成果，通过不同的平台传播，服务于财政干部更新财经知识。三是财政"宣传"。有别于财政新闻宣传，主要通过编辑出版《地方财政研究》杂志，宣传各种财经理论和地方的理财实践，服务于提高理性能力。四是资源整合。以省财政科研基金项目管理、科研成果奖组织申报、省内协作课题、科研观察点调查等为载体，对省域内分散的财政科研资源进行有效整合。

围绕上述工作思路，每年大致完成以下常规性科研任务。（1）财经应用研究。以完成交办研究项目、基金项目、委托项目、协作项目为依托，利用财政科研观察体系，对财经热点、重点问题进行研究。初步实现了科研立所的初衷，形成了在研、储备项目的良性循环。（2）部分承担厅文字综合工作。主要参与起草省厅领导讲话文稿，完成厅领导交办的论证性专题材料，以及署名宣传性稿件等，从而发挥参谋助手作用。（3）编辑出版《地方财政研究》杂志（月刊）。正式创刊于2005

年1月，截至2016年12月，已出版146期。2011版、2014版中文核心期刊，2013年中国人文社会科学核心期刊。2015年在《中国知网》的期刊复合影响因子达到1.037、综合影响因子为0.447。《地方财政研究》自创刊以来，逐步赢得了业界的一致认同，并在竞争激烈的财经期刊中占有一席之地，也是辽宁财政科研"软实力"的一种体现。（4）采编《财经活页》（半月刊）。创办于2004年，每月15日、25日印发，围绕财经热点问题进行主题策划、深度梳理，截至2016年末累计采编289期。长期的坚持不懈，逐渐赢得了各有关方面的高度首肯，成为辽宁财政科研的一张重要"名片"。（5）管理辽宁省财政科研基金项目。始于2006年，比照社科基金管理模式，每年发布招标公告，通过专家评审、厅领导审批的形式，确定三四十项资助项目，并分重点、一般项目给予资助，每年组织进行两次集中结项，合格者发放"证书"、拨付余下的50%资金（立项时拨付50%）。2006～2016年度，共立项资助482项，促进了一些热点、难点财经问题的研究探讨。长期规范化管理运作，使得财政科研基金赢得了良好声誉，进入了省级社科基金类项目行列。（6）负责辽宁省财政学会秘书处日常工作。财政学会成立于1979年，现为第七届理事会，通过举办学术报告会、专题研讨、协作科研等，发挥桥梁和纽带作用。（7）财政科研观察点。筹建于2006年，在全省40个县、120个乡镇（好、中、差）逐步构建了160个财政科研观察点，通过调查问卷、座谈研讨等多种形式，获取基层财政运行的"第一手"情况，辅助科学决策。（8）采编《科研要报》。创办于2008年，每月一期（1日印发），刊载各类科研课题结论性、对策建议性研究成果，截至2016年末已编发96期，及时将最新研究成果进行披露。（9）管理财政厅图书资料室。筹建于2000年，每年订阅报刊近百种，满足厅内借阅及科研需要。2015年起，又承担了"读书俱乐部"的功能，为厅内干部职工提供读书阅览服务。（10）编发《财政科研通讯》。创办于2006年，每月一期（25日印发），介绍财政科研系统上下的讯息、资讯，截至2016年末共编发118期，发挥着"自我"宣传的功效。

经过多年不断的实践创新，逐渐探索了开展地方财政科研工作的辽宁方式方法，初步实现了由被动科研向主动科研、由单一项目研究向连续滚动项目研究、由定性研究向定性与定量结合的转型，最大限度地激发科研人员的主观能动性、创造性，凸显了"1+1>2"的效果。其基本做法可归纳为以下四点：一是充分认识地方财政科研工作的特点，并以自我重视为出发点，实现有为有位。二是着力提高自身的科研能力，并以打铁还需自身硬为理念，明确几个跟踪方向，形成有影响力的产品。三是努力打造优良的科研平台，结合省情特点，不断创新科研成果有效表达载体，不仅让人看得见、感受得到，而且及时有效、通俗易懂。四是培育一支较优良的科研队伍，以人本管理为主导，注重环境营造和传帮带，充分发挥科研的合力作用。

总之，经过十几年的持之以恒，丰富了辽宁财政科研的内涵，拓展了外延，促使抽象的地方部门科研工作转化为实实在在的有效产品，在赢得不同层面普遍认同与尊重的同时，也使财政科研从业人员，享受到科研的快乐与收获。辽宁科研所累计获得省部级二等奖以上奖项20余项，获得副省级以上领导批示20件次，多人次荣获国家和省级各类荣誉，其中：1人次获得国家"万人计划"哲学社会科学领军人才、新世纪百千万人才工程国家级人选，2人次获得国务院政府特殊津贴专家，1人次获得辽宁省优秀专家称号，1人次入选辽宁省百千万人才工程"百人"层次、3人次入选"千人"层次、1人次入选"万人"层次，1人次担任民盟中央经济委委员，1人次担任辽宁省委省政府决策咨询委员、2人次担任中青年决策咨询委员，2人次担任辽宁省人大预决算审查专家。

二、2015～2016年辽宁财政科研工作的基本总结

近两年的辽宁财政科研工作呈现稳步提升的良好态势，成为发展最好的历史阶段。科研所被评为省财政厅2015年"表扬"单位，2016年成为财政厅参公之外的唯一"优秀"事业单位；省财政学会于2015年第四次蝉联"省级社科类社团标兵社团单位"荣誉称号；共有6项研

究成果获得副省级以上领导肯定性批示。

（一）深入开展财经应用研究，较好发挥了现代智库作用

共启动各类研究项目 30 余个，涵盖老工业基地新一轮振兴等多个课题，凸显了应用性、滚动性、国际性、协作性等特征，诸多研究成果得到应用，并转化为领导决策参考。先后 4 次深度参与了省政协的辽宁经济形势分析研究活动，所形成的 4 项研究成果分别获得省委书记李希、省长陈求发、省政协主席夏德仁、常务副省长谭作钧等重要批示；2016 年参与的省政协并执笔完成的"建立和完善我省支撑五大发展理念的财税政策"成果，得到省委书记李希、常务副省长谭作钧等的肯定性批示；2015 年以来滚动进行的"辽宁财政增长量化测度研究"，为做实财政经济数据提供了重要的研究支撑，得到省长陈求发的重要批示。同时，省财政科研基金累计立项资助研究项目 83 个，创建了财政科研基金文库，编发《科研要报》22 期。

（二）部分介入文字综合工作，有效辅助科学决策

通过深入基层调研、起草领导讲话、撰写研究报告、参加专题论证、组织座谈研讨等形式，有效介入了省财政厅部分文字综合工作；通过参与省委省政府决策咨询研究、省人大部门预决算审查、省政协经济形势分析调研等工作，进一步发挥了参谋助手作用。两年来，分别参与起草了厅领导在省政协"十三五"座谈会上的发言材料，撰写了"积极贯彻落实新《预算法》，全面推进辽宁现代财政制度建设"等多篇署名文章；完成了《新一轮东北振兴中辽宁区域经济"成分"分析及对策建议》《2017 年辽宁财政收入增长分析与估计》等 20 余项论证性研究成果。2 人次全面参加省人大财经委两个年度的财政预决算审查。

（三）财政宣传再创佳绩，信息传播品牌影响进一步扩大

在坚持地方性、研究性、应用性的办刊宗旨基础上，《地方财政研究》更加突出了专题策划、内部流程优化及互联网＋，期刊版面从 96

页扩大至 112 页，引入了期刊在线采编系统，加强了期刊网站、微信公众平台建设。两年出刊 24 期，刊发稿件 400 余篇近 400 万字，数百篇次文章被包括《新华文摘》在内的他刊转载索引，期刊的复合影响因子首次实现了大于 1 的历史性突破，同时首次进入辽宁省一级期刊行列，获得行业（专业）与管理层面的双认同。截至 2016 年末，网站访问量超过 165 万人次，日均 400 余次，微信平台关注用户达 2152 人。

作为传播财经资讯的重要平台，《财经活页》采编更加注重质量与时效的统一，采编方向更加贴近经济社会热点，采编理念更加客观、系统、精练，在及时传递财经信息的同时有效地普及了财经知识，得到系统内外的广泛赞誉，品牌效应更加突出。两年来，高质量采编了经济新常态、工业 4.0、现代智库、产业引导基金、创客经济、供给侧改革、精准扶贫、新一轮东北振兴、共享经济等 39 期《财经活页》，进一步凸显了时效性、前瞻性、针对性与可读性；在公开出版 2004～2013 年《财经活页》合集的基础上，又再次出版了 2014 年、2015 年《中国财经热点问题透视》，确保了《财经活页》系列丛书的连续性。

（四）积极创新学术活动，努力践行服务宗旨

通过举办论坛、主办研讨、加强交流、组织培训、开展课题协作等形式，有效发挥了财政科研和财政学会的平台作用。一是与东北财经大学财税学院联合举办了第二届、第三届"地方财政改革与发展论坛"，特邀国内财税界高层次专家学者和有关部门，围绕新预算法、老工业基地振兴与地方财政改革等主题进行了深入研讨。地方财政改革与发展论坛逐渐成为辽宁财政科研的一个新品牌。二是参加中国财政学会、全国高校财政学教学研讨会以及其他财经类高校的学术研讨活动 20 余次。三是先后协调组织并派人参加了中国财政科学研究院"财政经济形势""企业成本与负担""地方财政经济运行状况"调研组在辽宁的专项调研活动。四是组织实施了"加快推进辽宁财政绩效评价问题研究"等 6 项全省财政科研协作课题。

三、新形势下做好辽宁财政科研工作的理性思考

地方财政科研是整个地方财政工作的一个组成部分，也是软实力的一种体现。如果能够较好地发挥参谋助手作用，就会赢得其存在的合理性，成为现代智库的重要体现，反之就会面临边缘化、可有可无，甚至可能产生诸多不确定性。

当前和今后一个时期，作为地方财政厅局的科研机构，依然面临着极为严峻的压力和挑战，也是实现重要转型的窗口期。一是新一轮政府职能转变、事业单位改革，对地方财政科研机构带来不确定性。二是财政支出方式的改革，特别是政府购买公共服务机制的引入，会对地方财政科研机构经费保障带来不确定性。三是现有相对薄弱的地方财政科研力量，难以应对开放市场条件下的完全竞争环境而带来不确定性。同时，省级地方财政科研机构也存在诸多比较优势，如位居理论与实践的结合部、连接中央与地方的交汇处，以及相形而言其他科研单位较难深刻理解、获取财政数据的特殊性，等等。

结合具体实际，对做好辽宁的地方财政科研工作明确如下设想：

第一，未雨绸缪，切实强化有效的科研供给。继续坚持科研立所的基本宗旨，坚持"两为"（为中心工作服务、为现实服务）工作方针，主动作为、主动出击，努力生产适销对路的科研产品，用"硬"实力谋求自身的基本生存与可持续发展。

第二，错位思考，充分发挥自身比较优势。巩固现有较为成熟的科研平台及其载体，最大限度地放大财政科研综合效应，应对未来各种不确定性挑战，积极寻求理论与实际、中央与地方、定性与定量的最佳有效结合形式。

第三，苦练内功，不断加强辽宁科研队伍建设。坚持正确的政治方向，通过合理引入人本管理、激励约束和风险防范机制，努力打造一支团结和谐、愿做科研、能做科研、特别能战斗的财政科研队伍。同时，加强与其他部门和机构的纵横向沟通联系，不断营造优良的科研工作环境条件。

不忘初心　继续前行①

——一个地方科研工作者的思与行

　　2016 年是中国财政科学研究院建院 60 周年，按照天干地支纪年法则，60 年是一个甲子、一个轮回。在深情祝福的同时，作为地方财政科研机构中的一分子和中国财政科学研究院的毕业生，此时此刻也勾起我对往事的回忆与回味。2000 年 7 月末，我从厅办公室文字秘书工作岗位，转行开始从事陌生的财政科研，转眼间已经 16 年了。16 年相对于历史长河，极为短暂，甚至可以忽略不计，但对人生而言，却是一个极为重要的历史阶段。16 年的坚守，使我这个门外汉逐渐成长，跨越了学科、专业所限，补缺了理论、方法等诸多短板，较好地实现了人生的一次重要转型，并取得了令自己还满意的收获。在此过程中，中国财政科学研究院对我的影响和恩惠无疑是最为重要的。

　　作为中国当代的"黄埔军校"，中国财政科学研究院在各个不同时期，拥有一批智者、大学问家，他们的言行举止、博学包容，激励着我勇攀财政科研的高峰，体味着从事财政科研的艰辛与快乐。同时，在这个群体里，还有一大批默默无闻的奉献者，他们的平凡、热情、无私，助推着我向着理想的目标前行。在 16 年的深度交往过程中，我深切感受到中国财政科学研究院这个团队，既可为师又可为友，且良师益友，交易成本近乎为零。所有这些，无法一一列举，只能作为永久记忆，鞭策自己"吃水不忘挖井人"。

　　作为地方财政科研机构"掌门人"，16 年间在中国财政科学研究院

---

　　①　本文完成于 2016 年 9 月，为中国财政科学研究院建院 60 周年撰写。

的引领下，结合辽宁的具体实际，探索了做好地方财政科研工作的多种实现形式。如 2005 年创刊了《地方财政研究》杂志（月刊），短期内赢得业界的普遍认同，2011 年首次成为中文核心期刊；2004 年创办了《财经活页》资料（半月刊），多年不间断专题式采编，形成了 284 期的历史性积累；2006 年设立了辽宁省财政科研基金，以项目资助的方式，促使了一些热点、难点财经问题的研究；2007 年在全省 40 个县、120 个乡镇建立了辽宁省财政科研观察体系，较好获取基层经济社会运行的"第一手"资料；2008 年以来又开始按月编发《科研要报》和《财政科研通讯》，及时将最新的研究成果和资讯传递出去，等等。所有这些科研工作平台，使得无形、乏味、看不见的科研工作，变得有形、有趣、看得见，甚至是富有生机活力。16 年间，我们还针对不同时期财经工作重点，完成了一些有标志性意义的研究成果，在较好发挥参谋助手作用的同时，也逐步实现了科研立所的初衷，最难能可贵的是锤炼了一支特别能战斗、能产出的地方财政科研团队。初步统计，16 年来我们共有 14 项成果获得省部级二等奖以上奖励，其中：一等奖 6 项，二等奖 8 项；10 余项成果得到副省级以上领导批示，其中：国务院总理 1 次，正省级 3 次；在 6 位从事科研的业务骨干中，在辽宁省百千万人才工程评选中，1 人次入选"百人"层次、3 人次入选"千人"层次，1 人两次获得辽宁省优秀专家称号，2 人次获得国务院政府特殊津贴专家荣誉，1 人次获得"新世纪百千万人才工程"国家级人选，1 人次获得国家"万人计划"哲学社会科学领军人才。

　　2016 年 2 月 28 日，中国财政科学研究院的正式更名，在我国财政科研发展史上具有里程碑式的意义，也迎来了全新发展的新时期。作为一个长期从事地方财政研究的科研工作者，亲眼看见了揭牌时那激动人心的时刻。兴奋之余，如何将这一良好态势转化为地方财政科研的具体实践，成为再思考、再行动的新命题。

　　不忘初心，继续前行，重新燃起了一个社科工作者的责任与使命，借中国财政科学研究院成立 60 年的东风，努力为"现代智库"建设尽一份力和一份责。

主要参考文献

［1］安体富：《如何看待近几年我国税收的超常增长和减税的问题》，载于《税务研究》2002年第8期。

［2］邴志刚：《政府理财研究》，经济科学出版社2006年版。

［3］Buttner T, Kauder B. Revenue forecasting practices：differences across countries and consequences for forecasting performance［J］. Fiscal Studies, 2010, 31（3）：313 – 340.

［4］Beetsma R, Bluhm B, Giuliodori M, et al. From budgetary forecasts to expost fiscal data：exploring the evolution of fiscal forecast errors in the European Union［J］. Contemporary Economic Policy, 2013, 31（4）：795 – 813.

［5］陈才、马廷玉、杨晓慧：《东北地区县域经济发展研究》，东北师范大学出版社2008年版。

［6］常世旺：《经济增长与地方税收入相关性分析》，载于《涉外税务》2005年第1期。

［7］曹广忠、袁飞、陶然：《土地财政、产业结构演变与税收超常规增长——中国"税收增长之谜"的一个分析视角》，载于《中国工业经济》2007年第12期。

［8］曹飞：《基于灰色残差模型的我国财政收入预测》，载于《财会月刊》2012年第7期，第69～70页。

［9］诸大建：《生态文明：需要深入勘探的学术疆域——深化生态文明研究的10个思考》，载于《探索与争鸣》2008年第6期。

［10］丛树海、李生祥：《我国财政风险指数预警方法的研究》，载

于《财贸经济》2004 年第 6 期，第 29～37 页。

［11］成军：《地方财政收入预测模型设计及实证分析》，载于《经济研究参考》2003 年第 88 期，第 27～34 页。

［12］崔志坤、朱秀变：《中国近期即中期财政收入预测分析》，载于《统计与决策》2011 年第 11 期，第 112～115 页。

［13］陈隽：《1994～2010 年税收增长分析及"十二五"税收预测》，载于《税务研究》2011 年第 8 期，第 72～75 页。

［14］Caruthers JK, and Wentworth CL, Methods and Techniques of Revenue Forecasting, New Directions for Institutional Research, Vol. 1997, No. 93, Spring 1997, pp. 81－93.

［15］段海英：《缺失的财政伦理》，载于《经济理论与经济管理》2002 年第 6 期。

［16］董再平：《财政分权、预算约束和财政竞争》，载于《经济纵横》2007 年第 6 期。

［17］邓晓飞、冯海波：《财政收入缘何刚性增长？——经济增长的政府投资依赖于财政增收计划机制关系的解释》，载于《产经评论》2013 年第 7 期。

［18］Downs G. W. & Rocke, D. M. Municipal budget forecasting with multivariate AIMA models［J］. Journal of Forecasting, 1983（2）: 377－387.

［19］樊晓燕、刘儒：《后十八大时代中国面临的经济风险及其特征分析》，载于《经济问题探索》2014 年第 10 期。

［20］封学军、岳巧红：《基于 SWOT 分析的江苏沿海港口发展战略规划》，载于《水运管理》2007 年第 1 期。

［21］冯海波：《计划型税收收入增长机制的形成机理及其影响》，载于《税务研究》2009 年第 10 期。

［22］Firat M, Gungor M. Generalized regression neural networks and feed forward neural networks for prediction of scour depth around bridge piers［J］. Advances in Engineering Software, 2009, 40（8）: 731－737.

[23] 高培勇：《中国税收持续高速增长之谜》，载于《经济研究》2006 年第 12 期。

[24] 高培勇、汪德华：《本轮财税体制改革进程评估：2013.11 ~ 2016.10》，载于《财贸经济》2016 年第 11 期、第 12 期。

[25] 苟燕楠、王逸帅：《中国市级政府预算管理制度改革——一种预算生态框架的实证分析》，载于《当代财经》2006 年第 10 期。

[26] 郭庆旺、吕冰洋：《经济增长与产业结构调整对税收增长的影响》，载于《涉外税务》2004 年第 9 期。

[27] 郭庆旺、吕冰洋：《中国分税制问题与改革》，中国人民大学出版社 2014 年版。

[28] 谷成：《中国财政分权的约束条件与改革路径》，载于《税务研究》2008 年第 4 期。

[29] 郭秀、路勇：《构建一种地方财政收入的预测模型》，载于《价值工程》2004 年第 3 期，第 98 ~ 100 页。

[30] Golosov M, King J. R. Tax revenue forecasts in IMF – supported programs [R]. IMF working Paper, 2002, No. 02/236.

[31] 韩晓静：《层次分析法在 SWOT 分析中的应用》，载于《情报探索》2006 年第 5 期。

[32] 何晴、张斌：《经济新常态下的税收增长：趋势、结构和影响》，载于《税务研究》2014 年第 12 期。

[33] 胡光辉：《地方政府性债务危机预警及控制研究》，载于《吉林大学》2008 年。

[34] [韩国] 姜承昊：《中国省级财政平衡和区域差距研究》，载于《当代财经》1997 年第 8 期。

[35] 金人庆：《中国当代税务要论》，人民出版社 2002 年版。

[36] 贾康：《地方财政问题研究》，经济科学出版社 2004 年版。

[37] 贾康、白景明：《县乡财政解困与财政体制创新》，载于《经济研究》2002 年第 2 期。

[38] Kyobe Annette, and Danninger Stephan, Revenue Forcasting –

How is it done? Results from a Survey of Low-Income Countries. IMF working paper, 2005.

［39］Krol R. Evaluating state revenue forecasting under a flexible loss function ［J］. International Journal of Forecasting, 2013, 29（2）: 282 - 289.

［40］楼继伟:《中国政府间财政关系再思考》,中国财政经济出版社 2013 年版。

［41］刘银喜、任梅:《制度失衡:中国发展战略重构的根源——以我国目前财政制度为例》,载于《内蒙古社会科学（汉文版)》2004年第 11 期。

［42］刘尚希:《刘尚希建言财政改革》,载于《清华金融评论》2016 年第 2 期。

［43］刘尚希:《解读"供给侧结构性改革"深意》,载于《新理财》2016 年第 1 期。

［44］刘尚希:《分税制的是与非》,载于《经济研究参考》2012年第 7 期。

［45］刘尚希:《发展方式转换滞后是当前宏观经济问题的总根源》,载于《研究报告》2008 年第 78 期。

［46］刘尚希、赵全厚、孟艳、封北麟、李成威、张立承:《"十二五"时期我国地方政府性债务压力测试研究》,载于《经济研究参考》2012 年第 8 期。

［47］刘星、岳中志、刘谊:《地方政府债务风险预警机制研究》,经济管理出版社 2005 年版。

［48］刘承礼:《中国式财政分权的解释逻辑:从理论评述到实践推演》,载于《经济学家》2011 年第 7 期。

［49］林毅夫:《国际经济周期因素才是症结所在》,载于《企业改革与管理》2014 年第 7 期。

［50］林跃勤:《财政支出结构优化与经济发展方式转变》,载于《中国金融》2008 年 4 月。

[51] 李永友:《财政激励、政府主导与经济风险》,载于《经济学家》2014 年第 6 期。

[52] 李万慧:《命令模式——中国省以下财政管理体制的理性选择》,载于《地方财政研究》2010 年第 8 期。

[53] 李琳、谢高地等:《中国生态足迹报告 2010:生态承载力、城市与发展》,中国环境与发展国际合作委员会,2012 年。

[54] 吕宁:《地方财政一般预算收入预测模型研究——以浙江省为例》,浙江大学硕士学位论文,2016 年。

[55] 马海涛:《中国分税制改革 20 周年:回顾与展望》,经济科学出版社 2014 年版。

[56] Mattoon Richard, and Mcgranahan Leslie, State Tax Revenue over the Business Cycle: Patterns and Policy Responses, Chicago Fed Letter, No. 299, June, 2012。

[57] 潘雷池:《"可税与否"未改变我国 GDP 与税收的基本关系——基于 1978 ~ 2005 年数据的实证检验》,载于《财经研究》2007 年第 7 期。

[58] 唐登山、吴宏:《税收增速大于 GDP 增速的产业结构分析》,载于《数量经济技术经济研究》2008 年第 10 期。

[59] 孙文学:《论财政意识》,载于《地方财政研究》2005 年第 7 期。

[60] 孙开:《财政体制改革问题研究》,经济科学出版社 2004 年版。

[61] 苏明、韩凤芹、武靖州:《我国西部地区环境保护与经济发展的财税政策研究》,载于《财会研究》2013 年第 2 期。

[62] 苏仲义:《县域经济财政问题探讨》,辽宁大学出版社 2004 年版。

[63] 申彧:《SWOT 分析法的应用进展及展望》,载于《知识经济》2009 年第 9 期。

[64] 孙元、吕宁:《地方财政一般预算收入预测模型及实证分析》,载于《数量经济技术经济研究》2007 年第 1 期,第 38 ~ 45 页。

[65] 宋涛、郑挺国、佟连军:《基于面板协整的环境库兹涅茨曲

线的检验与分析》，载于《中国环境科学》2007 年第 27 期。

[66] 王道树：《关于税收增长影响因素的实证分析——统计学中的指数体系方法在税收分析领域的一个应用案例》，载于《涉外税务》2008 年第 2 期。

[67] 王军平、刘起运：《如何看待我国宏观税负——基于"非应税 GDP"的科学评价》，载于《财贸经济》2005 年第 8 期。

[68] 王振宇：《分税制财政体制"缺陷性"研究》，载于《财政研究》2006 年第 9 期。

[69] 王振宇：《财政收入增长与政府财力资源优化配置》，载于《财经问题研究》2007 年第 12 期。

[70] 王振宇：《关于适度降低"两个比重"的思考》，载于《中国经济时报》2007 年 8 月 20 日。

[71] 王振宇：《经济过热：基于财政视角的两种解释》，载于《经济参考报》2006 年 12 月 16 日。

[72] 王玉建：《加强地方政府债务规范管理的制度设计》，载于《地方财政研究》2012 年第 3 期。

[73] 向宏桥：《可持续性财政政策的抉择与评价模型》，载于《科技创业月刊》2006 年第 2 期。

[74] 徐静：《建立黄河三角洲经济风险预警与防范机制的探讨》，载于《山东经济》2007 年第 3 期。

[75] 徐中奇：《行政生态学研究述评及其对我国行政改革的启发》，载于《江西行政学院学报》1999 年第 4 期。

[76] 徐诺金：《金融生态论——对传统金融理念的挑战》，中国金融出版社 2006 年版。

[77] 谢珊、汪卢俊：《中期预算框架下我国财政收入预测研究》，载于《财贸研究》2015 年第 4 期，第 64～70 页。

[78] 杨志勇：《全面改革分税制体制时机已到》，载于《21 世纪经济报道》2010 年 9 月 21 日。

[79] 袁国良：《体制转轨过程中财政选择的主体分析》，载于《财

经问题研究》1996 年第 8 期。

[80] 原铁忠：《GDP 能作为衡量税收增长的尺度吗》，载于《税务研究》2005 年第 1 期。

[81] 余少谦：《2000 年福建财政收入的预测》，载于《福建金融管理干部学院学报》1994 年第 2 期，第 61 ~ 66 页。

[82] 于长革：《政府分权、政府间竞争与经济社会发展的失衡》，载于《地方财政研究》2010 年第 8 期。

[83] 赵伟：《曾记否，化解经济风险的中国经历》，载于《浙江经济》2013 年第 5 期。

[84] 赵敏：《生态学与经济学：生态经济思想探源》，载于《长沙大学学报》2001 年第 9 期。

[85] 张新平：《我国财政可持续发展评估指标体系的构建》，载于《生态经济》2000 年第 11 期。

[86] 张志超等：《关于调整、优化税制结构的理论思考》，载于《经济学动态》2008 年 7 月。

[87] 周黎安、刘冲、厉行：《税收努力、征税机构与税收增长之谜》，载于《经济学（季刊）》2011 年第 10 期。

[88] 赵晔：《改革开放以来中国 PPP 模式研究回顾与反思——基于期刊全文数据库实证分析》，载于《地方财政研究》2016 年第 8 期。

[89] 赵细康、李建民、王金营、周春旗：《环境库兹涅茨曲线及在中国的检验》，载于《南开经济研究》2005 年第 3 期。

后　　记

在从事地方财政研究的前 7 年，曾将 2000～2007 年间的研究成果汇编为《地方财政与区域经济问题研究》，算是对本人专业转型的初步交代。而过往的 10 年，更是本人研究生涯极为重要的时期，依托辽宁省财政科学研究所这一优良团队，围绕财政制度与政策、地方财政等领域，同样进行了大量富有成效的分析研究活动，较好地触及了生动鲜明的财税热点、难点问题，使得整体研究水平上了一个新台阶，实现了本人的财经应用研究从被动转向主动、从模仿转向创新的较大飞跃。

《地方视阈下财税改革现实问题研究》收录了本人 2008～2017 年间撰写的大大小小 44 篇文稿，绝大部分公开发表过，并产生了一定的学术影响和实践应用性。在汇编整理过程中进行了归纳分类，形成了财政体制优化、地方财政发展、财政改革深化、财政政策完善、财政综合考量 5 个单元，每篇文稿的相关背景、合作者等讯息也在脚注中予以标注。

如今本人已正式入职辽宁大学经济学院，在面对新工作、迎接新挑战的历史节点上，公开出版《地方视阈下财税改革现实问题研究》一书，也算是对过去画上一个句号，对未来充满一些希冀。

王振宇
2018 年 4 月于沈阳